早稲田大学学術叢書 41

中国独占禁止法
法体系とカルテル規制の研究

陳　丹舟
Danzhou Chen

早稲田大学出版部

China's Anti-Monopoly Law:
The Study of the Structure and Cartel Regulation

CHEN Danzhou, PhD, is assistant professor at the School of Law, University of International Business and Economics, China.

First published in 2015 by
Waseda University Press Co., Ltd.
1-9-12 Nishiwaseda
Shinjuku-ku, Tokyo 169-0051
www.waseda-up.co.jp

© 2015 by Danzhou Chen

All rights reserved. Except for short extracts used for academic purposes or book reviews, no part of this publication may be reproduced, stored in a retrieval system or transmitted in any form whatsoever—electronic, mechanical, photocopying or otherwise—without the prior and written permission of the publisher.

ISBN978-4-657-15705-8

Printed in Japan

目　次

序　章　問題提起と本書の構成 ——————————————————— 1
 1　問題意識と研究の課題　1
 2　先行研究のレビュー及び本書の特色　3
 3　本書の構成　5
 4　草案の整理，選択及び概要　7

第1章　中国における競争法体系の構築 —— 独占の概念を題材として —— 13
 第1節　中国の経済改革と経済法 …………………………………… 13
  1　中国の経済改革と経済法の形成　13
  2　中国経済改革の過程及び特徴　15
  3　中国経済法学の発展過程　16
 第2節　中国における競争法体系の構築 ………………………… 18
  1　中国における競争立法　18
  2　反不正当競争法の概観，特徴及び問題点　23
  3　ま と め　31
 第3節　中国競争法における独占の概念範囲 …………………… 33
  1　経済学における独占の概念　33
  2　競争法における独占，競争制限，不正競争について　33
  3　独占に関する理解の対立に起因する競争立法への影響　41
  4　反壟断法と反不正当競争法の関係　44
 第4節　小　括 ………………………………………………………… 48

第2章　中国における産業政策，競争政策と競争立法 —————— 51
 第1節　社会主義市場経済について ……………………………… 51
  1　社会主義市場経済へ　51
  2　社会主義市場経済とは　52
  3　中国の経済改革の基本課題と経済学における観点対立　54

i

第2節　政府と市場の「相剋」とマクロ・コントロール政策………… 57
　1　マクロ・コントロールの定義　58
　2　マクロ・コントロールの手段　59
　3　マクロ・コントロールにおける産業政策の優位性　60
　4　産業政策の内容及び拡張　63
第3節　産業政策と競争政策の「相剋」と競争関係立法…………… 63
　1　産業政策と競争政策の関係について　64
　2　経済・競争立法における産業政策と競争政策の「相剋」　67
第4節　小　　　括………………………………………………………… 77

第3章　原則禁止主義と弊害規制主義 ── 日独の経験と中国の課題 ── 81

第1節　原則禁止主義と弊害規制主義…………………………………… 81
　1　原則禁止主義と弊害規制主義とは　81
　2　原則禁止主義と弊害規制主義についてのドイツと日本の経験　84
第2節　中国反壟断法におけるカルテルの規制は
　　　　原則禁止主義か弊害規制主義か…………………………………… 89
第3節　小　　　括………………………………………………………… 93
　1　立法の原理原則に関するコンセンサス　93
　2　原則禁止主義と弊害規制主義をめぐる産業政策と
　　　競争政策の論争　95

第4章　水平的協定と垂直的協定 ──────────── 97

第1節　水平的協定と垂直的協定を区別する意義……………………… 97
第2節　水平的協定と垂直的協定に関する中国の学説………………… 100
第3節　立法過程における草案の変化…………………………………… 101
　1　タイプ1に属する草案　102
　2　タイプ2に属する草案　102
　3　タイプ3に属する草案　105
第4節　小　　　括………………………………………………………… 106
　1　制定法における水平的協定と垂直的協定の区別に関する
　　　概要及びその意義　106

2　学説及び草案について　109
　3　競争政策と産業政策の関連視点から　110

補　論　再販売価格維持行為規制の新動向 ──────── 113
　第1節　最高人民法院の司法解釈……………………………… 113
　第2節　ジョンソン＆ジョンソン再販事件から見る
　　　　　再販売価格維持行為の規制………………………… 115
　　1　事実の概要　115
　　2　判決要旨　116
　　3　本件の検討　118
　第3節　ま　と　め……………………………………………… 126

第5章　適　用　免　除 ────────────────── 131
　第1節　カルテルの適用免除を考察する意義及び日本の経験……… 131
　　1　カルテル適用除外を考察する意義　131
　　2　日本の経験　132
　　3　ま　と　め　135
　第2節　中国反壟断法における適用免除（あるいは適用除外）の
　　　　　基本論点………………………………………………… 137
　　1　適用免除と適用除外に関する学説　137
　　2　両説の意義　140
　　3　立法過程から適用免除と適用除外を見る　146
　　4　ま　と　め　148
　第3節　適用免除の対象範囲…………………………………… 149
　　1　各草案における適用免除対象範囲の変化及び検討対象の選定　149
　　2　不況カルテル　151
　　3　輸出入カルテル　160
　　4　国務院規定カルテル　165
　第4節　適用免除の要件………………………………………… 172
　　1　適用免除の3要件　172
　　2　EU法との比較　173

3　要件の変遷及び検討　173
　第5節　事前規制と事後規制 …………………………………… 175
　　1　事前規制か事後規制かに関する学説　175
　　2　立法過程から見た事前規制と事後規制及び
　　　それに関連する検討　177
　第6節　小　括 ……………………………………………………… 180

第6章　当然違法の原則と合理の原則 ——————— 183
　第1節　「合理の原則」と「当然違法の原則」の概要 ………… 184
　　1　日本法・EU法における「合理の原則」と「当然違法の原則」　184
　　2　「当然違法の原則」と「合理の原則」を区別するメリット
　　　及び要点の整理　187
　第2節　中国のカルテル規制における
　　　　　「合理の原則」と「当然違法の原則」………………… 190
　　1　学説の分析　191
　　2　立法過程及び条文の分析　194
　　3　検　討　198
　第3節　小　括 ……………………………………………………… 202

第7章　規 制 機 関 ——————————————————— 205
　第1節　論点の整理 ………………………………………………… 205
　　1　反壟断法執行機関の設立に関する意見について　206
　　2　中国における主要論点に関する概念的解釈　207
　　3　日本における関連議論について　211
　　4　まとめ　213
　第2節　三つの論点についての中国における学説論争 ……… 214
　　1　独立性について　214
　　2　集中性について　216
　　3　権威性について　218
　　4　まとめ　220

第3節　各草案の考察及び解説 ……………………………………… 221
　1　集中性について　221
　2　権威性について　226
　3　独立性について　229
　4　全草案の比較　230
第4節　法施行後の規制機関について ………………………………… 232
　1　反独占関連行政機関について　232
　2　独占的協定の直接的規制担当部署について　244
第5節　小　　括 ………………………………………………………… 245

第8章　カルテル規制の展開に関する事例分析 ―――― 249
第1節　初期（1970年代末～1993年：カルテルの萌芽期）
　　　　の代表的事例 …………………………………………………… 249
　1　事　　例　249
　2　検　　討　251
第2節　第2期（1994年～2000年）の代表的事例 …………………… 254
　1　事　　例　254
　2　検　　討　261
第3節　第3期（2001年～2008年）の代表的事例 …………………… 265
　1　事　　例　265
　2　検　　討　270
第4節　第4期（2009年～）独禁法施行後の代表的事例 …………… 273
　1　事　　例　273
　2　検　　討　280
第5節　小　　括 ………………………………………………………… 282

終　章　結びにかえて ―――――――――――――――― 289
　1　各章の検討によって明らかにしたこと，または結論　289
　2　研究課題についてのまとめ　296
　3　所感及び今後の課題　299

あ と が き　303
文 献 一 覧　307
中国反壟断法の独占的協定に関する規定の各次草案の仮訳（抜粋）　331
索　　引　357
英 文 要 旨　363

序章 問題提起と本書の構成

1 問題意識と研究の課題

1 問題の提起

　現在，「経済憲法」と呼ばれる独占禁止法は各国の自由競争の市場経済秩序を維持する基本法として，その重要性が世界中に広く認識されるようになってきた。中国において，体系的な競争法を立法する試みは約20年前からすでに始まり，さまざまな原因で，1993年に折衷的な立法措置として「中華人民共和国反不正当競争法」(以下，「反不正当競争法」という) が制定され，中国の「経済憲法」たる「中華人民共和国反壟断法」(以下「反壟断法(はんろうだんほう)」という) の立法は一旦挫折したが，その立法に関する努力は止むことなく継続されてきた。

　2007年8月30日，中国第10期全国人民代表大会常務委員会第29回会議において反壟断法が採択され，2008年8月1日より施行された。日米欧をはじめ，多くの競争法先進国は中国の競争立法を支援したり，影響力の拡大を図ったりした。また世界中の多くの国は中国の立法活動に注目した。注目された理由は，中国の世界における経済的プレゼンスの増大以外に，計画経済から市場経済への漸進的な体制改革を行なっている中国において，包括的な競争法の導入は，かつて類を見ないことであったからである。また経済のグローバル化が進行している現在，中国反壟断法の立法は，各国との貿易にも大きな影響を与えることが確実であると考えられる。そこで，従来，社会主義国家とは無縁だと考えられた独占禁止法が，「社会主義市場経済」の中国において，どのような背景の下で，如何な

---

1 1993年9月2日立法，同年12月1日施行。

る立法理念に基づいて制定され，他の国，特に競争法先進国と比べて，どのような特徴や相違点があるのか，また，今後，本格的で実効的に施行することができるのか，などが注目されるうえに，極めて興味深い問題でもある。本書は，このような問題意識から出発し，カルテル規制という側面から，中国反壟断法を考察する。

本書は，中国競争関係立法の背景，歴史経緯等を概観したうえで，主としてカルテル規制について，産業政策と競争政策の「相剋」という視点から考察する。カルテル規制を本書の中心テーマとする理由は2点挙げられる。第一に，カルテル規制は世界各国の競争法における中核的な地位を占め，競争法の理念・性格を最も反映できる中心的な規制であることに求められる。第二に，中国において，カルテル行為に対して，寛容ないし助長の立場から，厳しく禁止する方向への180度の方針転換が見られることが中国の市場化過程において象徴的な意味を有することなどが挙げられる。

2　研究の課題

本書では，中国における産業政策と競争政策の「相剋」を研究の基軸とし，二つの研究課題を設定している。第一の研究課題とは，計画経済から社会主義市場経済へという経済体制の漸進的な移行過程における政府と市場，産業政策と競争政策の「相剋」が，反壟断法をはじめとする競争関連立法及び執行などにどのよ

2　日本においては，「カルテル」という言葉について，競争関係にある事業者間の行為，いわゆる水平的な協定に限定する考え方（例えば，今村成和他［1992］4頁）と，水平な協定に限らず，（非競争関係の事業者間の）垂直的協定も含まれるとの考え方とがある（例えば，伊従寛「カルテル」『経営法学全集12』ダイヤモンド社，1965年，159頁）。本書において，検討の便宜上などから，後者をとり，カルテルという言葉に水平的協定と垂直的協定の両方が含まれると広く捉える。なお，中国反壟断法に使われている用語である独占的協定を，基本としてカルテルの同義語として理解する。

3　例えば，後でも述べるように，反不正当競争法の立法過程中，同法においてカルテル行為を規制するか否かについて，「競争制限的協定行為は資本主義社会の固有現象で，資本家が…独占的超過利潤を貪るための行為である。中国は社会主義国家であり，市場における企業の圧倒的多数を占める国有企業間の過度競争は国有資産に損害を与え，望ましくない。しかも，現在国有企業間の競争制限的協定行為の多くは業界主管部門や業界協会の調節や主導の下で行われ，業界管理の重要措置であり，保護・奨励すべきであるので，法律で禁止すべきではない。」という反対意見が勝利し，反不正当競争法の草案からカルテル行為に対する規定（入札談合を除く）はほとんど削除された。

うな影響を与えているかということである。

　第二の研究課題とは，第一の研究課題の連続及び具体的検証として，中国反壟断法におけるカルテル規制は，競争政策と産業政策の「相剋」の下で，どのような原理原則に基づき，作られたのか，またいかなる特徴及び内容を有するのかについての考察である。具体的な内容として，原則禁止主義と弊害規制主義，水平的協定と垂直的協定，適用除外と適用免除，当然違法の原則と合理の原則，執行体制などの問題点について，考察し，検証する。

2　先行研究のレビュー及び本書の特色
1　先行研究について

　従来，日本における中国競争法に関する研究は，大別して，①反不正当競争法に関するもの，②反壟断法の内容及びその立法についての概観，③行政的独占に対する考察，という三つの類型に分けられる。

　まず，反不正当競争法に関して，早い段階から，多くの研究文献が公表され，反不正当競争法の立法過程，動向及び内容概要などについて紹介がなされた。[4]

　反壟断法に関する先行研究については，次のように整理できる。第一に，反壟断法の立法過程，草案の内容と制定法全体の概要，関連規定・指針の概要などに関する研究である。[5] 第二に，反壟断法施行後の執行状況や執行体制に関する研究である。[6] 第三に，反壟断法の各カテゴリに関する研究である。例えば，事業者集中（企業結合）[7]，市場支配的地位の濫用[8]，カルテル規制に関する研究がある。[9]

4　例えば，松下満雄「中華人民共和国における独占禁止法制定の動向」『国際商事法務』第17巻1号，1989年，梶田幸雄「中国不正競争防止法の視点」『海外事情』第41巻12号，1993年，王為農（根岸哲監修）「中国における不正競争規制」『国際商事法務』第22巻8号，1994年，張輝［1994］，舟橋和幸［1996］，村上幸隆［1998a・b］，王為農「中国不正競争防止法の運用」『国際商事法務』第26巻12号，1998年，高重迎［2004］，龔驍毅［2007］などがある。

5　例えば，王暁曄［2000］，栗田誠［2002］，呉振国［2004］，酒井享平［2005］，松下満雄［2005］，川島富士雄［2007］，波光巌［2007］，雨宮慶［2007］，戴龍［2007］，松下満雄［2008］，姜姍［2008］，谷原修身［2009］，張継文［2009］などがある。

6　川島富士雄［2009］，酒井享平［2009］，川島富士雄［2009］，姜姍［2010］，川島富士雄［2011］。

7　戴龍＝林秀弥［2009］，戴龍［2009］，寧宣鳳＝劉新宇［2010a・b］，李美善＝劉冰［2011］。

そして，行政独占は，他の国の関連法制度との比較において，中国の反不正当競争法と反壟断法の最大の特徴であると言われ，大きく注目されている。それに関する研究も非常に多く[10]，いままで日本において，中国競争法の中で，最も深く研究された領域とも言える。

2 本書の特色

本書は，上記の先行研究に基づき，中国競争関係法制に関する研究をさらに深めようとする。従来の先行研究と比べて，本書は次のような特色がある。

第一に，上記の先行研究では，中国競争関係法律の発展を，計画経済から市場経済へという体制移行の歴史背景と関連して，検討を加える研究はほとんど見られなかった。それに対し，本書は，中国経済改革以来の競争関係立法に関して，その経済的，社会的な背景を踏まえて，反不正当競争法，価格法，反壟断法，それぞれの性格，意義を分析し，競争法体系における位置付けを検討することによって，中国経済改革の進展に伴う競争関連法の性格変化を検証する。特に，競争政策と産業政策の「相剋」という角度から，カルテル規制及び中国競争法体系を考察することは，中国反壟断法の性格及び特徴に関する理解を深めるために非常に有意義ではないかと思われる。

第二に，本書では，立法活動開始以降のほとんどの草案を収集し，各回草案の変遷などを，逐条的に比較し，時系列的に分析すると同時に，対立する立法関係者の意見や学説論争などをも検討する。このように，カルテル規制という角度から，反壟断法の立法過程における草案の時系列的な変化及び並行する論争の発展を把握することによって，この法律の基本的性格・構造，立法の意図及び目的を考察するものである。

第三に，本書では，中国反壟断法条文やカルテル規制の概要に関する単純な紹介や羅列的な記述に留まるのではなく，中国におけるカルテル規制の原理原則，特徴，具体的な規制内容については，各次草案の比較，学説論争，実際の関係事例などを掘り下げて考察する。前述した先行研究において，中国のカルテル規制

　8　李毅［2005］，張倩［2009］，姜姍［2011］。
　9　姜姍［2009］80頁以下。
　10　例えば，朴春琴［2001］，朴春琴［2002］，李毅［2002］，戴龍［2005］，李毅［2006］，陳乾勇［2006］，陳乾勇［2008］，孫焼［2010］，姜連甲［2010］などがある。

に関する研究はほとんど無かった[11]。本書は，カルテル規制に対する考察を，① 原則禁止主義と弊害規制主義，② 水平的協定と垂直的協定，③ 適用除外と適用免除，④ 当然違法の原則と合理の原則，⑤ 規制機関の編成などのカテゴリごとに，競争政策と産業政策の「相剋」という背景と関連付けて，立法関係者の意見対立や学説等を踏まえて，各回草案を仔細に比較し，その変遷を分析して検討を加える。さらに，⑥ 中国経済改革以来のカルテルに関する代表的な事例を収集し，時期ごとに整理したうえ，時系列的に分析し，それぞれの時期に応じて，経済・社会的環境の変化に照らしながら，カルテルに対する政策方針の変遷，規制基準・手法及び関連する影響要素を考察する。前記①〜⑥のような研究は，日本においては（中国においても），最初の試みとなるのではないかと思われる。

以上のように，本書は，中国法におけるカルテル規制の原理原則，立法背景・経緯，実際の状況などの面から研究を行ない，この研究分野に微力を貢献しようとする。

3　本書の構成

第1章においては，はじめに，中国反独占立法の歴史経緯及び関連法体系の概要を把握するために，中国経済改革と経済法学の発展過程，並びに競争関連立法の背景，経緯を概観し，反不正当競争法及び反壟断法の立法経過を紹介する。次に，独占と不正競争の概念に対する把握・認識の違いによって，反不正当競争法及び反壟断法の立法にいかなる影響が生じたのか，さらに，この二つの法律の関係及び今後の課題などを検討する。

第2章では，社会主義市場経済の意義・性格（中国独自のモデルか体制移行経過段階かという両面の可能性を有する），具体的内容，課題などの概要に対する考察から始めて，中国改革開放の過程における政府と市場，産業政策と競争政策の「相剋」の理論背景，実態を分析し，それが一連の競争立法に与えた影響を俯瞰する。このことは，中国法におけるカルテル規制を，産業政策と競争政策の「相剋」という視座から考察し，検証するという本書の中心論点を展開するための，土台を作ることにもなる。

11　本書のテーマを決定する時点で，日本において，中国のカルテル規制を中心とする関連研究はほとんど無かったが，最近になって反壟断法におけるカルテルの概要紹介に関する1本の論稿（姜姍［2009］）が公表された。

さらに，第2章においては，競争に関連する立法を考察し，基礎的な理論の角度から，中国の競争関係立法におけるさまざまな思想・価値観の衝突及びその妥協を予備的に分析しておくことにする。

第3章では，反壟断法の独占的協定（カルテル）が「原則禁止主義」か，それとも「弊害規制主義」かについて考察する。カルテル規制を考察するに際して，まず「原則禁止主義」と「弊害規制主義」のいずれのタイプに属するかについて，明確にする必要があると考える。本書では，中国反独占立法について，この「原則禁止主義」と「弊害規制主義」のどちらを取るかによって，自由競争理念への接近や，産業政策と競争政策の「相剋」などに関して，一定程度考察することができると考えている。第3章では，立法段階における草案条文，学説の関連議論などを分析することを通じて，反壟断法のカルテル規制が，「原則禁止主義」か，それとも「弊害規制主義」に属するかを検証するとともに，日本及びドイツの経験を参考にしながら，その意義及び問題点を考察する。

第4章では，反壟断法における独占的協定の禁止に関して，水平的協定と垂直的協定を区別する意義などについて考察する。まず水平的協定と垂直的協定の区別をめぐって，主要各国の競争法の関連規制制度を，幾つかのタイプに分けて簡単に紹介する。次いで，対応する中国の学説を分析して，各次草案をそれぞれ対応するタイプに分類し，その根拠及び意義を述べる。さらに，産業政策と競争政策の関連視点から，水平的協定と垂直的協定を区別する意義を検討する。

第5章では，反壟断法における適用免除の制度を考察する。まず，日本独禁法における適用除外制度，特に後退的適用除外の導入背景・性格付け，及び，その後の適用除外規定の整理・縮小などの歴史経緯を紹介して，競争文化の伝統が無い日本において，適用除外の意義について検討し，類似する文化的背景を有する中国にとって，参考になる経験などを探る。次に，反壟断法のカルテル規制における適用免除（または適用除外）の各論を展開する。主として，① 適用免除と適用除外に関する学説，② 適用免除の対象範囲（不況カルテル，輸出入カルテル，国務院規定カルテルを主な対象とする），③ 適用免除の要件，④ 事前規制と事後規制という四つのカテゴリから，草案の変遷，学説の論争などを産業政策と競争政策の「相剋」と関連付けて考察し，検証する。

第6章では，中国のカルテル規制における「当然違法の原則」と「合理の原則」について考察する。アメリカ，EU，日本法における「当然違法の原則」と

「合理の原則」の概要などを紹介し，そこから要点，意義などを整理する。整理した要点などに基づき，中国の立法過程における学説論争，法案の変化，実際の事例を通じて，中国法における「当然違法の原則」と「合理の原則」の内容，特徴などを分析する。特に，「当然違法の原則」導入の要否をめぐる賛成意見と反対意見の対立について，競争政策と産業政策の「相剋」との関連性の角度から重点的に検討する。

第7章では，カルテルの規制機関について考察する。まず，反壟断法執行機関に関する意見対立を整理する。次に，主要な論点を抽出して，分析していく。さらに，主要な論点をめぐる学説論争，立法過程における草案の変化，法施行後の規制機関の実態などをそれぞれ検討する。最後に，規制機関に関する考察によって得られる結論について競争政策と産業政策の「相剋」の視点からまとめてみる。

第8章では，中国経済改革以来のカルテルに関する具体的な事例について考察する。80年代から最近まで，四つの時期に分け，各時期の代表的な事例を取り上げ，時系列的に分析し，中国においてカルテルの形成の原因，経済的・政治社会的環境の変化と連動している（カルテルに対する）政府介入の目標，規制手法などの変化を検討する。具体的な事例に関する規制の角度から，産業政策と競争政策の「相剋」の様態を検証する。

終章では，全体について総括し，各章の検討によって，明らかにし，あるいは結論付けたことについてまとめたうえ，所感及び課題について述べる。

4　草案の整理，選択及び概要

1　草案の整理

反壟断法立法以来，数多くの草案が存在した。しかし，立法過程の透明性が十分ではなく，関連情報の正式な公表・整理も少ないため，草案をはじめ，関連資料の収集は非常に困難なことであった。そのような状況の下で，筆者は草案及び関連資料の収集・調査に最大限に努力することによって，入手できて，かつ，その存在が確認ないし推察できる文献について，表序–1のように整理してみた。

2　草案の選択

次の表序–1のように，中国の反壟断法立法において，多くの草案があった。これからの考察を簡潔に進めるために，次のような要点に基づき，用いる草案を選択する。第一に，基本として年度ごとに一つの草案に絞る。第二に，（複数の草

表序－1　中国反壟断法立法における草案及び資料

草案の日付	草案名称	その存在または内容概要などを確認できる文献
1999年11月30日	「中華人民共和国反壟断法大綱」	王先林＝呉建農「壟断的一般界定与反壟断法所規制的壟断」『安徽大学学報』2002年，第26巻第1期，96頁。 劉剣文『知識経済与法律変革』法律出版社，2001年，303頁。
2000年6月20日	「中国独占禁止法要綱案」（筆者注：中国語原文未入手なので，この草案に限って，日本語版の草案を用いた）	姜姍「中国独占禁止法要綱案」『国際商事法務』第30巻第1号，64頁。 姜姍「『中国独占禁止法要綱案』の改正点（2002年2月26日版）」『国際商事法務』第30巻第12号，1690頁。
2001年10月11日	「中華人民共和国反壟断法（征求意見稿）」	朴春琴「中国における独占禁止法の制定について」『公正取引』第628号，2003年，77頁。 姜姍「『中国独占禁止法要綱案』の改正点（2002年2月26日版）」『国際商事法務』第30巻第12号，1690頁。
2001年11月10日	「中華人民共和国反壟断法（征求意見稿）」	川島富士雄「中国独占禁止法2006年草案の選択と今後の課題——改革と開放の現段階」『国際開発研究フォーラム』第34号，2007年，118頁。
2002年2月20日	「中華人民共和国反壟断法（征求意見稿）」	川島富士雄「中国独占禁止法2006年草案の選択と今後の課題——改革と開放の現段階」『国際開発研究フォーラム』第34号，2007年，118頁。
2002年2月26日	「中華人民共和国反壟断法（征求意見稿）」	朴春琴「中国における独占禁止法の制定について」『公正取引』第628号，2003年，77頁。 姜姍「『中国独占禁止法要綱案』の改正点（2002年2月26日版）」『国際商事法務』第30巻第12号，1690頁。
2002年8月	「中華人民共和国反壟断法（2002年8月征求工商局意見稿）」（筆者訳：中華人民共和国反壟断法（2002年8月工商局の意見を求める案））	川島富士雄「中国独占禁止法2006年草案の選択と今後の課題——改革と開放の現段階」『国際開発研究フォーラム』第34号，2007年，118頁。
2003年	「中華人民共和国反壟断法（草擬稿）」	王先林「論聯合限制競争行為的法律規制『中華人民共和国反壟断法（草擬稿）』的相関部分評析」『法商研究』2004年第5期，17頁。 川島富士雄「中国独占禁止法2006年草案の選択と今後の課題——改革と開放の現段階」『国際開発研究フォーラム』第34号，2007年，118頁。

2004 年	「中華人民共和国反壟断法（送審稿）」	「関于『中華人民共和国反壟断法（草案）』的説明——2006 年 6 月 24 日在第十届全国人民代表大会常務委員会第二十二次会議上国務院法制辦公室主任 曹康泰」全国人民代表大会常務委員会公報，2007 年第 6 期，524 頁。 王先林『WTO 競争政策与中国反壟断立法』北京大学出版社，2005 年，183 頁。 王暁曄編『反壟断立法熱点問題』社会科学文献出版社，2007 年，57 頁。
2005 年 3 月 20 日	「中華人民共和国反壟断法（2005 年 3 月 20 日稿）」	川島富士雄「中国独占禁止法 2006 年草案の選択と今後の課題——改革と開放の現段階」『国際開発研究フォーラム』第 34 号，2007 年，118 頁。
2005 年 4 月 8 日	「中華人民共和国反壟断法（征求意見稿）」	松下満雄「中国独占禁止法草案の検討」『国際商事法務』第 33 巻第 7 号，2005 年，881 頁。 川島富士雄「中国独占禁止法 2006 年草案の選択と今後の課題——改革と開放の現段階」『国際開発研究フォーラム』第 34 号，2007 年，118 頁。
2005 年 7 月 27 日	「中華人民共和国反壟断法（7 月 27 日修改稿）」	遊珏『卡特爾規制制度研究』法律出版社，2006 年，281 頁。 王暁曄「関于我国反壟断執法機構的幾個問題」『東岳論叢』第 28 巻第 1 号，2007 年，39 頁。
2005 年 11 月 11 日	「中華人民共和国反壟断法（11 月 11 日修改稿）」	川島富士雄「中国独占禁止法 2006 年草案の選択と今後の課題——改革と開放の現段階」『国際開発研究フォーラム』第 34 号，2007 年，118 頁。
2006 年 6 月 22 日	「中華人民共和国反壟断法（草案）」	全人代常務委員会第一次審議（中華人民共和国第十期全国人民代表大会常務委員会第 22 回会議）2006 年 6 月。
2007 年 6 月	「中華人民共和国反壟断法（草案二次審議稿）」	全人代常務委員会第二次審議（中華人民共和国第十期全国人民代表大会常務委員会第 28 回会議）2007 年 6 月。
2007 年 8 月 30 日	「中華人民共和国反壟断法」	中華人民共和国第十期全国人民代表大会常務委員会第 29 回会議（2007 年 8 月 30 日採択，中華人民共和国主席令第 68 号）。

案がある年度については）草案の信憑性，代表性，周知の程度（どの程度に公表され，知られているのか），取り上げる必要性などに応じて総合的な判断に基づき，選択する。例えば，2005 年度には四つ以上の草案があったが，2005 年 4 月 8 日案は 2005 年 5 月の「反独占立法国際検討会」で各国の関係者に配布され，広く知ら

12　松下［2005］881 頁。

れている。また多くの学者はこの草案について検討を行なっていた等の理由で，この草案を選択する。またこれから，「草案」という場合，特に説明が無い限り，制定法を含めた次の①〜⑩の草案全般を指す。

3 草案の概要

以上のように，本書では，特別な説明が無い限り，以下のように草案を選択し，用いることにする（各次草案の抜粋の訳に関しては，本書の327頁以下参照）。

① 「中華人民共和国反壟断法大綱」1999年11月30日案（以下1999年案という）

1999年案は全8章，56条からなる。第1章（第1〜6条）は総則であり，第2章（第7〜14条）は市場支配的地位の濫用，第3章（第15〜19条）は独占的協定，第4章（第20〜27条）は事業者集中規制，第5章（第28〜30条）は行政独占，に関してそれぞれ規定している。第6章（第31〜43条）では執行機関の設置，委員会の構成及び委員の選任などを規定し，第7章（第44〜52条）は法的責任の規定，第8章（第53〜56条）は附則で，自然独占，知的財産権の行使に関する適用除外及び細則の制定に関して，規定している。

② 「中国独占禁止法要綱案」2000年6月20日案[13]（以下，2000年案という）

2000年案も全8章，56条からなる。第1章（第1〜6条）は総則，第2章（第7〜14条）は市場支配的地位の濫用，第3章（第15〜19条）は独占的協定，第4章（第20〜27条）は事業者集中規制，第5章（第28〜30条）は行政独占，第6章（第31〜43条）では執行機関，第7章（第44〜52条）は法的責任の規定，第8章（第53〜56条）は附則である。2000年案の構造及び各条文に当たる内容まで，1999年案と酷似しており，内容の変更は無いのではないかと思われるかもしれないが，念のために，別々の案として扱う。

③ 「中華人民共和国反壟断法（征求意見稿）」2001年10月11日案（以下，2001年案という）

2001年案は全8章，59条からなる。第1章（第1〜7条）は総則，第2章（第8〜16条）は市場支配的地位の濫用，第3章（第17〜23条）は独占的協定，第4章（第24〜31条）は事業者集中規制，第5章（第32〜36条）は行政独占，第6章（第

---

[13] 2000年6月20日案について，中国語の原文を入手できなかったので，本書では，この2000年6月20日案に限って，すべて日本語訳版（姜姗[2002]）を使用している。

37～45条）は執行機関の設置及び執行手続き，第7章（第46～56条）は法的責任の規定，第8章（第57～59条）は附則である。

④ 「中華人民共和国反壟断法（征求意見稿）」2002年2月26日案（以下，2002年案という）

2002年案は全8章，58条からなる。第1章（第1～7条）は総則，第2章（第8～13条）は独占的協定の禁止，第3章（第14～24条）は市場支配的地位の濫用の禁止，第4章（第25～31条）は事業者集中規制，第5章（第32～36条）は行政独占，第6章（第37～43条）は執行機関の設置及び執行手続き，第7章（第44～55条）は法的責任の規定，第8章（第56～58条）は附則である。

⑤ 「中華人民共和国反壟断法（草擬稿）」2003年案[14]（以下，2003年案という）

2003年案は全8章，57条からなる。第1章（第1～7条）は総則，第2章（第8～13条）は独占的協定の禁止，第3章（第14～24条）は市場支配的地位の濫用の禁止，第4章（第25～30条）は事業者集中規制，第5章（第31～35条）は行政独占，第6章（第36～43条）は執行機関の設置及び執行手続き，第7章（第44～54条）は法的責任の規定，第8章（第55～57条）は附則である。

⑥ 「中華人民共和国反壟断法（送審稿）」2004年案[15]（以下，2004年案という）

2004年案は全8章，68条からなる。第1章（第1～7条）は総則，第2章（第8～15条）は独占的協定の禁止，第3章（第16～26条）は市場支配的地位の濫用の禁止，第4章（第27～35条）は事業者集中規制，第5章（第36～39条）は行政独占，第6章（第40～55条）は執行機関の設置及び執行手続き，第7章（第56～64条）は法的責任の規定，第8章（第65～68条）は附則である。この2004年案の最大の特徴としては，執行機関を「反独占主管機関」から「商務部反独占主管機関」とした唯一の草案である。

---

14 この2003年案について，2003年10月に出されたとの説があるが（王先林［2004］17頁），筆者が入手した草案の中国語原文には，具体的な日付は書いていない。また，2003年案については，一つの案しか無いようであるため，本書では，2003年案とする。

15 2003年案と同じように，筆者が入手した原文には具体的な日付は書いていないが，全人代常務委員会においての説明には，2004年2月だと説明されている（「関于『中華人民共和国反壟断法（草案）』的説明－2006年6月24日在第十届全国人民代表大会常務委員会第二十二次会議上国務院法制辦公室主任 曹康泰」全国人民代表大会常務委員会公報，2007年第6期，524頁）。

⑦ 「中華人民共和国反壟断法(征求意見稿)」2005 年 4 月 8 日(以下,2005 年案という)

2005 年案は全 8 章,58 条からなる。第 1 章(第 1～7 条)は総則,第 2 章(第 8～11 条)は独占的協定の禁止,第 3 章(第 12～22 条)は市場支配的地位の濫用の禁止,第 4 章(第 23～31 条)は事業者集中規制,第 5 章(第 32～35 条)は行政独占,第 6 章(第 36～45 条)は執行機関の設置及び執行手続き,第 7 章(第 46～53 条)は法的責任の規定,第 8 章(第 54～58 条)は附則である。

⑧ 「中華人民共和国反壟断法(草案)」2006 年 6 月 22 日(以下,2006 年案という)

2006 年案は,第十期全国人民代表大会常務委員会第 22 回会議(2006 年 6 月)において,反壟断法に関する第一次審議時の草案であり,全 8 章,56 条からなる。第 1 章(第 1～6 条)は総則,第 2 章(第 7～11 条)は独占的協定,第 3 章(第 13～15 条)は市場支配的地位の濫用,第 4 章(第 16～25 条)は事業者集中,第 5 章(第 26～31 条)は行政独占,第 6 章(第 32～44 条)は執行機関の設置及び執行手続き,第 7 章(第 45～52 条)は法的責任の規定,第 8 章(第 53～56 条)は附則である。

⑨ 「中華人民共和国反壟断法(草案二次審議稿)」2007 年 6 月(以下,2007 年案という)

2007 年案は,第十期全国人民代表大会常務委員会第 28 回会議(2007 年 6 月)において,反壟断法に関する第二次審議時の草案である。同案は,全 8 章,57 条からなる。第 1 章(第 1～12 条)は総則,第 2 章(第 13～15 条)は独占的協定,第 3 章(第 16～18 条)は市場支配的地位の濫用,第 4 章(第 19～29 条)は事業者集中,第 5 章(第 30～35 条)は行政独占,第 6 章(第 36～44 条)は調査・執行手続き,第 7 章(第 45～52 条)は法的責任の規定,第 8 章(第 53～57 条)は附則である。

⑩ 「中華人民共和国反壟断法」2007 年 8 月 30 日採択(以下,制定法という)

制定法は,第十期全国人民代表大会常務委員会第 29 回会議(2007 年 8 月 30 日)において採択された。同法は,全 8 章,57 条からなる。第 1 章(第 1～12 条)は総則,第 2 章(第 13～16 条)は独占的協定,第 3 章(第 17～19 条)は市場支配的地位の濫用,第 4 章(第 20～31 条)は事業者集中,第 5 章(第 32～37 条)は行政独占,第 6 章(第 38～45 条)は調査・執行手続き,第 7 章(第 46～54 条)は法的責任の規定,第 8 章(第 55～57 条)は附則である。

第1章 中国における競争法体系の構築
―― 独占の概念を題材として ――

　社会主義国家である中国は改革開放という政策転換の下に，市場経済体制を導入し，経済の自由化を図ることによって，著しい経済成長を成し遂げているが，経済の急成長及び経済主体の多様化によって，市場における反競争的な行為も多発し，公正な競争秩序が強く阻害されるようになった。その結果，計画経済体制下の法制度及び行政ではこのような行為に対して十分に対処できなくなってきた。そこで，事業者や消費者の利益を保護し，市場経済秩序を維持するために，市場競争に関する法制度の整備は中国政府にとって急務となったのである。

　計画経済体制から市場経済体制への転換という新旧経済体制交代の漸進的な過程において，中国の競争法は発展してきた。反不正当競争法と反壟断法の立法はこのような新旧体制の交代を生々しく反映し，かつそのような影響を受けてそれぞれ独特な性格を有する法律となっている。本章は中国経済法学の発展過程及び競争法の立法過程を概観したうえで，独占という中国にとっての新しい法律概念の定義，概念範囲をどう捉え，どう理解すべきかが反不正当競争法，反壟断法を含めた競争法の立法体系に大きな影響を与えたことを，学説や判例及び草案に対する分析を通じて考察する。

第1節　中国の経済改革と経済法

1　中国の経済改革と経済法の形成

　中国共産党は1949年に政権をとり，中華人民共和国が成立した。長年の戦乱

を経て，中国経済は崩壊する寸前であった。長い戦乱から脱出した当時の中国にとって，短期間内で疲弊した国民経済を回復させ，いち早く国民の基本的な生活を保障することは，最大の目標であり，また共産党自身の政治理念の理由もあるため，中国は旧ソ連の政治経済制度を全面的に導入した。経済体制については計画経済制度を採り，商品経済を否定し，国家本位主義で，経済関係と経済活動の調整は，共産党中央指導部と国務院の通達する非公開的文書に基づき，各級の党政機関が命令，任務を下し，行政命令を通じて施行する。あらゆる分野の経済活動が国家にコントロールされていて，しかも党の指導は至高の命令であって，権力もトップの少数の人に握られ，「法治」社会ではなく，「人治」社会であった。たとえ法律が制定されても，いわば飾り物のようなものであった。こうした厳格な計画経済体制の下に，中国では，公法と私法の区分すら認められず，当然のことながら経済法は一つの法律部門としては意識されることさえもなかった。[16]

計画経済制度は初期には経済回復に一定の役割を果たしたが，その後，次第に弊害も現れるようになった。長期にわたる政治闘争や文化大革命などの内部的な原因と，冷戦環境下におけるアメリカとの対立や60年代旧ソ連との反目などの外部的な原因もあって，中国は国際的に極めて孤立的で閉鎖的な状態に陥り，法律に関する研究も停止していた。文化大革命が終息した後の1978年末の中国共産党11期3中全会で，文革路線からの決別が宣言されると同時に，社会主義国家としての再建が開始された。この再出発の指針となったのが，政治面では「民主と法制の強化」であり，経済面では「四つの現代化」であった。「四つの現代化」とは農業，工業，国防，科学技術の四分野における現代化を目指すことである。

この中国共産党の11期3中全会は経済的・政治的分野だけではなく，いろいろな分野において中国に大きな変化をもたらした。法律もその例外ではない。経済法は一つの新興の法学科，法律分野として現れた。一般的に言えば，中国では経済法という概念は1970年代末，80年代初期頃に形成されたといわれており，より厳密に言えば，その形成は中国改革開放政策路線の象徴である1978年12月の中国共産党の11期3中全会が開催された以後のことである。[17]

---

[16] 劉瀚「中国法学基礎理論」羅豪才＝孫琬鍾編『与時俱進的中国法学』中国法制出版社，2001年，21頁。

[17] 劉文華［1999］205頁。中国の経済法学者の多くはこれに近い考え方をもっている（史際春［1999］4頁）。

表 1-1 中国経済改革の過程の概要

段階, 期間	目 標
改革開始段階 (1978年12月～1984年10月)	計画経済を主とし, 市場調節を補助手段とする
全面改革段階 (1984年10月～1992年)	① 計画的商品経済 ② 計画と市場の内在的な統一[19]
改革の深化段階 (1992年～2002年)	社会主義市場経済[20]
改革の要の段階 (2002年～)	社会主義市場経済体制の整備・改善・成熟化へ

2 中国経済改革の過程及び特徴

1 中国経済改革の過程の概要

中国経済改革の過程の概要は表1-1の通り, 四つの段階に分けることができる[18]。

2 中国の漸進的な改革の特徴

中国の漸進的な改革の三つの特徴としては「① 改革の進展に合わせ, 改革の目標モデルも絶え間なく変化する, ② 諸改革は『双軌制』(体制の二重構造) による移行方法を取り入れている, ③ 政府による改革戦略ではなく, 各主体間の利益衝突を反映した『公共選択』の結果で, 政治改革より経済改革のほうが先行する」と言われている[21]。この中で特に②の「双軌制」とは, 中国経済体制改革の最も基本的な方法である。すなわち, 旧体制を残したまま, その外側に新体制を

---

18 封学軍＝徐長玉［2006］65頁。樊綱［2003］130頁。
19 ②は①に関する理論上の理解の違いに対して打ち出した。その目的は計画と市場の結合が簡単な組み合わせではなく, 内在的で有機的な結合であることを強調するためである。封学軍＝徐長玉［2006］65頁。
20 社会主義市場経済という言い方の正式登場については, 1992年10月の中国共産党第14回大会で提出され, これにあわせて, 1993年3月の全人代第8回大会で憲法改正が行なわれた。「社会主義市場経済は社会主義基本制度と結合している。社会主義市場経済体制を形成する目的は, 市場が国家のマクロ・コントロールの下で資源配分について基礎的な役割を働く。この目標を実現するためには, 公有制を主として, 多様な経済成分が共同発展の方針を堅持し, 国有企業の経営体制の転換を一層に進め, ……」「中共中央関于建立社会主義市場経済体制若干問題的決定 (中国共産党第14届中央委員会第3次会議1993年11月14日通過)」(求是1993年第23期) 4頁参照。
21 樊綱［2003］129頁。

作り出しこれを発展させて，そして，経済構造の変化につれて次第に旧体制を改革していくあるいは自然に縮小していく方向で，新体制（市場経済体制）が旧体制（計画経済体制）を包囲し，最終的に融合させる方式である。この「双軌制」の方法は多くの改革分野に使われ，中国の経済改革の推進と市場メカニズムの発展に最も重要な改革方法で，影響が最も大きいと言われており[22]，そして，中国経済法学の発展ないし経済立法もこのような漸進的改革の歴史背景に大きく影響されつつ歩んできた。

3 中国経済法学の発展過程

中国における経済法学の形成と発展は，改革開放の進展ととても密接な関係にある。共産党の11期3中全会は国の政策を大転換させ，経済発展を重視するようになったため，それに伴い，経済に関する法制度の整備も大変重要となってきた。中国経済立法実践の過程は前出の表1-1のような段階とほぼ一致し，経済法学の形成も同じように中国経済の市場化の進展と緊密な関係にあり，一般的に，中国経済法学は以下の三つの段階を経て発展してきたと言われている[23]。

1 第一段階：創設段階（1979～1984年）

この段階はちょうど中国の改革開放の開始時期で，計画経済から市場経済への移行の初期段階である。1979年から中国は計画経済体制から市場経済体制へ転換し始め，過去の計画経済の強力な統制から解放され，市場が次第に形成されるようになった。だが，計画経済の下では，商品経済も市場も存在しなかったため，市場秩序に関する法律も，政府が市場秩序の維持に関する経験もほぼ空白な状態であった。そのため，大きな混乱を避けるための各種の経済法規の樹立が急務となっていた。1978年10月に，胡喬木は「人民日報」に「経済規律に基づいて仕事を行ない，四つの現代化の実現を加速させ」という経済立法に関する論稿を発表して[24]，法学界に大きな影響を及ぼした。1979年6月，第5期人民代表大会第二次会議で「経済の発展によって，各種の経済法が必要となり，全国人民代表大会は真剣に調査研究し，慎重に審議をして，社会主義経済の発展に適した法律を制定しなければならない。」という提案が出され，中国の国会に当たる全国人民

22　樊綱［2003］133頁。
23　董延林［1996］59頁。
24　胡喬木「按照経済規律辨事，加快実現四個現代化」『人民日報』1978年10月6日。

代表大会に経済法立法に関する議案を初めて正式的に議事日程に載せたのである。80年代に入ってから，経済法は国家の国民経済に対する管理，組織の手段としてますます重視され，学者も経済法の基礎理論について研究し始めた。

2 第二段階：全面展開の段階（1984〜1992 年）

1984 年 10 月 20 日，中国共産党 12 期 3 中全会で「中共中央経済体制改革に関する決定」[25]の採択によって，中国の経済体制の改革が全面的に展開する。この決定は過去の中央集権的で硬直的な経済政策を批判し，それまでの計画経済と商品経済の対立性を強調した伝統的な考え方を否定して，商品経済が社会主義にとっても必要であるとして，公有制に基づき，計画的な商品経済を発展させると提唱したが，中国の経済体制の基本があくまでも計画経済であり，計画的な商品経済を認めるが，市場経済がまだ認められていないという立場であった。もう一つ注目すべき点はこの決定が競争についても言及し，社会主義企業の間でも競争関係の存在を肯定したことである。それまで中国において，競争とは資本主義社会にのみ存在するものだと考えられていた。この決定の第 6 節は，

> 「……商品生産があれば，競争が必ず存在し，ただ，異なる社会制度では競争の目的，性質，範囲及び手段が異なるだけである。社会主義企業間の競争は資本主義の弱肉強食とは違って，公有制に基づき，国家計画と法令の管理下，社会主義現代化建設のためという大前提の下，企業を市場における消費者の判断と検査に任せ，優れた企業だけ生き残る。……」

と述べ，計画的な商品経済の推進に伴い，競争が現れることにより，反競争的な行為が出現することを予想して，これに伴う経済立法も加速しなければならないと立法機関に要請した。そこで，この時期の経済立法は主に計画的な商品経済の確立を基軸として進められ，企業の組織と行為の規範，経済秩序，マクロ経済管理及び渉外経済活動の規範などの面において相当な進展を見せた。政治的な影響を若干受けながらも，経済法学術界は経済法の規制対象，経済法綱要，経済法規体系等基本問題を研究し，中国独特の経済法理論の形成に努力した。この段階での経済法理論研究はあくまでも計画的商品経済を基礎としたものなので，その立

---

25 人民網（人民日報の公式サイト）：中国共産党新聞「中共中央関于経済体制改革的決定（中国共産党第十二届中央委員会第三次全体会議一九八四年十月二十日通過）」http://www.people.com.cn/GB/shizheng/252/5089/5104/5198/20010429/467457.html

法思想，法学理論は計画経済の枠を超えることはできなかったが，その後の社会主義市場経済の条件の下での新経済法の形成及び発展に必要な理論基礎と条件を確立させた。

3 第三段階：深化と向上の段階（1992年〜）

中国共産党第13回大会では社会主義の経済制度を計画経済から計画的な商品経済へ転換させたが，経済改革の進展に対応して，第14回大会ではさらに一歩進んで社会主義商品経済という曖昧な表現を捨て，市場経済への転換を明確的に宣言した。これにあわせた憲法の改正も行なわれた。憲法第15条「社会主義的公有制を基礎として，計画経済を実行する」との規定を「社会主義市場経済を実行する」と改正したのである[26]。社会主義市場経済体制の導入及び確立によって，中国の経済発展に大きな成長をもたらしたが，市場における経済秩序の維持は大きな課題になった。しかし，前述の通り，中国においてこの分野に関しては，これまで何らの経験も無い領域であったため，競争法の立法及び関連研究は，ますます急務となり，経済法学の重要な研究分野となった。これをもって中国経済体制の改革と経済法学の研究は深化と向上の段階に入り，経済法立法も急速発展時期に入った。特に1993年は経済法の立法が突破的な進展を取得したと言われている[27]。

第2節　中国における競争法体系の構築

1　中国における競争立法

1　反不正当競争法の立法背景・経緯

1993年9月2日，中国第8期全国人民代表大会常務委員会第3回会議において「中華人民共和国反不正当競争法」が可決され，同年12月1日施行された。この法律は，中国初の市場競争秩序の規範に関する法律であり，日本，アメリカ，ドイツなどの先進国の立法経験を参照して制定されたと言われているが[28]，前述の

26　小口＝田中［2004］18頁。

27　この年に制定された経済関係法律：「反不正当競争法」「消費者権益保護法」「製品品質法」等。

28　梁慧星（鈴木賢訳）［1989］114頁。

ように，当時の中国が長い法律虚無主義の時代を終え，「人治」社会から「法治」社会へと変容する途中であり，経済高度成長に伴う社会の急速な変化に追われて，学術面においては競争，経済法などの法学理論研究がまだ浅く，多くの基本的な理論問題が未解決のままに，制定された法律である。また外国の経験を参照したといっても，政治制度があまりにも違うので，中国に適した法律を制定することはとても難しい課題であり，さまざまな問題点がまだ残されていることを否定することができないであろう。

　周知の通り，中国においては長期間にわたって，社会主義の計画経済体制が実行されてきた。私有制を認めず，商品経済も否定し，あらゆる分野の経済活動が国家にコントロールされていて，市場も競争も存在しなかった。計画経済制度は建国初期において経済回復には一定の役割を果たしたが，その後次第に計画経済の弊害が現れ，経済が崩壊寸前となった。この苦境を打開するため，鄧小平をはじめとする共産党の指導部は政策方針を転換し，改革開放路線を打ち出した。この改革開放の政策が実行されて以来，経済は著しく発展したが，さまざまな問題も新たに現れ始めた。それは，商品経済，市場経済の発達によって商工業が急速に成長し，経済主体の多様化とともに市場における反競争的な行為も多発し，公正な競争秩序が強く阻害されたのに対し，計画経済体制下の法制度及び行政では，このような行為に十分に対処できないということであった。そこで，事業者や消費者の利益を保護し，市場経済秩序を維持するために，市場競争に関する法律の制定が急務となったのである。実際に改革開放政策が実行されてから，市場競争のルールに関するいくつかの法規は，条例などの形式で発布された。例えば，1980年10月17日の国務院の「社会主義競争の展開及び保護に関する暫定条例」や「商品流通における不正当行為の防止に関する国務院通知」などがある。しかし，これらの規定は体系性を有せず，あくまでも暫定的な措置であり，それほど実効性はなかったため，より統一的で社会主義商品経済（1993年に社会主義市場経済に変更）に適した新しい経済法規範が求められ，また，国際貿易における知的財産権に関する保護も国際社会から強く求められた。こうした背景の下に，反不正当競争法が制定された。

　当初は，中国の立法当局は反不正当競争法と反壟断法を合併させて，一つの法律として立法する予定であった。当時，中国においては，不正競争の規制に関する立法をすべきだという点にはコンセンサスがすでに形成されていたが，反独占

の規制に関する立法をめぐっては「不要」「時期尚早」「必要」という三つの意見が対立しており，結局，第三の必要という見解が採用された[31]。1987年8月中国国務院法制局において反壟断法起草グループ（国家経済体制改革委員会，国家工商行政管理局等七部門参加[32]）が成立し，反独占と反不正当競争に関する法規の起草作業を開始した。こうして，1988年までに同グループが「独占及び不正当競争禁止暫定条例草案」（第4稿）[33]を提出した。ところが，1989年に立法意図が変わったため，反独占の部分が外され，草案の名称は「不正当競争阻止条例（草案）」（第5稿）[34]に変わった。この段階では，まだ国務院の行政法規である条例の立法準備段階であり，正式的な立法段階に入らなかった。その後，中国国内情勢の変化によって起草作業が一時中断した。起草作業は1991年末に再開され，国務院の条例としてではなく，全人代の立法計画に正式に取り込まれた。その際，法案名を「反不正当競争法」とすると同時に，起草作業が国家工商行政管理局（以下，工商総局という）[35]に委ねられることとなった。1992年10月，「反不正当競争法（意見徴収稿）」（全8章41条からなる）が作成され，関係機関及び研究者に回覧されてから，1993年1月法律の名前は「公平取引法（意見徴収稿）」に一度変更された[36]。1993年3月工商局は「公平取引法（送審稿）」を正式的に国務院に提出した。この1993年3月の送審稿は1992年10月の「反不正当競争法（意見徴収稿）」と比べると法律名が変わったこと以外に，反独占に係る内容（市場支配的地位の濫用，カルテル，行政独占等）を追加するものであった。国務院法制局は送審稿を審査す

---

29 具体的に言えば，それは1992年1月17日に中米両国がワシントンで合意した「知的財産権の保護に関する了承覚書」の第4条において，中国側はパリ条約に基づいて不正競争行為を防止し，商業秘密を侵害する行為を阻止する有効な措置をとるために，中国政府の関連部門は1993年7月1日まで，立法機関に草案を提出し，1994年1月1日前に可決し，施行できるように最大の努力を尽くすと承諾した。王学政［1998a］6頁。

30 王暁曄［2004c］156頁。

31 梁慧星［1989］108頁。

32 1988年からこの立法作業は国務院法制局と国家工商行政管理局が主に担当するようになった。

33 原語：「禁止壟断和不正当競争暫行条例」（草稿）。

34 原語：「制止不正当競争条例」（草稿）。王学政［1998a］6頁。梁慧星［1991］2頁。

35 2001年に国家工商行政管理総局に昇格した。詳細は第7章第4節を参照されたい。

36 中国語原文：「公平交易法」（草稿）。王学政［1998a］7頁。

る際，法律名を全人代の立法計画に書かれた正式名の「反不正当競争法」にし，行政独占に関する条項を削除することにした。1993年5月28日に国務院第4次常務会議において「中華人民共和国反不正当競争法（草案）」（全5章33条からなる）は検討され，同会議を通過した。1993年6月に，第8期全人代常務委員会での本格審議が始まり，同委員会の第2回会議の審議を受けて全人代，国務院法制局，工商局は法案の条項を部分的に改め，反独占に係る市場支配的地位の濫用，カルテルの内容を削除し，一部の規定だけ残されたが，同委員会の一部委員の強い要請で行政独占の内容が挿入された。そして，1993年9月2日第3回会議で「中華人民共和国反不正当競争法」（全5章33条からなる）が採択されたが，反壟断法は反不正当競争法と区別して，後の立法計画に廻され，いわゆる「分立立法」（反不正当競争法と反壟断法はそれぞれ別個に立法するとの意味。以下同じ）がなされることになった。[37]

2 反壟断法の立法

(1) 初期の意見対立について

初期の反不正当競争立法において，規制範囲及び反独占の部分に関して，以下の三つの意見が対立した。[38]

① 分立説　不正当競争を規制するのみで十分であり，独占の規制に関する規定はまだ設けるべきではなく，将来の反壟断法に任せる。

② 合併説　不正当競争と独占の両方を全面的に規制するように，二つの法律を合併して一本の法律にし，反壟断法を単独立法しない。

③ 折衷説　一部の独占的行為を不正当競争行為と見做し，そのような独占的行為を規制する規定を反不正当競争法に入れて，当面の問題を解決する。将来反壟断法を立法するとき，他の独占的行為を規制し，あるいは反不正当競争法の独占的行為を規制する部分を反壟断法に移しかえる。

結局は③の方法が採用され，折衷的な立法として反不正当競争法が制定された。

(2) 反壟断法立法の各段階及び草案

中国反壟断法立法の各段階は以下のように分けられる。[39]

37　王学政［1998a］6頁以下。
38　王学政［1998b］24頁。曹天玷［1993］166-168頁。
39　林欧［2005］133頁。

① 第一段階（1987年8月〜1993年9月）　すでに述べたように，1987年8月から中国国務院法制局において反壟断法起草グループが作られ，独占及び不正競争の規制に関する法律を起草しようとしたが，結局，独占に関する主要な部分（カルテル及び市場支配的地位の濫用）が削除され，折衷的な立法措置として1993年9月反不正当競争法が立法された。

② 第二段階（1994年5月12日〜2003年3月）　1994年5月12日に国家経済貿易委員会と工商局による共同の起草作業が始まり[40]，2003年まで幾つかの草案が出された。しかし，2003年3月国務院の部門構造改革により，国家経済貿易委員会が解散され，共同起草が中止された。この時期の草案として，1999年11月案，2000年6月20日案[41]，2001年10月11日案，2002年2月26日案等がある[42]。

③ 第三段階（2003年3月〜2006年5月）　2003年3月，商務部が成立した。反壟断法の起草は商務部がこれを主導する段階に入り，工商局もこれに参加する形をとって行なわれた。2003年案＝「中華人民共和国反壟断法（草擬稿）」案[43]を経て，そして2004年2月に「中華人民共和国反壟断法（送審稿）」が作られ[44]，国務院に提出された。その後，2005年4月8日案も作成され，2005年5月の「反独占立法国際検討会」において各国関係者に配られた[45]。

④ 第四段階（2006年6月〜2007年8月）　2006年6月7日，反壟断法草案は国務院常務会議を通過し，2006年6月22日案が形成されて，全人代常務委員会へ審議が提出された[46]。2006年6月27日に中国第10期全人代常務委員

40　王長斌［1995］19頁。

41　姜姍［2002］64頁。以下の2000年案の内容についてこの要綱案の訳文を引用している。

42　中国反壟断法の草案は公式的に発表されたのは僅かであるので，いろいろな版もあり得ると思われる。各草案については，朴春琴［2003］74頁，姜姍［2006］156頁，及び川島富士雄［2007］118頁を参照されたい。

43　筆者の入手した草案の日付は2003年9月であるが，2003年10月という説もある（王先林［2004］17頁）。

44　「関于『中華人民共和国反壟断法（草案）』的説明－2006年6月24日在第十届全国人民代表大会常務委員会第二十二次会議上国務院法制辦公室主任　曹康泰」『全国人民代表大会常務委員会公報』2007年第6期，524頁。

45　松下［2005］881頁。

46　中華人民共和国中央人民政府公式サイト：http://www.gov.cn/ldhd/2006-06/07/content_302970.htm

会第22回会議で「中華人民共和国反壟断法（草案）」の第1回目の審議が始まり，その後，2007年6月末の第2回目審議，同年8月末の第3回目の審議を経て，2007年8月30日に可決され，正式に立法した。[47]

2 反不正当競争法の概観，特徴及び問題点[48]

1 概　　観

(1) 行為類型及び規制対象

反不正当競争法は全5章，33条からなる。第1章は総則，第2章では禁止される11種類の不正競争行為の行為類型を挙げ，第3章は監督・検査に関する手続き規定，第4章は法的責任の規定，第5章は附則である。反不正当競争法は前述したように，その一部に本来は反壟断法によって規制すべき行為類型が入っており，両法の混合体となっているため，禁止される11種類の行為類型については次のように大きく二つのグループに分けることができる。第1グループは[49]，もともと反不正当競争法が規制する行為である。それらは，具体的には，混同招来・商品の品質，産地に関する誤認または虚偽表示等の行為（第5条），商業賄賂行為（第8条），虚偽広告（第9条），営業秘密の侵害（第10条），不当な景品付き販売（第13条）[50]，営業誹謗行為（第14条）である。第2グループは，本来的に反壟断法で規制すべき行為である。具体的には，不当廉売（第11条），抱き合わせ販売及び拘束条件付き販売（第12条），独占的地位を有する公益事業者による取引先の限定（第6条），行政権力の濫用による競争制限行為（第7条），入札談合（第15条）である。

このような分類の方法に照らして見れば，第1グループに分類された行為類型は概ね日本の不正競争防止法の規制対象の行為類型に相当する不正競争行為（以

47　中国人大網（中国全国人民代表大会公式サイト）：http://www.npc.gov.cn/zgrdw/flzt/index.jsp?lmid=15&dm=1520&pdmc=ch

48　反不正当競争法の日本語訳としては，魏啓学［1993］1433頁以下，また，同法に関する紹介資料については，張輝［1994］53頁，王為農（根岸哲監修）「中国における不正競争規制」『国際商事法務』第22巻8号，1994年，858頁，龔驍毅［2007］11頁，等がある。

49　王暁曄［2004c］156頁以下。王学政［1998a］8頁。

50　この不当な景品付き販売行為を反壟断法の規制範囲に分類する学者もいる。王為農［2005］107頁。

下不競法型行為類型という），第2グループの行為類型は，外形から見れば，主に日本の独禁法の規制対象である競争を制限（あるいは阻害・排除）する行為類型に相当する不正競争行為（以下独禁法型行為類型という）に該当する。もっとも，分類方法によっては，第1グループの中の虚偽広告，不当な景品付き販売，営業誹謗行為等はそれぞれ日本法の不公正な取引方法の行為類型に相当し，同時に第2グループに分類することも十分に可能であると思われる。

規制対象については，法2条2項の不正競争行為の定義と同条3項の事業者の定義と合わせてみると，規制対象は法人，その他の経済組織及び個人であることが分かるが，第7条（行政独占の禁止）の規定を見ると，政府及びその所属機関も規制対象となり得る点に特徴がある。

(2) **執行機関及び司法審査**

執行機関については主に行政機関である。同法の第3条2項及び第16条によれば，反不正当競争法の執行機関は，県以上の人民政府の工商行政管理機関及び法律または行政法令により権限が付与された他の機関となる。県以上の工商行政管理機関は不正競争行為に対して，通常，監督及び検査を行なう最も重要な国家行政機関である。1994年8月国務院の許可を得て，工商総局に公正取引局が設立され，この「公正取引局」は不正競争行為に対して監督検査権をもつ専門行政担当部門とされた。[51] 法律または行政法令による他の機関については，例えば，証券取引に関する不正競争行為は証券監督委員会がこの違反行為に対して監督検査権を持つ。このほか，国家特許局，物価局，鉄道部，建築行政部門などの管理機関を挙げることができる。また，第7条の規定に違反した政府部門及びその所属機関に対する是正処分の権限は，その上級部門及び機関にあり，工商行政管理機関は処分権をもたない。このように多くの行政機関が一つの不正競争行為に対して監督検査の権限を行使できる制度になっていることは，法制度がまだ不完全な中国において，管轄権をめぐって衝突が多発する原因となっているといわれている。[52]

また，反不正当競争法において，それぞれ，民事の損害賠償訴訟（第20条），刑事責任の追及（第21，22，31，32条），行政不服訴訟（第29条）等を規定しており，その管轄は各レベルの人民法院（裁判所）となる。しかし，中国の現状では，

---

51 王暁曄 [2004c] 156頁。
52 鄭元普 [2005] 191頁。

司法機関は行政機関の活動に対する司法審査の権限がまだ弱く，不十分であるため，刑事・行政事件において，当事者の実体的及び手続き的な権利が十分に保護されるかは問題であろう。

(3) 規制手段

規制手段については，行政的手段，民事的手段及び刑事的手段が用意されている。

行政的手段は，反不正当競争法の規制手段の中で一番重要な規制手段であると思われる。実務の適用例から見ても，工商行政管理機関による行政処分は圧倒的に多い。具体的には，違反行為に対する停止命令，違法所得の没収措置，行政罰金（行政処分であり，機能的には日本の課徴金に対応しており，行為類型により1万元から20万元または違法所得の1倍から3倍までの納付を命ずるもの。以下，行政制裁金という），当該違法の入札談合の無効宣告（第27条），営業免許の取消し（第21条，営業免許が取り消されたら，営業活動ができなくなるため，行政手段の中で一番厳しい処罰とも言える）などがある。

反不正当競争法における民事的手段に関しては第20条があるが，それによれば被害を受けた事業者のみ損害賠償が請求でき，消費者等のそれ以外の者は請求することができない。また，中国「民法通則」第118条と第134条の規定によれば，被害を受けた者は当該侵害行為に対して侵害停止，妨害排除，危険除去，原状回復等も求めることができると考えられている。

刑事的手段については，第21条2項，第31条，第32条が刑事的な処罰を規定しているが，これらの規定は直接に不正競争行為に対して刑事罰を適用するのではなく，もっぱら，行為者が不正競争行為を行なうことにより，不正競争行為の程度を超えて，偽造・劣悪な商品の販売や賄賂等の別の犯罪を構成する行為，及び国家機関の職員による職権の濫用，職務の怠慢，違法行為に対する庇護等の瀆職罪についての刑事罰であり，不正競争行為そのものに対する刑事措置を設けているわけではないように見える。

2 特　徴

前述のように，不競法と独禁法の混合立法体系を取っている反不正当競争法には，不競法型及び独禁法型という二つのグループの行為類型が規定されているにもかかわらず，違法要件には対市場効果要件がなく，同法の直接的な保護対象が競業者たる事業者であり，この事業者に対する保護を通じて，間接的に公正な競

争を保護・促進し，社会主義市場経済の健全な発展という究極目的に寄与するというような考え方をとっていることがこの法律の大きな特徴ではないかと思われる。

　反不正当競争法の第2条は市場行為の規範に関する原則及び不正当競争の定義について，次のように規定している。「市場取引において，事業者が自由意思，平等，公平，誠実信用の原則に従い，公認の商業道徳を遵守しなければならない。」（第2条第1項）。また，第2条第2項では不正当競争行為の定義について，「この法律において不正当競争とは事業者がこの法律の規定に違反し，他の事業者の適法な権益を侵害して，社会経済秩序を撹乱する行為を言う」としている。これらの規定から分かるように，この法律によって規制される不正競争行為とは，「この法律の規定に違反し」「他の事業者の適法な権益を侵害して，社会経済秩序を撹乱する」行為である。不正競争行為に該当するか否かを判断する実質要件として「この法律の規定に違反し」（以下，行為要件という）「他の事業者の適法な権益を侵害し」（以下，権利侵害要件という）という二つの要件である[53]。そして，行為要件については，具体的に言えば，法に列挙された11種類の行為類型に該当することをいい[54]，列挙された行為類型の多く（第5, 6, 11, 12, 15条等）においては「取引相手の意思に反して」「競争相手に損害を与え」「競争相手（あるいは他の事業者）を排除する目的をもって」等の主観的な要件に関する認定が必要である。権利侵害要件と合わせてみると，不正競争行為の判断に際して，例えば，不当廉売や公益事業者による取引の強要及び入札談合等の行為について，行為の外形への該当性以外に，行為者の主観的意図に基づいた他の事業者への権益侵害に関する認定が必要とされるが，競争制限効果（対市場効果要件）は違法性要件となっていない。特に不当廉売と条件付き販売行為については，行政介入の措置すら規定されておらず，侵害を受けた事業者による民事的手段でしか規制されないので，

53　ここでの「社会経済秩序を撹乱する行為」という文言はどういう意味であろうか。「社会経済秩序を撹乱することとは，不正当競争行為は特定の事業者に損害を与えるだけでなく，さらに公正競争の基盤である良好的・正常な社会経済秩序を撹乱し……」というような解釈があるが（邹瑜編［1996］1370頁），やはり抽象的すぎるのであり，また筆者が調べた範囲では，この文言の具体的な意味を示した判決や学説がまだ見当たらないので，少なくとも現段階では実質的な違法性要件として考えがたいのではないかと思われる。

54　回滬明＝孔祥俊［2004］44頁。

私法上の権利侵害行為と位置付けられていると考えざるをえない。

　また，同法の第１条「社会主義市場経済の健全な発展を保障し，公平競争を奨励・保護し，不正当な競争行為を制止して，事業者及び消費者の適法な権益を保護するために，この法律を制定する」という目的規定を，①～④に分け，それぞれ細分して整理すると次のようになる。

① 不正当な競争行為を制止して，
② 事業者及び消費者の適法な権益を保護する
③ 公平競争を奨励・保護し，以て
④ 社会主義市場経済の健全な発展を保障する。

①は手段で，②は直接的な目的となり，③は間接的な促進・保護対象で，④は究極の目的となる。②から消費者の保護も一見して直接的な保護対象となるが，不正競争行為の違法性要件（他の事業者の適法な権益を侵害し），及び法第20条において不正競争行為による被害を被った事業者に民事訴訟を提起する権限を与えていることに対し，消費者にそのような権限を与えておらず，その上，消費者という文言は第１条の立法目的の条文にしか存在せず，さらに，消費者保護法も他に存在するので，消費者の保護についてはあくまでも抽象的で反射的な保護対象であると考えられる。

3　運用事例の紹介及び問題点
(1)　事案の紹介及び解説

反不正当競争法の特徴の紹介において，同法が競業者たる事業者の保護を主たる目的とした法律であると述べてきた。ここでは，それにかかわる一つの事例を取り上げることにする。

重慶市塾江県水道有限公司による取引強制案[55]

［事案概要］

1998年７月，重慶市工商局は，水道事業を営む公益企業である同市塾江県水道有限公司（以下，水道公司という）が1997年から，その独占的な地位及び給水の審査権限を利用して，水道を引こうとする需要者に対し，建物内部の水道管線工事及び工事材料をも同時に指定された者（水道公司の各事業部門）に発注しなければならないことを強制したと認定して，当該行為が反不正当競争法第６条に違

55　孔祥俊［2005］102頁以下。

反するとし，同法第23条により，違反行為の停止及び行政制裁金15万元という行政処分を下した。水道公司は不服とし，重慶市第一中級法院（地裁）に取り消し訴訟を提起した。一審では，工商局の違法行為に関する認定を基本的に是認し，一部事実認定の証拠が不十分とし，行政制裁金の額を8万元に変更した。これを受けて，水道公司は控訴した。

［判　　旨］

重慶市高級法院（高裁）は，不正競争行為に該当するか否かを判断するには，この法律の規定に違反し，かつ他の事業者に実質的な損害を与えたかどうかによって判断すべきとし，① 需要者が依頼した他の工事業者は水道工事を行なう資格を有しない，② 水道公司は水道工事を行なう資格を有する業者に依頼した他の需要者にこのような強制をしていないことを立証しており，工商局はその反対立証ができていない，③ 工事及びその材料が一括発注の形をとっているため，材料の強制購入とはいえない，などの事実を認定した。そして，二審判決は，水道公司が水道工事を行なう資格を有しない業者による水道工事を認めない行為が正当であり，かつ，資格を有する業者に依頼した需要者の申込を拒絶し，自分に工事を依頼するように強制し，資格を有する水道工事業者の利益を侵害した事実が無いため，取引強制行為が存在すれば，直ちに不正競争行為に該当し，違法であるという工商局の判断が法律適用の誤りであるので，一審及び行政処分を取り消した。

［解　　説］

本件の主な争点は，不正当競争行為の違法性要件は具体的にいかなるものか，というところにある。本件判決は反不正当競争の違法性判断要件，すなわち「この法律の規定に違反し」という違法要件と「他の事業者の適法な権益を侵害する」という違法性要件の二つを確認した。このような判断によれば，反不正当競争法における違法性判断の構造は日本の独禁法の不公正な取引方法のそれとやや類似するところがある。不公正な取引方法の該当性に関する判断について，簡単に言えば，行為要件（列挙された行為類型）に該当し，かつ公正競争阻害性があれば，違反行為が成立する。[56] 反不正当競争法の不正当競争行為もまず行為要件（列挙された11の行為類型）に該当する必要があるという点では類似するが，他方で，

56　根岸＝舟田［2006］194頁。

その次は，公正競争阻害性や競争の実質的制限ではなく，事業者の権益の侵害という権利侵害要件である。この点については，反不正当競争と独禁法の不公正な取引方法は大きく異なるところである。

　しかし，本判決の「この法律の規定に違反し」と「他の事業者の適法な権益を侵害する」という二要件説に対する批判もある。孔祥俊氏[57]は法6条の「他の事業者の公平競争を排除するために」という文言が目的要件であり，結果（効果－筆者注）要件でもあるとした上で[58]，「反不正当競争法の保護対象は競争あるいは競争メカニズムであり，目に見える現実的な競争者を保護するに限らない……侵害される対象も特定の事業者に限らない……限定行為と他の事業者の公平競争の排除の間は因果関係であり，限定行為から競争を排除する効果を必然的に導出できる……限定行為が証明されれば，その損害効果は分析することを通じて結論を得られるので，証明する必要は無い……」とされている。その上で，「……本件において，水道公司は需要者に対し，その水道工事の受け入れを強制した行為を認定すれば，言うまでもなく他の事業者の公平競争を排除したことを認定でき，具体的にどの事業者を排除したか，あるいはどのような侵害効果が生じているかを証明する必要は無い」と述べている[59]。孔祥俊氏の主張をまとめてみると，つまり，限定（制限）行為を行為要件とし，「他の事業者の公平競争を排除するために」という規定を日本法における公正競争阻害性や競争の実質的制限のような対市場効果要件に相当する要件として扱うことであり，「他の事業者の適法な権益を侵害する」という要件について判断しなくてもよいことになるように見える。

　そこで，この「他の事業者の公平競争を排除する」という文言を対市場効果要件として解釈することができるか否かが重要な問題になるといえよう。私見としては，このような解釈はやや無理ではないかと思う。まず，この「他の事業者の公平競争を排除する」という文言は第2条の不正当競争行為の定義規定ではなく，列挙された11の行為類型の一つである「独占的地位を有する公益事業者による取引先の限定」（第6条）に規定されている。その趣旨は「競争を排除する」ので

57　孔祥俊：中国国家工商行政管理局副処長等を歴任し，現最高人民法院行政裁判廷副廷長（2004年時点），法学博士。

58　反不正当競争法「第6条　公益企業及びその他の法に基づく独占的地位を有する事業者は，他の事業者の公平競争を排除するために，他人に対し，その指定する事業者の商品を限定して購入させてはならない。」

59　孔祥俊［2005］109頁以下。

はなく,「他の事業者の公平競争を排除する」ということであり,これは,他の事業者の公平な競争「活動」を排除するという意味として理解すべきであり,日本独禁法の私的独占の行為要件の一つ「他の事業者の事業活動を排除する」と類似するような要件ではないかと思われる。第6条において,独占的地位を有する事業者が,他人に対し,その指定する事業者の商品を限定して購入させることは,他の事業者の競争活動を排除する行為の手段として挙げられている。日本独禁法において,事業者の一定の行為が私的独占の排除に当たるかどうかは,当該行為の有する競争制限効果（市場効果の要件）と連動する形で評価・判断されることとなるが,[60] 反不正当競争法においては,対市場効果要件を規定しておらず,「他の事業者の適法な権益を侵害する」という要件しかなく,そこで,裁判所及び執行機関は,事案の処理に際して,当該行為が市場競争全体に与える影響を考慮することなく,特定の事業者への権益侵害のみで違法か否かを判断せざるを得ないのではないかと思われる。

　すでに独占的な地位を有する事業者が,他人に対し,その指定する事業者の商品を限定して購入させることにより,他の事業者の競争活動を排除する行為が認定されれば,直ちに競争制限効果が推定でき,違法と判断すべきであるという孔祥俊氏の見解は,[61] 一般的な競争法の観点から見れば,賛同できる。しかし,すでに述べたように,反不正当競争法に不競法型と独禁法型の二つのグループの行為類型が規定されているにもかかわらず,違法要件には競争制限効果（対市場効果要件）が無く,権利侵害要件しか規定していないという規定の仕方に照らせば,独禁法型の不正競争行為についても,権利侵害要件をもって,評価・判断せざるを得ないのであり,この点は正に反不正当競争法が一般的な競争法と比べて,本質的に異なるところである。孔祥俊氏のような見解は,もはや法解釈の域を超え,立法論の問題ではないかと思われる。

(2) 問　題　点
① 限　界　性
　反不正当競争法は中国の計画経済から市場経済への体制転換の前期段階に制定された法律で,重点として競業者たる事業者を保護するという側面から経済秩序

60　金井＝川濱＝泉水編［2006］（山部俊文執筆部分）138頁。
61　ここでの「一般的な競争法」というのはやや狭義的で,例えば日本の独禁法,EC競争法等のような法律を指す（以下も同じ）。

を維持していくという特徴がある。この点については，前述の同法の立法目的や違法性要件に関する分析，及び立法の審議段階で反独占に関する規定のほとんど（カルテル規制，市場支配的地位の濫用規制）が削除されたことから，市場における競争全体が直接的な保護対象とされていないことが確認できる。しかし，中国において，市場経済体制の発達につれて，特にWTO加盟後，中国の経済環境が大きく変わり，反不正当競争立法時に問題視されなかったカルテル行為・市場支配的地位の濫用等のような市場競争全体に悪影響を与える反競争行為が多発するようになり，これに対応できない同法の限界性がますます露呈されるようになっている。執行機関が大量の違反行為を取り締まることによって，事業者の権利保護及び経済秩序の維持というミクロ的分野で一定の役割を果たしているが，市場全体における公正かつ自由な競争秩序の形成というマクロ的な面ではそれほど改善されず，この問題は深刻になりつつある。

② その他の問題点

反不正当競争法が成立してから，すでに14年の歳月が経ち（2007年現在），市場における経済秩序の維持に大きな役割を果たしている一方，例えば，工商局の独立性の欠如，法的抑止力及び措置権限の不足，法執行の透明性の欠如等，法の基本性格的な問題以外にもさまざまな問題を抱えているが，それに関連する具体的な紹介は別の章に譲り，ここでは省略させて頂きたい。

3 まとめ

中国は，1978年から改革開放政策を実行し始めたが，漸進的な改革であるため，表1-1のようにいくつかの段階を分けて進めてきた。1978年から商品経済を導入したが，1992年まで一貫して計画経済体制を堅持していた。すなわち，中国において計画経済体制が主導的な経済制度であり，商品経済はあくまでも従属的な地位を占めるに過ぎなかった。1993年，憲法第15条「社会主義的公有制を基礎として，計画経済を実行する」との規定を「社会主義市場経済を実行する」と改正し，市場経済の導入が憲法レベルで確認された。この経済体制の大転換の時期において反不正当競争法が制定された。しかし，当時の中国において，国の主要産業のほとんどが国有企業の支配下にあり，非国有経済はまだ弱くて，その担い手としては中小企業及び個人経営の事業者が圧倒的に多いため，市場競争全体に影響を与え得る力を有するのは国有企業及び行政権力に限られており，

自由な競争体系が樹立されたとは言えない。この時期に，主に問題となっているのは，不正利益を追求するための表示・標識の混同行為，虚偽表示，信用毀損行為等の誠実信用に反する不正行為，行政権力の濫用[62]による市場障壁の形成及び事業者の権利に対する侵害などである。中国式の漸進的な経済改革の推進にとっては，国有企業を一定程度に安定させながら，段階的に改革を推進していくほかに，非国有経済の成長も実際には非常に重要であり，その担い手となる事業者の権利保護，事業活動を行なう意欲の促進及び社会経済秩序の維持が喫緊の課題となっていた。以上のような背景の下で，市場全体における自由競争の保護よりも，競業者たる事業者の権利に対する保護を大変切実な課題で反不正当競争法の主要な立法目的の一つとして考慮されたわけではないかと思われる。

　市場経済への過渡期という背景下で制定された反不正当競争法については，理論体系を重視せず，一種の応急的で実用的な立法措置をとっていたという印象が強い。その理由としてはやはり改革開放によって中国社会に急変がもたらされたため，従来の法体系がこれに対応できなくなる一方で，社会秩序を維持するために新たに多くの法律を制定しなければならないという現実の中で制定されたということが挙げられよう。競争立法も急務とされたが，当時中国経済改革の段階及びその歴史背景下における人々の認識の限界もあり，包括的で厳密な理論体系に基づいた競争法についてコンセンサスを得て，短期間で制定することは実際上困難であったため，まず法律を制定し，運用における具体的な問題については，実施細則や判例などによって解決・修正していくという過渡的な立法措置をとらざるを得なかったと言われている[63]。しかし，改革開放がすでに30年近くの歳月を経て（2007年現在），中国は政治的，経済的な面では大きく変化した。市場経済体制の形成及び健全な発達にとって，公正かつ自由な競争の促進はますます喫緊の課題となっているが，事業者の保護を主たる目的とした反不正当競争ではすでにその限界に達しているため，その解決はいまや反壟断法の立法に託すしかない状況となっている。

62　中国において，行政による経済への過度介入に起因する，いわゆる行政的独占の問題である。関連する研究文献については，朴春琴［2002］57頁，戴龍［2005］51頁，等を参照されたい。

63　王学政［1998a］11頁。

第3節　中国競争法における独占の概念範囲

本節では，反壟断法の立法に当たって，独占という中国にとっての新しい法律概念の定義，概念範囲をどう捉え，如何に理解すべきなのか，そして，不正競争，競争制限との関係についての議論が反不正当競争法と反壟断法の立法にいかなる影響を与えたのかを分析し，中国競争法体系における両者の関係を検討したい。

1　経済学における独占の概念

中国の経済学において独占の概念は不確定であり，経済学者によってさまざまな説があり，共通の概念が形成されているわけではない。その中で，「特定の経済主体が特定の目的のために，市場障壁を構築することを通じて，目標市場（Target Market）において形成させた排他的支配（control）状態，これが独占に関する最も一般的な定義である」とする説が，中国において有力説であると言われている。このように考えている中国の経済学者は独占の構造及び行為という二つの側面を峻別し，独占構造と独占的行為の間には必然的な関係がなく，異なる次元にあり，独占構造の出現が独占行為の実施に便利な条件を提供するだけで，独占構造が独占行為の必然条件ではなく，競争的構造も独占行為を生み出すと考える。そこで，中国の反独占立法は独占行為のみを規制すべきであり，独占構造を規制することは，規模の経済，範囲の経済，技術進歩，組織経験の実現を妨げ，経済成長の源泉を失わせることになると主張するのである。

2　競争法における独占，競争制限，不正競争について

前項では，経済学における独占の概念について紹介したが，中国においては，競争立法に当たって，独占とはどう定義するのか，そして，独占・競争制限・不正競争との関係・概念上の異同をどう捉えるのかなどに関して，学者や立法関係

64　游＝毛＝林［2002］445頁。鄭鵬程［2003］20頁。
65　「特定経済主体為了特定目的通過構築市場壁壘從而対目標市場所做的排他性控制状態，這是関于壟断的最為一般的定義。」(戚聿東［2004］7頁）。
66　鄭鵬程［2003］21頁。王先林＝呉建農［2002］93頁。
67　戚聿東［2004］176頁以下。

者の間に議論が行なわれ，このような論争が競争法の立法体系に大きな影響を与えた。

1 広義の不正競争説（以下広義説という）

この考え方をとる学者は，不正競争の概念を広く捉えて，独占も不正競争の一形態であるとし，独占行為も不正競争行為と同一の法律による規制ができ，あるいは規制されるべきであると主張している。例えば，独占も競争秩序を害する不正競争であり，独占と不正競争は同一の問題の二つの側面に過ぎないのであるから，一つの法律で規制すべきであるとか[68]，競争原則に反する競争行為が不正競争であるため，独占行為も不正当競争行為の一種であり，独占と不正競争は従属関係にあり，中国における不正競争行為を３種類に分けることができるが，すべて不正競争行為として規制すべきで，「制止不正当競争法」を立法する必要がある[69]，などの主張がそれである。その他，独占行為も実質上は一種の不正競争行為であり，理論上にしろ，中国の実際状況からくるにしろ，反独占の問題を反不正当競争法の規制範囲に入れるべきであるという主張もある。この説は独占と不正競争の相違を完全に否定するものではなく，当時の中国においては資本主義国家のような経済的独占がまだ形成されていないかあるいは十分に現れていないという具体的な事情を根拠に，反独占に関する全面規制はなお時期尚早であり，広義の不正競争説に基づき，一部の独占行為を不正競争行為として反不正当競争法に取り入れるべきであって，そうすることがいま現れている独占問題に対処する法的根拠になるほか，反独占制度の基礎を築くことにもなると主張している[70]。

2 独占と競争制限は異質だとする説[71]（以下異質説という）

異質説論者によれば，独占とは「経済力の高度の集中という一種の状態であり，一般的に，少数の企業が自身の経済成長あるいは合併などの方式を通じて規模を拡大し，国内のある一つの市場またはある一つの業種を独占し，ないしはそれらを支配する地位を形成して，その強大な経済力によって市場を支配し，独占利潤を獲得して，市場の有効競争を排除する」ということであり，資本主義国家では

　　68　黄勤南［1991］78頁。
　　69　肖平［1991］68頁以下。その３種類の不正競争行為とは，すなわち，①誠実信用原則に反するような不正競争行為，②行政権力濫用の不正競争行為，③横の経済連合を利用して，市場価格と商品の供給を支配する行為である。
　　70　程開源［1992］28頁以下。
　　71　盧修敏＝王家田［1995］49頁以下。

この独占に対する規制方法としては構造規制，企業集中規制という二つの手段がある，とされる。これに対して，競争制限行為とは，「事業者が優越的な経済上の地位を濫用して競争相手を排除し，あるいは複数の事業者の間で契約，協定若しくはその他の手段を通じて競争を回避し，若しくは排除することを共謀する行為」であり，競争制限行為が各国独禁法の規制の主要な対象であると主張する。[72] それゆえ，独占と競争制限行為は二つの全然性質が異なる概念であり，両者の存在する歴史段階，形成条件，現れる形式も違うのであり，独占には生産力を発展させるという積極的な面があり，その存在について合理的な価値がある，と主張する。[73]

異質説は，このような基本的区別に基づいて，中国はまだ市場経済の初期の段階にあり，経済の集中度は低く，さらに経済グローバル化の中で国際競争に備えるために，企業の規模，実力を向上させるような合併や集中を促進し，国際競争力を増強させるべきであって，独占を規制すべきではなく，競争制限行為を制限するだけで良い。したがって，反壟断法を立法する必要はなく，立法するならば，反競争制限法を立法すべきであるところである。競争制限行為と不正競争行為については，本質的に言えば，両者とも公正な競争秩序を侵害する行為であり，はっきりとした線で区別することはできず，交錯するところも多いし，また，中国において競争制限行為と不正競争行為を規制する法律「反不正当競争法」がすでに立法されているのであるから，反壟断法を立法する必要はなく，反不正当競争法を改正すれば良い，と説くのである。[74]

3 独占と不正競争に二分すべきだとする説（以下二分説という）

この説を採る論者の多くは，まず独占と競争制限はほぼ同義であり，区別する必要は無いとしたうえで，独占（あるいは競争制限）と不正競争とは異質であり，反壟断法と反不正当競争法とを分けて立法することを支持し，反壟断法の立法こそが必要であると主張する。

---

72 盧修敏＝王家田［1995］50-51頁。
73 それは，① 独占が競争の結果で，優が劣に勝った結果であること，② 独占的企業集団の経営戦略，管理方式は資源の有効配置や盲目的な競争によってもたらされる資源浪費を減少させる点で積極的な役割があり，③ 現代社会における大規模生産の必要，④ 経済のグローバル化の時代における国際競争への備えになること，である。盧修敏＝王家田［1995］50-51頁。
74 盧修敏＝王家田［1995］52頁。

まず，独占と競争制限の概念について，二分説に立つ史際春氏は，独占とは，その拡張と連合の過程にしろ，または独占による結果にしろ，すべて競争に対する制限とみるべきであり，独占と競争制限がほぼ同一の概念であると主張している[75]。また，王先林氏も，「独占とは，企業あるいはその他の組織が経済的または非経済的手段を通じて，事業活動の過程で生産及び市場において排他的支配を行ない，それによって競争を制限・阻害する状態または行為のことである」と定義し，独占の概念について，競争を制限する行為及び状態という二つの側面から捉えている[76]。さらに，王暁曄氏においても，競争制限が上位概念で，独占はその下位概念であり，独占が競争制限に含まれていると考えている[77]。その他，これに近い考え方を示している学者は多く，多数説である[78]。

　そして，独占と不正競争の概念については，二分説を採る学者は，不正競争と独占とが密接な関係にありながらも，性質的に異なるため，それに対する規制も分けて行なうべきであるとして，反壟断法と反不正当競争法を分けて立法することに賛成している。史際春氏によれば，不正競争行為の侵害対象は，具体的・個別的な市場主体の財産権及び人身権であり，反不正当競争法が静態的に各主体の財産権及び人身権を保護し，ミクロ的な競争秩序を維持しようとする法律であるのに対し，独占，すなわち競争制限とは，ある経済分野あるいは国民経済全体の競争を抑圧することであり，その有無を判断するには，社会における取引環境及び取引方法を動態的・マクロ的に考察する必要があるため，国の産業政策ないし競争政策と非常に密接な関係にあるとされ，それゆえに，反壟断法は，独占行為を規制することを通じて，マクロ的な視点から市場における競争全体を維持，保護しようとする法律であり，個別主体の具体的な権益の保護を目的とする法律ではないと主張される[79]。また，王暁曄氏の主張によると，反不正当競争法が規制する不正行為とは，事業者が競争の目的から誠実信用・商業倫理に反する手段で自己を競争上有利にさせる行為であり，反不正当競争法は不正行為の被害者である事業者の利益を守ることを通じて公正な市場秩序を維持しようとする法律であっ

75　史際春［1998b］43-44 頁。
76　王先林［1997］90 頁。
77　王暁曄［2004d］169 頁。
78　孔祥俊［2001］6 頁，種明釗［2002］190 頁，漆多俊［1997］57 頁，等。
79　史際春［1998b］40-43 頁。

て，その法的な価値理念は公正競争であるのに対し，反壟断法は市場における競争を保護し，企業の市場競争への自由な参入を保護し，経済効率及び消費者福祉を高めるための法律で，その法的な価値理念が自由競争であるとされている。[80]

4　ま と め

上述のように，中国においては，独占の概念がどこまでを含むのかということに関連して，学者及び立法関係者の間では，二つの問題について，考え方が分かれている。すなわち，独占と競争制限の関係について，それから，独占と不正競争の関係についての問題である。

(1)　独占と競争制限について

独占と競争制限の関係については，異質説と二分説という二つの見解に分かれている。これは，独占という言葉を法律上の概念としてどう捉えるかに関する議論であり，中国反壟断法の規制対象・範囲として何を含めるべきかにかかわる議論でもある。

異質説の考え方によると，独占と競争制限行為は異なる概念であり，規制すべきでない独占（独占的構造）もあるとされる。この説は，経済学上の独占の概念を採用することにより，独占を市場構造（あるいは状態）という面に限定して捉えるものであり，独占行為という概念を使わず，競争制限行為と独占の因果的関連性（競争制限行為はある意味において独占力の行使である）を切り離そうとし，独占と競争制限との概念の混同を理由として，独占と競争制限がほぼ同義であるとする考え方に反対するものであり，[81]中国においては，国際競争力を有する大企業を育成するために，競争制限行為のみを規制し，独占的な状態や企業結合を規制すべきではないという考え方に繋がるものである。このように考えている学者は，かつては（少なくとも1998年前には）少なくなかったが，現在は少数説となりつつあるように思われる。

それに対して，殆どの二分説をとる論者は，独占と競争制限とはほぼ同義であり，区別する必要は無いと主張する。この二分説の考え方によれば，カルテル，私的独占，企業結合，独占的な状態等は，競争制限あるいは独占という概念に包摂されるものとして統一的に理解され，競争制限あるいは独占の類型に応じて規制方法にも異なる規定が設けられることがあるが，法律用語としては両者を区別

80　王曉曄［2004b］41頁。
81　史際春［1998a］11頁。

せず，いずれも反壟断法の規制対象となるとされる。この説は現在，多数説となっており，反壟断法草案の多く（特に中後期のもの）がこの説に基づいて作成されていたと考えられる。しかし，少なからざる二分説論者が，独占的な状態も，独占という概念に含まれるとし，反壟断法の規制対象になると考えているが[82]，後述のように，実際の草案を見ると独占的な状態は一貫して規制対象の範囲外とされている。

(2) 不正競争と独占について

不正競争と独占の関係をどのように考えるかという点に関する見解は，反壟断法の立法の必要性や反不正当競争法の性格，規制範囲及び両法のあるべき関係など，中国競争法の体系の構築に大きな影響を与えている。

二分説の考え方は，独占と不正競争には共通点があり得ることを完全に否定したわけではないと思われる。しかし，二分説をとる論者は，反壟断法という法律の性格を，国の競争政策及び産業政策というマクロ的な視点に基づく市場の競争的構造の保護に関する法であると捉え，経済効率の促進や自由競争及び消費者福祉などの公益の保護を立法目的として強調するのに対し，不正競争を反倫理的な行為や各市場主体の権利を侵害する行為と理解し，反不正当競争法をミクロ的な市場秩序を維持するための法律として考えている。このように二分説では，独占と不正競争の異質性を踏まえて，両者に対する規制方法，規制目的（達成しようとする立法目的の違い）も区別して考えるべきであって，両法を分けて立法すべきであると主張している。もう一つ注意すべき点は，二分説においては，日本法の不公正な取引方法に相当するような行為を反壟断法の規制対象として考えていないことである。

この点に関して，前述した広義説は，1993年前後においては有力説であった。もっとも，この説の論者は，市場の競争的構造の維持・促進への関心がやや薄く，独占行為自体の不正さ・競争相手に対する侵害や市場経済秩序への阻害を重視し，競争秩序に反する行為という点で独占と不正競争との同質性を強調し，独占もまた広義の不正競争という概念に包含され得ると主張して，両者を同一の行為類型

---

[82] 例えば，王先林［1997］90頁，于立［2001］37頁，漆多俊［1997］55頁以下，などがある。

[83] 中国において，競争制限行為と不正競争行為を一つの法律による規制が可能である点については，異質説は広義説と同じである。

として一つの法律によって規制可能であると考えたのである[83]。

　日本においても、独禁法と不競法の関係については、長い間論じられてきており、これまでは両者の異質性が強調されてきた[84]。しかし、近時は、従来の異質性を強調する議論と違って、両者が相互に補完ないし連動しあう関係にあることが説得的に主張されるようになっている[85]。その中において有力とされているのは田村説である[86]。田村氏によれば、不競法と独禁法は同じく競争秩序の維持、発展という観点からの規制であり、両者の間に本質的な差異はなく、両者の規制の対象には相違が見られることは、規制手段の区別に起因しており、「ある行為を規律するのにもっぱら民事規制によるべきか、それとももっぱら行政規制に委ねるのか、それとも両者の並存という策に委ねるべきかという政策的判断から、規制されるべき行為類型が振り分けられているにすぎない[87]。」とされている。そうなると、独禁法と不競法はもはや異質的で無関係ではなく、両者は密接な関係にあり、重なるあるいは交錯する部分もあり得るとなるであろう。日本における学説の新たな展開は、中国における反壟断法と反不正当競争法の関係や独占行為と不正競争行為の関係に関する議論に対しても、とりわけ後述の不公正な取引方法の取り扱いをどうするかという点で大きな示唆を与えてくれると思われる。

　中国においての不正競争と独占の概念に関する議論は、両者の異質性を強調するものと同質性を強調するものとに、意見が分かれており、上述の日本における議論と類似するところが多く見られるのであるが、当然のことながら、中国独自の事情によって日本の議論と異なるところもある。私見としては、反不正当競争法と反壟断法は、後述のように、競争秩序の維持及び国民経済の健全な発達に寄与するという究極の目的に関しては一致していると考えられるが、それゆえに両者の相違するところも見逃してならないと思われる。独占（競争制限）行為を規制する際には、その行為によって市場の競争全体に与える悪影響・制限効果、国の競争政策などの公益の保護という観点を中心として判断することが必要であるのに対し、不正競争行為を規制する際には、そのような考慮は薄くてよく、個々の競争行為自体の不正さや取引関係等に与える影響を注目し、それを是正す

84　茶園［1998］56頁。
85　茶園［1998］68頁。
86　田村善之［2003］14頁。
87　田村善之［2003］403頁

るという観点を中心として判断するのが適切である。そこで，両者に対する規制手段（行政か民事か，あるいは両者の混合など）や，判断要素及びそれに起因する規制対象となる行為類型，規制主体及び法的構成要件などの点において，相違が生じることになる。各種の行為類型を振り分け，それに基づいて作られた各法律は，それぞれの規制あるいは守備範囲において反競争的行為を規制することによって達成できる効果や競争法体系における位置付け等の点で異なり得るのであるが，両者は対立的で無関係ではなく，重なるあるいは交錯する部分もあり得るし，相互に補完ないし連動しあう関係であると考えるべきである。中国の競争立法にとっては，広義説と二分説のような本質論の論争にとどまるべきではなく，さまざまな反競争的行為を如何にして実効的に規制していくことができるのかという観点から，競争法体系の制度設計を考えるという方法をとることが有益ではないかと思われる。

(3) 独占と不正競争に関する意見対立の原因について

中国において，独占と不正競争の概念と両者の関係に関して意見が分かれたことについては，以下の二つの理由が考えられる。

① 反不正当競争法と反壟断法，不正競争と独占には共通点と相違点があること

反不正当競争法と反壟断法の法目的には，一定の共通性がある。日本においても独禁法と不競法の共通性を肯定する考え方が有力に主張されている。[88] 不正競争の概念を広く捉えれば，競争に対する侵害行為という点において不正競争行為と独占的（競争制限）行為は共通している。しかし，前に述べたように，両者の間には相違点も存在する。そこで，本質論的な議論だけではなかなか実際の問題の解決に繋がりにくいことは事実である。

② 反不正当競争法により広い適用範囲及び強い権限を与えようとする狙いがあったこと

すでに述べたように，中国では立法の初期に，反不正当競争法と反壟断法を合併して立法すべきかどうかをめぐる論争が生じたという経緯があったが，それに関するコンセンサスを得るのは困難で，独占行為の規制に関して時期尚早として反対する意見が強かったため，一部の学者及び立法関係者はできるだけ多くの反

---

88 茶園［1998］70頁。田村善之［2003］402頁。渋谷［2005］178頁。

独占の規制内容を反不正当競争法に盛り込み，より広い適用範囲及び強い権限を与えようとする狙いがあったのではないかと考えられる。[89]

3 独占に関する理解の対立に起因する競争立法への影響

1 不正競争と独占の関係についての意見の対立の影響

(1) 反不正当競争法立法への影響

当初立法当局は反壟断法と反不正当競争法を合併して立法する予定であったが，独占の規制に関するコンセンサスがなかなか得られず，折衷的な方法として一部の独占行為を不正競争行為と見なして規制するという方法を採り入れて，反不正当競争法が立法された。[90] これは，まさに，独占（競争制限行為）が不正当競争行為の一種であるという広義説の考えに基づいた立法手法であると思われる。このような広義説の考え方は，反不正当競争法の規制対象となる範囲を広げて，当時中国の市場秩序の維持に重要な役割を果したと同時に，その限界性や問題点も同時に存在するものであった。例えば，本章第2節の運用事例の紹介で分析したように，同法に不競法型と独禁法型の2種類の行為類型が規定されているにもかかわらず，弊害要件には競争制限効果（対市場効果要件）ではなく，権利侵害要件しか規定されていないので，独禁法型の不正競争行為についても，権利侵害要件を満たすかどうかによって，評価・判断せざるを得ないこととなってしまい，広義説の問題点が露呈される結果となったのである。

(2) 反壟断法立法への影響

反壟断法の立法は概ね二分説の考え方に基づいて進められてきたとは言えよう。しかし，初期の反壟断法草案には広義説の影響があり，そのことは草案の条文にも反映されていたが，次第にその影響が薄くなり，広義説を反映する条文も削除・訂正されるようになった。それと同時に，二分説が次第に有力となり，その結果として，立法された反壟断法には二分説の影響が最も強く見られると思われる。その根拠としては，事業者の行為規範や公平競争及び事業者の権益の保護に

89　肖平［1991］70頁。黄勤南［1991］78頁。

90　例えば，カルテル，市場支配的地位の濫用等に関する規定が削除されたり，また入れられたりという，何度も行ったり来たりする反復があり，結局のところ，反不正当競争法からは反壟断法に関する規定の主要部分が削除された。その他，筆者の調べた限り，企業結合の規制に関しては立法過程中において規制の対象として議論されなかった。

関する条文の変化を例として挙げることができる。まず，2001 年案までの草案には一貫して「事業者は自由意思，平等，公平，誠実信用の原則に従い，法に基づいて事業活動を展開し，公平に競争を行なわなければならない」という事業者の行為規範を定めた規定があったが，2002 年案から削除された。この点に関して，このような民法上の原則は反壟断法の理念・目的に合わず，削除するのは正しかったと立法参加者の王暁曄氏は評価している[91]。また，公平競争の保護についても，2003 年案まで反壟断法の立法目的の条文にあったが，2004 年案からその姿が消え，それに取って代わったのは「市場競争秩序の維持・保護」（2004, 2005 年案）や「市場競争の保護」（2006 年案，2007 年案）である。もっとも，2007 年 8 月 30 日に最終的に立法された反壟断法の目的規定においては，再び「市場における公平競争を保護し」というように復活している。その他，事業者権益の保護に関しても，1999 年案から 2003 年案まで，一貫して目的規定に「事業者の合法的権益の保護」という文言が盛り込まれていて，2004 年案から削除された後，2006 年案の目的規定において一旦復活したが，その後の 2007 年案で再び削除され，その部分が削除されたまま，最後の立法に至っている。また，2002 年案及び 2003 年案においては，「その他の事業者の権益を侵害する」ことを独占行為の弊害要件の一つとして一旦は挙げていたのであるが，2004 年案から削除された。

　公平競争や事業者の行為規範及び事業者の権益の保護という概念は，反不正当競争法において，目的規定や事業者の行為原則及び不正競争行為の弊害要件の中に規定されており，広義説をとる論者の観点からすれば，競争法においてこれらの文言あるいは要件を規定するのは自然であるかもしれない。しかし，反壟断法と反不正当競争法の区別が市場における競争全体の保護と市場主体の具体的な権益の保護の違いにあり，自由競争の保護と公平競争の保護という価値理念の相違にあるという二分説論者の観点からみれば，それでは反壟断法と反不正当競争法を区別することは困難になるという問題があり，従って，なるべく反壟断法にはこれらの文言や要件を盛り込まないようにする方が望ましいと考えたのであろう。そこで，二分説の論者は，反壟断法からこれらの文言や要件を削除することによって，両法の性質上の違いを明確にしようとし，最終的に概ね成功したと考えられる。但し，反壟断法の目的規定において，「市場における公平競争の保護」と

---

[91] 王暁曄［2003］42頁。

いう文言の復活及び自由競争の保護という文言の削除という点からは，反壟断法と反不正当競争法は必ずしも前者における自由競争の保護と後者における公平競争の保護というように峻別されているわけではないことが明らかになっている。

2 異質説と二分説の意見対立の影響

異質説は産業政策に親近感を有する意見として，反壟断法の立法に影響を与えた。このことは，反壟断法の草案において，終始一貫して，独占的状態が規制範囲外とされたことに現れている。独占行為だけではなく，独占的状態も規制範囲に入れるべきであると主張している二分説の学者も少なくないが，独占的な状態が規制対象外とされた理由は，異質説への妥協の産物であるか，あるいは先進国競争法の施行経験を参照した可能性があると考えられる。また，初期の草案においては企業結合が独占の定義の範囲に入るか否かについて曖昧であったが，二分説が多数説になるとともに，明確的に独占の定義の範囲内に入るようになった。

この点を具体的に見ると，例えば，1999年案では，独占の定義について「この法律に言う独占とは，事業者が本法の規定に違反し，特定の市場において，市場支配的地位を濫用し，または他の事業者と共謀して，競争を排除若しくは制限し，消費者の権益を損害し，公共の利益に反する行為である。」と規定していた。他に「各地方の人民政府及びその所属部門は……行政権を用い，競争を制限してはならない」という行政的独占の禁止に関する規定もあった。すなわち，この法律における独占行為の類型はカルテル及び市場支配的地位の濫用である（この場合，行政独占は特殊な競争制限行為とされた）。これはまさに異質説の立場に立った定義の仕方にほかならない。もっとも，この草案第4章（合併の制御）においては，いわゆる企業結合に関する規定が設けられており，企業結合も「この法律の規定に違反する行為」として，独占行為の定義の範囲内に入ると言えないことはないが，なぜこのような曖昧で消極的な表現をしたのかについては，その理由が明らかではない。推測であるが，このような規定になった理由は異質説への配慮にあったのではないかとも考えられる。2000年案も2001年案も1999年案と同様である。

---

92 自由競争の保護に関する文言は，立法目的の条文において，1999年11月案から，そして2000年6月案，2001年10月11日案まで「自由かつ公平な競争を維持・保護……」というように規定されていたが，2001年11月10日案から削除され，最後の正式の法律の成立まで復活しなかった。

そして，2002年案に至って，「本法において，独占とは以下挙げたように，競争を排除し，若しくは制限することにより，他の事業者あるいは消費者の権益を損害しまたは社会公共利益を危害する行為をいう。㈠事業者間の協議・決定あるいはその他の協同一致的な行為，㈡事業者が市場支配的地位を濫用する行為，㈢事業者間の合併による過度集中（または企業過度集中），㈣政府及びその所属部門が行政権力を濫用する行為」と規定し，それ以後，企業結合が独占の定義規定にはっきり列挙されるようになった。

4 反壟断法と反不正当競争法の関係
1 反壟断法から見た実態

中国反壟断法は2007年8月30日に成立し，全8章，57条からなる[93]。第1章は総則，第2章では独占的協定の禁止，第3章は市場支配的地位の濫用の禁止，第4章は事業者集中規制，第5章は行政的独占の規制，第6章は独占的行為に対する調査手続，第7章は法的効果，第8章は附則である。

同法第3条では，「この法律に規定する独占行為とは：㈠事業者間で独占的協議を結ぶこと，㈡事業者による市場支配的地位を濫用すること，㈢競争を排除もしくは制限する効果を有し，またはそのおそれがある事業者集中を行なうこと」であると規定しており，反壟断法における独占行為とは独占的協議（カルテル），市場支配的地位の濫用及び事業者集中であり（行政独占に関する禁止規定があるが，独占行為として挙げられていない），その共通の弊害要件としては，2006年案の段階からすでに「競争の排除または制限」に統一されて[94]，正式条文もこれを受け継いでいる[95]。したがって，反壟断法が規制する独占行為とは簡単に言えば「競

---

93 反壟断法の日本語訳として公正取引委員会官房国際課訳「中華人民共和国独占禁止法」『公正取引』685号（2007年）52頁。姜姍訳｜中華人民共和国独占禁止法――2007年8月30日第十期全国人民代表大会常務委員会第29回会議において採択」『国際商事法務』545号（2007年）1553頁。また，同法に関する紹介資料について，雨宮［2007］26頁，松下［2008］46頁，姜姍［2008］38頁，于建国［2008］1頁，等がある。
94 川島［2007］106頁。
95 同法第6条で「市場支配的地位を有する事業者は，その市場支配的地位を濫用し，競争を排除または制限してはならない。」また，第13条で「この法律において，独占的協議とは競争を排除または制限する協議，決定あるいはその他の協同行為をいう。」と規定している。

表1-2 反壟断法及び反不正当競争法の立法目的の比較

法律名	手　段	保護対象・規制目的	究極目的
反壟断法	独占行為を予防及び制止	① 市場における公平競争を保護 ② 経済の運営効率を高める ③ 消費者利益及び社会公共利益を維持・保護	社会主義市場経済の健全な発展を促進
反不正当競争法	不正当な競争行為を制止	① 公平競争を奨励・保護 ② 事業者及び消費者の適法な権益を保護	社会主義市場経済の健全な発展を保障

争を排除または制限する」行為であり、他方で、反不正当競争法の規制する不正競争行為とは「この法律の規定に違反し、他の事業者の適法な権益を侵害……」する行為であって、その違いは一目瞭然である。

また、反壟断法第1条は、その立法目的に関して、「独占行為を予防及び制止し、市場における公平競争を保護し、経済の運営効率を高め、消費者利益及び社会公共利益を維持・保護し、社会主義市場経済の健全な発展を促進するために、この法律を制定する。」と規定している。反不正当競争法の「社会主義市場経済の健全な発展を保障し、公平競争を奨励・保護し、不正当な競争行為を制止して、事業者及び消費者の適法な権益を保護するために、この法律を制定する」という立法目的と比較対照させると、表1-2のようになる。

この表から明らかなように、両法の目的の共通点を除いて、その目的が大きく異なる点を整理すると、反壟断法では「経済の運営効率を高め」及び「社会公共利益を維持・保護」することであるのに対し、反不正当競争法では「事業者の適法な権益を保護」することであるという区別が存在する。

2　学　説

反不正当競争法は折衷的な立法の産物であり、不競争型行為類型と独禁法型行為類型の双方をともに規制している。反壟断法が立法されてから、反不正当競争法の中の独禁法型行為類型がほぼ反壟断法の関連規定と重なるため、今後、二つの法律の関係をどう調整するのかが課題となるであろう。反壟断法の立法作業と並行して、反不正当競争法の改正作業も行なわれており、反壟断法の成立と同時に完成する予定であるといわれていたが[96]、まだ法改正に至っていない。しかし、

96　史際春［2004］2頁。

学者の間においては，反壟断法の起草作業の段階から両法の関係について研究が現れ始め，現在では二つの考え方に分かれている。

(1) 合　併　論

この説は，現行の反不正当競争法と立法中の反壟断法を一つの法律に合併して，法律名を「中華人民共和国市場競争法」（あるいは「中華人民共和国競争法」）とすべきであるとする。[97]その理由としては，両法は立法趣旨，基本的な役割が相当程度一致しており，またその内容の関連性や法執行の利便性を考慮すると合併すべきであるということを挙げているが，少数説である。

(2) 分　立　論

この説は，現行の反不正当競争法を改正し，独占に関する内容の部分を反壟断法に取り入れることにより，反不正当競争法と反壟断法を峻別する。その主な意見として，① 両法は性格が違うのであるから，分けて立法すべきである。独占規制に関する部分を反壟断法に取り入れることで，執行機関も別々に設立し，反不正当競争法の執行部門である工商局がミクロ的な分野で，反独占担当機関がマクロ的な分野で執行を担当するような役割分担となる。[98]② 反不正当競争法の第6,7条（公益事業者の独占的地位の濫用禁止，行政独占の禁止）は他の不正競争行為と性質を異にするから，それを削除して，反壟断法に入れるべきであり，両法の執行機関を統一する必要があるとする。[99]

3 ま と め

上記の合併論も分立論も，基本的には，不正競争と独占に関する本質論の域を脱していない点で共通である。合併論の論者は広義説の考え方を継承し，不正競争と独占の同質性あるいは共通性を強調するが，両者に対する規制手段や判断要素及びそのことに起因する規制主体や法的構成要件などの相違に対する考慮が不十分であることは否定できない。また，反壟断法がすでに立法されたことから，上記の合併論の考え方が立法作業に取り入れられなかったことは明確である。一方，分立論に関しては，両法の実体法上の区別及び執行機関という二つの大きな点にかかわる問題がある。分立論は，基本的に二分説に基づいた考え方であると思われる。不正競争及び独占に対し，異なる規制手段や規制主体及び構成要件等

97　喬健康［1997］19頁。王艶林［2004］11頁以下。
98　史際春［1998a］10頁。史際春［2004］1頁。
99　馮彦君［1996］72-73頁。

によって規制していくことは結果的に見れば妥当であるが，その出発点においては，上記分立論の①と②の考え方はともに，不正競争と独占の異質性を強調していることから，反不正当競争法と反壟断法の接点を狭くしてしまうおそれがあり，両法が相互に補完ないし連動しあうというあるべき関係の構築に対してマイナスの影響を与えてしまうことになりかねない。

　反不正当競争法が実際にどのように改正され，反壟断法との関係がどうなるのか，いまだ予断を許さない状況であるが，中国における競争法体系の構築，とりわけ反壟断法と反不正当競争法の関係について立法論的な観点からどのように整理するのかという点は，今後さらに検討する余地があるのではないかと思われる。それとの関係で，現在，切実な課題となっているのは不公正な取引方法の規制にかかわる問題である。不公正な取引方法の規制は私的独占の予防を図ると同時に[100]，中小企業，零細企業及び消費者の保護を通じて日本の経済社会の安定に絶大な寄与をしており，中国にとっても必要であるが，草案ではこのような規制は欠けていると指摘されており[101]，成立した反壟断法にも不公正な取引方法の規制に相当するような規定は無い。一方，不公正な取引方法の規制を定めることは，同一行為類型ごとに単一ルールの形成を妨げかねないので，独禁法にはそれを規定しないほうが良いという指摘もある[102]。しかし，そうは言っても，そのことが直ちに中国競争法制にとって不公正な取引方法の規制は要らないことを意味しているわけでもないと思われる。中国においては，例えば，優越的地位の濫用に関して，現に深刻化する傾向にあり，それに対する規制が喫緊の課題であるが，反壟断法は市場支配的地位の濫用に対する規制が困難であると言われている[103]。その他，マルチ商法のような不正競争行為も大きな問題となっており，競争法の規制対象としなければならないという意見もある[104]。このように，不公正な取引方法に関連する規制の欠如から生ずる問題を如何に解決するかは，中国にとって今後，大きな課題となるのではないのかと思われる。この点に関し，私見では，反壟断法がすでに成立し，独占行為の共通の弊害要件について「競争の排除または制限」と統一さ

100　日本の不公正な取引方法の規制立法経過については，土田和博［2005］508頁以下を参照されたい。
101　松下［2005］893頁。
102　村上政博［2006］868頁。
103　楊潔［2006］58頁。
104　王暁曄［2007b］60頁。

れた現状の下では，一つの相対的に実行可能な解決方法として，反不正当競争法の改正による解決の方が望ましいのではないかと考える。同法には行政的及び民事的な規制手段が用意されており，また，市場弱者の保護及び消費者の権利保護について，同法の担当行政機関である工商局はより包括的かつ迅速に対応でき，しかも反不正当競争法を 14 年以上執行し，執行経験が豊富であるので，このような規制分野において反不正当競争法の積極的な役割が期待でき，かつ現有の行政資源を最大限に利用できるメリットもある。そこで，日本の不公正な取引方法に当たるような一部分の行為類型を反不正当競争法にとり入れて，反不正当競争法の関連する規制によって反壟断法を補完し，または予防する規制を行ない，両法が相互に補完ないし連動しあう関係を形成するという立法体系を取ったほうが望ましいのではないかと思われる。それを実現するためには，反壟断法の施行状況を見ながら，反不正当競争法の規制行為類型や法的構成要件等を見直し，改正[105]することが必要となるが，この点に関連する問題の検討について別稿に譲りたい。

第4節 小　括

　中国の改革開放は，鄧小平の話を借りて言えば「摸着石頭過河」（川底の石を探りながら川を渡る）にたとえられるものであり，改革の進展に合わせ，改革の目標モデルも絶え間なく変化するという漸進的な過程である。したがって，中国の競争立法もこのような改革の過程と歩調を合わせて，改革の進展に伴って現実に現れた問題点にその時々に対応するために，実用主義的な立法措置を取るという形で歩んできた。

　本章では，中国の経済改革及び競争法立法の過程を概観しながら，不正競争と独占の概念とその範囲に関して対立する学説を紹介したが，そのような対立する主張も，その本質においては，中国経済改革を発展させていく過程におけるそれぞれの学説の位置に由来したものであると考える。すなわち，各説にはそれぞれの時代背景があったのであり，それぞれの時代の課題に応えるものとして登場したと言い得る。具体的に言うと，広義説は1993年の反不正当競争法が立法され

　　105　特に「他の事業者の適法な権益を侵害する」という権利侵害要件は弊害要件として狭すぎ，改正する必要があると考えられる。

る前後の有力説であり，当時の中国の経済改革はまだ表1-1の計画的商品経済の段階にあり，本章第1節の2で紹介したように，「双軌制」という基本的な経済改革手法の下で，新たに萌芽的な形で市場経済体制が形成され始めたのであるが，旧体制（計画経済体制）に比べると，まだ，市場経済の規模が小さい時期であった。そして，第2節の3で紹介したように，このような段階では，自由競争の市場経済体制が樹立されたとは言えず，市場における自由競争の維持・保護より，事業者等の権利に対する保護の方が，大変切実な課題であると考えられたわけである。また，当時，反独占立法に関するコンセンサスがなかなか形成されず，立法が困難な状況において，一部の学者としては次善の策あるいは妥協という形で，できるだけ多くの反独占の規制内容を反不正当競争法に盛り込み，同法により広い適用範囲及び強い権限を与えようとする実際的な狙いの下に，不正競争と独占の同質性を唱える広義説に基づいて，反不正当競争法が成立したと思われる。

その後，1993年，憲法第15条の「社会主義的公有制を基礎として，計画経済を実行する」という規定を「社会主義市場経済を実行する」に改正することによって，自由競争の市場経済が一層進展し，市場経済体制の規模の拡大や経済主体の多様化に伴って，カルテルや市場支配的地位の濫用等の反競争行為も次第に増えるようになり，自由競争の市場経済体制の形成と維持に悪影響を与え，問題が深刻になりつつある。そこで，国内市場統合及び市場経済化にかかわる重要な法整備の課題として，反壟断法立法の機運が高まり，そのような立法を行なうこと[106]についてのコンセンサスも次第に形成されるようになった。そのような状況の下で，今度は反不正当競争法の限界性が顕在化することになり，自由競争の市場経済体制の形成・維持・保護のためには，反不正当競争法では不十分であり，反壟断法の立法が必要であるということを唱えるために，不正競争と独占との異質性が強調され，二分説が多数説になったのである。

以上のように，広義説と二分説はそれぞれの目的に応じて，不正競争と独占の同質性及び異質性をそれぞれ極端な形で強調し，中国競争法体系の形成に大きく影響を与えたことを分析してきた。このようないわば過渡期の課題が解決され，反壟断法がすでに成立し，反不正当競争法の改正も視野に入っている現在では，不正競争と独占の概念に関する本質論的な議論よりも，中国にとってより重要な

106　川島［2007］104頁。

のは，さまざまな反競争的行為を実効的に規制できる競争法体系を如何にして構築するかということである。そして，現在における反壟断法と反不正当競争法のあるべき関係については，社会主義市場経済の健全な発展を保障・促進するという共通の究極目的を達成するために，両者が相互に排他的で無関係なものであると考えるのではなく，反不正当競争法の関連する規制によって反壟断法の補完的ないし予防的な規制を行ない，両方の法が相互に補完ないし連動しあう関係を形成していくという立法体系を取った方が，これからの中国競争法の体系の構築にとって有益ではないかと思われる。

第2章 中国における産業政策，競争政策と競争立法

 中国におけるカルテル規制に関する研究作業を進める前に，中国経済制度の背景，とりわけ政府と市場，産業政策と競争政策の関係について，分析する必要があるのではないかと思われる。筆者として，本書の執筆過程では，中国において産業政策と競争政策の関係は，（他の国，特に競争法先進国と比べて）どのような特徴を有し，その故に経済・競争法制度の立法にどのような影響をもたらし，また，これからの法執行において現れる傾向や見えそうな課題などについて常に念頭に置いている。

 本章の作成に関する思考プロセスとしては，社会主義市場経済の定義→国家によるマクロ・コントロール→マクロ・コントロールの内容→その内容における内在的相剋（＝政府と市場の相剋）→産業政策の絶対優位と競争政策の萌芽，成長→具体的内容（学説，事例，草案の変化）及び立法における影響というようになる。

第1節　社会主義市場経済について

1 社会主義市場経済へ

 第1章の表1-1で紹介したように，1978年から始まった中国経済改革は，「計画が主，市場が従」→「計画的商品経済」→「計画と市場の内在的な統一」など幾つかの段階を経て，1992年10月の中国共産党第14回全国代表大会において，「社会主義市場経済」という目標モデルが提起された。[107]

 翌93年3月の憲法改正で，憲法第15条「国家は，社会主義公有制の基礎のう

えに計画経済を実行する。国家は経済計画の総合的平衡及び市場による調整的な補助役割を通じて，国民経済の比例的な協調発展を保障する」(第1項)，「いかなる組織または個人も，社会経済秩序を攪乱し，国家経済計画を破壊してはならない」(第2項)から，「国家は社会主義市場経済を実行する。」(第1項)，「国家は経済立法を強化し，マクロ・コントロールを改善する」(第2項)[108]，「国家は，法に基づき，いかなる組織または個人による社会経済秩序の攪乱を禁止する」(第3項)に改正した[109]。これをもって，社会主義市場経済は中国の基本的な経済制度であると憲法のレベルで確認された。

さらに，1993年11月に開催された中国共産党14期3中全会では，「社会主義市場経済体制構築の若干の問題に関する中共中央の決定」(以下93年決定という)を採択し[110]，現在まで，経済改革に関する中国政府及び共産党の総方針となってきた。

2 社会主義市場経済とは

1993年決定では，社会主義市場経済の意義及びその実現に向けての主要な任務について，次のように述べられた。

まず，社会主義市場経済の意義について，「社会主義市場経済は社会主義の基本制度と結合している。社会主義市場経済体制を構築することとは，国家のマクロ・コントロールの下で，資源配分に関する基礎的な役割を市場に果たさせる。

---

107 江沢民「加快改革開放和現代化建設歩伐奪取有中国特色社会主義事業的更大勝利―在中国共産党第十四次全国代表大会上的報告」求実1992年11期7頁。同報告において，以下のような記述がある。「実践の発展と認識の深化に伴い，生産力のさらなる解放及び発展を促進するために，我々は，我が国の経済体制改革の目標が，社会主義市場経済体制の構築であることを，明確にしなければならない。我々が構築しようとする社会主義市場経済体制とは，社会主義国家マクロ・コントロールの下で，市場に，資源配分に対して基礎的な役割を果たさせ，経済活動を，価値法則の要求に従って需給関係の変化に適応させる。……」

108 原語：「宏観調控」。

109 「中華人民共和国憲法修正案(1993年)」(1993年3月29日第八届全国人民代表大会第一次会議通過 1993年3月29日中華人民共和国全国人民代表大会公告第八号公布施行)。

110 「中共中央関于建立社会主義市場経済体制若干問題的決定」(中国共産党第十四届中央委員会第三次全体会議1993年11月14日通過) 中華人民共和国国務院公報1993年第28号(総746号)1286頁以下。

……」と定義付けられた (93年決定の一の (2))。

社会主義市場経済体制構築という目標を実現するためには,推進すべき具体任務として次の9点がある。

① 国有企業経営体制を転換させ,現代的企業制度を構築すること (93年決定の二)。——社会主義市場経済の下では,公有制を主体とし,多様な経済成分がともに発展する方針が堅持されているので,公有制の基本である国有企業を市場経済に適応させていくために,国有企業の改革は大変重要な任務である。
② 市場システムの育成と発展 (93年決定の三)。
③ 政府職能を転換させ,マクロ経済コントロール体系の構築及び改善 (93年決定の四)。
④ 合理的な個人収入配分制度及び社会保障制度の構築 (93年決定の五)。
⑤ 農村経済体制改革の深化 (93年決定の六)。
⑥ 対外経済体制の改革を進め,さらなる対外開放を広める (93年決定の七)。
⑦ 科学技術及び教育体制の改革 (93年決定の八)。
⑧ 法制度整備の強化 (93年決定の九)。
⑨ 共産党指導の強化 (93年決定の十)。

中国政府が進めている社会主義市場経済への移行は,少なくとも,経済システムの枠組みに限って,欧米や日本などの世界資本主義各国の市場経済システムに類似してきて,その差異も小さくなっていると多く指摘されている[111]。しかし,目指している体制移行の最終到達点についてはともかくとして[112],少なくとも,1993年決定以後,現在まで中国経済改革の目標モデルとされた社会主義市場経済は,

---

111 趙鳳彬 [2003] 110頁。加藤 [2009] 102頁。
112 社会主義市場経済の独自性及びその実現可能性については,対立する観点がある。例えば,理論的に可能であるという意見もあれば (山内清 [2005]。菅原陽心 [2003] 59頁以下など),また,論理蒙昧で実現不可能という意見もあった (渡辺利夫 [1994] 35頁,中兼和津次 [1994] 10頁など)。また,中国政府及び共産党内部さえも激しい路線大論争が繰り返されており (この点について,関=朱 [2008] (関志雄執筆部分) 2頁以下を参照されたい),社会主義市場経済の行方について不透明なところがあることは事実である。筆者にはそのことについて検討する力が到底なく,また本書の目的からは,検討する必要性も低い (中国競争立法が置かれた実際的な経済・社会的な背景を分析することにとどめておく) と考えるので,ここではこれ以上議論しないことにする。

第1節 社会主義市場経済について

いわゆる資本主義各国と比較すると，共通点が多いものの，異なる点も存在する。例えば，公有制の主体的地位及び共産党の一元的支配という二つの点がしばしば指摘されている[113]。このような特徴と相乗し，国家は市場に対するマクロ・コントロールを通じて，資本主義市場経済国家における類を見ないほどの市場介入を行なうことができる力を有し，かつ，（旧計画経済体制の制度的慣性と相俟って）市場への積極的な介入との発想が依然として根強く存在しているため，中国の体制移行にはもちろん，市場競争関係立法にも大きな影響を与えていると考えられる。

3 中国の経済改革の基本課題と経済学における観点対立
1 中国経済改革の基本課題

今日までの中国経済改革過程を見ると，その最も核心的な課題の一つとしては，「計画」と「市場」（政府と市場と換言できる）の関係をめぐる政策調整が挙げられる[114]。1978年から始まった改革は，最初市場調節を補助的な手段として認めることから，「計画が主，市場が従」→「計画的商品経済」→「計画と市場の内在的な統一」などの幾つかの中間目標モデルを経て，徐々に市場メカニズムの役割を認識し，その作用範囲を広げてきた[115]。1993年以後，「社会主義市場経済」という目標モデルに到達し，（その具体的内容について一定の解釈的変化が見られるものの，方向性として）現在まで比較的に安定してきて，それに沿って改革を行なってきた。

鄧小平は，1992年の「南巡講話」[116]で，次のように述べた。「……計画の方が多

113　郝仁平［2005］24頁。
114　計画経済が「究極」の産業政策である（関＝朱［2008］（丸川知雄執筆部分）85頁）と言われるように，中国の経済改革は，政府の集権的な計画経済という「究極」の産業政策による統制から，市場を容認し，導入して，さらにそのメリットを生かす政府の「マクロ・コントロール」による市場介入・管理（＝市場容認の「産業政策」）という方向への転換ということである。
115　第1章表1-1を参照されたい。また，郝仁平［2005］21頁も参照されたい。
116　「1992年1月鄧小平は，改革開放を主導してきた華中・華南地域（武昌，深圳，珠海，上海）を視察し，自身の健在ぶりを誇示するとともに，各地で重要談話を発表し改革開放の加速を訴えた。この南巡講話は，1991年ソ連解体ショックの中で，保守派による鄧小平路線批判が高まったことに対する反撃の意味も込められていた。彼は，『証券取引は資本主義だ』という者があるが，上海，深圳で試した結果，成功することが証明された。資本主義の制度でも，社会主義のもとで導入してもかまわない……」（南＝牧野［2005］255頁による）。

いか，市場の方が多いかは，社会主義と資本主義の本質的な区別ではない。計画経済イコール社会主義ではなく，資本主義にも計画がある。市場経済イコール資本主義でもなく，社会主義にも市場がある。計画も市場も経済手段である。……社会主義が資本主義に対する比較優位を獲得するには，人類社会が創造したすべての文明成果を大胆に吸収して，参考にしなければならず，……[117]」。この鄧小平の重要談話は，従来（計画経済＝社会主義，市場経済＝資本主義）の社会主義と市場経済の関係を，対立的で絶対に相容れないという教条思想の緊縛から解放し，それを打ち破り，両立可能であるという方向転換をさせたと言われる[118]。そして，「社会主義市場経済」の下で，過去のようなイデオロギーの桎梏を受けることなく，経済発展のために，国家は，市場も計画も利用できるようになった。このように，中国における政府と市場の関係について，市場一辺倒でもないし，全面的な政府統制でもない，かつての日本やアセアン諸国が取った，市場経済と政府介入とを組み合わせたモデルに接近するようになったと指摘されている[119]。この政府と市場の適切な組み合わせを求めることは，中国の経済改革全過程を貫いた中心課題の一つとも言える[120]。しかし，政府と市場の「完璧」な組み合わせ（あるいは「融和」）はあくまで理想であり，両者のメリットを生かせる面もあれば，現実的には，「政府の失敗」と「市場の失敗」を共に克服する必要性が生ずるであろう[121]。

117　鄧小平［1992］373頁。
118　衛興華＝張宇［2008］94頁。黄範章［2002］2頁。高橋満［2004］203頁。
119　石原［2000］56頁。
120　中国共産党は多くの会議や決定などにおいて，この課題について何度も強調した。例えば，「中共中央関于完善社会主義市場経済体制若干問題的決定（2003年10月14日中国共産党第十六届中央委員会第三次全体会議通過）」「……継続探索社会主義制度和市場経済有機結合的途径和方式。……」。胡錦濤「高挙中国特色社会主義偉大旗幟為奪取全面建設小康社会新勝利而奮斗－在中国共産党第十七次全国代表大会上的報告（2007年10月15日）」では「……把堅持社会主義基本制度同発展市場経済結合起来……」http://politics.people.com.cn/GB/8198/6429188.html　また，中国の代表的な経済学者の一人＝劉国光は中国の改革開放は，計画と市場の関係の変革歴史であると論じた。劉国光［2008］第11期5頁。
121　すでに比較的早い段階でこれらの問題について指摘した日本の学者がいた。「……『計画と市場の融合』という内容が不明確な用語でなく，『計画の失敗』と『市場の失敗』とを共に克服し，計画と市場の有効性を共に活用した新たな混合体制の形成という経済体制論の構築が必要である。……」植草益［1992］398頁。

2　政府と市場の「相剋」及び経済学の観点対立

　中国の経済改革は,「ショック療法」ではなく,漸進主義的な改革であり,大きな政治変革なしに,共産党主導の下,上から下への改革過程でもある。市場経済への移行は,政府が極めて強力な権限,強いリーダーシップの下で進めていくことが大変重要で不可欠である。しかし,一方では,市場経済への移行ということ自体が,市場メカニズムの作用範囲を拡張し,政府の経済管理範囲を縮小させていくことであるため,経済改革の過程は,いわば,政府と市場の「相剋」過程でもある。

　このような経済改革における政府と市場の「相剋」は,経済学者などの間における改革方向,目標モデルをめぐる観点対立にも反映されている。1970年代末以後,「経済体制改革の目標」について,以下の四つの意見があると言われている[122]。

① 「ポストスターリンの計画経済モデル」――この観点の論者は,企業に自主的権限を多く与えよと主張するが,あくまで計画経済の経済体制を維持するという考え方である。

② 「市場社会主義モデル」――この「市場社会主義モデル」は,東ヨーロッパの社会主義諸国の「市場社会主義」を範とする考え方である。

③ 「東アジア型モデル」(政府主導の市場経済モデル)――「東アジア型モデル」とは,日本,韓国などの東アジアの国々において,権威主義的な政府と市場経済の結合で,重商主義色彩の強い政府主導型の市場経済体制である。この体制の下で,政府は産業政策及び「行政指導」をもって,経済に対して,調整,規画,介入する。中国において,多くの官僚はこのモデルが日本などの東アジアの国々において成功した経験として認識し,参考にした。このモデルは政府サイドの,特に官僚・役人及び一部の学者などにとって,たいへん魅力的であり,影響力も非常に大きかった。

④ 「アングロ・サクソン型モデル」――この観点は,政府の基本的な役割が公共役務の提供に限定されるべきであるというものである。政府の市場に対

---

[122] 呉敬璉［2008b］10頁。③の「東アジア型モデル」と④の「アングロ・サクソン型モデル」を有力な考えとし,紹介した日本語の文献として,加藤弘之・上原一慶編著『中国経済論』(加藤弘之執筆部分)ミネルヴァ書房,2007年,82頁,がある。

する過剰介入は，市場メカニズムの作用を妨害し，腐敗を生じさせる。この考え方は欧米型の自由市場経済体制への傾向が強く，中国の経済学者の間で影響力が大きい。

いろいろな試行錯誤を経て，①②の観点は，80年代中期から影響は徐々に弱くなり，③④の観点は主流的な意見になった。③の「東アジア型モデル」と④の「アングロ・サクソン型モデル」という二つの観点の関係は微妙である。両者は，政府による市場への介入に対する意見が異なるが，経済改革が始まって以来，時には相互協調的で，時には対立するという関係にあり，総じて，理念方向，理論的な面では，④の観点が優位であるが，実際の政策内容や実行において，③の観点が優位であると言われている。特に改革初期及び中期段階では，旧体制の残留，市場の不成熟さ，後発国のキャッチアップなどの理由から，経済運行を完全に市場に委ねることができず，強力な産業政策などの政府の経済発展誘導政策が経済に対してプラスになることに関して，③の主張者はもちろん，④の主張者も同意していたため（具体的な政策設計・執行における意見の違いを別として），その時期の経済改革手法について（例えば，産業政策の策定・実施など），両者が相互に妥協できた。しかし，経済改革の推進とともに，両者の意見対立が浮上し，激しくなりつつあり，またこれからも増していくのであろう。両者の対立は，まさに，中国経済改革における政府と市場の「相剋」を反映した一側面である。

第2節　政府と市場の「相剋」とマクロ・コントロール政策

前述したように，中国における政府と市場の「相剋」は，実際の経済改革過程を通じて，多くの場合，市場メカニズムの範囲を拡大し，政府の権限範囲を縮小させる結果となる。従って，経済改革（市場化）の推進は，既得権益者，とりわけ，既存の官僚組織からの激しい抵抗に遭遇することが当然予想される。実際に，その現れは，マクロ・コントロールという国家による市場介入の方法にも見られる。

123　呉敬璉［2008b］11頁。
124　呉敬璉［2008b］12頁。
125　関＝朱［2008］（丸川知雄執筆部分）86頁。呉敬璉［2010a］7頁。

1 マクロ・コントロールの定義

　1993年に，中国国務院発展研究センター及び中国社会科学院が出した社会主義市場経済に関する解説書（以下「93年解説書」）において，マクロ・コントロールの定義に関して，「いわゆるマクロ・コントロールとは，厳密に言えば，政府がマクロ（総量）均衡を実現し，持続的，安定的，協調的な成長を保証するために，通貨収支総量，財政収支総量と外貨収支総量に対する調節と制御を指すのであるが，ここからさらに拡張解釈して，通常政府が市場の失敗を補正するために採られる，その他の措置もマクロ・コントロールの範疇に入れる」と解説した[126]。また，従来の計画経済と比べて，第一に，直接・ミクロ管理から間接・マクロ管理へ，などのマクロ間接コントロールの原則に転換することと，第二に，計画の機能も，弾力的，予測的で，指導性の計画に転換しなければならないと説明されている[127]。

　既述したように，中国の経済体制改革において，「アングロ・サクソン型モデル」と「東アジア型モデル」という対立する二つの考え方は主流である。また，一般的に，政策の理念段階では，「アングロ・サクソン型モデル」の影響力が大きいが，一方，政策の具体的な制定・実施などの段階に移るとき，「東アジア型モデル」の考え方は大きく反映されるようになると言われる[128]。

　1992年中国は「社会主義市場経済」という目標モデルを提起し，脱計画経済体制へ進み始めた。このことについて，計画経済の総司令部であった国家計画委員会は，組織存亡の危機感を抱いていた[129]。計画経済から市場経済へという体制転換の方向はもはや変えられないことであるので，新体制の下でも，自分たちの役割が果たせる場面を探り，如何に権力を維持するのかは，国家計画委員会などに属する役人たちの大きな関心事項となった[130]。

　そして，市場に対する「マクロ・コントロール」の担当機関などについて，本来「アングロ・サクソン型モデル」の立場に立つ学識者の考えによれば，「マクロ・コントロール」の執行担当機関は財政部及び中央銀行のみであったが，実際

　126　小島ほか訳［1994下］61頁。（中国語原著）馬洪［1993］197頁。
　127　小島ほか訳［1994下］64頁。（中国語原著）馬洪［1993］198頁。
　128　呉敬璉［2008b］12頁。
　129　陳錦華［2005］259頁。
　130　呉敬璉［2008b］20頁。

のマクロ・コントロール執行担当機関の設置段階になると，国家計画委員会と国家経済貿易委員会も候補の担当機関として挙げられた。これについて，「アングロ・サクソン型モデル」の論者は強く反対したが，結局，彼らの意見が抑えられてしまい，国家計画委員会と国家経済貿易委員会も担当機関となった。またこのことについて，マクロ・コントロールの定義に関する解説にも痕跡が残っていると言える。[132]

2　マクロ・コントロールの手段

　一般的に，マクロ経済学において，マクロ経済政策の手段とは，財政政策，金融政策，対外経済政策，所得政策であると言われる。[133] しかし，中国におけるいわゆる「マクロ・コントロール」の手段は，伝統的なマクロ経済政策の手段よりはるかに広い。前記の93年解説書では，社会主義市場経済の下，「政府のマクロ・コントロールは経済の総量的均衡と構造全体の最適化を実現し，経済の健全な発展を促進することを主要な任務とする。」とし，その手段については，経済政策と経済法規を主として，必要な行政管理を組み合わせる。具体的に，「……経済計画，財政政策，通貨政策，産業政策，地域政策，所得分配政策と経済法規……」などとされた。[134]「財政政策，通貨政策，所得分配政策」などは，伝統的なマクロ経済政策の手段と一致するが，それ以上に，「経済計画，産業政策，地域政策」なども「マクロ・コントロール」の手段となり，また，必要な場合に「行政管理」という名の下，経済への直接介入も認められている。さらに，「経済法規」も「マクロ・コントロール」の「手段」であると考えられている。このような「マクロ・コントロール」の概念範囲を限りなく拡張する傾向に対して，「……中国において，マクロ的経済管理（マクロ・コントロール）を政府による経

131　呉曉波［2010］136頁。
132　「いわゆるマクロ・コントロールとは，厳密に言えば，政府がマクロ（総量）均衡を実現し，持続的，安定的，協調的な成長を保証するために，通貨収支総量，財政収支総量と外貨収支総量に対する調節と制御を指すのであるが，ここからさらに拡張解釈して，通常政府が市場の失敗を補正するために採られる，その他の措置もマクロ・コントロールの範疇に入れる。」となっており，「ここからさらに拡張解釈して」以下の文章はとても不自然で，前の文章と論理的な整合性はなく，あとに追加された文章と考えざるを得ない。
133　サムエルソン＝ノードハウス［1992］（都留重人訳）77頁。
134　馬洪［1993］199-200頁（小島ほか訳［1994下］65頁）。

済活動へのミクロ的介入と混同することが非常に多い。マクロ・コントロールという名の下にミクロ的な介入を行ない，これは，指令経済への逆戻りに等しい……」と，「アングロ・サクソン型モデル」の立場に立つ学者は，痛烈に批判している。[135]

　以上述べたように，マクロ，ミクロを問わず，政府が市場に対する介入のすべての行為を「マクロ・コントロール」という概念に拡張解釈しようとするのは，言うまでもなく，前記の「東アジア型モデル」の立場に立ち，市場経済への転換によって，自分たちの権力が縮減されてしまうのではないかと危惧する一部の既得権益集団によるものである。彼らは計画経済という究極の統制経済に慣れ親しんで，市場経済への転換に対する消極抵抗を自分たちの権力維持などの目的から行なったのである。

3　マクロ・コントロールにおける産業政策の優位性

　上述したように，マクロ・コントロールの手段は，経済計画，財政政策，通貨政策，産業政策，地域政策，所得分配政策と経済法規など極めて多岐にわたる。しかし，その中で，産業政策は，最も重要な手段の一つであり，核心的な存在である（＝「産業政策中心主義」）と考えられる。[136]中国において，産業政策は，1986年に策定された第7次五カ年計画に公式文書の中に初めて登場し，[137] 1987年10月に開催された中国共産党第13回全国代表大会で，計画管理の重点を産業政策へ転換すると提起された。[138]産業政策が導入される要因として，「……市場メカニズ

135　呉敬璉［2009］3月2日，41頁。
136　1994年3月に制定された「90年代国家産業政策綱要」（1994年3月25日国務院第16次常務会議審議通過）では，産業政策が，マクロ・コントロールの重要手段と位置づけられた上，その実質的な策定，実施主導機関を国家計画委員会とした。さらに，同綱要によって，関連政府部門が産業発展に重大な影響を与える政策などを策定する際に，事前に国家計画委員会の審査及び調整が必要とされた。また，産業政策の実施を保証するために，「計画，財政，銀行，税務，内外貿易，関税，証券管理，工商行政管理，国有資産管理」などの経済管理部門は，国家の産業政策に従わなければならず，産業政策にかかる重大な政策措置を策定する際に，国家計画委員会と事前調整を行なわなければならないと同綱要では規定された。すなわち，マクロ・コントロールにおいて，「産業政策中心主義」（または「国家計画委員会中心主義」）とも言えるような状況であった。「国務院関于印発『90年代国家産業政策綱要』的通知」雲南政報1994年第6期12頁以下。
137　劉桂清［2010a］172頁。

ムを経済に導入しはじめ，産業の発展に対する政府の直接的なコントロールが失われるなかで，市場メカニズムを圧殺することなく産業発展に政府が介入する方途として日本から導入されたものである。」と言われている。[139]

「計画的商品経済」の名のもとで市場メカニズムを導入して間もない1980年代後期において，産業政策の導入は，市場経済化への流れを押しとどめ，政府の統制を強める意味合いがあったが，その後「社会主義市場経済」という目標の確立によって，経済転換期において，政府が（産業政策を利用して）市場や産業をコントロールしながら，産業発展の方向を誘導するべきと多くの役人と学者は考えた。[140] このように，中国の産業政策（ないしマクロ・コントロール）は，ある意味では，計画経済時代の指令型管理手段の延長ないし変種と理解でき，[141]計画経済体制下の権力関係者や既得権益集団が産業に対する介入権限を維持しようとするために，市場経済制度に対応させた政府介入手段であるとも考えられる。

前にも述べたように，マクロ経済政策の執行機関として，設置当初は，財政部，中央銀行（中国人民銀行），国家計画委員会と国家経済貿易委員会の四つの機関であるという構想であった。そして，2003年の国務院機構改革において，国家経済貿易委員会が解散した。国家計画委員会も国家発展計画委員会の名称変更を経て，国家発展和改革委員会（以下，発展改革委という）に名前が変わった。[142]産業政策の策定，執行などの権限も，再び発展改革委に戻された。この産業政策の「総本山」である発展改革委は，財政政策と金融政策の主管官庁である財政部，中央銀行に対して，強い発言権をもち，関連政策の基本方針を主導したり，その執行への介入を行なったりすることができ，また，自らの政策判断と合致しない場合，相手の主管官庁の政策判断を否定することさえもある。[143]

138　趙紫陽「沿着有中国特色的社会主義道路前進―在中国共産党第十三次全国代表大会上的報告（1987年10月25日）」。
139　丸川［2000］8頁。
140　関＝朱［2008］（丸川知雄執筆部分）86頁。
141　例えば，すでに述べたように，計画経済が「究極」の産業政策であるとみれば，産業政策も計画も，政府の経済に対する介入・統制というところが類似しており，産業政策（ないしマクロ・コントロール）は市場経済のフレームワークの下で，政府による市場への介入である。
142　詳細は，後述の第7章を参照されたい。

表 2-1 産業政策の分類

1	目標と内容による分類	産業構造政策 産業組織政策 産業技術政策 産業立地政策
2	政策のカバー領域による分類	総合的な政策（例：「90年代国家産業政策綱要」等） 特定業種の政策（例：自動車工業産業政策等） 地域的な政策（例：経済特区などの建設等） 特定の限定された役割をもった政策法規 　　（例：反不正当競争法，工業製品品質責任条例等） 単発的な政策法規（例：国有石油公司の改組案等）

（出所）：陳少洪［2000］78-79頁，の内容に基づき，筆者が作成した。

表 2-2 産業政策の手段

	産業政策の手段	具体的内容
1	行政管理と行政的な改組	① 国家の「規画」と「計画」 ② 参入規制 ③ 行政的改組（政府が直接企業の閉鎖，生産停止，合併，転業をさせること）
2	価格と料金管理	「基礎的な公共的産業の製品とサービス」などの価格・料金の管理
3	財政手段	① 財政補助金と財政政策 ② 財政的融資 ③ 特定目的付加金や特殊な利潤留保制度
4	情報誘導	国家の「計画」や「規画」，定期的な統計調整及びさまざまな情報公開による誘導手段
5	租税	① 企業所得税の減免政策 ② 付加価値税の減免 ③ 特別償却や，高率（ママ）の研究開発費のコスト繰り入れを認めること ④ 制限的な租税政策

143　田中修［2006］177頁以下。田中修［2010］43頁以下。「例えば，項懐誠財政相（当時）はデフレ経済が収束したとの判断の下に，〇二年五月に積極的財政政策のフェードアウト……を提案した。しかし，たちまち国家発展計画委員会（当時）などの反対に遭い，その後しばらく『積極的財政政策（淡出）論争』がエコノミストの間で繰り広げられたが，同年十二月に開いた中央経済工作会議では，結局国家発展計画委員会の主張が通り，積極的財政政策の継続実施を決めたのである。……国家発展改革委員会……は国家の重大プロジェクトを推進する立場にもあり，……自己の主管するプロジェクトへの資金供給が減少する恐れのある財政緊縮には慎重で，反対に回りがちであり……」（田中修［2006］177頁）。

6	貿易と直接投資の管理と誘導	① 関税 ② 非関税手段 ③ 保税区の設置 ④ 外国資本に対する管理
7	外貨	外貨使用枠の分配，為替の市場レートと公定レートの統一，外貨管理体制の改革など
8	金融手段	① 利子補給と財政融資 ② 融資計画と特定目的向け融資 ③ 証券市場への上場の管理
9	競争政策と市場規則	税法，反壟断法，反不正当競争法，価格法，入札法，消費者保護法などの政策，法規

(出所)：陳少洪［2000］78-85頁，の内容に基づき，筆者が作成した。

4　産業政策の内容及び拡張

　中国において，産業政策の概念及びその実現手段について，拡張的で，広義的に解釈したがる傾向にあると言われている[144]。それは表2-1及び表2-2のように整理できる。

　表2-1及び表2-2で見られるように，このような広義的解釈をとれば，産業政策はマクロ・コントロールと同視できるほどに広くなり，両者の区別が付きにくくなってしまう。このような捉え方は，前述した「90年代国家産業政策綱要」の時代から徐々に強まってきた（経済政策体系における）「産業政策中心主義」という流れに属するのではないかと考えられる。

第3節　産業政策と競争政策の「相剋」と競争関係立法

　上記では，中国経済体制移行の過程は，ある意味で，政府と市場の「相剋」過程として見ることができると分析してきた。反壟断法におけるカルテル規制の構造，性格及び意義などに関する考察という本書の目的から，これからは，産業政策と競争政策の「相剋」について検討していきたい。

144　陳少洪［2000］70頁以下。また，日本の学者も類似する趣旨の問題点を指摘していた。橋田坦［1997］93頁以下。

1 産業政策と競争政策の関係について

中国では,経済政策体系の理念に関して(特に競争立法に際して),産業政策と競争政策のどちらを優先的に考慮すべきかについて,主として,産業政策優先説,競争政策優先説という二つの観点が対立している。[145]

1 産業政策優先説

言うまでもなく,この考え方は,競争政策より,産業政策が優先されるべきという説であり,主に二つの視点からその理由を主張している。

(1) 競争政策はそもそも産業政策に従属する政策である

例えば,経済政策体系において,産業政策は中核的な存在であり,他の経済政策に対し,指導的な地位にあり,競争政策は産業組織政策の内容の一部に過ぎないので,当然,産業政策の目標に従わなければならないという意見がある。[146]

競争を維持するための反独占政策は産業政策に属する。[147]この論者は,中国において,改革開放以来,市場競争に対して主導的な政策を,競争促進的な産業政策→競争制限的産業政策→競争促進的産業政策・競争制限的産業政策の併存という過程として,分析した。その上で,産業政策こそは,「……中国の市場競争に関する重要な構成要素であることは明らかなのである」と判断した。また「独占禁止産業政策」が政府の政策の一部と成りつつあると指摘し,WTO加盟後,市場経済に特有の独占の危険,特に多国籍企業による市場独占を防止するために,独占に対する取り締まり,公正競争の促進に関する立法を加速しなければならないという意見もあった。[148]

(2) 後発国においては,経済発展のために産業政策の役割がたいへん重要なので,優先的に考慮すべきである

先進国と発展途上国では,産業政策と競争政策に対する考え方が異なる。先進

---

145 この二つの観点にプラスして,産業政策と競争政策の組み合わせ説を第三の観点として,分類する見解もある(劉桂清[2010a] 189頁)。しかし,同論考にも指摘したように,この第三の観点は,単に異なる発展時期,領域によって,産業政策と競争政策の使い分けを行なうにすぎず,特定の時期及び領域に限定してみると依然として,産業政策と競争政策の主従関係が存在する。本書の目的から,この第三の観点の意義を検討する必要性が薄いので,ここでは省くことにする。
146 白樹強[2000] 157頁-165頁。
147 江小涓[1996] 24, 57頁。
148 江小娟[2002] 285-294頁。

国は，自国の企業が発展途上国市場にスムーズに進出すること等を考量し，発展途上国に対して，市場の開放，競争政策の貫徹を望んでいる。それに対し，発展途上国は，自国経済のキャッチアップ，民族産業の保護などの考えから，競争政策より，産業政策優先の政策理念を推進するので，中国も産業政策優先の前提の下での競争政策という立場を堅持すべきという主張がある[149]。この考え方と類似し，発展途上国である中国の経済発展において，競争政策より，産業政策を重視ないし優先させるべき[150]，または，WTO 加盟後，国内企業の国際競争力を高め，外国企業の国内市場に対する支配を防止するために，産業政策がたいへん重要である，などという意見は少なくない[151]。

2 競争政策優先説

競争政策優先説に賛成する学者がかなり多く，特に近年，経済法専門の学者間において，多数説であると思われる[152]。競争政策優先説論者は概ね次の観点から産業政策優先説を批判し，競争政策を優先すべきであると主張している[153]。

(1) 社会主義市場経済への移行は政府主導から市場主導への移行過程である

中国の経済体制改革は，政府の直接的経済介入が，価格メカニズムや競争などによって代替される過程である[154]。市場経済体制の下では，政府が主として市場の失敗を克服するために，役割を果たすべきである。競争政策は，中核的な地位にあり，産業政策が従属的地位にあり，計画経済から市場経済への体制移行過程にあるがゆえに，中国が政府による経済介入を縮小して，競争政策の優位性を堅持すべきである[155]。

市場経済への移行を成功させるために，政府による資源配分を継続させるべきではない。政府は，なるべく市場メカニズムが政府を代替して作用できるように，健全な市場体制や法制度などを整備することに努力すべきである。政府が経済に対する強力な直接介入のままでは，経済移行の成功があり得ない。そこで，市場

---

149 劉継峰［2008］21 頁以下。
150 韓立余［2008］19 頁以下。皮建才［2008］33 頁以下。
151 陳＝梁＝朱［2002］24 頁以下。
152 次に挙げたもの以外に，この説に賛成する意見として，王先林＝丁国峰［2010］33 頁，孫晋［2011］90 頁，江飛濤＝李暁萍［2010］35 頁，などがある。
153 類似するまとめについて，劉桂清［2010c］46 頁以下。
154 馮暁琦＝万軍［2005a］69 頁。劉慷＝王彩霞［2008］14 頁。
155 林民書＝林楓［2002］9-10 頁。邝小文［2005］34 頁。

の未成熟が産業政策維持・強化の理由にはならない。[156]

(2) 産業政策より，競争政策の経済効率促進に関するパフォーマンスが高い

いろいろな研究結果，また，中国産業政策の実際効果に対する研究から見ても，政府の介入が多ければ多いほど，その領域の発展が遅れる。反対に政府の介入が少ない領域では競争が働き，効率が向上し，成長も顕著である。[157]

(3) 「東アジア型モデル」の教訓

産業政策を大いに利用した日本，韓国などの東アジアの国々の経験から見れば，産業政策は，一定の時期及び領域内に限って効果があったと言えるかもしれない。しかし，長期的に見れば，これらの国において，産業政策は，それほど効果的であったとは言えない。一時期，経済成長した後，結局，経済発展が長く停滞してしまい，競争政策重視へ転換せざるを得なかった。[158]例えば，日本において，産業政策が多く実施された産業内の企業は最終的に有効な国際競争力が形成されず，反対に，産業政策による支持をあまり得ていない分野では企業が競争力を付け，顕著な成長を成し遂げた。[159]そして，日本の学者を含め，多くの研究者は，産業政策の消極効果を反省し，経済発展の基本が，やはり，市場メカニズム，企業家精神，自由かつ公平な競争を保護する法制度にあると指摘した。[160]

(4) 経済のグローバル化やWTOの加盟後，競争政策の重要性がますます高まる

WTO加盟後，中国企業は世界市場に参入しやすくなるというメリットがあると同時に，大量の外国企業が中国市場に入って来るのも当然のことであるので，競争がますます激しくなる。このような避けられない現実の下で，産業政策を通じて国際的競争力を有する国内企業を育成しようとする考え方が現れるが，そのような考え方が基本的に間違っていると競争政策優先論者は述べている。その主な理由については，① 多くの実践や関連研究によれば，企業競争力を高めるには，根本的には競争政策によるしかなく，仮に産業政策で短期的に効果が生じても，長期的には望ましい効果が得られない。② 経済のグローバル化の歴史背景

---

156 李剣［2011］111頁。
157 林民書＝林楓［2002］9頁。馮暁琦＝万軍［2005a］65頁。李剣［2011］112頁。
158 馮暁琦＝万軍［2005a］68-69頁。石俊華［2008］136頁。劉桂清［2010c］49頁。
159 劉慷＝王彩霞［2008］12頁。石俊華［2008］136頁。
160 劉慷＝王彩霞［2008］12頁。張鵬飛＝徐朝陽［2007］34頁。

の下，中国は，WTO の規則や世界的な市場ルールを順守・適応していかなければならない。受身的な姿勢ではなく，むしろ積極的に挑戦し，競争政策を促進して，市場に関する法制度を整備していかなければならない。③ 経済のグローバル化の下で，産業政策などによる政府の市場への過剰介入は，他の国々からの批判を招き，国際的な協調にマイナスの影響を与える。[161] ④ また，中国において，市場競争秩序の維持に関する法制度が不健全であり，国内企業のさまざまな反競争行為に対する規制制度がまだ不十分である。さらに，WTO の加盟によって，圧倒的な資本力・経営力を有する外国大企業は，合併や市場力の濫用などを通じて，市場を支配したり，競争制限的な行為を行なったり，状況がますます深刻化するので，その対応策を事前に取らなければならないという主張もある。[163]

2　経済・競争立法における産業政策と競争政策の「相剋」

これまで紹介したように，1970 年代末以後の中国の経済・競争に関する法律は，政府と市場，産業政策と競争政策の「相剋」過程において，作られてきた。ここでは反不正当競争法，価格法，反壟断法の関連状況を紹介する。

1　反不正当競争法の立法過程における「相剋」について

反不正当競争法の立法過程において，政府と市場，産業政策と競争政策の「相剋」が見られ，基本的に政府介入及び産業政策重視の考え方が優位の下で，立法した。

すでに，第 1 章で分析したように，反不正当競争法の立法において，反独占立法に関する反対意見は強かったため，カルテル，市場支配地位の濫用にかかる内容はほとんど削除せざるを得なかった（事業者集中について最初から取り入れる予定が考慮されていなかった）。[164]

例えば，立法過程中，独占的協定（カルテル）の規制に関する規定を設けるべきか否かについて意見が分かれていた。まず，反対意見として，「競争制限的協

161　林民書＝林楓［2002］7 頁以下。
162　馮果＝辛易竜［2009］50 頁。劉桂清［2010c］49 頁。葉衛平［2007］23 頁。
163　張＝盧＝李［2003］97 頁。同趣旨の観点として，張明志［2002］第 4 期 11 頁以下。
164　その原因について，第 1 章第 3 節で述べたように，中国においては，国際競争力を有する大企業を育成するために，独占的な状態や企業結合を規制すべきではないという考え方（異質説）が存在しているからであると思われる。

定行為は資本主義社会の固有現象で，資本家が……独占的超過利潤を貪るための行為である。中国は社会主義国家であり，市場における企業の圧倒的多数を占める国有企業間の過当競争が国有資産に損害を与え，望ましくない。しかも，現在国有企業間の競争制限的協定行為の多くは業界主管部門や業界協会の調節や主導の下で行なわれ，業界管理の重要措置であり，保護・奨励すべきであるので，法律で禁止すべきではない。」という（政府の役割，産業政策を重視する）意見があった。これに対し，独占的協定の禁止に賛成する意見は「市場経済の下では企業間の競争が正常な現象である。企業は市場競争を通じて，市場淘汰が行なわれ，発展の原動力を獲得し，経済効率を高め……人為的に競争を制限することは……落後を保護し，先進を抑止して，それは改革ではなく，後退である。そこで，競争制限的協定行為を禁止し，競争を奨励するために，立法しなければならない。」と主張していた[165]。しかし，結局，法案の審議段階で，後者の競争政策重視の意見が抑えられて，政府の役割及び産業政策を重視する意見の主張が認められ，（入札談合の禁止規定を除く）独占的協定にかかわる条文が削除された[166]。

　このように，反不正当競争法の立法において，基本的に産業政策優先説の観点の下で，立法作業が行なわれた。一方，行政的独占，入札談合，不公正な取引方法などの行為類型を規制対象としたことについて，競争政策擁護意見への妥協も多少あったというような見方ができないわけでもない。但し，これらの行為類型の導入については，政府の強力な主導・管理下で，安定的な社会経済秩序を維持し，社会主義市場経済への転換がスムーズに行なわれるように，（これらの行為類型を）前述した「競争促進的産業政策」や「独占禁止産業政策」などの政策として産業政策に属するものだと考えられ，産業政策優先説にとっても受容できる範囲内のことである，という説明もできないことはない。

165　曹天玷［1993］246頁。
166　「草案17条は聯合行為に関する規定である。……当該条文は不正当競争行為に属するか不正当競争行為に属しないかについての規定がやや曖昧で，ある部分は反壟断法の問題となり，ある部分は国際貿易問題に関連しているから，この法律において規定しなくて，当面の突出的な入札談合問題のみ規定すれば良い。そこでこの条文を『……』（草案修正稿第15条）に修正することを提案する」という結論に至った。「全国人大法律委員会関于『中華人民共和国反不正当競争法（草案）』審議結果的報告－1993年8月25日在第八届全国人民代表大会常務委員会第三次会議上 全国人大法律委員会副主任委員 蔡誠」。

反不正当競争法は,市場全体における自由競争を擁護するという発想が薄くて,むしろ政府介入による経済秩序の管理や[167],事業者(特に弱い立場にある民間事業者,中小事業者の)権利の保護を通じて,健全な市場秩序の形成,促進に寄与する傾向が強い法律である。それに関する分析及び実務執行についてすでに第1章第2節で検討したため,ここでは省略する。

2 価格に関する政府のマクロ・コントロールまたは管理のための「価格法」

　中華人民共和国価格法(以下,価格法という)は,1997年12月29日に第8期全国人民代表大会常務委員会第29回会議が採択し,1998年5月1日から施行された[168]。

　価格法は全7章,48条からなる。第1章は総則,第2章では経営者の価格行為,第3章は政府の価格を定める行為,第4章は価格のマクロ・コントロール,第5章は価格の監視及び検査,第6章は法的責任,第7章は附則である。

　第1条の立法目的において次のように規定されている。「価格行為を規範し,価格による合理的な資源配分機能を発揮させ,<u>市場価格の全体水準の安定</u>を図り,消費者及び経営者の適法な権益を保護して,社会主義市場経済の健全な発展を促進するために,本法律を制定する。」(下線は筆者)。なお,「市場価格の全体水準の安定」が国家のマクロ経済政策目標であると強調されている(同法第26条)。

　同法第3条では「国家は,マクロ的な経済コントロールの下,主に市場による価格形成のメカニズムを実行させ,かつ,漸進的に改善させる。……」と規定している。同条によれば,価格決定メカニズムは,市場調節価格,政府指導価格[169],政府定価[170]という三つのタイプに分けられる。大多数の商品及び役務の価格は市場調節価格となり,少数の商品及び役務の価格は,政府指導価格,または政府定価

167　もちろん,反不正当競争法には,日本の不正競争防止法と類似する規制内容もあり,民事的救済手段も規定しているので,純粋な(政府による)経済秩序管理法とは言えないかもしれない。しかし,規定する行為類型のほとんどが政府による規制・介入が可能であるということから,全体として,同法の性格は,経済秩序管理法の色彩が濃いと言わざるを得ない。

168　価格法の紹介に関する日本語の論文について,射手矢[1998]622頁,張輝[1999]75頁。

169　政府指導価格とは政府が法に定めた定価権限及び範囲に基づき,基準価格及びその変動幅を定め,経営者に対して,価格の設定を指導することである。

170　政府定価とは政府が法に定めた定価権限及び範囲に基づき,自ら価格を設定することである。

となる。

また第4条(価格秩序)では,「国家は,公平,公開,合法的な市場競争を支持し,正常な価格秩序を維持して,価格活動に対し,管理,監督及び必要な調節・コントロールを行なう」。

いわゆる市場調節価格とは,経営者が自ら商品の価格を決めるという意味である。80年代の改革開放前,厳格な計画経済の時代では,(ごく僅かな一部の価格を除く)ほとんどの商品価格が,政府の管理下に置かれ(政府定価),事業者の価格を決定する権利が認められていなかった。改革開放以後,市場経済への移行に伴い,政府の価格管理が次第に直接的な管理から間接的な管理へ転換し,事業者の価格の設定に関する権利が認められるようになった。価格法において,事業者の自主的な価格決定権を,法的レベルで認め,保護を与えると同時に,行為規範,権利の範囲及び義務についても規定されている。価格法の立法目的が,主として,政府の価格調節・コントロール能力を高め,市場価格の全体水準の安定という政府マクロ経済政策の重要目標を実現することにある。そのために,市場による価格調節をある程度に認めながらも,政府が価格の全体水準,秩序安定などを管理・監視しなければならない。従って,事業者の価格行為は,この政府の価格秩序管理に服さなければならない。

中国の学界においても,価格法が市場メカニズムによる価格形成を保護する法であるという競争政策に近いような観点から,価格法の性格について捉えようとする学説がある。但し,それはあくまで少数意見である。通説は,やはり,価格法の性格について,政府のマクロ経済政策目標=価格全体水準の安定の実現のために,政府は,価格秩序に対する管理という観点から捉えていると言われている。[171]

さらに,価格法第14条に列挙した,8種類の禁止される事業者価格行為の違反要件には,対市場効果要件は無い。従って,執行機関(物価管理当局)は,市場を画定し,競争を制限することによって価格に対する影響を分析することはなく,(第1章第2節で反不正当競争法の違法要件の紹介の際に,述べたことと同じように)行為類型に該当し,安定的な価格秩序を侵害すると判断できれば,直ちに,国家利益及び他の事業者または消費者の利益を害する行為として禁止できる。後ほどの第8章において分析するように,現在までの価格法違反事件の処理方法に関し

---

171 李良雄 [2004] 253頁。

て，ほとんどの場合は，このようなアプローチで法執行がなされてきた。以上より，現段階で，価格法の性格については，主として，価格行為に関する規範法や，価格安定及び価格秩序管理の法として考えるべきであり，市場競争による価格形成メカニズムを保護することがその第二義的（あるいは付随的）な目的に過ぎないと考えるべきである。このような性格を有する法は，実際の執行において，市場の力より，政府の力によって価格安定を図る方向に（市場より政府を優先に）走りやすく，恣意的な価格介入が行なわれるリスクが高くなるのではないかと思われる。

3 反壟断法立法における競争政策優先説の影響力の増大

すでに第1章で反壟断法の立法過程及び法的内容について紹介したように，反壟断法の立法理念については，基本的に二分説の観点に基づいたと考えられる。二分説論者の大多数は，自由競争理念に対して親近感をもち，市場経済体系の下では，市場の役割を優先的に発揮させ，政府介入をなるべく抑えるべきであると考えるため，競争政策優先説に立っていると言える。

このように，反壟断法の立法過程において，少なくとも理念的には二分説論者の主導の下で，独占行為の弊害要件が，「競争の排除または制限」と統一された。すなわち，ある行為が，反壟断法に違反するか否かについて，規制当局は，関連市場を画定し，競争に対する影響を分析しなければならないことになる。このことは，（競争法先進国では，ごく当たり前のことであるかもしれないが）競争文化がまだ浸透していない中国にとっては，画期的なことである。そこで，反壟断法は，中国の「経済憲法」であり，その立法は中国経済体制改革の「里程碑」（一里塚）と，喩えられている。[172]

中国経済学における観点の対立に見られるように，1980年代以後の中国において，経済改革の理念方向，理論的な面では「アングロ・サクソン型モデル」の観点が優位であるが，実際の政策内容，実行においては「東アジア型モデル」の観点が優位である。反壟断法の立法において，同様な現象が見られ，理念として，競争政策優先説がやや優位であるといえるが，競争政策優先説一辺倒ではなく，産業政策優先説の観点は，同法に相当に大きな影響を与えた。全人代常務委員会における審議では，反壟断法立法趣旨などに関する説明報告において，「……反

---

172 王曉曄［2010］439，441頁。

襲断法は，市場競争を保護し，良好な市場競争環境を創出して，維持していかなければならないが，さらに，国家の現行の関連産業政策と協調して，企業の拡大ないし強大化及び規模経済の発展に寄与しなければならない。」と，産業政策への協調が明言されている。[173]

また，反襲断法の第一回審議後，反襲断法の立法が，社会主義市場経済に適応し，国家のマクロ・コントロールの指導の下，反独占と産業政策及びその他の経済政策を協調させなければならないという意見が，全人代の代表，常務委員会の委員，各政府部門から多く上がっていた。このようなことを受けて，全人代常務委員会の法律委員会及び財政経済委員会などは，法の総則において，新しい規定を追加することにした。それが，2007年第二回審議の草案の第4条「国家は，社会主義市場経済に相応しい競争のルールを制定して，これを実施するとともに，マクロ・コントロールを向上し，改善して，統一された，開放的，競争的，秩序のある市場体系を整備する」であり，制定法の第4条[174]にもなった。[175]

4 反不正当競争法，価格法，反襲断法のカルテル規制関連規定

上記では，産業政策と競争政策の「相剋」の，反不正当競争法，価格法，反襲断法という経済・競争関係法への影響を，全体的視点から分析した。ここからは，カルテル規制の立法への影響について検討したい。

(1) 反不正当競争法におけるカルテル規制

前述したように，反不正当競争法の立法過程において，カルテル規制の取り入れに関する試みがあった。しかし，政府の役割及び産業政策を重視する意見の優位の下で，カルテル規制に関する条文がほとんど削除され，入札談合（第15条)[176]

---

173 「関于『中華人民共和国反襲断法（草案)』的説明－2006年6月24日在第十届全国人民代表大会常務委員会第二十二次会議上国務院法制辦公室主任 曹康泰」 全国人民代表大会常務委員会公報2007年第6期524頁。

174 「全国人大法律委員会関于『中華人民共和国反襲断法（草案)』修改情況的彙報－2007年6月24日在第十届全国人民代表大会常務委員会第二十八次会議上 全国人大法律委員会副主任委員 胡康生」全国人民代表大会常務委員会公報2007年第6期530頁。

175 第2回審議草案と比べて，制定法条文は文言について少し変化があったが，基本趣旨があまり変わっていないと思われる。制定法第4条「国家は，社会主義市場経済に相応しい競争のルールを制定して，これを実施するとともに，マクロ・コントロールを改善して，統一された，開放的，競争的，秩序のある市場体系を整備する。」

のみが規制の対象とされた。

> 第15条　① 入札参加者は通謀して入札し，入札価格を高め，若しくは入札価格を低く抑えてはならない。② 入札参加者と発注者は相互に結託して，競争相手の公平な競争を排除してはならない。

第1章第2節で紹介したように，反不正当競争法の不正競争行為に該当し，違法になるか否かを判断する実質要件として，①「この法律の規定に違反し」（＝行為要件），②「他の事業者の適法な権益を侵害し」という二つの要件が要求されている。そこで，違法と判断されるには，この第15条の①項及び②項という行為要件に該当し，また，その効果要件「他の事業者の適法な権益を侵害し」をも満たす必要があると思われる。

(2)　価格法におけるカルテル規制

価格法において，第14条では，「経営者は次に掲げる不正当な価格行為をしてはならない」と規定する。その1号では，「相互に通謀し（原語：串通），市場価格を操って，他の経営者あるいは消費者の適法な権益を侵害してはならない。」と規定している。これは，価格カルテルに関する規制条文である（これ以外には，同法にカルテル規制にかかわる明確な条文は無いと思われる）。

ここでは，「相互に通謀し，市場価格を操って」は，行為要件であり，「他の経営者あるいは消費者の適法な権益を侵害」は効果要件に該当すると思われる。

(3)　反壟断法におけるカルテル規制

反壟断法の第2章（第13~16条）は，独占的協定に関する規制を規定している。その構造及び条文は，以下の通りである。

176　その条文については，「二人以上の事業者は次に掲げる共同行為を通じて，他の競争相手の利益を侵害してはならない」：① 価格の限定またはその他の不合理的な販売条件の拘束，② 入札談合，③ 市場または取引相手を分割すること，④ 生産数量または販売数量を限定すること，⑤ 共同の購入拒絶，⑥ 共同の販売拒絶。
　次の各号のいずれに該当する場合，社会経済発展及び社会公共利益に有利であれば，不公正な競争行為に該当しない：① コストの削減，品質の向上，効率の促進，商品規格の統一，商品または市場の開発に関する共同研究のための共同行為，② 生産経営の促進，分業協力による専門化を進めるための共同行為，③ 輸出を促進するために，国際市場競争への共同参入に関する相互拘束，④ 貿易利益を高めるための商品輸入に関する共同行為，⑤ 市場変化に対応し，販売量激減や，著しい生産過剰を抑止するための共同行為，⑥ 中小企業自身の発展を促進し，競争力を高めるための共同行為（孔祥俊［2001］849-850頁）。

第13条　競争関係にある事業者の間で次に掲げる独占的協定を締結することを禁止する。

　㈠　商品の価格を固定し，または変更すること。

　㈡　商品の生産数量または販売数量を制限すること。

　㈢　販売市場または原材料の購入市場を分割すること。

　㈣　新しい技術，新設備の購入を制限し，または新しい技術，若しくは新製品の開発を制限すること。

　㈤　共同して取引を拒絶すること。

　㈥　国務院反独占執行機関が認定するその他の独占的協定

この法律でいう独占的協定とは，競争を排除し，若しくは制限する協定，決定またはその他の協調行為を指す。

第14条　事業者とその取引相手との間で，次に掲げる独占的協定を締結することを禁止する。

　㈠　第三者に再販売する商品の価格を固定すること。

　㈡　第三者に再販売する商品の最低価格を限定すること。

　㈢　国務院反独占執行機関が認定するその他の独占的協定。

第15条　事業者がその締結した協定が次に掲げる事由のいずれかに該当するものであることを証明することができた場合には，この法律の第13条，14条の規定は適用されない。

　㈠　技術の向上，新製品を研究・開発するための場合

　㈡　製品の品質を高め，原価の引下げ，効率を促進するために，商品規格あるいは標準を統一し，または専門化分業を行なう場合

　㈢　中小事業者の経営効率を高め，中小事業者の競争能力を向上させるための場合

　㈣　エネルギーの節約，環境保護，災害救助等の社会公共利益のための場合

　㈤　経済的不況で，販売数量の著しい減少または顕著な生産過剰を緩和するための場合

　㈥　外国との貿易及び経済協力における正当な利益を保障するための場合

　㈦　法律及び国務院が規定するその他の場合

前項第一号から第五号までに該当し，この法律第13条，14条の規定に適用しない場合については，事業者は，当該協定の締結が関連市場における競争を著しく制限することはなく，かつそれによって生ずる利益を消費者に受けさせることができることを証明しなければならない。

第16条　事業者団体は，当該業界の事業者を組織して本章に禁止する独占的行為をさせてはならない。

以上のように反壟断法第13条第1項に水平的協定を，第14条に垂直的協定を規定して，第15条に適用免除規定を設けている。このような構造は，EU競争法の関連規定と類似している。すなわち，ある行為が，独占的協定に該当するか否かについて，まず第13条と第14条の行為類型及び「競争を排除し，若しくは制限する」という効果要件を満たしているか否かを見て，それから，第15条において，適用免除の可能性を見るという構造となる。[177]

第13条第1項に掲げられている水平的協定に関する行為類型について，価格カルテル（一号），数量制限（二号），市場分割（三号），新技術・新設備の導入・開発に関する制限（四号），共同ボイコット（五号），その他のカルテル（六号）となる。第14条では，垂直的協定に関する行為類型について，再販売価格の固定（一号），最低再販売価格の限定（二号），その他のカルテル（三号）と規定している。そして，効果要件は「競争を排除し，若しくは制限する」と考えられる。

また，適用免除（第15条）を受けるために，事業者は，① 第15条第1項の一号〜七号の類型に該当すること，② 当該協定の締結が関連市場における競争を著しく制限することは無いこと，③ 生ずる利益を消費者に受けさせることができること，を証明しなければならない（但し，第15条第1項の六，七号に該当する場合，①で足り，②③の証明は不要）。

(4) 比　　較

まず，第一に，対象行為の限定と拡張についての比較である。規制対象となるカルテル行為について，反不正当競争法は入札談合，価格法は，価格カルテルのみを規制対象としているのに対し，反壟断法はカルテル行為を包括的に規制していることが分かる。これは，やはり，産業政策優先説が優位である時期において，規制対象となるカルテル行為の範囲も極端に狭くさせられ，当時の経済社会で差

---

[177] 詳しい内容については，後の第4, 5, 6章の関連箇所を参照されたい。

し迫った問題となるカルテル行為に対する規制のみが認められるという状況であった。

　第二に，カルテル行為の悪性に対する捉え方についての比較である。反不正当競争法及び価格法において，入札談合と価格カルテルというカルテル行為の悪性に関して，市場メカニズムに対する侵害や，競争を制限する行為という捉え方ではない。むしろ，主として，反道徳的，反規範的で，秩序違反の不正行為という面が捉えられているのではないかと思われる。例えば，反不正当競争法第2条では「事業者は，市場取引において，自由意思，平等，公平，誠実信用の原則を遵守し，一般的な商業道徳を守らなければならない」と規定している。また，価格法第7条では，「事業者は価格を決定する際に，公平，合法及び誠実信用の原則を守らなければならない」と規定している。従って，反不正当競争法と価格法において，入札談合と価格カルテルというカルテル行為はいずれもこのような原則または商業規範に違反し，不正当な競争行為若しくは不当な価格行為として捉えられている。第1章ですでに述べたように，反壟断法の立法過程において，前期の草案では，「自由意思，平等，公平，誠実信用の原則」などの類似するような条文があったが，後期の草案になってからは，削除された。これによって，反壟断法において，カルテル行為の悪性について，主として，市場メカニズムに対する侵害や，競争の制限という競争政策の視点から捉えるようになり，反不正当競争法及び価格法と一線を画した。

　第三に，直接の保護対象（または法益）についての比較である。反不正当競争法及び価格法によるカルテル行為に対する規制の直接的な保護対象は，主として，競業者たる事業者である（消費者の保護については，あくまで第二義的で抽象的な保護対象に過ぎない）。それに対し，反壟断法によるカルテル行為に対する規制の直接的な保護対象は競争そのもの（または市場メカニズム）である。

　以上のように，カルテル規制に限ってみても，（産業政策などの手段で）政府の介入による市場主体の育成・保護，価格の安定，経済秩序の管理・維持などを重視する反不正当競争法と価格法を用いてカルテルを規制する発想から，市場の役割を優先的に発揮させ，政府の介入をなるべく控えるという競争政策的な観点に基づく規制＝反壟断法によるカルテル規制へ転換するようになりつつある。

第4節 小　括

　中国の経済改革は，計画経済をやめれば，市場が自動的に作用するという考え方を取らずに，漸進的な移行方式で，政府の主導によって市場を育成し，発展させていくという方法を取っている。改革の過程において，経済の推移・変動とともに，絶えず政府と市場の適切な組み合わせを図り，その均衡を保たなければならない。政府と市場のメリットを利用できる一方，それぞれの「失敗」も克服しなければならない。このような背景のもとで，政府と市場の役割について，経済学的には，主に「東アジア型モデル」と「アングロ・サクソン型モデル」という二つの理念が対立し，時には相互に妥協しながら，拮抗して来ている。今後の方向について，「アングロ・サクソン型モデル」の論者は，産業政策などの政府介入に依存しすぎると，健全な市場経済制度の形成・発達を阻害し，中国は「官僚資本主義」の落とし穴に陥り，改革が失敗する危険性が極めて高いと警告し続けてきた[178]。それに対し，「東アジア型モデル」の論者は，中国は後発国として，まだキャッチアップの段階にあり，産業政策ないしマクロ・コントロールが長期的に大きな役割を発揮することができ，また発揮させるべきであると主張している[179]。

　経済学における観点対立の延長として，経済ないし競争立法の領域では，産業政策と競争政策の「相剋」が見られる。前者は，政府の役割を重視し，産業政策を優先すべきであると考える。後者は，市場の役割を強調し，政府の市場介入を縮小させ，競争政策を優先すべきであると主張する。

　本章第2節で分析してきたように，従来（改革開放以来），中国の諸経済政策において，産業政策は，最も強力で，中核的な政策である。それに対し，競争政策については，非常に弱い立場にあり，多くの場合，産業政策に従属するとさえ考えられてきた[180]。このような状況は，経済・競争立法にも反映されていた。反不正当競争法及び価格法は，産業政策優位の時代に制定され，自由競争への擁護という理念が薄く，経済秩序に対する管理・監督的な性格が強い法律である。同様な現象は東アジアの多くの国々で観察されていた。すなわち，産業政策が優位の時

178　呉敬璉［2010b］408頁。呉敬璉［2008a］82頁。呉敬璉［2010a］7頁。
179　林毅夫［2007］第1期130頁。林毅夫［2011］Z1期65頁。
180　黄勇＝黄薀華［2010］59頁。

代において，これらの国々においては，本格的な競争促進法制より，むしろ「統制型競争法制」の成立が多かった。その後，経済の発展につれて，次第に市場モデル型競争法へシフトしていくと言われている[181]。

中国も類似の道を辿っている。1990年代後半以後，それまで抑えられていた競争政策優先の観点は次第に台頭し，影響力が増大するようになってきている。そして，停滞していた反壟断法の立法作業も次第に活発化した。なぜ，このような変化が生じたのか。経済発展の自然な規律だと言われれば，そうかもしれないが，あまりにも抽象的である。ここでは，考えられる主な直接要因として次の2点があるのではないかと指摘しておきたい。

要因1について，1997年のアジア金融危機の勃発によって，政府による強力な介入，産業政策を重視する東アジア国々の体制上の問題点が，次々に暴露され，中国において，「東アジア型モデル」にブレーキをかけた[182]。もともと「東アジア型モデル」を疑問視する学者はいうまでもなく，「東アジア型モデル」を支持する学者・有識者の中でも，経済の発展につれて（政府の過剰的介入に対する反省，市場制度の不健全，企業競争力の不足など），政府と市場の関係を調整しなければならないというような考え方が多く出てきた[183]。

また，要因2とは，WTOへの加盟が競争政策の影響力拡大に大きく寄与したことである。WTO加盟に伴って，競争政策の重要性について，競争政策優先説論者によって大いに主張された（本章第3節の1の2で既述した）。また，WTO加盟後，外資企業の独占的地位の獲得，または市場支配的地位の濫用を阻止して，国内産業を保護し，あるいは，国内企業の競争力を育成するために，反壟断法の立法が必要であることについては，産業政策優先論者も[184]（世界市場に参加するには健全な市場ルール，メカニズムが不可欠であるという競争政策優先論者と出発点が異なるものの），立法の必要性に関して，競争政策優先論者と一致し，容認できるようになった。さらに，WTO加盟時に，議定書で中国は「非市場経済国」とされたため，いろいろな面で差別的に扱われる。他国に「市場経済国」として認められるためには，反壟断法の有無は非常に重要な考慮要因であると指摘する学者もい

---

181 安田信之［2003］1640頁以下。
182 樊綱［1998］45頁以下。馮崇義［1998］64頁。方＝李［1998］31頁以下。
183 汪道涵［1999］21期9頁。陳峰君［1999］4期49頁。周喜安［2000］46期6頁以下。高成興［1998］30頁。

このように，上記二つの要因は，産業政策にマイナス，競争政策にプラスの影響を与え，両者の間に一定の力関係の変化が見られた。競争政策支持論者もこれらのことを絶好のチャンスとして利用し，競争政策のメリットを大いに宣伝し，反壟断法の立法を大きく推進した。しかし，これをもって，中国において，産業政策優位から競争政策優位に転じたとは言えず，あくまで，産業政策と競争政策の「相剋」過程において，国際的，国内の情勢の変化に応じて，両者の関係も変化し，新たな「妥協点」（あるいは「均衡点」）の出現による結果であり，中国における「市場」が依然として「マクロ・コントロール」の下にあるという現実を改めて強調しなければならないと考える。その理由及び具体的内容について，第3章以下で詳しく分析したい。

184　特に，2003年前半に中国の国家工商行政管理総局は，中国における多国籍企業の競争制限行為について専門的な調査グループを成立させ，調査研究を行なった上，同年10月末，経済法専門家などを招いて，「多国籍企業の競争制限行為に関するシンポジウム」を開催した。同シンポジウムにて公表された調査報告には，多国籍企業による競争制限行為の状況を分析して，最も深刻なのは，多国籍企業による市場支配的（または優越的）地位の濫用行為であると指摘した。また，同報告には，政府の取るべき対策として，反壟断法の早急立法などについて提案した。国家工商総局公平交易局反壟断処「在華跨国公司限制競争行為表現及対策」工商行政管理2004年第5期42頁以下。また，これについて言及した日本語の文献について，栗田誠「日本から見た中国独占禁止法と東アジア競争法の課題」『新世代法政策学研究』第13巻，2011年，121頁。
185　黄勇＝黄蘊華［2010］62頁。
186　黄勇＝黄蘊華［2010］62頁。

第3章 原則禁止主義と弊害規制主義
―― 日独の経験と中国の課題 ――

　以下の独占的協定に関する検討においては，産業政策と競争政策の「相剋」という視点から，主として，① 原則禁止主義と弊害規制主義，② 水平的協定と垂直的協定，③ 適用除外と適用免除，④ 当然違法の原則と合理の原則，⑤ 規制機関について（それぞれの論点を取り上げる理由などについては各章ごとに述べる），立法過程における草案の変化，関連学説の論争及び比較法的な角度などから検討していく。その上で，カルテルに関するこれまでの主要な事例を分析し，実証的な考察を行ないたい。

第1節　原則禁止主義と弊害規制主義

1　原則禁止主義と弊害規制主義とは

　従来，カルテルの規制に関する法律は「原則禁止主義」と「弊害規制主義」という二つのタイプに分けられる。前者はカルテルが本質的に競争制限ないし市場統制等の弊害[187]をもつので，原則的に禁止すべきとし，後者はカルテルの存在あるいは結成を否定せず，経済的，社会的な弊害をもたらす場合に初めて規制すべきとするものである。[188]弊害規制主義での「弊害」とは，対市場効果の意味とやや異なると思われる。[189]例えば，イギリスの1956年の制限的取引慣行法（弊害規制主義に属する）は，カルテルの弊害の有無について，まず登録させ，制限的な慣行裁判所に付託し，公益に反するか否かを審議して，公益に反すると判断されたカルテルは無効とし，禁止する。[190]

このような分類の意味の一つとしては，経済政策において自由主義経済に関する考え方をどの程度徹底しているかが判断できることにあるといわれている。すなわち，「原則禁止主義」を取っている国は自由主義経済を促進する立場であるのに対して，「弊害規制主義」を取っている国は比較的に計画経済に積極的であるとされ，こうした違いはカルテル規制に反映されている[191]。第二次世界大戦後の日本及び旧西ドイツは戦前の統制経済，全体主義への反省，自由競争の市場経済への再評価として，「原則禁止主義」のカルテル規制政策を取り入れ，自由競争の理念を非常に重視するようになったと思われる。

　以上の通り，中国カルテル規制の立法において，原則禁止主義か，それとも弊害規制主義か，どのような立場を取ったのかを考察することは，中国反独占立法において，自由競争理念への接近や，政府と市場・産業政策と競争政策の関係に関する理解等の分析に非常に有益であると考えられる。

　原則禁止主義と弊害規制主義の差異については，表3-1のように考えられている[192]。

　以上のような原則禁止主義と弊害規制主義の差異は，立法に反映される。弊害規制主義に基づいた立法の主な特徴としては，規制対象となるカルテルの範囲はかなり広く（例：スイス法では再販売価格維持契約もカルテル），その多くは登録制をとり，さらにカルテル登録簿を公開する制度などもある[193]。例えば，弊害規制主義

---

[187] いわゆる，カルテルが本質的に弊害をもっていることについて，「……（1）カルテルはそれ自体競争制限を目的とし，あるいは競争制限を効果としてもっているが，競争制限自体が弊害である。（2）カルテルは契約による一種の営業の自由の制限であり……（3）カルテルの存在や活動がアウトサイダーの営業の自由を脅かす場合が多い。（4）…資源の最適配分を阻害する。（5）カルテルは競争制限によって結局は，（a）価格水準を高目に維持し，需要者や消費者に犠牲を強いるとともに，（b）非能率な限界企業を徒らに温存して経済の効率化に逆行し，さらに，（c）経済をダイナミックで革新的な拡大均衡へ向かわせるよりも，停滞的な縮小均衡をもたらす傾向がある。」と指摘されている。伊従＝上杉［1976a］115頁。

[188] 伊従［1997］128頁。伊従＝上杉［1976a］115頁。吉田編［1964］5頁。

[189] 極めて抽象的な概念であり，実質的な判断は運用にまかされている国々が多いと一般的に言われている。詳細については，伊従＝上杉［1976b］106頁以下。

[190] 伊従＝上杉［1976b］104頁。

[191] 伊従＝上杉［1976c］109頁。

[192] 伊従＝上杉［1976a］116-117頁。

[193] 伊従＝上杉［1976b］104頁以下。

表 3-1 原則禁止主義と弊害規制主義の差異

	原則禁止主義	弊害規制主義
カルテルの弊害への認識ないし評価	競争は強く尊重され，カルテル自体が弊害をもち，厳しく規制すべき	カルテルは常に悪ではなく，利点もあるので，一概に禁止するのではなく，公益侵害などの弊害が生じる場合に規制すべき
カルテルの私法上の効力	適用除外を除き，カルテル自体はそもそも違法で無効	政府が一定の措置を取るまではカルテルは有効である
弊害に関する立証責任	規制機関はカルテルの存在を立証すればいい。その弊害（例：公益に反すること）を立証する必要は無い	規制機関はカルテルの弊害を立証する必要がある
規制措置	罰則の適用があり，行政措置としてカルテルの解体ないし排除等であるが，価格決定に関する介入は好まない傾向が強く，原則的に市場機構に委ねる	罰則の適用はほとんどなし，弊害是正のための行政措置があり，価格決定に関する介入もあり得る
独禁法の位置付け	独禁法＝経済憲法であり，単なる経済規制法だけではない 原則禁止の方はより経済的自由主義の理念に忠実的である	経済規制法の性格が強く，自由主義市場経済への信頼がやや低い

（出所）伊従寛＝上杉明令［1976a］116-117頁，に基づいて筆者が整理，作成した。

法制の例として，イギリス法を挙げることができる。「制限的協定は競争を制限する。ただし，常に公共の利益に反するものではない」という考えの下に，1956年の制限的取引慣行法は，前述したように，まず一定のカルテルをすべて政府機関に届けさせて登録し，公開する。そして登録されたカルテルは順次制限的慣行裁判所に付託され，公益に反するか否かが審議され，公益に反すると判定されたカルテルは無効とされ，禁止される。[194]

一方，原則禁止主義に基づく立法の主な特徴については，カルテルを原則的に禁止し，必要に応じて，例外的な適用除外を設けている。規制機関は基本的にカルテルの存在を立証すれば足り，弊害規制主義で言われるような「弊害」に関して立証する必要は無い。原則禁止主義に属する法制については，日本法，アメリカ法，EU法，ドイツ法などがあると言われている。[195]

---

194 伊従［1986］（舟橋和幸執筆部分）196頁。伊従＝上杉［1976b］104頁。
195 伊従＝上杉［1976c］104頁以下。

2 原則禁止主義と弊害規制主義についてのドイツと日本の経験

1 ドイツの経験

旧西ドイツでは,競争制限禁止法の立法過程において,カルテルの規制について原則禁止,あるいは弊害規制のどちらをとるかを巡って熾烈な論争を経て,最後に一部の妥協も見られたが(多くの適用除外の導入),原則禁止主義者が勝利し,その後のドイツの独禁法のカルテル規制に対し,大きな影響を与えていた。[196]

旧西ドイツでは,原則禁止主義採用の理由について,第一に,アメリカをはじめとする占領軍政府からの強い圧力があった。第二に,オルドー自由主義という反独占の経済政策思想が戦前からドイツで形成され,これが立法において強い影響力を有していた。第三に,ドイツ産業界は戦前の経済力濫用防止法制への反省で(広範囲な適用除外という条件付けもあったが)原則禁止主義に賛成した。第四に,ドイツ国民の間に伝統的に形成されてきた反独占の潮流の存在である。第五に,社会的市場経済政策のもとでの経済復興に成功した。第六に,欧州石炭鉄鋼共同体条約及び欧州経済共同体条約において経済力の原則的禁止主義による反独占条項が導入されたという国際環境の影響もあると指摘されている。[197]

そして,原則禁止か,あるいは弊害規制かについて論争した上,原則禁止主義に決着した。その過程において,カルテル規制に関して,関連議論を最大限に尽くし,自由主義市場への理解を深めるとともに,オルドー自由主義の影響力もますます増大した。また,原則禁止についての賛成意見と反対意見の相互妥協によるコンセンサスの形成によって,当時ドイツ社会に適したカルテル規制の制定を可能にし,後述するように,その後のカルテル規制政策の一貫性の形成に積極的な意義があったのではないかと思われる。

2 日本の経験

1947年に制定された日本原始独禁法では,原則禁止主義の立場に立ち,カルテルに対し,非常に厳格な規定を設けた。例えば,旧4条には,「一定の取引分野における競争に対する当該共同行為の影響が問題とする程度に至らないものである場合」を除き,価格,数量,技術などに関するカルテルを当然違法として禁止した。しかし,この厳格すぎる規定を有する理想主義的な原始独禁法の立法は,堅実な競争理論の基礎の下に充分な検討がなされ,社会的なコンセンサスを得て

---

196 高橋岩和[1997]197頁以下を参照されたい。
197 高橋岩和[1997]251-252頁。高橋岩和[1981]165頁。

から立法されたとは必ずしも言えず，日本の自主的な立法というより，むしろ，占領政策として押し付けられた法律として捉えられることも可能であると言われる[198]。原始独占禁止法制定後一貫して，カルテル化した経済に慣れ親しんだ産業界や旧通産省などは，カルテルの全面禁止化を強く批判して，占領政策下で顕在化はしなかったとしても，カルテル規制緩和の要求は絶えることなく存在していたと言われている[199]。

その反対意見の内容として,「(1) 自由経済下における競争システムは競争秩序ではなく混乱に過ぎない。(2) 独占禁止法はわが国の経済力を弱体化するために制定された。(3) カルテルに対する厳しい規定はわが国の経済の実情を無視している。そのうえ，独占禁止政策に関する理論的水準が低く，それをバックアップする体制もなかった。このような実情にあったので，独占禁止法が運用されると，他方では，その適用を逃れる施策が進められた。」というものが挙げられる[200]。

1951年9月に「サンフランシスコ平和条約」が締結され，日本は，主権を回復し，独立国として，自国の立法に関する自由権を取り戻した。1953年の独禁法は第2回目の改正が行なわれ，自国独自の法律となるべく質的な転換が図られたと言われている[201]。当時，経済界や政府筋から，不況を乗り切るために，独禁法改正が必要であると叫ばれ，原則禁止は日本経済の実情に合わず，カルテルを原則的に容認し，弊害規制主義へ転換するようにという意見まで出たが，公取委は譲歩しながらも，カルテルの原則禁止の建て前を堅持した[202]。同改正において，旧4条の削除,「不況カルテル」及び「合理化カルテル」の適用除外規定の導入など，カルテル規制に関して後退的な改正が行なわれ，良いカルテルと悪いカルテルを区別するように，原則禁止主義から，弊害規制主義へ近寄ったと考えられている[203]。

3 日本とドイツの比較及び中国への示唆

(1) 日本とドイツの比較

上記で分析したとおりに，占領政策の一環として，アメリカなどの占領軍政府

---

198 長谷川［1999］49頁。谷原［2007］46頁。
199 来生［1990］305頁。鈴木［1981］236頁。田中裕明［2002］151頁以下。
200 実方＝植草＝厚谷［1975］143頁。
201 谷原［2007］49頁。
202 谷原［2007］255頁。
203 稗貫［2006］188頁。今村［1986］20-22頁。谷原［2007］50頁。

の圧力の下で,独禁法(ドイツでは競争制限禁止法)を制定した点で,日本とドイツは同じである。しかし,両国の間に異なる点も存在する。立法に相当に大きな影響を与えた相違点として,次のことが指摘されよう。ドイツにおいては,戦前からのオルドー自由主義の立法における影響力,ドイツ産業界の原則禁止立法への賛成がみられ,またドイツ国民の間の反独占潮流が伝統的に形成されてきたことが非常に重要であった。それに対して,日本では,戦前から堅実な反独占思想が形成されたとは言えず,産業界や旧通産省などは一貫して,カルテルの全面禁止に反対していた。また,日本国民の間に反独占潮流が伝統的に形成されていたということもあまり考えられないであろう。

そのため,日本とドイツでの立法における差異などによって,両国にはその後の法改正や執行において異なる傾向が見られた。すなわち,「……(筆者注:ドイツ)競争制限防止法が,国内における幅広い議論を前提とし,きわめて強固な社会的支持基盤を有する法制度として制定されたことと密接に関係しているものと考えられよう。……わが国の独占禁止法がきわめて厳格な内容をもって出発しながら,しばしばわが国の行政庁そのものによって軽視され,法律の規範的内容と現実の実効性との間に深刻な乖離の状態が継続してきたことと比較するならばー競争制限防止法は,独自の伝統を踏まえ,戦後ドイツ社会(『社会的市場経済』)の重要な構成要素としての一定程度の実質を備えて出発した」[204]のである。また,(西)ドイツ法には妥協や不徹底さがあるが,独自の反独占思想が十分に育っており,現実と妥協して自主的な独禁法であり,徐々に定着していく。それに対して,日本は立法時における規制は厳しいものであったが,反独占思想を十分に育てなかったため,後のさまざまな反発が強かった[205],などと指摘されているように,日本は原始独禁法制定後の相当の期間において,独禁法の(緩和)骨抜き的な法改正や執行が行なわれていた。それに対して,ドイツ競争制限禁止法は一貫して厳格化・規制強化の方向を目指していたと指摘されている[206]。

(2) 中国に与える示唆

独禁法におけるカルテル規制に関して,原則禁止か,あるいは弊害規制か,どちらを選択するかについて,日本とドイツはその立法過程において,異なった様

---

204 江口[2000]227頁。
205 小西[1964]75頁。
206 田中裕明[2004]255頁。江口[2000]228頁。

表 3-2　カルテル規制立法の状況に関する 3 カ国の比較

	ドイツ	日本	中国
① 独禁法立法の自主性に対する認識	自主立法であると強調される（当時のエアハルト連邦経済大臣）	占領政策として押し付けられた法律と考える意見が多かった	自主立法（但し，日米などの国，特に EU からの立法支援活動が多かった）
② 立法時の外国からの圧力の強弱	圧力が強い	圧力が強い	歴史背景の相違により，日本とドイツほどの圧力は無かった
③ 反独占政策思想の形成	オルドー自由主義という反独占の経済政策思想が戦前からドイツで形成された	戦前から堅実な反独占思想が形成されたとは言えない	反襲断法立法前から堅実な反独占思想が形成されたとは言えないが，「アングロ・サクソン型モデル」という経済学的な考え方が有力である
④ 産業界などのカルテル原則禁止への賛否	産業界が原則禁止立法に賛成	産業界がカルテルの全面禁止に反対	少なくとも国有，公有制企業間のカルテルや対外貿易のカルテルに対する全面禁止に関して反対意見ないし消極意見が多かった
⑤ 国民の間に反独占潮流が伝統的に形成されたか否か	形成された	形成されたとは言えない	形成されたとは言えない。但し，行政的独占や規制産業の高額料金などに対する社会的な不満が非常に強い
⑥ 新しい経済政策の下での経済成長	経済成長に成功した	経済成長に成功した	経済成長に成功した
⑦ 国際的環境の影響	欧州石炭鉄鋼共同体条約及び欧州経済共同体条約において原則的禁止主義の導入に関する検討などによる影響があった	不明	WTO の加盟などの国際的な環境の影響が非常に大きかった

相を呈した（最終的にどちらも原則禁止主義をとり，立法したが，それに至る過程内容が異なる）。このようなことによって，その後の両国の法執行などに多大な影響を与えたと述べてきた。そして，カルテル規制立法に関して，ドイツ，日本，中国の 3 カ国の状況を比べてみると表 3-2 のようになる。

　上述の分析及び上の表 3-2 に基づき，カルテルの規制（広く言えば独禁法も）が法制度として定着するためには，私見によれば，最も基本的で決定的に重要な

第 1 節　原則禁止主義と弊害規制主義　87

要素とは，表3-2の③と⑤，いわゆる，反独占政策思想の形成及び国民間の反独占潮流の伝統という，(両者を合わせていうと) 競争文化という思想基礎の形成であると考えられる。他の①，②，④，⑥，⑦は，重要な補強要素と言えるが，決定的な要素とまでは言えないと考えられる。競争文化の伝統が乏しくても，外部の圧力などによる (形式的であっても) 法移植が可能である。本書の課題であるカルテル規制に関する原則禁止主義の取り入れはその例である。例えば，日本は，決して堅実な反独占思想に基づく反独占立法とは言えないが，占領政策の下で，原則禁止主義を取り入れた。しかし，その後，反独占政策は，定着し，法政策として効果的に作用するようになるまでは，さまざまな反発や骨抜き的な法改正や執行が行なわれた。そのような現実の中で，長期にわたって，日本の独禁法や公取委の主な役割とは，産業政策，反競争的な慣習などとの戦いにおいて，競争文化を育成し，浸透させていくことにあったと言える。日本では，独禁法の積極的な運用が可能となるのは1990年代以降であると言われている。[207]

一方，ドイツ競争制限禁止法の立法においては，反独占政策思想及び国民間の反独占潮流の伝統がすでに形成されており，自主立法という自覚の下で，原則禁止主義論者は，占領軍政府の圧力や産業界の支持などの有利な要素をうまく利用し，取り込んで，弊害規制主義に対抗して，妥協しながらも自分たちの主張を優位にさせることに成功した。[208]

日本とドイツの経験から，中国に対して，次のように示唆を与えることが可能ではないか。

まず，第一に，カルテル規制ないし反独占の立法に際して，自国の経済社会の伝統と現実を客観的に認識して，堅実な反独占思想を育成することが最も重要である。第二に，立法時に先進国の法制度を参考にする必要があるが，単に形式的に導入するのみでは足らず，原理原則を深く理解して，掘り下げた議論を行なった上で，立法 (の原理原則) に関するコンセンサスを可能なかぎり得ることが必要である (その際に，国民世論，国際的な圧力及び経験などの有利な要素を利用する必要がある)。第三に，法の内容と現実の実効性を考慮に入れた柔軟性のある制度設計も非常に重要なことである。

---

207 稗貫 [2006] 211頁。
208 高橋岩和 [1997] 250頁以下。

第2節 中国反壟断法におけるカルテルの規制は原則禁止主義か弊害規制主義か

　中国反壟断法は，2008年8月1日に施行されてから，まだ時間が短く，カルテルを規制する実績も非常に少ないため，ここでは，主として，制定法の条文及び立法段階における草案条文の変化という時系列，並びに，比較法や学説などの視点から分析することを通じて，中国反壟断法におけるカルテルの規制は原則禁止主義に属するのか，それとも弊害規制主義に属するのかという点について考察，検証したい。

　前述の表3-1のような分析視点に基づいて，特に登録制の有無，弊害要件，立証責任等を重点として，中国反壟断法におけるカルテル規制の性格（原則禁止主義と弊害規制主義）を検討したい。

1　カルテルの禁止及び登録制の有無について

　中国反壟断法制定法におけるカルテル規制は原則禁止主義のEU競争法第101条と類似し，第13条は競争者間のカルテル（いわゆる水平的協定）を，第14条は事業者とその取引相手の間のカルテル（垂直的協定）を原則として，禁止しているが，例外として事業者は第15条の適用免除の要件に該当することを証明できれば，適用免除となる。この構造は，原則禁止主義をとっている国々の法的構造とほぼ同じである。

　表3-3のように，中国反壟断法の最初の草案から制定法まで一貫して，カルテルに対して禁止規定を設け，弊害規制主義の法制度に見られる審査のための登録制度は一度も設けていなかった。

2　弊害要件に関する規制機関の立証責任の有無

　すでに述べたように原則禁止主義の下では，カルテルは本質的に弊害をもち，反公益的・反社会的であるので，規制機関等は，その存在のみを立証すれば足り，弊害を立証する必要は無い。もちろん，原則禁止主義の法制にも，例外的にカルテルに関する適用免除の規定があるが，カルテルが公益に合致すること，あるいはそれに違反しないことをカルテル側が証明する責任を負うというように，原則禁止主義と弊害規制主義との実際の差異については，この挙証責任の負担の問題にあると言われている。[209]

　次は，中国反壟断法におけるカルテル規制の関連規定において，条文上その弊

表 3-3 各草案及び制定法の要点

	カルテルを禁止するか否か	（審査のため）登録制の有無	（公益違反等）弊害要件に関する規制機関の立証責任	カルテルの私法上の効力
1999 年案	禁止	無	条文上規制機関に立証責任無し	規定無し
2000 年案	禁止	無	条文上規制機関に立証責任無し	規定無し
2001 年案	禁止	無	条文上規制機関に立証責任無し	規定無し
2002 年案	禁止	無	条文上規制機関に立証責任無し	規定無し
2003 年案	禁止	無	条文上規制機関に立証責任無し	規定無し
2004 年案	禁止	無	条文上規制機関に立証責任無し（適用免除を受けるには申請する事業者側が立証責任を負う（第12条第1項第四号））	規制機関による無効宣言（第56条）
2005 年案	禁止	無	条文上規制機関に立証責任無し	規制機関による無効宣言（第46条）
2006 年案	禁止	無	条文上規制機関に立証責任無し（適用免除を受けるには事業者側の立証責任）	最初から無効（第11条）
2007 年案	禁止	無	条文上規制機関に立証責任無し（適用免除を受けるには事業者側の立証責任）	規定無し
制定法	禁止	無	条文上規制機関に立証責任無し（適用免除を受けるには事業者側の立証責任）	規定無し

（出所）　各次草案及び制定法の条文に基づき，筆者が作成した。

害要件の有無，並びに挙証責任の負担について検討したい。

立法過程において，幾つかの草案では，独占的行為に関する定義規定に「公共利益に反する」との規定がなされたことがある。念のために，これについて検討してみる。

1999 年案から 2005 年案までは，独占的行為の定義規定において，「公共利益に反する」という文言を規定しており，例えば，2005 年案の第 3 条では「この法律において，独占的行為とは，競争を排除し，もしくは制限して，消費者の利益を侵害し，または社会公共利益に反する行為をいう。独占的行為は以下のいずれかの行為を含める：（一）……（筆者注：① 独占的協定，② 市場支配的地位の濫用行

209　吉田編［1964］6頁。

為，③事業者集中，④行政的独占)」と規定している。この「公共利益」について，規制機関が，カルテル行為を規制するに際して，立証する必要があるということまで必ずしも言えないかもしれないが，他方でそのような明文規定も無い。しかし，解釈として懸念が無いわけでもない。そして，2006年案から，独占的行為の規定から「この法律において，独占的行為とは，競争を排除し，もしくは制限して，消費者の利益を侵害し，または社会公共利益に反する行為をいう」という文言を削除し，直接に「この法律に規定する独占的行為は以下のいずれかの行為を含める：(一)……（筆者注：① 独占的協定，② 市場支配的地位の濫用行為，③ 事業者集中)」となった。このように定義規定から「公共利益」という言葉が消え，制定法では目的規定にしか残っていない。そこで，独占的協定に該当する以上，当然として「公共の利益に反する」行為であると考えられ，規定する必要も無く，もちろん立証する必要もまったく無いと解釈すべきではないかと思われる。

また，中国反壟断法のカルテル規制は既述のように，EU 法をモデルとしているため，条文構造も非常に似ている。規制機関は第13条，第14条の行為類型に該当するカルテルの存在を証明すれば足りるとし，第15条の適用免除は例外の規定であり，かつ事業者が適用免除の要件を充足していることを自ら立証しなければならないので，弊害規制主義の「弊害」を立証する必要性については，規制機関にはまったく無いと考えられる。

3 カルテルの私法上の効力

カルテルの私法上の効力については，弊害規制主義にある規定と関係すると言われている。すなわち，弊害規制主義の法制では，契約の自由が営業の自由に優先し，規制機関が一定の措置を取るまではカルテルは有効であるが，原則禁止主義ではそれと反対に，カルテルの本質的な反公益性に着目し，それ自体が違法で契約有効とは認めない（適用除外により例外が認められ得る）と考えられる。[211]

反壟断法におけるカルテルの私法上の効力については，表3-3のように，1999年案から2003年案まで，それに関する明確な規定を設けていなかった。2004年案において，第56条で独占的協定に該当する行為に対し，「……商務部

---

210 反壟断法第1条「独占的行為を予防及び制止し，市場における公平競争を保護し，経済の運営効率を高め，消費者利益及び社会公共利益を維持・保護し，社会主義市場経済の健全な発展を促進するために，この法律を制定する。」

211 伊従＝上杉［1976a］116頁。

反独占主管機関は当該違反行為の停止を命ず，協定の無効を宣言して，……」と規定した。2005年案もその第46条に同趣旨の規定を置いてあった。さらに，2006年案では第11条に「本章によって禁止される独占的協定は最初から自動的に無効である」と規定したが，2007年案からこのような規定が無くなり，制定法においても明文規定は無い。

反壟断法立法過程におけるカルテルの私法上の効力について，規定無し→規定あり（無効宣言または最初から無効）→規定無しというような変化が見られた。しかし，このことは，弊害規制主義での「契約の自由が営業の自由に優先し，政府が一定の措置を取るまではカルテルが有効」という考え方をめぐる意見の相違ではなく，原則禁止主義か弊害規制主義かということにはほとんど関連性は無いと思われる。その理由については，次のとおりである。2006年案は全人代の第1回の審議（2006年6月）に上がってから，同草案の第11条「本章の禁止する独占的協定は最初から自動的に無効である。」という規定に対して，関係学者からは，その合理性について疑問が提示された。

主な根拠について，独占的協定は最初から自動無効であるとされれば：

① 協定の有効か無効について，契約法制度の一般的な原則に従えば良いことであり，(a)協定の一部が反壟断法違反と判断された場合，すべての契約内容が最初から無効とされると，協定に対する修正が不可能で，撤廃または全部やり直しなので，契約コストが無駄になる。(b)反壟断法は私法ではなく，あえて反壟断法による無効宣言の規定は蛇足であり，しかも反壟断法において手続きに関連する規定も無い。[212]

② 独占的協定の有効か無効かについては具体的な経済や法律背景に照らし合わせて考えるべきである。硬直的に最初から無効とすれば，合理性を欠く場合があり，また取引の安全性を害することや反壟断法自体の安定性に影響がもたらされる。[213]

というようなことが指摘されている。

中国反壟断法立法過程において，カルテルの私法上の効力をめぐる上述のような論争は，独禁法違反の法律行為の効力に関して，日本においての（絶対的）無効説や，有効説及び相対的無効説等の議論に似たような議論であり[214]（上記の中国

---

212 時建中 [2007b] 38頁。
213 許光耀 [2007] 31頁。

の二つの説はいずれも絶対的無効説を取るべきでないという主張である），弊害規制主義のような「政府が一定の措置を取るまではカルテルが有効」という考え方とは，まったく異なる趣旨についての論争であるというべきではないかと思われる。従って，中国反壟断法では，カルテルの私法上の効力に関して，弊害規制主義のような「政府が一定の措置を取るまではカルテルが有効」という考え方を取っていないと確認できると思われる。

第3節 小　括

以上のように，中国反壟断法におけるカルテル規制は原則禁止主義か，あるいは弊害規制主義かについて，主として，全体の構造をはじめ，登録制や，弊害要件の立証責任，カルテルの私法上の効力という点をめぐって分析してきた。結論としては，中国反壟断法におけるカルテル規制は原則禁止主義に属するというべきであり，また同様の見解を主張する学説も多数説である[215]。本章の小括として，（本章の内容を考慮して，）前記第1節の2の3において示した日本とドイツの経験から中国に与える示唆の第二の部分[216]，及び，原則禁止主義と弊害規制主義をめぐる産業政策と競争政策の論争について検討したい。

1　立法の原理原則に関するコンセンサス

中国反壟断法の立法に関する立法理由の説明において，同法立法の指導的思想について幾つかの要点があると，全人代常務委員会会議で説明された。その第一

214　（絶対的）無効説とは，独禁法違反の法律行為は絶対的に無効である。有効説とは，独禁法違反は原則的に公取委の排除措置による是正が期待され，公序良俗に反する場合を除いて，私法上は有効である。相対的無効説については，さまざまな見解がある。例えば，独禁法違反の契約は，契約が未履行の段階では，その効力が否定されるものの，契約がすでに履行の段階に有効とされるという説や，また，一元的な問題設定を不適切で，禁止規定の趣旨，当該法律行為と禁止規定の距離，当事者の信義・公平，取引の安全等を総合的に考慮して個別の事案ごとに有効・無効を決めるべきという説などがある。詳細について，金井＝川濱＝泉水編［2010］（山部俊文執筆部分）528-532頁，を参照されたい。

215　また中国では多くの学説も原則禁止と判断している。例えば：Ulrich Immenga（王暁曄訳）［2007］3頁。呉振国［2007］198頁。

に，中国反壟断法の立法は国際的なハーモニーゼーションを図ると同時に，中国独自の事情をも配慮しなければならないということであった[217]。そして，カルテル規制の原則に関して，原則禁止主義を国際普遍的原則として認識し，中国も同様に原則禁止主義を取るべきであるという考え方が多かった[218]。確かに，原則禁止主義が，弊害規制主義より制度上優れているから，多くの国がそれを取り入れたのは事実である。アメリカ法，EU法，ドイツ法，日本法，フランス法等の主要な先進国は，原則禁止主義の類型に属していると言われている[219]。中国反壟断法はEU法（をモデルにしていながら）とドイツ法の（両方の）影響をも大いに受けているため[220]，最初から中国法においてはカルテルの規制に関して原則禁止主義へ傾くのがむしろ自然なことではないかと言えよう[221]。

しかし，前記の日本とドイツの経験からの「示唆」で述べたように，法制度の導入においては，単に「先進的」であるからそのまま導入するのではなく，その

---

216 「第二に，立法時に先進国の法制度を参考する必要があるが，単に形式的に導入するのみでは足らず，原理原則を深く理解して，掘り下げた議論を行なった上で，立法（の原理原則）に関するコンセンサスを可能なかぎり得ることが必要である。」なお，第一の「カルテル規制ないし反独占の立法に際して，自国の経済社会の伝統と現実を客観的に認識して，堅実な反独占思想を育成することが最も重要である」については，終章のところで述べることにする。そして，第三の「法の内容と現実の実効性を考慮に入れた柔軟性のある制度設計も非常に重要なことである」については，第4章以下で，カルテル規制の横と縦のカルテル，適用免除，当然違法と合理の原則など別々に詳細な検討を展開する予定であるので，ここでの検討を省略する。

217 「第一，反壟断法律制度は，国際的な通例に適合して，典型的で著しく競争を制限し，排除する独占的行為を厳しく禁止しなければならないという世界各国の共通認識と一致させると同時に，我が国において，市場主体としての企業が不成熟であり，市場競争が不十分で不適度であるという実際状況を注意しなければならない。……」「関于『中華人民共和国反壟断法（草案）』的説明－2006年6月24日在第十届全国人民代表大会常務委員会第二十二次会議上国務院法制辦公室主任 曹康泰」全国人民代表大会常務委員会公報2007年第6期524頁。

218 例えば：張穹［2007］11頁，118頁。游珏［2006］276頁。耿俊徳［2003］94頁。

219 伊従［1986］（伊従執筆部分）5頁。吉田編［1964］5頁。

220 このように指摘された文献としては，以下のとおり：松下［2005］892頁。村上政博［2006］869頁。川島［2007］105頁。王暁曄［2003］42頁。許光耀［2008］18頁。

221 中国の立法過程においては立法関係者や独禁法有識者などはアメリカ，EU，ドイツ，日本法への関心が強かった。

制度の歴史背景を調べ，各国の実際執行過程中の経験教訓，制度の変遷過程，中国の適合性などについて深く議論する必要があり，かつ大変重要であると考えられるが，中国反壟断法立法過程では弊害規制主義に関する研究文献，原則禁止主義と弊害規制主義のメリットとデメリットについての議論などについて公表された資料はほとんど見当たらない。そこで，中国反壟断法において，カルテル規制に関する原則禁止主義を受け入れたことは，世界的な流れを批判的な議論を経ずにそのまま受け入れ，鵜呑みにしたと批判されるおそれは無いわけではない。また，そのような議論が欠けたことによって，立法（原理原則）に関して，実質的なコンセンサスを得ていたとは言えず，これからの法執行過程において，カルテルの取り締まりや，反壟断法の定着などが懸念される課題となるのではないかと思われる。

2　原則禁止主義と弊害規制主義をめぐる産業政策と競争政策の論争

　前記の表3－2において，原則禁止主義か弊害規制主義かの採用という視点から，独禁法の立法及び定着に関し，①②③④⑤⑥⑦のような主要な要素を列挙して比較分析した。

　ドイツでは，③と⑤，いわゆる反独占思想を形成した上で，①②④⑥⑦を補強要素として，うまく利用し，取り込んでいたため，カルテル規制について，弊害規制主義の主張を抑えて，原則禁止主義を採用し，妥協や不徹底さがありながらも，その後の競争制限禁止法は一貫して厳格化・規制強化の方向を目指し，ドイツ社会に徐々に定着していくという結果につながった。

　日本では，③と⑤のような反独占思想が形成されたとは言えないが，②という占領政府の圧力の下で（立法段階では④の反対意見の影響力が薄かった），カルテルに関する原則禁止主義を導入した。しかし，日本では，主権の回復後に，④①などの消極的な影響の下で，さまざまな反発や骨抜き的な法改正や執行が行なわれた。これが日本における独禁法の定着に大きな困難をもたらした。さまざまな困難があるにもかかわらず，日本では，徐々に競争文化が育成され，次第に社会に浸透してきており，1990年代以降，独禁法の積極的な運用が可能となった。その原因について，もちろん，戦後の政治・経済の民主主義的構造変革が社会的基盤を築いたことの重要性は言うまでもないが，競争法の分野で言えば，恒久法としての独禁法の立法，そして，独立行政委員会である公取委の設立など，競争文化を

促進するための体系を構築したことが大変重要であったと思われる。

　中国の状況はドイツ及び日本と比べると，やや特殊である。中国においては，②というような外国からの強い圧力も無く，また，堅実な反独占思想が形成されたとは言えない状況において，カルテルに関する原則禁止主義が導入された。第2章で分析したように，反壟断法の立法において，産業政策優先説と競争政策優先説が対立しているので，本来なら，産業政策優先説は，弊害規制主義を主張して，原則禁止主義と弊害規制主義をめぐる論争が起きても全くおかしくない状況であったが，実際の立法過程ではそのような論争がほとんど見られず，最初の草案から一貫して原則禁止主義が取られていた。その原因について，考えられるのは，まず，既述のように，反壟断法の立法においては理念的な面では競争政策優先説がやや有利であったので，当初より，原則禁止主義が国際共通認識として主張されたことが挙げられよう。その一方，産業政策優先説は，原則禁止主義と弊害規制主義について，そもそもこのような抽象的で理念的なところで論争しようとせず，適用免除や執行機関などの現実的な問題点や具体的な内容に注目して，抵抗するつもりだったのではないかと思われる。このことは，第2章で述べたように，「一般的に政策の理念段階では，『アングロ・サクソン型モデル』の影響力が大きく，一方，政策の具体的な制定・実施などの段階に移るとき，『東アジア型モデル』の考え方が大きく反映されるようになると言われる」という経済学説の対立状況と一致している。

　以上のように，中国におけるカルテル原則禁止主義の採用は，堅実な反独占思想に基づいたものではないことが日本とやや類似するので，今後，さまざまな反発や骨抜き的な法執行を防ぐために，日本の経験が大いに参考になるであろう。

第4章 水平的協定と垂直的協定

第1節 水平的協定と垂直的協定を区別する意義

1 水平的協定と垂直的協定

　共同行為による競争制限行為はしばしば水平的協定と垂直的協定に分けられる。一般的に競争者間の共同行為による競争制限行為を水平的協定と呼び，取引段階が異なる事業者間の共同行為による競争制限行為，例えばメーカーと複数の販売業者が，小売価格を決める協定を結んだり，あるいはテリトリーを決めたりする，などの協定を垂直的協定と呼ぶ。

　水平的協定と垂直的協定という分け方は，実定法において，① 法条文において，水平的協定と垂直的協定を明確に区別して規定する。② 法条文において，水平的協定と垂直的協定を明確に区別しないという二つの規定の形式が見られる。②の形式をとっているのは，アメリカ反トラスト法，EU競争法などである。①の規定形式をとっていたのは，2005年の第7次改正前のドイツ競争制限禁止法である。その理由として，垂直的協定には両面的な価値効果が認められ，水平的協定と比べるとその危険ポテンシャルが明らかに小さいので，価格・契約内容の拘束を除き，濫用規制に服すべきと考えられ，水平的契約と垂直的契約を区別して規制を行なっていて，区別していないEU競争法より優れていると考えられていた[222]（但し，ドイツ法の2005年の第7次改正で，EU競争法と同じように②の形式を取る

222　服部［2006］52頁。

ようになった)。

2 日本法における水平的協定と垂直的協定

日本法においては，不当な取引制限に関する条文（独禁法2条6項）の中で，水平的協定と垂直的協定を明文規定でもって厳格に区別したわけではない。初期の公取委審決は，垂直的協定をも不当な取引制限にあたると認めていたが，新聞販路協定事件及び東宝・新東宝事件の判決によって，公取委の法解釈が否定され，それ以来，水平的協定のみが不当な取引制限の規制対象となった。[223]不当な取引制限には，水平的協定のみが含まれ，垂直的協定は含まれないという東京高裁判決に対して，学説において意見が分かれた。東京高裁判決に賛成し，水平的協定のみが不当な取引制限に該当すると主張する限定説，及び，これに反対し，不当な取引制限には水平的協定と垂直的協定の両方を含むと主張する包括説がある。従来，前者の限定説は多数説であったが，近時になると，不当な取引制限の協定は単に水平的協定には限らないという説が増加し，通説に近いものとなりつつあると言われている。[224]

不当な取引制限は水平的協定に限ると強調する限定説の代表として，今村説を挙げることができる。今村説は，「水平的結合」（筆者注：水平的協定）と違って，「垂直的結合」の垂直的協定は取引に付随的，従たる制限であり，当事者の一方のみが制限を負担し，「rule of reason」＝合理の原則の適用余地が広く，[225]「……元来，水平的結合による制限というのは，制限そのものが，独立して，共同行為の目的を為すもので，そこに，垂直的結合による従たる制限の如く，結合当事者の取引に付随した制限とは性格を異にし，公正な競争秩序の維持を保護法益とする私的独占禁止法の立場から見て，両者の取り扱いを異にすべき理由があるのである。……」[226]と主張しているので，独禁法における規制で，両者（水平的協定と垂直的協定）を，区別すべきであるという意味合いが含まれていると理解するのは妥当ではないかと思われる。

3 各国の立法及び規制の実態

現在，多くの国において，一般的に，垂直的協定は水平的協定より競争制限効

---

223 今村［1992］10頁。
224 松下［2006］121頁以下。
225 今村［1976］15, 55-57頁。今村［1992］15-18頁。
226 今村［1976］233頁。

果が小さいものであり，場合によって，競争促進効果もあると考えられるようになりつつある。それに関する立法上及び規制上の対応については，以下のように三つのタイプに分けられる。

タイプ1　実際の規制において，垂直的協定と水平的協定の競争制限効果に対する認識は異なるが，カルテル禁止条文に両者の明確な区別を設けず，同一条文に規定する。例として，アメリカ反トラスト法，EU競争法などが挙げられる。

タイプ2　垂直的協定と水平的協定の競争制限効果が異なるから，カルテル禁止条文に，垂直的協定と水平的協定を明確に区別して規制する。例えば，旧ドイツ競争制限禁止法が挙げられる。

タイプ3　（立法あるいは法解釈の結果）水平的協定のみをカルテルとして規制するが，二つのタイプがある。

　a　日本法　すでに述べたように，日本法は，垂直的協定と水平的協定を明文上で必ずしも区別していないが，判例によって水平的協定のみという法解釈を取っている（但し，近時の学説は，タイプ1へと転換する傾向が高まっている）。

　b　台湾法　「公平交易法」の第7条（聯合行為）に水平的協定のみを対象とする。[227]

垂直的協定に関して，規制対象範囲の広狭，規制の厳しさなどによって，タイプ1＞タイプ2＞タイプ3というように順番をつけることができるのではないかと思われる。

以上のように，カルテル規制について，各国の立法（及び執行）において，主として，上記のような三つのタイプに分類した。次節以降，中国反壟断法において，独占的協定（カルテル）の規制は，どのタイプに属し，なぜそのような立法形式をとったのか，及びその実益などについて，学説や草案等を分析し，考察してみたい。

---

[227] 台湾法は日本法の影響が非常に大きい。その「公平交易法」の第7条（聯合行為）において「競争関係」のある事業者間の共同行為いわゆる「水平的協定」のみを規制対象とするように明確に規定している（再販は不公正な取引方法で規制する）。そのような立法形式をとった理由はやはり垂直的協定に対する規制を水平的協定ほど厳格にすべきではないという考え方の影響であった。頼源河編［2002］230-232頁。

第2節 水平的協定と垂直的協定に関する中国の学説

中国の立法過程における学説では，独占的協定に関する条文について，水平的協定と垂直的協定を明確に区別するか否かの点において，おおよそ前述の三つのタイプと対応している。すなわち，① タイプ1のように，条文において垂直的協定と水平的協定を区別しない，② タイプ2のように，条文において，垂直的協定と水平的協定を明確に区別する，③ タイプ3のように水平的協定のみを独占的協定として規制する。

1 条文において垂直的協定と水平的協定を区別しない（タイプ1説）

垂直的協定より，水平的協定の競争阻害効果が高く，通常水平的協定に対して厳しく，垂直的協定に対し，比較的に緩やかな規制を行なうべきであるので，条文において，垂直的協定と水平的協定を区別することについて，法的効果及び規制態度が異なり得るというところに法的に一定の意義があると，この説は認めつつも，但し，「……どのタイプの立法形式をとるかについて，適用免除及びその登録制度等を関連して考慮することもでき，もし両者（筆者注：垂直的協定と水平的協定）の適用免除について，いずれも事前登録が必要であるならば，区別するか否かについてはそれほどの意味は無い。なぜなら，登録時に具体的な条件に応じ，区別して対応できるからである。このように，わが国の反独占立法時に，垂直的協定と水平的協定を区別しない立法形式を参照してもよい。」と述べ，タイプ1，特にEU法のような立法形式に賛成している。[228]

2 垂直的協定と水平的協定を明確に区別する（タイプ2説）

この説は，水平的協定と比較すると，（少数の価格に関する垂直的協定を除く）垂直的協定の競争制限性が高くなく，競争促進的な面もあり得るので，水平的協定と区別して規制すべきという主張である。

例えば，大多数の縦の制限は合法であり，しかも経済の発展などに促進的な役割があると見られるので，独占的協定を水平と垂直と区別して規制すべきであると主張している。[229]

また，垂直的協定と水平的協定を明確に区別する理由とメリットについて，

---

228 孔祥俊［2001］322-323頁。
229 王暁曄［2003］43頁。王暁曄［2000］21頁。王暁曄［2008b］101頁。

「横の制限と異なり，縦の制限は，直接的な競争者間の行為ではなく，一般的に非競争者間で締結される協定であり，社会的な生産の可能性，経済の調和的な発展に一定の積極的な意義を有する。例えば，製品またはサービスの質，企業知名度及び消費者安全の向上，フリーライドの防止，……ブランド間競争の促進など……大多数の垂直的協定に対し，行為類型による区別的な扱いによって，適用免除になる可能性が高くなる……」と述べていた。[230]

この説は中国において，多くの支持を得ており，通説的な存在ではないかと考えられる。[231]

3　水平的協定のみを規制する（タイプ3説）

この説の論者は，「競争制限協議行為（筆者注：カルテル）とは，2人または2人以上の競争関係にある事業者が契約・協議，若しくはその他の手段をもって，共同して商品・役務の価格，生産・販売数量，技術標準，取引相手，取引地域を決定することにより，市場競争を制限して超過利潤を図る行為のことである」と定義づけた上，「競争制限協議行為」の目的は，相互間の競争を制限し，共同して「超過利潤」を図り，（共同行為の相手一方の利益を害し，自己の利益のみを図る行為ではなく）同じ取引段階にある競争者間の行為であると考え，独占的協定の範囲は水平的協定のみに限られると認識している。[232]

第3節　立法過程における草案の変化

本章第1節の3で，各国の立法及び規制の実態に基づいて，カルテル規制制度に関して，三つのタイプに分けることにした。中国反壟断法の立法過程における各草案に対する分析を通じて見ると，その三つのタイプにそれぞれ対応するような変化が見られた。以下は，これに即して，具体的に分析する。

230　王先林［2004］20頁。
231　例えば，同趣旨ないし賛同する意見は，次の通りである。呉振国［2007］221頁。時建中［2007a］32頁。史際春［2007］105頁。曹康泰［2007］54頁。楊潔［2009］41頁。王長秋［2008］23頁。
232　曹天玷［1993］238頁。これと同旨あるいは賛成する意見として，康徳林［1997］31頁。

表 4-1 タイプ 1 に属する草案（2005 年案）

	2005 年案
定義規定	第 8 条（独占的協定の禁止）「事業者間において競争を排除しもしくは制限する目的または実質上競争を排除しもしくは制限する効果を有する協定，決定を締結し，あるいはその他の協同一致の行為（協定，決定，あるいはその他の協同一致の行為を以下「協定」という）を行なってはならない。」
禁止対象行為類型	㈠価格カルテル　㈡数量制限　㈢市場分割　㈣新技術・新設備の導入制限　㈤共同ボイコット　㈥再販売価格の制限　㈦発注・入札における共謀

1　タイプ 1 に属する草案

　表 4-1 に挙げたように，2005 年案はタイプ 1 に属すると思われる。その根拠として，法案第 8 条第 1 項の定義規定において，垂直的協定と水平的協定の区別に関する明確な規定は無く，また，行為類型に関する規定について，垂直的協定と水平的協定を共に含めてすべて第 8 条の第 2 項に列挙されている点を指摘することができる。

　また，「発注・入札における共謀」（原語：「串通招投標」）及び「再販売価格の制限」という縦の要素を含めた協定を，第 8 条第 2 項に独占的協定の基本行為類型において規定されている。このことは独占的協定の禁止規定において，垂直的協定と水平的協定を区別せずに，規制することを意味している。

2　タイプ 2 に属する草案

　表 4-2 に挙げたように，1999 年案，2000 年案，2001 年案，2004 年案，2006 年案，2007 年案及び制定法は，タイプ 2 に属すると考えられる。その根拠については，ほとんどの法案の条文において（2004 年案を除く），競争関係が要件とされる水平的協定を明確に規定し，そうではない垂直的協定を別の条文に規定していることが挙げられる。

　233　この用語には，入札参加者間における横の談合のみならず，発注者と入札参加者の間，いわゆる縦の共謀も含まれる。
　234　この点に関して，松下［2005］883 頁において同様に指摘されている。
　235　2004 年案に，競争関係が必要要件とする文言は無いが，行為類型において，「発注・入札における共謀」及び再販売価格維持等の垂直的協定と水平的協定を明確に分けてあるので，ここでは，一応タイプ 2 に該当することにする。

表 4-2　タイプ 2 に属する草案

	水平的協定の禁止	垂直的協定の禁止
1999 年案	第 15 条　競争関係にある事業者間の以下の協定を禁止する ㈠価格カルテル　㈡入札談合（原語：「串通投標」）　㈢数量制限　㈣市場分割　㈤新技術・新設備の導入制限　㈥共同ボイコット	第 16 条　再販売価格の制限
2000 年案	1999 年案と同じ	1999 年案と同じ
2001 年案	1999 年案と同じ（但し，条文は第 17 条）	1999 年案と同じ（但し，条文は第 18 条）
2004 年案	第 8 条（独占的協定の禁止）「事業者間において締結される，競争を排除しもしくは制限する目的を有するか，または実質的に競争を排除し若しくは制限する効果を有する協定，決定若しくはその他の協同一致の行為（以下，協定，決定若しくはその他の協同一致の行為を「協定」と略称する）は，これを禁止する。……」 ㈠価格カルテル　㈡数量制限　㈢市場分割　㈣新技術・新設備の導入制限　㈤共同ボイコット　㈥その他の競争を制限する協定	第 9 条　発注・入札における共謀（原語：「串通招投標」） 第 10 条　「事業者は，他の事業者に商品を提供する際に，その第三者との取引の価格，またはその他の取引条件を制限してはならない。」
2006 年案	第 7 条　「競争関係にある事業者の間に以下の独占的協定を締結することを禁止する。」 ㈠価格カルテル　㈡数量制限　㈢市場分割　㈣新技術・新設備の導入制限　㈤共同ボイコット　㈥反独占執行機関の認定するその他の独占的協定	第 8 条　「事業者は，事業活動において，第三者への商品の再販売価格を制限し，またはその他の取引条件を設けることを禁止する。」 第 9 条　発注・入札における共謀
2007 年案	第 13 条　「競争関係にある事業者の間に以下の独占的協定を締結することを禁止する。」 ㈠価格カルテル　㈡数量制限　㈢市場分割　㈣新技術・新設備の導入制限　㈤共同ボイコット　㈥国務院反独占執行機関の認定するその他の独占的協定	第 14 条　「事業者はその取引相手に以下のような独占的協定を締結することを禁止する。」 ㈠再販売価格の固定 ㈡最低再販売価格の制限

制定法	第13条「競争関係にある事業者の間に以下の独占的協定を締結することを禁止する。㈠商品の価格を固定し、または変更すること　㈡商品の生産数量または販売数量を制限すること　㈢販売市場または原材料の購入市場を分割すること　㈣新しい技術若しくは新設備の購入を制限し、または新しい技術若しくは新製品の開発を制限すること　㈤共同して取引を拒絶すること　㈥国務院反独占執行機関の認定するその他の独占的協定。」	第14条「事業者はその取引相手と以下の独占的協定を締結することを禁止する。㈠第三者への再販売商品の価格を固定すること　㈡第三者への再販売商品の最低価格を制限すること　㈢国務院反独占執行機関の認定するその他の独占的協定。」

　また各次草案の行為類型も，水平的協定と垂直的協定を峻別している。例えば，再販売価格維持行為の禁止は，常に垂直的協定の禁止に関する条文に規定されており，水平的協定に関する条文では規制されない。特に，「発注・入札における共謀」（原語：「串通招投標」）を縦の要素が含まれた協定とし，「入札談合」（原語：「串通投標」）を水平的協定と，意識的に区別していることが重要である。垂直と水平のどちらかとして規制するという，この両者に関する択一的な取り扱いについて，垂直的協定と水平的協定に関する峻別を明確に表した。もし「入札談合」を水平的協定の行為類型に掲げて規定した場合，垂直的協定の行為類型に（発注・入札における共謀）関連する規定は出てこない（例：1999年案～2001年案）。反対に，発注・入札における共謀が垂直的協定に列挙されると，「入札談合」が水平的協定に規定されなくなる（例：2004年案，2006年案）。

　しかし，2007年案及び制定法には，「発注・入札における共謀」及び「入札談合」は垂直的協定と水平的協定のどちらにも規定されなくなった。その理由として，「入札談合」は第7条（筆者注：2006年案の第7条であり，制定法では第13条となる）の行為類型に含まれるため，単独に列挙する意義は無いとか，また，発注者と入札者との共謀は大体官製談合の場合が多いので，別の法律で規制すべきで[236]，反壟断法において発注・入札における共謀に関する条文を置く必要は無い[237]，という批判的意見があったため，これを改め，2007年案及び制定法のように，条文上では「発注・入札における共謀」及び「入札談合」のどちらも明記しなくなったのではないかと思われる。

　236　許光耀［2007］30-31頁。
　237　時建中［2007a］33頁。時建中編［2008］155頁。

3　タイプ３に属する草案

　表４−３のように，2002年案，2003年案はタイプ３に分類されると考えられる。但し，2002年案及び2003年案の独占的協定の定義規定に，競争関係が必要であるという文言はなく，条文のみを見れば，必ずしも水平的協定のみを規制しているとは言えず，または垂直的協定も規制され得るのではないかと，解釈によって可能であると言えなくはないかもしれない。しかし，立法関係者は，当該規定に関して（2002年案，2003年案）水平的協定のみを規制していると指摘していた。

　例えば，「……中国反壟断法草案（筆者注：2002年2月26日案）は縦の価格制限に関する内容を規定していなかった。その代わりに『市場支配的地位の濫用禁止』という第3章第24条において，市場支配的地位を有する事業者は，卸売りや小売りに商品を提供する際にその再販売価格を制限してはならないと規定している。……」と，2002年案において，縦の（価格）協定に関する規定は無いと批判している。

　また，2003年案の関連規定について，「『草擬稿』の第二章は，縦の聯合制限競争行為（筆者注：垂直的協定）について何も規定していなかった。『草擬稿』の第三章である『市場支配的地位の濫用禁止』という枠内でも一定程度に規制できるかもしれないが，……」と，垂直的協定に関する規定は無いことを指摘した意見もあった。

　このように，立法関係者たちは，「再販売価格維持」行為が「独占的協定」の章ではなく，「市場支配的地位の濫用禁止」の章，すなわち，市場支配的地位の濫用行為として規制されているという理由付けから，2002年案及び2003年案の独占的協定には「垂直」の協定が含まれていないと結論した。

　もう一つ根拠となるのは，すでに述べたように，中国において「発注・入札における共謀」は縦の要素が含まれ，垂直的協定の範疇に属し，「入札談合」は水平的協定に属すると考えられているため，2002年案，2003年案の独占的協定の行為類型には，「入札談合」のみを規定し，「発注・入札における共謀」は無いので，このことによって両草案には，水平的協定のみを規制する傾向が強いと理解することが可能であるかもしれない。

238　王暁曄［2003］43頁。
239　王先林［2004］20頁。

表 4-3 タイプ 3 に属する草案

	水平的協定の禁止	関連条項の状況
2002 年案	第 8 条「事業者は協定，あるいはその他の方法で通謀し，次に掲げる競争を制限する行為をしてはならない。」㈠価格カルテル　㈡入札談合　㈢数量制限　㈣市場分割　㈤新技術・新設備の導入制限　㈥共同ボイコット　㈦その他の競争を制限する協定	再販売価格の制限は「市場支配的地位の濫用」行為として，第24 条で規制される。
2003 年案	第 8 条「事業者は協定，決定またはその他の協同一致の方法によって，次に掲げる競争を排除もしくは制限する行為をしてはならない。」㈠価格カルテル　㈡入札談合　㈢数量制限　㈣市場分割　㈤新技術・新設備の導入制限　㈥共同ボイコット　㈦その他の競争を制限する協定	再販売価格の制限は「市場支配的地位の濫用」行為として，第24 条で規制される。

第 4 節　小　　括

1　制定法における水平的協定と垂直的協定の区別に関する概要及びその意義

　制定法では，第 13 条において，競争関係にある事業者間の協定，いわゆる水平的協定を，第 14 条において，取引関係の事業者間の協定，いわゆる垂直的協定を，それぞれ禁止している。

　水平的協定の類型（第 13 条第 1 項）として，㈠価格カルテル，㈡数量制限カルテル，㈢市場分割カルテル，㈣新技術・新設備の導入及び開発に関する制限，㈤共同ボイコット，㈥国務院反独占執行機関の認定するその他の独占的協定を規定している。

　垂直的協定の類型（第 14 条 1 項）として，㈠再販売価格の固定，㈡最低再販売価格の制限，㈢国務院反独占執行機関の認定するその他の独占的協定を規定している。

　ここで，水平的協定と垂直的協定の両方において規定されている「国務院反独占執行機関の認定するその他の独占的協定」という文言に関して，第 13 条第 2 項の「この法律でいう独占的協定とは，競争を排除し若しくは制限する協定，決

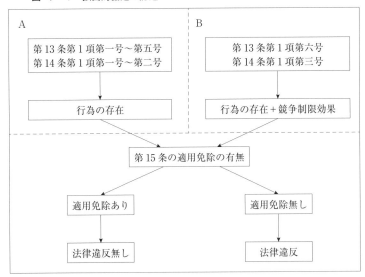

図 4-1 独占的協定の認定

定またはその他の協調行為を指す」という独占的協定の定義規定に基づくと、おそらく、現時点では、執行機関が、関連市場を画定し、市場競争に対する排除、制限効果を分析してから認定することが必要であると認識されている[240]。

本章の前3節において既述した反壟断法の立法過程に関する分析、立法関係者の解説、法条文の文理解釈などを総合的に考えた上、さらに、中国最高人民法院が2011年4月に公表した「独占民事紛争案件審理における法律適用の若干問題に関する最高人民法院の規定（意見募集稿）」（以下、「2011意見募集稿」という）において示した見解に基づくと[241]、現時点（2012年1月時点）で、反壟断法における独占的協定の認定プロセスは、図4-1のように表すことができるのではないか

---

240 人大法工委経済法室［2007］68頁。時建中編［2008］148頁。
241 「最高人民法院関于審理壟断民事糾紛案件適用法律若干問題的規定（征求意見稿）」第8条第1項「独占的協定の被害者は、独占的協定が競争を排除し、制限する効果を有することについて挙証責任を負わなければならない。提訴された独占的協定が、反壟断法第13条第1項第一号から第五号まで、及び第14条第一号、第二号に該当する場合、被害者は、当該独占的協定が競争を排除し、制限する効果を有することについて立証する責任は無い。但し、被告の独占行為者は、関連する反対証拠を以て、これをくつがえすことができる場合を除く。」、また、第8条第2項「被告の独占行為者は、訴えられた独占行為が反壟断法第15条の規定を満たすことについて挙証責任を負わなければならない。」と規定している。

第4節 小 括 107

と思われる。

　図4-1のように，Aの協定（第13条第1項第一号～第五号，第14条第1項第一号～第二号，以下，「列挙協定」ともいう）について，訴追側（規制機関や原告側）は，協定の存在を立証すれば十分である。それに対し，訴追される側は，当該協定が第15条の適用免除に該当することについて立証責任を負う。その他Bの部分の協定については，訴追側（規制機関や原告側）は，協定の存在を立証するだけでは足らず，市場における競争の排除・制限効果についても立証しなければならない。

　そこで，反壟断法の独占的協定に関する規定において，上記の図4-1のような構造をとり，水平的協定と垂直的協定を区別するなどのことによって，少なくとも，立法論的な観点から以下のような効果が生じ得る。

①　ルールの明確化及び規制の効率化

「列挙協定」に対する厳しい態度を示し，規制機関や原告側の立証負担が大幅に軽減されることによって，規制の効率化，違法基準及び予測可能性の明確化につながる。

②　垂直的協定に対する規制の消極化

①のような効果がある一方，再販売価格維持行為以外の垂直的協定（以下，その他の垂直的協定という）に対して，容認しやすい傾向にあり，それに対する規制も消極的になるおそれがある（なお，最高再販売価格維持について解釈上やや曖昧なところがある）。その理由としては，以下の3点が挙げられる。

- a　その他の垂直的協定の類型を列挙しないこと自体は，競争制限効果が小さいものとして，規制する必要性が低いという考え方に基づいたことである（すでに執行機関の施行細則において，その傾向が現れた[242]）。
- b　規制機関にとって，「列挙協定」の立証に関するハードルは低いため，自然に規制の重点になり，その他の垂直的協定に対する規制が消極的になりやすくなるであろう。

242　例えば，「国家工商行政管理総局令第53号　工商行政管理機関禁止壟断協議行為的規定」及び「2010年国家発展和改革委員会第7号令　反価格壟断規定」という工商局と発展委の細則に，垂直的協定について，本来ならば，「国務院反独占執行機関の認定するその他の独占的協定」という文言に基づき，再販行為以外の行為類型を指定してもおかしくないと思われるが，実際に，反壟断法の法定類型と同じ行為類型しか規定しておらず，拡張的な指定や認定を避けている（もちろん，今後執行過程において変わる可能性があるが）。

c 民事規制の手段の欠如。第14条第1項第三号の「国務院反独占執行機関の認定するその他の独占的協定」という規定があるため，行政の執行機関の「認定」がなければ，原告は「その他の垂直的協定」に該当することを主張し，民事訴訟を提起することができないし，また裁判所も関連行政機関の認定に基づかなければならないことになる。それゆえ，再販以外の垂直的協定の規制に関して，行政優先だと規定されることになる。

以上より，現在の条文をそのまま読むと，中国においては，縦の市場分割，排他的条件付の取引制限，抱き合わせ販売，縦の共同取引拒絶などは，独占的協定に該当するものとして，違法と判断される可能性がたいへん小さくなり，市場支配的地位の濫用行為に該当しない限り，多くの場合，反壟断法において問題視されないのではないかと考えられる。このような考えは，立法機関の全人代常務委員会法制工作委員会から出された条文説明・立法理由等に関する解説書（全人代常委会法制工作委員会経済法室編『中華人民共和国反壟断法条文説明，立法理由及相関規定』北京大学出版社，2007年，以下「立法解説書」という）においても，「相互に競争関係の無い事業者間の垂直的協定については，少数の価格に関する協定以外，一般的に競争を排除し，若しくは制限することにならない。」として示されている[243]。

2 学説及び草案について

前述のように，中国において，水平的協定と垂直的協定に関する見解を，タイプ1～タイプ3という三つの学説に分けることができる。いずれの学説も，垂直的協定について，全体として，競争促進や経済の発展，市場秩序維持などに有利な面があるので，（一部を除き）それに対する規制が寛容的であるべきと考えていると思われる。

タイプ1の学説は条文形式上，垂直と水平を区別しなくてもよいという立場である。この説自体は水平的協定と比べて，垂直的協定は反競争性が低く，それに対する規制が寛容的であるべきと認めている。但し，タイプ1説に基づいて，アメリカ法あるいはEU法のように，水平的協定と垂直的協定を区別しないタイプ1の立法形式をとると，少なくとも，既述のように，垂直的協定に対する規制について，タイプ2とタイプ3の立法形式よりは，規制対象範囲が広くなり，規制

---

243 人大法工委経済法室［2007］79頁。

も厳しくなることが否定できないであろう。

　タイプ3の学説は，そもそも独占的協定を水平的協定のみに限定し，垂直的協定を対象外とする主張である。この説は，反不正当競争法立法前から主張され始め，管理的経済秩序に親近感を有して，上から下への垂直的協調管理による経済秩序の保持及び産業政策の推進を重視し，利用しようとする傾向が推測され得る。

　通説であるタイプ2の学説は，（再販以外の）垂直的協定に経済上の合理性，効率性があり得る点を強調し，それに対する規制が寛容的であるべきと主張している。この説には二つの固執する点があった。その一つは，条文上，水平的協定と垂直的協定を明確に区別することである。前述したように，タイプ3に属すると考えられる2002年案，2003年案は，解釈によって，水平的協定も垂直的協定も規制可能であるが，タイプ2説の論者はこの立法形式を（垂直的協定に関する規定は無いとして）猛烈に批判した。もう一つは，垂直的協定に再販売価格維持行為を明確に列挙することである。その狙いは，やはり，本節の1で述べたように，独占的協定の規制に関するルールの明確化，規制の効率化を図ると同時に，（再販を除く）他の垂直的協定に対する規制が寛容的であるべきということに繋がるのではないかと思われる。

　そこで，反壟断法の立法過程を見ると，この三つの学説のそれぞれの影響が，各次草案の変化に現れたが，結果的にいえば，タイプ1とタイプ3の折衷意見で通説であったタイプ2説が，立法過程で圧倒的な優位を収め，制定法に採用された。

3　競争政策と産業政策の関連視点から

　独占的協定における水平的協定及び垂直的協定の区別をめぐって，競争政策と産業政策に関連する論争が，あまり見られなかったように思われる。その理由については明示したものは無いが，推測によれば，水平的協定と垂直的協定の区別

244　曹天玷［1993］238頁。
245　例えば，この説の論者は，独占的協定とは，競争関係にある事業者が「超過利潤」を図る共同行為に過ぎず，「わが国の市場における事業者は国有または集団所有の企業が多く，国家は企業に対する業種管理や協調機能をまたしかるべき役割を果すべきであるので，社会全体の経済発展及び公共利益に有利な競争制限協定行為を認めるべきである……」など縦の協調による秩序維持が重要であると主張している。曹天玷［1993］238頁，246-247頁。

という問題の実質的な焦点は，垂直的協定に対する規制の厳格さをどのように設定するかという点にあったと考えられる。そのため，この問題点について，競争政策と産業政策のそれぞれの支持論者の意見はそれほど異ならず，あまり対立しなかったからではないかと思われる。

　タイプ1説は垂直的協定に対して必ずしも厳格であるとは言えないかもしれないが，この説に基づいて，欧米法の立法スタイルを取ると，解釈によって垂直的協定に対する規制が厳しくなる可能性がある。そのゆえ，この説はあまり受け入れられておらず，2005年案にしか反映されていないことになった。

　タイプ2説は，主として，競争政策の視点から，すなわち，経済効率性，競争促進効果の角度から，（再販売価格維持行為を除く）垂直的協定に対して，寛容的な態度を取るべきと主張している[246]。

　そして，産業政策の視点から見れば，おそらく，タイプ3説に傾くことになる。タイプ3説は，市場秩序の管理から見ても，水平的協定は，事業者及び消費者の利益を害し，公平な市場秩序を攪乱するので，厳しく禁止しなければならないと考える一方[247]，垂直的協定については，国際的な競争力を有する企業の育成，垂直的統合による産業集中度の向上，企業の系列化による効率の向上などから，産業政策を進めるために，縦の協調を禁止すべきではないと考えるであろう。例えば，重要産業を育成するなどの国家の産業政策の実現のために，再販売価格維持行為も容認すべきとの主張もみられる[248]。

　以上のように，競争政策または産業政策の視点から，タイプ2説とタイプ3説は，それぞれの視点が異なるが，垂直的協定に対する規制は寛容的であるべきという点は一致している。再販売価格維持行為の規制に関する点が，両者の意見における唯一の相違点となった。そこで，タイプ2とタイプ3というような区別のある草案が見られるが，制定法では，再販売価格維持行為は「列挙協定」となり，

　246　前記タイプ2説の説明のところで，紹介した意見以外，「現在，我が国において，家電，医療薬品，化粧品，服装等の業界では，各ブランド間の競争が激しく，高い占有率の独占がまだ形成されておらず，存在する問題として，ブランド意識が薄く，販促に力を入れることが不十分，消費者へのアフターサービスが良くないということであるので，全体的に見れば，多くの場合，垂直的協定が有益である。」と，垂直的協定の効率・競争促進効果を主張している。史際春[2007] 172頁。
　247　曹天玷[1993] 243頁。
　248　王源拡[2000] 108-110頁。

タイプ2説が勝利したと言える。[249]

---

[249] タイプ2説の論者は，再販売価格維持行為の禁止が国際的な共通認識であると一貫して強調してきた。王暁曄［2000］21頁。王暁曄［2008b］107頁。呉振国［2007］221頁。張穹［2007］11頁。

補論　再販売価格維持行為規制の新動向

第1節　最高人民法院の司法解釈

　第4章で分析したように，中国法におけるカルテル規制の特徴の一つは，水平的協定と垂直的協定を明確に区別していることである。

　反壟断法第13条第1項では，競争関係にある事業者間の協定，いわゆる水平的協定を，第14条において，取引関係の事業者間の協定，いわゆる垂直的協定を，それぞれ禁止している。同法第15条は，第13条と第14条によって禁止される協定が，一定の要件または条件の下で，適用免除され得ることを定めている。反壟断法の立法過程及び関連学説等の研究から，独占的協定の規制について，当然違法の原則と合理の原則の区別を立法理念に導入されながら，当然違法の原則の硬直性を克服し，法の安定性をはかるために，EU競争法の第101条と類似する条文構造を設計した。但し，中国反壟断法のもう一つの特徴とは，独占的協定の類型について，「列挙協定」と「認定協定」を条文上明確に分けていることである。従来，「列挙協定」は「ハードコア・カルテル」に相当するものとして（行為の反競争効果が常にあると推定されて），その行為の存在が立証されれば十分であり，行為者が競争を排除，制限する効果は無いこと，及び第15条の適用免除に該当すると立証しない限り，違法とする。「認定協定」は，「非ハードコア・カルテル」に相当し，その行為の存在を立証するだけでは足らず，市場における競争の排除・制限効果についても立証しなければならないと考えられていた。また，中国最高人民法院が2011年4月に公表した「独占民事紛争案件審理における法律適用の若干問題に関する最高人民法院の規定（意見募集稿）」（以下，「2011意見募集稿」という）においても類似の見解を示した。

　ところが，2012年5月8日に，中国最高人民法院は記者会見を開き，反壟断法に関する最初の司法解釈である「最高人民法院独占行為による民事紛争案件の

図 4-2 独占的協定の認定に関するイメージ図（「2012年司法解釈」の下で）

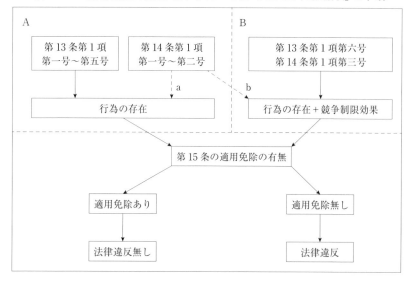

審理における法律適用の若干問題に関する規定」(同年6月1日施行。以下，「2012年司法解釈」という）を公布した。民事事件における独占的協定の立証責任の配分にかかわる同規定の第7条では，「訴えられる独占行為が反壟断法第13条第1項第一号から第五号までの独占的協定に該当する場合，被告は，当該協定が競争を

---

250 「司法解釈」という制度は中国独特の制度である。(旧規定に取って代わって）2007年4月1日に施行された「最高人民法院司法解釈業務に関する規定」（法発，2007年）の第27条において，「司法解釈を施行してから，人民法院はそれを裁判の根拠とする場合，司法文書に援引しなければならない。」「人民法院は法律と司法解釈を同時に引用する場合，最初に法律を援引し，それから司法解釈を援引しなければならない。」と規定している。日本において「……最高法院の司法解釈は裁判規範であり，裁判において各級法院を拘束し……なお，司法解釈は『法律効力』を有するが，それが立法解釈のように，『法律と同等の効力』を有するという意味ではない。……」と指摘する文献がある（徐行「現代中国における訴訟と裁判規範のダイナミックス(2)―司法解釈と指導性案例を中心に」『北大法学論集』第62巻6号，2012年，106-107頁）。また，中国の司法解釈に関する紹介文献は，粟津光世「中国における「司法解釈」と「案例指導制度」の展開―司法解釈の判例化か，判例の司法解釈化か」『産大法学』第40巻3-4号，2007年，1103頁以下，がある。

251 「最高人民法院関于審理因壟断行為引発的民事糾紛案件応用法律若干問題的規定」法釈〔2012〕5号。

252 周斌「最高法出台反壟断審判首部司法解釈」法制日報2012年5月9日第1面。

排除し若しくは制限する効果が無いことについて挙証責任を負わなければならない。」と規定し，同司法解釈の「2011意見募集稿」の関連規定に比べると，大きく後退し，再販売価格維持行為の挙証責任の配分に関する明言を避けた。これを受けて，反壟断法における独占的協定の認定プロセスは，前記図 4-1 ではなく，図 4-2 のように変わる可能性があると思われる。

すなわち，反壟断法第 14 条第 1 項に該当する「列挙協定」である再販売価格維持行為でも，A-a と B-b という二つ以上の可能性が残されている。これを受けて，反壟断法では，再販をハードコア・カルテルとして規制するか否かは，また挙証責任の配分はどうなるのかは現在大きな焦点となっている。これをめぐって，学説上の論争が生じ，また実際の判決及び行政処分の判断も分かれた。次では，ジョンソン＆ジョンソン再販事件に対する評釈を通じて，反壟断法における再販規制の制度について検討しよう。

第2節 ジョンソン＆ジョンソン再販事件から見る再販売価格維持行為の規制

1 事実の概要

控訴人 X（一審では原告）は，被控訴人 Y（一審では被告）（ジョンソン＆ジョンソン［上海］医療器材有限公司及びジョンソン＆ジョンソン［中国］医療器材有限公司）の北京地区における縫合器及び縫合糸の販売業者で，年度ごとにその代理店契約が更新され，2008 年度まですでに 15 年間の取引関係があった。2008 年度の契約書では，X に対して，製品の最低販売価格及び販売地域などが定められていた。2008 年 7 月 1 日，Y は，X が定められた最低販売価格以下の価格で未許可地域において製品を販売した行為が契約違反として，X に対し，関連病院における販売代理権の取り消し，違約金の賦課及び製品供給の停止という懲罰的措置を採った。それに対し，X は Y との契約の中の最低再販売価格維持（以下，再販という）に係る条項等が反壟断法第 14 条に違反し，Y の懲罰的措置によって，損害を被ったとして上海第一中級人民法院（地裁に相当する）に提訴し，損害賠償請求を求めた。2012 年 5 月 18 日，上海市第一中級人民法院は独占的行為の認定に関する証拠が不足し，かつ，行為と損害の間の因果関係が立証されなかったため，X の

請求を全部棄却した。Xはこれを不服とし，上海市高級人民法院（高裁相当）に控訴した。2013年8月1日，上海市高級人民法院（以下二審法院）は判断を下した。

2 判決要旨

　一審判決を破棄し，Xの逆転勝訴である。

　控訴審では，双方当事者の主張を以下の六つの争点にまとめ，それに沿った形で二審法院は判断を下した。

1. 本件の行為の一部は，反壟断法の施行日前に行なわれたが，反壟断法が適用されるのか。
2. 再販にかかわる契約の当事者であり，実行者でもある者は，当該訴訟の原告として適格であるのか。
3. 競争を排除，制限する効果は，再販に関する独占的協定の構成要件であるか。
4. X，Yのどちらが当該協定が競争を排除，制限する効果を有することの立証責任を負うのか。
5. 本件の再販協定は独占的協定を構成するのか。
6. 本件におけるXの損害賠償請求を認容すべきか。

　各争点について，二審法院は以下のように判断した。

　争点1に関して，本事件の契約の締結時期は，反壟断法施行前であったが，「『反壟断法』施行後，当該契約が終結されたわけではなく，ジョンソン社は取次販売業者と当該契約の履行を継続して，本件の提訴された独占行為を実施してき

253　(2010) 滬一中民五（知）初字第169号。焦点である再販行為の認定について，上海第一中級人民法院は以下のように判断した。「……第14条が規定した独占的協定の認定については，事業者がその取引相手と，再販売価格を固定もしくは限定する協定を締結したことのみをもって判断すべきではなく，その他に，同法第13条第2項の規定内容，すなわち，当該協定が競争を排除し，または制限する効果があるか否かを合わせて考察する必要がある。本件において……具体的に言えば，販売契約条項に関連する製品が関連市場における占有率，関連市場の川上・川下での競争の程度，当該条項が製品供給量及び価格に対する影響の程度，などの要因を考察してから，正確な結論を得ることがはじめて可能である。……」

254　(2012) 滬高民三（知）終字第63号。中国において，二審終審制を採用しているため，本件判決は確定した。

ため，反壟断法の適用が認められるべきである」。

　争点2に関して，まず，独占的協定の当事者は，独占行為の参加者，実施者であると同時に，独占的協定の被害者である可能性があるため，反壟断法第50条に規定される独占的行為によって損害を被る主体に該当する。第二に，事件の内情を知り，関連証拠を有する独占的協定の当事者に反独占訴訟の提起を認めることは独占的協定の取締りに有益である。そうでなければ，独占的協定の摘発が困難になる。第三に，Xは，本件契約内容が反壟断法に違反するか否かについてYに異議を唱え，訴訟を提起したため，最高人民法院の「最高人民法院独占行為による民事紛争案件の審理における法律適用の若干問題に関する規定」に定めた「独占的行為によって損害を被り，または，契約の内容……が反壟断法に違反することについて異議が生じる自然人，法人またはその他の組織……」に属する。

　争点3について，「競争を排除，制限する効果が，反壟断法第14条に規定する独占的協定の構成要件である」。

　争点4に関して，「本法院は，民事訴訟において，法律，法規または司法解釈が明確に定めた場合のみ，立証責任の転換が認められると考える。現行法では……競争を排除，制限する効果は無いことを立証する責任を被告に転換させる規定は無いため，本件では，主張する者が立証責任を負うという民事訴訟の原則に従い，上訴人が本件の再販協定が競争を排除，制限する効果があることについて立証責任を負わせるべき……」。

　争点5について，「……最低再販売価格維持行為の性質を分析，判断するにあたって，関連市場の競争が十分であるか否か，被告の市場地位が強いか否か，被告が最低再販売価格を制限する動機，最低再販売価格の制限による競争への影響などの四つの要因は，最も重要な考慮要因であり，本法院が最低再販売価格維持行為を分析，判断する際の基本方法でもある。」「……ジョンソン＆ジョンソン公司が，競争の不十分な関連市場において，強い市場地位を有して，本件の最低再販売価格の制限行為は，ブランド内の価格競争を排除するのみならず，ブランド間の価格競争をも排除した。それに対し，本件の最低再販売価格協定に製品品質の向上，新製品または新しいブランドの市場参加を促進し，販売取扱業者の『フリーライダー』の防止のために明白な必要性または効果が存在することに関して，本件の証拠からは証明できなかった。またその他の経済学上において説明可能な必要性と効果もなかった。そして，両者を比較すれば，本件の最低再販売価格の

制限協定の競争促進効果は明白でなく，あるいは非常に限られており，その競争に対する排除・制限効果にはるかに及ばない。そのため，『反壟断法』第14条……及び第13条の独占的協定の定義規定，また本件の事実に基づき，本法院は，本件の『取次契約』の最低再販売価格の制限に関する条項が……独占的協定に該当し，被控訴人が当該協定を制定し，また，当該協定に基づいて控訴人を処罰することが違法行為であると判断した。」

争点6について，「被控訴人は，本件の独占的行為によって控訴人に及ぼした損害について，賠償責任をおうべきである」。

3 本件の検討
1 本件の意義

反壟断法は施行されて5年経過し，ようやく反壟断法の民事訴訟で原告が勝訴する事例が出た。報道され，かつ判決書が公開された事件で，本件は反壟断法の民事訴訟で原告が勝訴した2件目の事例で[255]，独占的協定の事例では初めての勝訴事例である。本件は，中国において，再販売価格維持行為（以下，再販という）に関する実質的な司法判断の枠組みを示した初めての判決である。また，2012年司法解釈が発効して以来，当該司法解釈と反壟断法第13条，第14条の内容関係について示した最初の判決でもある。その他，再販契約の当事者，実行者でも，訴訟の原告適格が認められることや，再販契約にかかわる損害賠償事件における行為と損害の因果関係や損害の計算方法など多くの重要な問題点について判断を下した判決である。以上のように，本件において，重要な問題点は多岐にわたるが，紙幅の制限で，本稿は，焦点として最も注目されている問題点，すなわち，再販をハードコア・カルテルとして規制するか否かは，また挙証責任の配分はどうなるのかについて考察する。本書が扱う問題について，本件の一審法院が示したのは，① 要件論→ ② 立証責任の配分→ ③ 要件の具体的論証という思考プロセスである。すなわち，①は争点3，②は争点4，③は争点5についてそれぞれ検証してきた。以下，本書もこの思考プロセスに沿って逐次に検討する。

255　1件目は，2013年2月4日に判決が下された，華為技術有限公司が米国 InterDigital Technology Corporation を含む3社（他の2社は InterDigital Communications, LLC 社及び InterDigital, INC 社）を提訴した事件であった（(2011) 深中法知民初字第858号）。

2 争点3 独占的協定に該当するために,競争制限効果が再販の構成要件であるか

　一般的に言えば,競争法に違反する行為すべてについて,その行為要件と効果要件の両方を満たさなければならない。但し,周知のように,米国反トラスト法では,「当然違法の原則」が認められている。すなわち,ある一定の行為がほとんど常に競争制限効果を有すると考えられ,当然違法のレッテルを貼られた行為について,その行為の形式(行為要件)が備わっただけで違法と判断され,競争制限効果(効果要件)を厳密に調べる必要は無い。その影響を受けて多くの国の競争法にそのような分類方法(当然違法の原則と合理の原則の区別)を導入した。例えば,EU競争法では,その第101条第1項において,競争制限の「目的あるいは効果」を有する共同行為を禁止すると規定しており,それに基づき,競争制限の「目的」であると外形的(あるいは性格上)に判断できる行為であれば,具体的な市場効果を検討する必要が無く,「ハードコア制限」として違法とされるが,競争制限の「目的」が外形上は明確でない場合,競争制限の「効果」を分析・検討しなければならないとされている[256]。すでに述べたように中国反壟断法も,EU競争法に学んで類似の制度を導入したので,反壟断法第13条第2項の定義規定に定めた効果要件(競争の排除,制限)も,前述のように,ハードコア・カルテルに該当する行為の競争制限性が推定され,効果要件を検討する必要は無い。非ハードコア・カルテルの行為類型について,ケースバイケースで検討する(すなわち,事案ごとに競争制限効果を考察する)。中国において,本来は,図4-1Aの「列挙協定」=ハードコア・カルテル,図4-1Bの「認定協定」=非ハードコア・カルテルという通説が形成されていた。しかし,米国Leegin判決の影響を受けて,中国では,再販をハードコア・カルテルとして規制すべきか否かという点について,学説が二分される状況となっている。反対意見は,再販の競争促進効果や法第13条の定義規定などを理由に,再販を合理の原則で規制すべきであると主張する[257]。本件控訴審において,Yは,上記の反対意見の立場に立ち,反壟断法第13条及び「2012年司法解釈」の第7条の規定を援用し,競争制限効果が再販の必要要件であると主張した。判決では,二審法院は,Yの主張を全面的に支持した。

---

[256] 滝川[2006]58頁。正田[1996b]37頁。
[257] この学説の対立について,黄勇[2012]第12期,6頁,参照。

但し,争点3に関する判決理由にいくつかの疑問点がある。第一に,争点3の焦点は,競争制限効果が再販の「構成要件」であるか否かというより,推定要件か要検討要件かのことである。上述したように,中国において,独占的協定の規制について,ハードコア・カルテル(「列挙協定」)と非ハードコア・カルテル(「認定協定」)の区別がある。そのため,本来のあるべき思考プロセスとして,①構成要件であるか否か→②推定要件と要検討要件の区別についての判断→③挙証責任の配分と考えられる[258]。①構成要件であるか否かについて,確かに,判決で述べられているように,第13条に定めた競争制限効果という要件が形式的に第14条にも適用されることが言えないことはないため,形式的に「構成要件」となるだろう。しかし,二審法院は,②の判断を省き,直接に構成要件=必要要件=要検討要件と判断した。その理由として,「2012年司法解釈」の第7条の規定によって,水平的協定でさえ,効果要件は「必要要件」であるから,垂直的協定にとっても「必要要件」であると述べた。しかし,「2012年司法解釈」の第7条の本意は,水平的な「列挙協定」に競争制限効果があると推定され,被告(行為者)が競争制限効果は無い立証責任を負うという立証責任転換に関する規定であった。このように,二審法院の推論に論理的な誤りがあった。第二に,仮に,二審法院は,前記の誤りはなく,再販に関する競争制限効果は推定要件ではなく,要検討要件であると判断したとしても,立法論及び条文解釈上の疑問点が残ると思われる。例えば,既述したように,立法過程に関する研究に基づくと,再販はもともとハードコア・カルテルとして考えられていた。また,再販は垂直的な「列挙協定」として,水平的な「列挙協定」とまったく同じ法的条文で規制されているため,どうして両者の法的な立証要件が異なることになるのかについて,疑問がなお残っているだろう。

3 争点4　競争制限効果の立証責任が誰にあるのか

競争制限効果の立証責任が誰にあるのかは,効果が推定されるか,または要検討されるかによって左右される。実質的な問題として,争点3と同じ,再販は,

---

258　すなわち,ハードコア・カルテルはその行為の反競争効果が常にあると推定されるため,競争制限効果を検討する必要は無い。また,非ハードコア・カルテルについては,行為の性格上,競争制限と競争促進の効果の両方があり得るので,その反競争効果が要検討である。このことは世界の共通認識であり,二審法院も認めている。

ハードコア・カルテルとして規制されるか否かの問題である。判決において二審法院は「……現行法では……競争を排除、制限する効果は無いことを立証する責任を被告に転換させる規定は無いため、……上訴人が……立証責任を負わせるべき……。」と判断した。しかし、この判断は中国反壟断法におけるハードコア・カルテル（「列挙協定」）と非ハードコア・カルテル（「認定協定」）の区別を否定するように見える点に疑問が残る。Ｙは、反壟断法において、その第13条と第14条に挙げられた協定の競争制限効果の立証責任転換に関する規定は無く、「2012年司法解釈」第7条において、反壟断法第13条に挙げられた水平的協定に関する競争制限効果の立証責任転換を規定したのみであるため、第14条の再販は上訴人が立証責任を負うべきと主張した。二審法院は、Ｙのこの主張を全面的に支持した。そうすると、「2012年司法解釈」が無ければ、反壟断法において、すべてのカルテル（水平的な価格カルテルを含め）に対してもその競争制限効果を立証する必要があることになる。これは、明らかに冒頭で述べたハードコア・カルテル（「列挙協定」）と非ハードコア・カルテル（「認定協定」）を区別する立法意図に反する。

4　争点5　最低再販売価格維持協定は独占的協定を構成するには、どのような要件を満足しなければならないのか

独占的協定の構成要件について、二審法院は、「……控訴人は、まず最低再販売価格維持行為の存在を証明し、それから、本件最低再販売価格維持行為が競争を排除、制限する効果があることについて立証しなければならない……」と判断した。すなわち、再販に関して、行為要件と効果要件両方を立証する必要がある。そして、効果要件を満たすために、①関連市場の競争が不十分、②行為者の市場地位が強い、③動機、④競争への影響等という四つの考慮要因を立証しなければならないと要求した。

まず、要因①とは、再販の違法性を判断するために、最も重要な不可欠条件（原語：首要条件）であると二審法院は指摘した[259]。判決では、先に本件の関連市場

---

[259] その理由として、競争が十分に行なわれている市場では、消費者の代替選択が保障されているため、経済効率及び消費者の利益に対する影響が無い。それに対し、競争が不十分な市場においては、代替的な選択肢が十分ではないため、このような市場において、再販を行なうと、価格競争が鈍くなり、市場価格が上昇し、また高いレベルに維持されるため、経済効率及び消費者の利益を害することになる。

を中国大陸の医療用縫合糸市場と画定し、つぎの四つの事実に基づき、関連市場は、競争が不十分な市場であると判断した。第一に、医療用縫合糸市場において、買い手からの価格競争圧力が欠如している。[260] 第二に、縫合糸の使用者である医者等の使用習慣などによるYの製品へのブランド依存性は、売り手の価格競争圧力を低下させた。第三に、市場参入規制、使用習慣などによるブランド依存性、業界の取引関係に関する慣習などによって、医療用縫合糸市場の参入障壁が高くなっている。第四に、Yの本件関連製品の価格は、15年間にわたって、変動が見られなかったことがYの関連市場における強い価格決定力を示しており、よって、関連市場における競争が欠けていることをも証明している。

　要因②の行為者の市場地位が強いことは、再販の競争制限効果を判断するための重要条件であり、前提であり基礎でもあると指摘した。いわゆる「強い市場地位とは、……企業の市場地位が企業の価格決定力に現れており、ある企業が強い価格決定力を有し、買い手との価格交渉において絶対的な優位に立ち、市場価格に追随せずに自由に価格を決定することができる。他方、関連市場におけるその他の企業の価格決定も当該企業の価格に影響される場合、当該企業が市場における競争に影響し得る強い市場地位を有すると認められる。」そして、本件Yが強い市場地位を有していると認定される理由とは、第一に、市場占有率が上位であること、第二に、強い価格決定力を有すること、第三に、強いブランド力を有すること、第四に、流通業者に対する強い支配力を有すること。

　要因③の再販売価格を制限する動機について、二審法院はYの本件再販行為を行なう動機が、価格競争を避け、その価格体制を維持するためであると判断した。

　要因④の競争に対する影響について、競争制限効果と競争促進効果の比較衡量によって判断された。本件の再販行為は、ブランド内競争を排除し、長期的に製品の高価格を維持していること、ブランド間の競争を回避し、関連市場における価格競争を減殺したこと、流通業者の価格決定の自由を制限し、効率的な流通業者を排除することになるため、あからさまな競争制限効果を有すると認定された。

260　縫合糸を購入し、使用する病院は、最終的な費用負担者ではないため、縫合糸の価格に対する敏感度は低い。しかし、病院は異なるブランドの縫合糸の価格変動に対して、敏感度が低いが、同一ブランドの縫合糸の価格に対して比較的敏感であると判決で述べられた。

それに対して，当該再販協定による競争促進効果が明白であると証明できる証拠は無い。その理由として，第一に，製品品質及び安全性を高めるため，第二に，「フリーライダー」を防止するため，第三に，新規参入のため，及び第四に，その他の理由のために，本件の再販協定が必要であることをYは証明できなかったということである。

　すでに分析したように，二審法院は再販をハードコア・カルテルとして規制することを否定し，その競争制限効果を立証する責任をX側が負担すると判断し，また，再販行為の競争制限効果を分析，判断するために，上記の四つの要因を挙げた。判決はこのような判断要因を挙げる理論的根拠は，最近中国における再販の規制に関する学説の変化にあると考えられる。すでに述べたように，中国では，米国Leegin判決の影響を受けて，再販をハードコア・カルテルとして規制すべきという多数説に反対し，米国と同じように合理の原則へ変更すべきという説も有力になってきた。しかし，これらの論者も合理の原則を運用する困難性を認め，欧米における関連議論の展開に基づき，解決策として，再販規制に関する簡略化された合理の原則を提案した[261]。これらの提案の中心内容として，再販が競争制限効果をもたらすのは一定の市場構造が前提条件となっているため，再販の違法性を判断するには，市場構造を重要な考慮要因（またはハードル）とするべきと考えている点が挙げられる。さらに，市場構造や行為者の市場地位のみならず，行為者の動機を「良い」と「悪い」垂直的制限の識別要因とすべき意見もある[262]。本件の判決は，明らかにこれらの学説の影響を受け，四つの要因を持ち出した。但し，二審法院は，上訴人側の立証の困難さを配慮し，その立証のハードルを大幅に引き下げた[263]。米国Leegin判決によると[264]，再販の反競争的効果を有するか否かを判断する要因として，(1)再販を行なっている競争者は市場の多数を占めているか，(2)主導権は小売業者にあるか，製造業者にあるか，(3)製造業者または小売業者が市場力を有しているかと指摘されている[265]。中国では，これと同調する学説も有

261　許光耀［2011］101-102頁。李剣＝唐斐［2010］114頁。張駿［2013］98頁。
262　于立［2005］24頁。
263　そもそも上訴人が本件の二審で提出した九つの証拠は三つしか採用されなかった。
264　この点について，本件裁判官に対するインタビューでも確認できる。張舟逸［2013］140頁。
265　松下［2007］1996頁。

力である。本件判決では，前提条件とする市場構造を要因①（関連市場の競争が不十分）と要因②（行為者の市場地位が強い）とし，前記の要因(1)及び(2)の立証ハードルより著しく低い。例えば，二審法院は，要因①の関連市場の競争が不十分であることを判断するには，15年間に価格変動は無いこと，参入障壁，ブランド依存性，価格競争圧力の欠如から認定して，競争者が再販を行なっているか否かや，主導権は小売業者にあるか製造業者にあるかなどといった米国で重視されるだろう要素についてほとんど言及しなかった。また，行為者の市場支配力ではなく，強い市場地位という反壟断法条文上に無い概念を持ち出し，確実な市場占有率が曖昧なままで（20.4%以上あると推定），Yのブランド力，流通業者に対する支配力，「……とりわけ，ジョンソン＆ジョンソン社が，関連市場において，<u>強い価格決定力を有することは，……『強い市場地位』を有することを表している。</u>」として（下線は筆者より），Yが強い市場地位を有すると判断した。このような判断に基づくと，Xが上記の内容を立証できた場合（例え市場占有率を立証できなくても），その立証責任を果たしたと見なされ，Y自身が明確な市場占有率などの証拠をもって反証できない限り，『強い市場地位』が認定されると二審法院は判断したと思われる。[267]

　そして，本件判決では，行為者の再販売価格を制限する動機を再販行為の競争制限効果を判断する際の「重要な要因」としたが，不可欠な要因なのか，補強要因なのかを明示しなかった。また，Yが流通業者の価格引き下げ行為を阻止し，自社の価格体系を維持するなどの一連の競争方策からYが価格競争を回避しようとして，二審法院は（Yの再販行為が）「……価格競争を回避し，その価格体系を維持する動機であった」と判断した。一般的に各国の競争法では，再販や共同行為の規制に関し，行為の動機や意図を分析要因とすることはほとんど無い。なぜなら，カルテル行為が本質的に反競争性を有し，原則的に禁止すべきだからである。従って本件において「動機」に関する分析は全くの蛇足であると言わざる

266　例えば，許光耀［2011］101頁。
267　本件では，上訴人は，Yの市場占有率に関する立証には失敗した。しかし，二審法院は，特に，「被控訴人が世界有数の大企業として，その縫合糸製品が中国大陸市場における確実な市場占有率を提供する能力を有するはず，さもなければ，その縫合糸製品の世界市場の占有率を計算することができていることを説明することはできない。被控訴人の本件における地位を考慮し，本法院は，被控訴人の実際の市場占有率がそれ自身が主張している20.4%以上あると推定する。」と述べた。

を得ない。実際にも，「価格引き下げ行為を阻止し，自社の価格体系を維持する」という本件判決の「動機」の認定手法から取れば，これに当たらない再販は無いだろう。Ｙが製品の安全性やサービス向上などの「動機」の正当性を主張したが，判旨では，これに触れなかった。さらに，Ｙがどのようなことを主張し，立証すれば反証できるのかについて全く言及されなかった。そのため，「動機」を持ち出す実益はあると到底言えないだろう。

　競争制限効果の分析について，競争制限効果と競争促進効果を比較衡量した。しかし，ブランド内の価格競争の制限や，ブランド間ないし市場における価格競争の減少，及び流通業者の価格決定の自由を制限し，効率的な流通業者を排除することなどの一般に再販行為の性質上推定できる効果をもって，競争制限効果があると二審法院は判断した。そして，Ｙに対して，主として，①製品品質及び安全性を高めるため，②「フリーライダー」を防止するため，③（新ブランドや新製品などの）新規参入のためという三つの側面から，本件行為の競争促進効果があることに関する立証を求めた（なお，この三つの正当化要因もEUの2010年の「垂直的制限に関するガイドライン」[268]の内容を参考にしたのではないかと思われる）。最終的に，二審法院はＹがこの三つの点に関する主張を厳格に分析したうえ，認容せず，本件再販行為の競争促進効果は競争制限効果に遥かに及ばないと判断した。二審法院は，再販の競争制限効果の判断について，競争促進効果があることを有力で具体的な証拠をもって証明できない限り，本件の再販の競争制限効果がおおよそ推定できるという方向に傾斜しているように見える。例として，本件の再販行為によるブランド間ないし市場における価格競争の減少の認定について，二審法院は「……価格競争を回避し，他のブランド製品の製造者も価格競争を回避する機会を得て，少なくともジョンソン＆ジョンソン社からの価格競争を回避することができ，よって，関連市場の価格競争が減殺され，消費者利益も害される」と分析したが，どの競争者がどのように価格競争を回避して，市場における価格競争に影響し，消費者利益を害したのかについて，具体的な立証が無いまま認定した。それに対し，品質向上や安全性確保のため，競争促進効果があるというＹの主張について，二審法院は「……被控訴人は本件の再販行為によって……縫合糸の品質が高められたことに関する証拠を提出することができなかった。……」

---

[268] Guidelines on Vertical Restraints（2010/C 130/01）

と却下した。

第3節 ま と め

　中国反壟断法におけるカルテル規制制度は主に EU 競争法をモデルとして制度設計を行なった。但し，理論的な面では，米国法の影響も非常に大きかった。競争法に関するさまざまな「先進的」な経験を参照できることが非常に望ましいことであるが，それらの「先進的」な経験を産み出した制度的，歴史的背景が異なるため，立法後，矛盾なく調和させ，うまく運用していくのは簡単なことではない。本件判決は，まさにそのような問題を顕在化した事例であった。再販行為をハードコア・カルテルとして（あるいは当然違法の原則で）規制すべきという観点は，立法の段階では通説であり，制定法にも反映されている。また，行政執行の担当機関である発展改革委員会が制定した部門規則（日本の省令に相当する）において同じ態度が示されている[269]。2007 年米国の Leegin 判決[270]が下された後，学説が直ちにその影響を受けて，（前説を改めるものを含めて）追随して合理の原則に賛成する説が増えて，有力説になった[271]。しかし，成文法の枠組みの下で判例法の理論を実現させることは，工夫が必要である。EU 法制度をモデルにした中国反壟断法は，本件の再販行為を処分するには，本来，EU 法の関連経験を積極的に参照するはずであるが，本件はそうではなかった。本件判決は，中国においてカルテルの規制に以下の三つの消極的な影響を及ぼすのではないかと考えられる。第一に，再販を「列挙協定」（あるいはハードコア・カルテル）として規制するという立法本意と異なる判断を下した。本件の判決には，再販の規制について，当然違法の原則と合理の原則の硬直な対立関係から，ある程度，柔軟性を有する別の中間

---

269 「反価格壟断規定」（国家発展和改革委員会2010年第7号令）の第5条〜第10条。
270 Leegin Creative Leather Products, Inc. v. PSKS, Inc., 551 U.S. 877（2007）. この判決は，1911年の Dr. Miles Medical Co. v. John D. Park & Sons Co. 事件判決を覆し，最低再販売価格維持行為について合理の原則を採用すると判示した。
271 だが，これらの合理の原則に賛成する説には，なぜ米国で判例変更されると，（EU や日本などの国や地域では大きな変更が見られなかったのに）中国ではすぐに追随して再販の規制原則を変更しなければならないのかの理由に関する説明はあまり見られない。

にあるルールや分析手法を探ろうとしている意図が覗かれる。すなわち，Xの「初歩的な立証責任」（本件では，主として「市場競争の不十分」と「強い市場地位」であった）より，Yに明らかに重い立証責任（当該再販行為の競争促進効果に関する「積極的に立証する」責任）が配分された。これは前述した学説で提案された「簡略化された合理の原則」という観点に近い[272]。第二に，反壟断法の第13，14条と第15条を統一的に捉える構造的関係を軽視し，独占的協定の判断枠組みに混乱をもたらし，法の安定性を損なうおそれがある。本件判決は，いわゆる「簡略化された合理の原則」の分析方法を導入するために，判断の根拠条文を第13条第2項（独占的協定の定義規定）のみとし，第15条を完全に無視した。第13条第2項から競争制限効果に関する立証責任を控訴人に課すことを引き出すほか，本来第15条で判断されるべき効率性等の抗弁（適用免除）も第13条第2項の「効果」に持ち込んできた[273]。第三に，「動機」という判断要因の導入によって，「良い」カルテルと「悪い」カルテルの区分へつながるおそれがある。本件判決において，行為者の動機を「良い」と「悪い」垂直的制限の識別要因とする学説の影響をうけて，本件の再販行為の「動機」を考察要因とするようになった。これによって，中国におけるカルテルの規制原則を濫用規制主義に変異する危険性が潜んでいることは否定できないだろう。

　上述したような展開は非常に興味深いものである。立法過程において，競争政策寄りのタイプ2説の論者の強い主張の下で，再販売価格維持行為は，「列挙協定」として挙げられ，水平的協定と同じように，厳しく禁止するというのが立法趣旨であった。この趣旨が「2011意見募集稿」にも確認された。しかし，「2012年司法解釈」になると，事態が急激に変わった。このような急激な変化が生じた理由は，以下の2点があるのではないかと思われる。

272　判決では以下のように述べた。「……控訴人が初歩的な立証を終えたあと，被控訴人が積極的挙証できず，本件の関連市場の集中度，ジョンソン＆ジョンソン社の市場シェア，本件最低再販売価格維持協定の競争効果などに関する証拠を提出することもできないため，被控訴人の主張を認めることができない……。」
273　二審法院はYに対して，競争促進効果があることに関する立証を求めた。①製品品質及び安全性を高めるため，②「フリーライダー」を防止するため，③新規参入のためという三つの正当化要因は，主にEUの2010年の「垂直的制限に関するガイドライン」の関連内容を参考にしたと思われる。但し，同ガイドラインによれば，これらの要因はEU競争法第101条第3項の判断内容である。

① 既述したように,中国にもともと,タイプ2説とタイプ3説のような論争があった。立法過程においてタイプ2説の優位によって,制定法のような規定となったが,再販売価格維持行為の原則禁止に対する異議が少数説でありながら存在していた。
② 最も重要な原因は,タイプ2説の論者の多くが説を改めた点にあると考えられる。反壟断法が成立する2007年まで,ほとんどのタイプ2説の論者は再販売価格維持行為を原則的に禁止すべきとし,当然違法の原則に適用されることに異議を唱える意見は,あまり見られなかった。しかし,2007年6月アメリカ連邦最高裁のLeegin判決が出されると,状況が一変した。再販売価格維持行為を当然違法の原則に適用すべきでないとする意見が次第に増えてきたのである。タイプ2説の論者の中には,観点や説を改め,再販売価格維持行為を当然違法の原則で規制すべきでないとする意見が多く見られるようになった。[274]

以上によって,次の二つのことを言えるのではないかと思われる。第一に,中国規制当局及び学者等は競争法先進国,特にアメリカの動向を注目して,かつ大きな影響を受けている。第二に,産業政策優先論と競争政策優先論は中国反壟断法の立法及び施行には大きな影響を与えている。両者が対立する場合,さまざまな妥協,取捨選択が見られる。両者が一致する場合,中国反壟断法の施行に決定的な影響を与えることになると考えられる。

2013年10月31日,価格独占協定規制の執行を担当する中国発展改革委員会価格監督検査及び反壟断局局長許昆林氏は,中国の新聞に論説を発表し,ジョンソン&ジョンソン再販事件二審判決と一線をひくような立場を表明した[275]。すなわち,縦の価格独占協定については反壟断法第14条に基づき原則禁止し,そして,第15条によって例外的に適用免除があるという条文構造となっており,当然違法の原則と合理の原則を採用していないと理解している。また,同氏は,2013年以来取り締った再販事件(粉ミルク再販事件と茅台五糧液再販事件)は,原則禁止

---

274 例えば,タイプ2説の代表的な学者の王暁曄氏も,再販売価格維持行為を合理の原則で規制すると主張するようになった(王暁曄[2008c]70頁。王暁曄[2011]144頁)。その他,許光耀[2011]98頁,などがある。
275 許昆林「寛大政策適用於縦向壟断協議」『中国経済導報』2013年10月31日,第A03版。

の原則に基づいて，行政処分を行なったと示唆した。このように，中国において反独占行政執行部門と人民法院との間に再販の規制に関して異なる基準が示され，これからどう調整するのか，今後の法執行が大きく注目される。

第5章 適用免除

第1節 カルテルの適用免除を考察する意義及び日本の経験

1 カルテル適用除外を考察する意義

　カルテル適用除外とは，一部のカルテル行為を，何らかの経済的・社会的などの見地から，これらの行為に独禁法を適用しないとするための制度であると考えられる。

　「独占禁止法によるカルテルに対する原則的禁止に対して，……数多くのカルテルが，『適用除外』というかたちで容認されている。これらの制度的に容認されているカルテルが，独占禁止法におけるカルテル禁止の原則との関係で，どのような性格のものであるかは，独占禁止法制を中心に展開している現代の我が国における経済法性の性格に係る基本的問題点である同時に，経済法学の重要な理論的課題であるといわなければならない[276]」と言われるように，適用除外は，カルテル禁止の基本原則，ないし独禁法の性格・実効性などを考える際に，極めて重要な問題である。不況カルテルなどの適用除外を認めるか否か，またその範囲の広狭によって，その国のカルテル規制の強弱，自由競争に対する信頼，自由経済を徹底する程度の差などに関する判断材料となり得る[277]。また，国の主導による産業の保護・育成，国際競争力のための企業経営の安定・合理化という目的のために，「不況カルテル」と「合理化カルテル」の適用除外カルテル制度を導入する

---

[276] 正田〔1974〕175頁。

場合もあるので（例えば日本法の1953年改正における導入[278]），このような適用除外規定の導入及び運用に対する考察を通じて，国家の経済に対する広汎な介入への容認や管理型経済に対する態度，自由な市場経済に対する考え方などを分析することも可能である。

日本の独禁法は1953年の法改正で，「後退的適用除外」というカルテル認容政策の導入によって，独禁政策を大きく後退させ，2000年改正で適用除外の縮小によって，ようやく独禁政策が「原点回復」したと評価されているように[279]，適用除外制度は，カルテル規制の理念を反映しているほか，現実のカルテル禁止政策の施行にも大きな影響を与え，まさにカルテル規制の鏡と言っても過言ではないと思われる。

2　日本の経験

日本では，市場に対し，強制的かつ強力な政府介入を行なうことが当然と考えられる時代から徐々に介入度合いを減らし，市場の動きを利用する誘導的，間接的な手段の政策実施に移してきたという歴史的な過程があった[280]。第1章及び第2章で紹介したように，中国の改革開放は計画経済から市場経済への移行，その推進手法も漸進的なものであるので，一定の類似性がある。そこで，日本独禁法の「適用除外」規定の範囲の拡張から縮小への歴史背景及びその変化過程を考察することは，中国独禁法の適用除外の制度設計に有益な示唆を与え得るのではないかと思われる。

2000年改正までの日本独禁法には，性質の異なる2種類の適用除外規定が存在していた。「その一つは，独占禁止政策と矛盾することの無い，その意味では，独占禁止法の当然の限界を定めたものであり，他の一つは，他の政策原理によって独占禁止政策が後退せしめられたことによって生じた適用除外である」。前者は独禁法制定当初に存在した適用除外（第21条から第24条まで）によって代表さ

277　アメリカ，EC，（旧）ドイツは，短期的な不況対策的カルテルを認めないグループで，日本，フランスが不況カルテルに関しては容認主義的なグループと，二つのグループに分けられ，前者の方は，カルテルに対する禁止が厳しく，自由競争に対する信頼も強いと評価されている。伊従＝上杉［1976c］108-109頁。

278　田中裕明［2002］147頁。

279　田中裕明［2002］151-153頁。

280　斉＝来生［1995］200頁。

れ,「本来的限界」と呼び,後者は主としてカルテル認容政策に基づき,後から追加された規定(第24条の3及び4が代表的)で,これを「後退的限界」と呼んでいる[281]。そのほか,類似する趣旨から「本質的適用除外」と「例外的適用除外」[282],本来的適用除外と後退的適用除外[283]とも呼ばれる[284]。

このような区別は,適用除外規定全体を一律的に説明することを可能にするものではなく,あくまでも相対的なものであるが,本来的適用除外に属する行為は,一般的に競争に制限的影響を与えないものが多く,それに対し,後退的適用除外に属する行為は競争に制限的影響を与えるものが多いと大別することができる[285]。そこで,実質上の適用除外というのは,後者の後退的適用除外の範囲となるのではないかと考えられるので,本書は後者の範囲を考察の主要対象とする[286]。

1 日本独禁法における後退的適用除外の導入背景及び性格付け

1953年に,旧4条が削除され,また「不況カルテル」と「合理化カルテル」が新設されるなど,日本独禁法は大きく改正された。このような独禁政策を後退させるような改正がなぜ行なわれたかについて,以下のような要因があると言われている。

(1) 元来のカルテル的体質と厳格すぎた原始独禁法への反発[287]

日本の原始独禁法は,占領政策の一環として,非常に厳格かつ理想主義的な法律であったとよく言われている。しかし,「カルテル化した経済のもとに生活していた二〇年間(一九二五〜四五年)に,日本の経済界の指導者たちは,カルテルによる事業経営のやり方を好むようになって」おり,それが「多くの省,とくに商工省によって熱心に支持されてもいた[288]」と言われるように,日本において,カルテル志向体質の日本産業界と戦前の統制経済のカルテル体制に慣れ親しんだ産業官庁は,常にカルテルの全面的禁止に反対し,規制緩和を要求し続け,原始独

---

281 今村[1986]194頁。
282 丹宗[1960]757頁。
283 田中裕明[2002]148頁以下。
284 さらに,適用除外の法的意味付けについて,「確認的適用除外」と「創設的適用除外」という議論もある。詳細について,根岸＝舟田[2006]372頁。
285 松下[2006]289頁。
286 創設的適用除外の範囲は,「真の意味での適用除外となる」伊従＝上杉[1976c]108頁。
287 田中裕明[2002]152頁。
288 ハードレイー[1973]419-420頁。

禁法への反発は強く存在していた。[289]

(2) 戦後初の大不況及び「リッジウェイ声明」[290]

1951年5月には，リッジウェイ連合軍最高司令官は，占領中の諸政策について再検討するための権限を日本政府に付与する旨を明らかにし，この「リッジウェイ声明」に基づいて，1953年の独禁法改正作業が行なわれた。

以上のような占領軍側の要因に加えて，朝鮮戦争による特需景気の終息で，日本経済は一気に深刻な不況に落ち，企業間の価格競争が激化し，共倒れの危険性が予想されるため，この供給過多の状況に対応するための通産省の「勧告操短」と呼ばれる行政指導が頻繁となり，産業官庁の産業政策と公取委の独禁政策が衝突する場面が増え，産業界と産業官庁からカルテル規制緩和の動きに拍車をかけることになった。

(3) 厳格すぎて柔軟性が欠けた原始独禁法の制度設計

原始独禁法は，極めて厳格な禁止規定を有しながら，厳格な適用除外法定主義を採用していることにより，公取委や裁判所に同法の解釈，運用の余地をあまり与えなかった。[291]公取委や裁判所は当時の経済，社会状況に適して，柔軟な解釈，運用はできなかったため，立法による適用除外規定の範囲を拡大する方法が選ばれた。

---

289 田中裕明［2002］151頁。また類似する指摘について，「まず，第一に独占の回復により占領下うっ積した産業界の独占禁止法を中心とする経済民主化政策に対する不満が一気に高まったことであり，第二に，朝鮮動乱の特需ブームに一時沸いたわが国産業界は，当時，動乱終息による反動不況，過当競争に多くの企業とくに中小企業が苦しんでいたことから，苦境打開の方法として，戦前から慣れ親しんだカルテルを強く指向するようになっていたことである。第三に，戦中から戦後にわたる統制経済時代に，産業担当行政庁が持っていた産業界に対する強い権限は，統制の解除とともに失われつつあり，それ故，産業担当行政庁としては，産業界から歓迎されるであろう独占禁止法の適用除外を新たに設け，カルテルの許認可を通じて，産業界に対する発言力を維持したいと考えたことによるであろう。」長谷川［1996］33-34頁。

290 谷原［2007］251頁以下

291 長谷川［1996］20頁。また，制定法の国である日本では裁判所による裁量の余地は制限される（例えば，Rule of Reasonに基づくアプローチとか）。ドイツ法においても同様の観点から日本のように適用除外の制度が設けられている。田中裕明［2002］162頁。

2 日本独占禁止法の適用除外規定の整理・縮小

1953年改正の前後から,独占禁止政策緩和の流れの中で,カルテル保護・育成のための適用除外法が数多く制定され[292],それに加え,勧告操短など行政庁の行政指導によるカルテル類似行為が広く行なわれ,独占禁止法は事実上形骸化された。1970年代から,消費者物価上昇に対する世論の批判が高まるとともに,行政庁が抑制に転じたことによって,さまざまな適用除外法に基づくカルテルはピーク時の1000件超から,現在(筆者注:1999年当時)の100件を割るほどに減少したと言われた[293]。1980年代に入ると,日本が経済大国となり,諸外国から日本の公的規制と独禁法の適用除外制度が,開放的な競争秩序の形成を妨げ,海外からの参入を阻害していると批判されてきた。そこで,日本政府は,規制緩和を進め,適用除外制度の廃止・縮小をするために,まず,平成9年に適用除外制度の一括整理法が成立し,産業政策目的のための適用除外法が大幅に整理・縮小された[294]。平成11年の独禁法改正は,旧第22条(事業法令に基づく正当行為),旧第24条の3(不況カルテル),旧第24条の4(合理化カルテル)を削除し,また適用除外法も廃止した。さらに,平成11年改正で,旧第21条(自然独占に関する適用除外規定)も廃止された[295](2004年度末時点15法律21制度で,適用除外カルテルの数は23件)[296]。

3 まとめ

このように,日本原始独禁法の制定については,競争文化の伝統どころか,それまでカルテルの助長を国の政策として遂行してきた日本の現実を無視して,あまりにも厳格で柔軟性の無いカルテル禁止規定を置き,しかも議論を尽くして社会的なコンセンサスを得たうえでの立法ではなく,半強制的に制定させられたことが,その後の相当の期間において,独禁法が(緩和)骨抜き的な法改正や執行

---

292 例えば,(1952年制定の)特定中小企業の安定に関する臨時措置法と輸出取引法,及び,(1953年以後の)酒税の保全及び酒類業組合等に関する法律,輸出水産物の振興に関する法律,繊維工業設備臨時措置法,機械工業振興臨時措置法,小型船海運組合法等々がある。長谷川[1999]110-115頁。
293 長谷川[1999]92頁。
294 長谷川[1999]92頁。
295 根岸=舟田[2006]373頁。
296 滝川[2006]90頁。

への道を辿った大きな要因ではないかと考えられる。

　1953年の改正について，「……昭和二十八年の改正は，良かれ悪かれ，独禁法の安定的な制度としての地位を固めるのに役に立ったものであった」，あるいは，同改正は，日本経済の特質と実態に照らし，再検討を加えることは日本的な独禁法制を確立するためにやむを得ないことであったと述べられている。

　今日に至って，後退的適用除外に対して，異なる面からの評価もある。日本の適用除外の消極的な一面だけを見る，あるいは過大視するのではなく，その存在には一定の歴史必然性の一面もあり，独禁法を日本社会に定着させる一定の役割があったという意見もある。

　そして，競争文化の伝統がなく，計画経済体制という究極的統制経済の残滓がまだ残っており，産業政策をたいへん重視している中国にとって，日本の経験から，次のようなことを学ぶことができるのではないかと思われる。競争文化の浸透・定着は一朝一夕のことではなく，長い歳月をかけて，伝統的な意識中に含まれている競争文化と相容れないマインドを克服しながら，競争文化を推進し，育成していかなければならない。そこで，第一に，立法時に，単に理想的な法制度を導入し，厳格な規定を設ければという安易な考えではなく，自国の実情に適したカルテル禁止制度の導入は大切である。現実から離れ，あまり理想主義的になると，かえって強い反発を招き，「欲速則不達」（速やかならんと欲すれば則ち達せず）になってしまう。第二に，実情に適する制度とはいえ，産業政策などへの一方的な譲歩ではなく，妥協の目的は，あくまで，現在の条件の下，反壟断法を実効的に執行し，競争政策がしっかり推進できるためでなければならない。柔軟性がありながら，原理原則を堅持し，明確な基準を有する適用免除制度の設計，及びその制度が濫用され，競争政策が骨抜きにされるリスクを最小限抑える予防意識も非常に重要である。第三に，経済の発展，社会意識の変動などに応じて，時代に合わない適用除外を削除したり，見直したりして，その範囲を必要最小限にする努力が常に必要である。

　　297　今村［1995］24頁。
　　298　出雲井［1953］5-9, 36頁。
　　299　長谷川［1996］14-16頁。和田［1997］25頁。

第2節 中国反壟断法における適用免除（あるいは適用除外）の基本論点

日本では，一般的に「適用除外」と呼ばれる制度について，中国では，特に，反壟断法の立法過程において，適用免除 (exemption，中国原文：豁免) か，あるいは適用除外（exception）かという概念上の区別をめぐって論争が行なわれていた。この論争は，反壟断法の適用除外制度の性格，意義，制度設計などに深く関係し，産業政策と競争政策に関する考え方も反映している。

1 適用免除と適用除外に関する学説

1 適用免除重視説

適用免除重視説（あるいは区別説）とは，適用免除と適用除外の概念について，「一定の独占現象に対して，認め，または容認し，若しくは，保護することについて，両者は同じであるが，この二つの制度に関する要件，手続，形式，効力，規制方法について必ずしも同じではなく，反映される価値追求及び目的も異なる」と述べられているように[300]，適用免除と適用除外は異なる概念であり，そのゆえ，制度的基本概念として両者が区別され，適用免除を重視すべきであるという主張であり，多数説である[301]。

この適用免除重視説には，二つの主要意見がみられる。

(1) 第 一 説

この説は，適用免除重視説の代表的意見として，ある特定の経済・産業領域における行為に関して，反壟断法が適用されないことを適用除外（exception）とし，適用免除 (exemption) の意味について，違反する行為に対して，反壟断法に規定されている免責要件を満たしているので，禁止されないと考え，「適用除外と適用免除の実質的な区別とは，適用除外の場合は反壟断法を適用しないことで，それに対し，適用免除の場合は反壟断法適用の結果であり，すなわち反壟断法違反行為に関して，一定の基準に基づき，案件の具体的な事情を考慮し，合理的な要素の有無を判断し，もし生じ得る積極的な効果が競争制限による消極的効果より

---

[300] 劉桂清［2010a］54頁。
[301] 取り上げた論稿以外に，相違説を支持し，ないしそれに類似する意見として，史際春＝楊子姣［2006］74頁。斉虹麗［2008］15頁以下。王先林［2009］214頁。

大きい場合……禁止しないが，反対の場合は禁止する。……適用免除は反壟断法の基本的な内容と有機的に構成する部分であり，適用除外は必ずしもそうではない。」と主張している。[302]

この説によれば，「適用除外」を，自然独占と政策的独占という二つの部分に分け，さらに，政策的独占には，農業，国防，知的財産権，対外貿易などの国の政策による独占分野が含まれている。[303]適用免除に属する立法例としてはEU競争法第101条第3項の規定は「適用免除」の形式であり，「適用除外」とは言わない。[304]

最後に，この説は，中国反壟断法の関連制度について，なるべく適用除外の範囲を最小限に抑え，EU競争法の適用免除制度を参照すべきと主張している。[305]その理由について：① 現在，適用除外の領域が縮小している一方，それに対して適用免除の役割が拡大しているというのは世界的な傾向である。② 反競争行為の効果に対する判断の合理性に関して，適用除外制度に比べて，適用免除制度の方が優れている。③ 成文法（制定法）の伝統，また裁判官のレベル及び司法制度の遅れなどを鑑みて，今後の法規定の予見可能性，安定性などの観点から考えると，適用免除制度を重視すべきであると主張している。

(2) 第 二 説

「……両者をある程度に区別する必要があり，『適用除外』と『適用免除』には確実に法律概念上の違い及び理念選択の問題が存在する。適用免除制度は競争政策と産業政策を調和させるための表現あるいは結果であり，それに対し，適用除外は産業保護の理念を大いに表していると考えられる。競争政策の経済発展における役割がはっきり認識されるにつれて，適用免除に関する研究がますます進み，用いられるようになった。……政府規制の領域あるいは範囲が縮小され，かつて適用除外と認識される分野まで，競争が導入され，自然独占分野の開放と競争の導入によって適用除外の範囲が極めて縮小し，……将来の発展性から見れば，適用免除を適用除外に取り替えて，反壟断法における産業発展の保護に関する基本的な方法となるであろう。EU，ドイツをはじめとする成文法（大陸法）の国及び

---

302 許光耀 [2006b] 164 頁。
303 許光耀 [2006b] 169 頁。
304 許光耀 [2006b] 166-171 頁。
305 許光耀 [2006b] 173-174 頁。

地域が適用免除を取り入れたことはこの傾向を反映している。適用免除を適用除外に取り替える意義とは，すべての免除は一定の条件の下で取得し，かつ一定の期間的な制限があるべきである。」と主張している[306]。

この説は，適用免除と適用除外について，競争政策と産業政策に対する態度によって区別され，適用免除は競争政策を重視する立場であり，それに対して，適用除外は産業政策を重視する立場を反映していると考えている。

2　適用除外説

この説は，反壟断法上で違反とされないという結果が同じであるから，適用除外と適用免除の区別を気にせず，同一の概念として使っても構わないという考え方である。当該学説は反壟断法に逸脱する行為に対して，なるべく競争政策の観点から審査するアプローチが必要であることをあまり考慮しない傾向がある。

代表的な意見は，「反壟断法の適用除外とは，ある場合に反壟断法の適用を受けないことを法律において規定しておくことを指す。適用除外は，ある意味では，反壟断法の適用範囲を規定する。反壟断法の適用除外（または適用免除という）は本質的に反壟断法の目標がその他の経済的・社会的目標と協調する結果である」と述べたうえ，中国反壟断法の適用除外制度を考える時，国有企業への配慮，経済発展に応じる産業調整政策の実施及び国際競争力の向上などを考慮しなければならないと主張している[307]。

同説の論者は，産業政策などの国家による経済への介入を非常に重視しており，適用除外の範囲を拡張する傾向にある。例えば，多くの学者が適用除外の条文ではないと考えている[308]反壟断法第7条について[309]，適用除外説論者は，「……（筆者

306　張瑞萍［2007］305頁。
307　呉漢洪［1999］18-19頁。
308　例えば，時建中編［2008］58頁。王暁曄［2008b］53-54頁。
309　第7条「国有経済が支配的地位を占め，国民経済の根幹及び国家安全にかかわる業種並びに法に基づき独占経営及び独占販売を行なう業種については，国は，当該事業者の合法的事業活動を保護し，かつ事業者の事業活動並びにその商品及びサービスの価格について，法に基づき監督管理及び調節・制御を行ない，消費者の利益を保護し，技術進歩を促進する。
　2　前項に規定される業種における事業者は，法に基づき事業活動を行ない，誠実に信用を守り，厳格に自らを律し，社会及び民衆の監督を受けなければならず，その支配的地位または独占経営及び独占販売の地位を利用して消費者の利益を害してはならない。」

注：第7条に規定される）業種は一般意義上の国家独占または自然独占の業種である——これらの業種は，国民経済において非常に重要な戦略的地位を有し，かつ国家の競争・産業などの経済政策が徹底的で着実に実施されるための肝心な部門であり……国家は社会全体的な利益，全局的な視野からこれらの業種にかかわる競争・産業などの経済政策を国家の意志として，……反壟断法制度を適用しないとする」と，当該第7条は適用除外規定に該当すると述べ，さらに，国防工業，金融，保険，放送などの業種について，反壟断法において，明確な適用除外規定を設けていないことについて反対意見を表明し，反壟断法の適用除外範囲をもっと拡大すべきであると主張している。[310]

2　両説の意義

1　適用免除重視説の意義

適用免除重視説は，「適用免除」が「合理の原則」に対応している制度であり，[311] または EU 競争法第101条第3項に規定されている免除の基準は概ね「合理の原則」に相当しているため，「適用免除」が「合理の原則」の成文化及び具体化であると認識している。[312] 適用免除重視説は，反壟断法における適用除外の範囲を狭くし，その中心的な観点については，たとえ，反壟断法からの逸脱行為などを許容しようとしても，なるべく競争政策上の審査を経て判断を行なうべきであるという主張であるため，他の産業政策などより，競争政策優先の立場になるのではないかと考えられる。

「適用除外」と「適用免除」を区別したうえで，反壟断法において適用免除の方式を取り入れるメリットについて，適用免除重視説論者は次のように主張している。

(1)　現代競争政策及び産業政策などの発展傾向

現在，多くの国では，かつて「適用除外」とされる分野にも競争導入の必要性と可能性が認識され，「適用除外」の範囲がますます縮小してきており，それに対して，「適用免除」制度のメリットが認められ，拡大する傾向にある。[313]

310　呉宏偉＝金善明［2008］46-47頁。
311　張瑞萍［2007］301頁。
312　許光耀［2006b］162-163頁。
313　許光耀［2006b］173-174頁。

また，(規制緩和，技術進歩により)自然独占などの以前「適用除外」とされた領域の縮小につれ，経済発展における競争政策の適用範囲及び役割が大いに期待され，「適用除外」に代わって，「適用免除」の方は，将来性があり，世界的な発展傾向にも適している。[314]

(2) 行為の反競争性に関する分析の合理性及び制度としての柔軟性

「適用除外」方式の場合，特定の範囲内の行為に競争法を適用しないことで，行為の競争に対する影響を具体的に評価しないのに対し，「適用免除」の場合については，「『適用免除』とは，独占行為に関して，ケースごとにその積極効果と消極効果を比較して考量した結果である」という反競争性に関する分析には合理性がある。[315]

また，適用免除は，行為の競争制限効果と経済全体にもたらされる利益を比較考量して，当該行為を認容するか否かの判断方法であり，「しかし，どのような行為が合理性を有するのか，異なる国あるいは一つの国の異なる時期において，(筆者注：その基準が) 違ってくるし，メリットとデメリットの考量はその国の経済発展水準及び一定時期の経済発展目標に大きくかかわっている。……免除規定は競争政策と産業政策の関係を柔軟に調節でき，動的な経済発展に応じて，免除にかかわる内容と条件を，すぐに必要的限度で調整することができる」という制度的な柔軟性がある。[316]

さらに，「適用除外」というのは，反壟断法の適用は無いことを意味するのに対して，「適用免除」は，原則として反壟断法を適用し，ただその法的責任を免除するのみであり，しかも，免除の条件を付加したり，濫用の場合にそれを取り消したりすることもでき，常に反壟断法の監視下におくことも可能である。[317]

(3) 法の予見可能性及び安定性

アメリカのシャーマン法第1条の場合，条文がたいへん抽象的で裁判官の高度な能力が要求される以外，法の適用には安定性，予測可能性，判断の連続性にやや問題がある。それに対して，(筆者注：EC法旧) 第81条 (3) に規定されている免除の基準は大体「合理の原則」に相当し，しかもその基準については，立法に

---

314 張瑞萍 [2007] 305 頁。
315 許光耀 [2006b] 174 頁。
316 張瑞萍 [2007] 306 頁。
317 許光耀 [2006b] 173 頁。張瑞萍 [2007] 307 頁。

よってある程度に明確化され，法適用の安定性，予見可能性，判断の連続性に優れている。[318]「わが国の司法制度及び裁判官の能力の現状を鑑み，そして，わが国の成文法（大陸法）という伝統，判例法の遅れを考えると，免除の基準に関してより明確的，予見可能的であるほうが望ましいので，EC競争法の免除制度が比較的に参照されるべき制度であろう。[319]」

2 適用除外説の意義

「適用除外」説は比較的に早い段階から主張されてきた説であり，外国の制度及び経験から適用除外制度に関して，基本的で，抽象的な紹介の段階にとどまり，適用除外と適用免除を区別する必要性は重視されておらず[320]，「……まだ表面的な研究の段階に止まっている」と分析する学者もいる[321]。これらの説はとにかく「適用除外」制度を設けるべきと提言しているが，中国反壟断法における適用除外の具体的な制度設計に直接につながるような意見がそれほど見られなかった。

その中に，すでに述べたように，国有企業の保護，産業育成，国際競争力を高める観点を踏まえたうえで適用除外の問題を考えるべきという主張があった[322]。また，かつて日本において，数多くの適用除外があったことによって，独禁法と国の経済全体の発展との間の矛盾を避けることができ，または，企業が不況から脱出できるように手助けをしたり，産業育成を通じて国際競争力を高めたりするなどの日本の経験は，中国にとって大いに参照されるべきであるというような見解も見られた[323]。

このように，社会主義の体制，発展途上国，そして，国際競争のための産業構造の調整などの中国の現実事情を考慮して，適用除外説論者は，現段階の中国では，反壟断法の全面的で厳格すぎる実施が望ましくないため，反壟断法において，産業政策と協調するための適用除外を広く認めるべきであると考えているのではないかと思われる。

3 両説の傾向に対する評価

中国において，両説の論争について，「適用除外は，競争政策が産業政策に対

318　許光耀［2006b］150頁。
319　許光耀［2006b］174頁。
320　例えば，林燕平［1997］，51頁。
321　許光耀［2006b］163-164頁。
322　呉漢洪［1999］19頁。
323　孫晋［2003］55頁。

する無条件的な譲歩であることを意味しており，多くの分野において競争が導入される時代背景の下では，このような絶対的な妥協を縮小してなくすべきである。それに対して，適用免除は，競争政策が産業政策に対する一定的な条件の下での譲歩であることを意味しており，両者の関係に関する動的な協調で，経済情勢の変化に応じ，適用免除の条件，内容及び手続について必要な調整を行なうことができる」と指摘する意見があった。[324]すなわち，適用免除は，競争政策を優先に考慮する制度設計であり，それに対して，適用除外は，産業政策を優先とする制度設計であると考えられている。

4 両説の相違によって生じる区別

(1) 反壟断法適用除外制度の性格や範囲の違い

両説のような論争によって，中国反壟断法において，「適用免除」と「適用除外」という二つの性格が異なる適用除外制度が存在し得る。

適用免除重視説は，「適用免除」を合理の原則の役割に相当する制度であり，(EU 型をモデルとする)「適用免除」制度を目指すべきと主張している。

例えば，前記適用免除重視説の第一説の論者によれば，EU 型の「適用免除」を取り入れるべきであり，反壟断法の主要な規制行為類型において，「適用免除」にかかわるのは独占的協定のみで，市場支配的地位の濫用と企業結合は「適用免除」の問題は生じない。なぜなら，市場支配的地位の濫用は違法要件を満たせば違法となり，企業結合は事件の申告による許可制を取っているので「免除」の問題は存在しないと述べている[325]（筆者注：おそらく，市場支配的地位の濫用と企業結合に関する分析過程には「合理の原則」のアプローチがすでに含まれているからという考え方ではないかと思われる）。

また，前記適用免除重視説の第二説の考え方によれば，現在世界的な潮流を見れば，「適用除外」制度は「適用免除」制度によって代替されていく傾向にある。「適用免除」の下では，反壟断法が原則として広く適用され，「免除」されるのは行為の法的責任であり，すべての「免除」となる行為は一定基準の下で審査を経て，それに対する認容も絶対的で無期限，無条件ではなく，また反独占執行機関あるいはその他の機関の監視下に置く場合も多くある。このように，「適用除外」から「適用免除」への転換（若しくは両者の区別）とは，業種ごとに適用除外とす

---

324 劉桂清 [2010b] 150 頁。
325 許光耀 [2006b] 173-174 頁。

ることから行為に対する適用免除，絶対的な免除から相対的な免除への転換などというべきである。[326][327]

以上のように，適用免除重視説は，「適用免除」の範囲を独占的協定に限定したり，業種ごとの免除・「絶対的な免除」を排したり，免除条件を付加したりするなどによって，「免除」の範囲を狭くしようとすることを通じて，競争政策の優先を図ろうとしている。

それに対して，適用除外説は，自然独占，国防工業，金融，保険，放送などの数多くの業種について適用除外を与え，産業政策などの実施を優先的に考慮し，反壟断法の適用除外範囲（構造及び行為を問わず）を広くしようとする考えであり，競争政策の審査等に関する制度の必要性はほとんど考えていないようである。また，適用除外の行為類型の範囲も必ずしも独占的協定に限定せず，市場支配的地位の濫用，事業者集中などの行為類型も，全部適用除外制度の対象範囲となり得ると思われる。

(2) 規制方法及び立証責任の区別

「適用免除」自体は反壟断法の適用となるため，原則として，まず行為に法の適用があり，それから，「適用免除」の基準に照らして，行為の法的責任を「免除」するか否かについて判断することとなる。

そして，「適用除外」の場合，反壟断法の適用の有無をまず判断する。適用除外に該当し，反壟断法の適用は無いが，適用除外に該当しない場合は，各行為類型の要件，効果要件に照らして判断する。後述のように，中国反壟断法の第55条が知的財産権に関する「適用除外」であり，それに対して，同法第15条は独占的協定に関する「適用免除」にあたると考えられている。[328]

ここでは，例として，ある知的財産権にかかわる共同行為の場面を想定しよう。

---

326 当該論者によれば，ここでの絶対的な免除とは，適用除外に相当するという。すなわち，競争法に適用されるか否かという二者択一の選択であり，競争政策の観点からの評価ないし条件付加などの無い適用除外方式である。張瑞萍［2007］302頁。

327 張瑞萍［2007］304-307頁。

328 第55条「事業者が，知的財産権に関連する法律，行政法規の規定に基づいて知的財産権を行使する行為については，この法律を適用しない。但し，事業者が知的財産権を濫用して，競争を排除しもしくは制限する行為については，この法律を適用する。」

当該行為は，反壟断法によって禁止されるか否かは次のような判断プロセスとなる。

① 当該行為は，法第55条の適用除外の規定要件を満たし，<u>適用除外</u>になるか否か。この場合には，二つの可能性がある。

①-1：当該行為は「知的財産権を行使する行為」に該当する。

①-2：当該行為は「知的財産権を濫用」することに該当する。

② 当該行為は，（第13条または第14条に該当し）法第15条の適用免除の規定要件を満たし，<u>適用免除</u>になるか否か。この場合も二つの結果があり得る。

②-1：当該行為は法第15条の適用免除の規定要件を満たし，適用免除になる。

②-2：当該行為は法第15条の適用免除の規定要件を満たさない，適用免除にならない。

このように，中国反壟断法第55条の知的財産権に関する「適用除外」制度については，（ガイドラインまたは執行例は現時点ではまだ無いが），解釈論上，日本独禁法第21条（知的財産権の適用除外）の解釈に関する通説に類似するように解釈し得ると思われる。すなわち，上記①-1に該当すると認められる場合，当該行為は，反壟断法の適用はなく，「適用除外」となる。①-2に該当し，「適用除外」とならなくても，直ちに反壟断法に違反することを意味するわけではなく，反壟断法の独占的協定に該当するか否かについては（まず独占的協定の行為要件及び市場要件を満たし，そして）その「適用免除」に関する②の判断に移ることとなる。この段階では，まず規制側の行政機関（民訴の場合原告）は，行為者の法第13条若しくは第14条の行為に該当する行為の存在を証明し，（被告の）行為者側は「適用免除」に関する立証ができれば②-1の結果になるが，そうでなければ，②-2になり，当該行為が違法とされる。

②の「適用免除」の場合，行為者側は，「適用免除」を受けるためには，自分の行為が法第15条の法定要件を満たしていることを自ら立証しなければならない。①の「適用除外」の場合必ずしもそのように規定していない。そこで，「適用免除」と「適用除外」は立証責任の負担について違いがある。

もし，反壟断法第55条は単なる宣言的，訓示的条文で，実質的な意味は無い

---

329 根岸哲編［2009］（和久井執筆部分）536頁。根岸＝舟田［2006］398頁。

ので，①の判断が不要だと解釈する場合，おそらく，①の判断を経ずに，直接②の判断過程に入ることになるであろう。そうなると，反壟断法において，知的財産権にかかわる共同行為に関する「適用除外」はなくなり，他の独占的協定と同じように，「適用免除」有無の判断のみとなる。

3　立法過程から適用免除と適用除外を見る
1　「適用免除」と「適用除外」の区分

上で分析してきた通り，適用免除重視説は競争政策を優先に考慮するという立場であり，それに対して，適用除外説は，基本として，産業政策の役割を重視する立場である。以下，中国反壟断法の立法過程における両説の影響を考察したい。

適用除外に関して，「後退的限界」と「本来的限界」や「確認説」と「創設説」という区別はあくまで相対的なものであり，一律に説明するのは難しいと，日本でも指摘されているように，「適用免除」と「適用除外」についても，同じように厳格的で一律的に区別するのは，困難なところがあると思われるかもしれない。しかし，議論を明快かつ順調に進めるために，前述した適用免除重視説と適用除外説のそれぞれの主張に基づき，一応区別しておく。すなわち，反壟断法の正式条文を見ると，

① 「適用免除」に属するのは，主として，第15条（独占的協定の適用免除）という規定である（第28条も一応入るかもしれないが，本書の目的から，それに関する考察は省略する）。

② 「適用除外」に属するのは，第55条の知的財産権の行使に関する適用除外，及び，第56条の農業生産に関する適用除外である。

というように，両説による影響があり，二つの適用免除（除外）制度が存在して

330　松下［2006］288頁

331　「第28条　事業者集中が競争を排除若しくは制限する効果を有し，またはその可能性がある場合，国務院反独占執行機関は，当該事業者集中を禁止する決定を行なわなければならない。ただし，事業者が，当該集中が競争に対して与える，有利な影響が不利な影響を明らかに上回ること，または社会公共利益に適合するものであることを証明することができる場合，国務院反独占執行機関は，当該事業者集中を禁止しない旨の決定を行なうことができる。」

332　「第56条　農業生産者及び農村経済組織が農産品の生産，加工，販売，運送，貯蔵などの事業活動において行なわれた協力，連合及びその他の協調行為については，この法律を適用しない。」

表 5-1　立法過程における草案の変化と両説の影響

法案	適用免除	適用除外
1999 年案	第 17 条（独占的協定の適用免除）	第 53 条（自然独占，公益事業に関する適用除外） 第 54 条（知的財産権に関する適用除外）
2000 年案	1999 年案と同じ	1999 年案と同じ
2001 年案	第 19 条（独占的協定の適用免除）	第 57 条（知的財産権に関する適用除外）
2002 年案	第 9 条（独占的協定の適用免除）	第 56 条（知的財産権に関する適用除外）
2003 年案	第 8 条第 2 項（独占的協定の適用免除）	無し
2004 年案	第 11 条（独占的協定の適用免除）	第 66 条（知的財産権に関する適用除外）
2005 年案	第 9 条（独占的協定の適用免除） ※第 8 条第 3 項（デミニマス規定[333]） ※第 8 条第 4 項（著作物の再販適用除外） ※第 11 条（国務院執行機関による独占的協定の「特別許可」[334]）	第 56 条（知的財産権に関する適用除外） ※第 55 条（他の法律に基づく行為の不適用）
2006 年案	第 10 条（独占的協定の適用免除）	第 54 条（知的財産権に関する適用除外） 第 55 条（農業に関する適用除外）
2007 年案	第 15 条（独占的協定の適用免除）	第 54 条（知的財産権に関する適用除外） 第 55 条（農業に関する適用除外）
制定法	第 15 条（独占的協定の適用免除）	第 55 条（知的財産権に関する適用除外） 第 56 条（農業に関する適用除外）

いる。

2　立法過程における草案の変化から両説の影響を見る

ここでは，立法過程における草案の変化から両説の影響を見てみよう（表

---

[333]　第 8 条第 3 項「協定の有効期間内において事業者協定に係る商品の関係市場における占拠率が 10 分の 1 を超えない場合には，前項の規定を適用しない。」

[334]　第 11 条「国家利益の保護及び社会公共利益の要請に応えるために，国務院反独占主管機関はこの法律第 8 条の規定に違反し，かつ第 9 条の適用免除規定に該当しない独占的協定をも適用免除とすることが出来る。」

5-1)．まず1999年案を見れば，独占的協定の規制に関する章では，第15条（水平的協定の禁止）＋第16条（再販協定の禁止）＋第17条（独占的協定の適用免除）＋その他（第18条，第19条等適用免除の手続き規定）などから構成している。このように，独占的協定の規制に関する基本的構造＝独占的協定の禁止規定＋協定の適用免除の規定という構成は，EU競争法の構造とよく似ている。しかし，1999年案はこのような独占的協定に関する「適用免除」の制度をとりながら，「適用除外」に関する規定も設けている。第53条の自然独占，公益事業に関する適用除外と第54条の知的財産権に関する適用除外の規定があり，特に第53条の規定に「郵便，鉄道，電力，ガス，水道」等のような「ある産業分野全体を適用除外とする」「無条件で絶対的な除外」などのような適用免除重視説が最も避けようとしている制度設計方式をとっている。そのため，この初期の時点から「適用免除」と「適用除外」の対抗が存在し，その影響が条文にも反映されている。

そして，表5-1のように，2000年案は，基本的に1999年案と同じ構造を維持し，2001年案から変化が見られた。適用免除の規定は基本的に大きな変化は無いが，適用除外に属する規定のうち，自然独占に関する適用除外が削除され（その後復活することはなかった），知的財産権に関する適用除外しか残っていない。2003年案にはさらなる変化が見られ，知的財産権の適用除外までも削除され，「適用除外」に関する規定はほとんどなくなった。その後，2004年案では知的財産権の適用除外の規定が復活し，最後の制定法まで存続した。2005年案の全体的な枠組みは2004年案と類似しているが，第8条第3項の「デミニマス」，同条第4項の著作物の再販適用除外，第11条の国務院執行機関による独占的協定の「特別許可」，及び第55条の確認規定ともいえる「合法行為の不適用」が追加された。2006年案では，2005年案の「デミニマス」，著作物の再販適用除外，国務院執行機関による独占的協定の「特別許可」[335]が削除されたが，農業に関する適用除外が追加された。その後の2007年案，そして制定法は基本に2006年案を踏襲して，同じ枠組みが維持されている。

4　まとめ

適用免除重視説は，競争政策優先の視点から，適用除外説は産業政策支持の立

335　但し，他の類似する条文は，2006年案以後も見られる。本章第3節の4の「国務院規定カルテル」の説明を参照されたい。

場から，それぞれの意見を主張して，適用除外の制度設計という側面から，立法過程における競争政策と産業政策の相剋を反映した。結果的にいえば，「適用免除」と「適用除外」のどちらか一方だけを取り入れたとは言いがたいかもしれないが，全体を通して見れば適用免除重視説が優位に立っており，特に2001年案では「自然独占」に関する規定が排除され，さらに2003年案ではほとんどの「適用除外」規定が削除された。その後，2005年案に適用除外説による一定の反発が見られるが，2006年案において，適用免除重視説は再び優位に立ち，適用免除（除外）の範囲を縮小させた。もちろん，制度設計は必ずしも完全に適用免除重視説の主張どおりに進められたということでもなかった。最終的な制定法の「農業に関する適用除外」と「知的財産権に関する適用除外」の規定については，適用免除重視説にとって妥協できる程度あるいは許容範囲であるとも言える。というのは，結論としては，制定法の適用免除（除外）の制度設計については，（一定の妥協があるが）適用免除重視説が優位であったと言えるのではないかと思われる。

第3節　適用免除の対象範囲

1　各草案における適用免除対象範囲の変化及び検討対象の選定

本節からは，独占的協定の適用免除の対象範囲について検討する。まず，各草案における適用免除の対象範囲の変化を見ることにし，それから，主要な検討対象を選定する。

表5-2のように，独占的協定に関する適用免除の対象範囲について，立法過程においては，さまざまな変化を経て，最終的に制定法では，法第15条第1項第一号～第七号の7種類となった。これに関連して，反壟断法（第15条の）カルテル適用免除規定はEC条約（旧）第81条第3項に依拠しているが，その上に「不況カルテル」（同条第1項第五号）と「輸出（入）カルテル」（第六号），「法律及び国務院が規定するその他の場合」（第七号）という三つの適用免除規定を付加して，より広く適用免除範囲を規定していると指摘されている。[336]

336　谷原［2009］23頁。

表 5-2　各草案の対象範囲の変化

	適用免除対象	メモ
1999年案	①技術開発及び規格カルテル　②中小企業カルテル　③輸出（入）カルテル　④不況カルテル　⑤合理化及び専門化カルテル	
2000年案	1999年案と同じ	
2001年案	1999年案と同じ	
2002年案	①技術開発及び規格カルテル　②中小企業カルテル　③不況カルテル　④合理化及び専門化カルテル	輸出（入）カルテル削除
2003年案	①技術開発及び規格カルテル　②中小企業カルテル　③不況カルテル　④その他のカルテル[337]	合理化及び専門化カルテル削除
2004年案	①規格カルテル　②不況カルテル　③中小企業カルテル　④技術開発カルテル　⑤その他のカルテル	技術開発及び規格カルテルを二分したが、その他は2003年案と同じ
2005年案	①品質等効率促進カルテル　②不況カルテル　③中小企業カルテル　④輸出カルテル　⑤技術開発カルテル	輸出カルテル復活　その他第11条の主管機関特別許可カルテルもある
2006年案	①技術研究開発カルテル　②規格カルテル　③中小企業カルテル　④公益カルテル　⑤輸出（入）カルテル　⑥不況カルテル	公益カルテルが入る
2007年案	①技術研究開発カルテル　②規格及び専門化カルテル　③中小企業カルテル　④公益カルテル　⑤不況カルテル　⑥輸出（入）カルテル　⑦（法律及び）国務院規定カルテル	（法律及び）国務院規定カルテルが入る
制定法	①技術研究開発カルテル　②規格及び専門化カルテル　③中小企業カルテル　④公益カルテル　⑤不況カルテル　⑥輸出（入）カルテル　⑦（法律及び）国務院規定カルテル	

　すでに述べたように日本独禁法の歴史において、国の主導による産業の保護・育成、国際競争力のための企業経営の安定・合理化を目的として「不況カルテル」等のいわゆる「後退的適用除外」を導入して、競争政策の理念を大きく後退させた。だが、経済状況の変化につれて、競争に関する考え方も変わり、競争政策の運用が強化された。1999年以後「不況カルテル」（と合理化カルテル）は削除

337　「……（四）その他、競争を排除しもしくは制限するおそれがあるが、国民経済の発展及び社会公共利益に有利となる行為……」

され，また世界的範囲に見てもこれらのカルテルを基本的に適用除外の対象としないようになっていく流れである。この「不況カルテル」規定の問題に関して，中国反壟断法の制定過程において，学者から指摘され[338]，あるいは疑問視された[339]にもかかわらず，中国は，反壟断法に「不況カルテル」の適用免除規定を設けた。

「輸出（入）カルテル」の適用免除について，立法過程で，草案に入れられたり，削除されたり，また学者や有識者の間においても賛成意見と反対意見が対立し，大いに議論されていた。なぜそのような論争があるのか，そしてどうして制定法のように定着したのか，または，それは何を意味しているのかなどについては，非常に興味深いことである。

また，立法過程のある国際会議において，第七号の「法律及び国務院が規定するその他の場合」については，EU 法の関連条文（第101条第3項）には類似する規定は無いとの関係者からの問題指摘や，懸念意見が表明された[340]にもかかわらず，制定法には規定された。

そこで，次から，国際共通認識から外れた規定ではないかと指摘されている三つのカルテル適用免除類型，すなわち，不況カルテル，輸出（入）カルテル，第七号の（法律及び）国務院規定カルテルを主要な検討対象とする。それぞれの立法経緯及び制度趣旨を考察することによって，中国のカルテル規制ないし反壟断法の性格や特徴などの理解にはたいへん有益ではないかと考える。

2 不況カルテル

1 日本法における不況カルテルの概要

(1) なぜ日本において不況カルテルが必要とされ，導入されたのか

不況カルテルの導入に関する歴史的・社会的背景について，本章第1節の「後退的適用除外」の部分において，当時の日本の歴史的ないし社会的背景をすでに紹介したので，ここでは，不況カルテルが導入された具体的な理由のみについて，簡単に触れることにする。

---

338 松下［2005］883頁。
339 Ulrich Immenga（王暁曄訳）［2007］9頁。
340 Natalie HSIAO/Torben TOFT「中欧反価格壟断研討会 EU-China Workshop on Anti-Price Monopoly in China 2008年9月22日」（Workshop Documentation）25頁。http://www.euchinawto.org/index.php?option=com_docman&task=doc_download&gid=473

1953年独禁法改正では，当時の公正取引委員会委員長横田正俊氏は，1953年3月5日第15回国会衆議院経済安定委員会において，不況カルテルの導入理由について，次のように説明した。

「……また戦後の日本経済が幾多の脆弱性を持っておりまして，わが国産業が不況もしくは恐慌に対する適応力が十分であるとは言えませず，不況が深刻化した場合においては，わが国産業が重大な危機にさらされることも予想されるのであります。このときにおいて，この事態の救済を単に自由競争による自動調節作用にだけ求めることは，場合によっては産業界における破滅的競争を招来いたしまして，その結果日本経済に回復することのできない損害を及ぼす危険性がないとは言われないのでございます。従って事業者が共同して過剰生産による需給の不均衡を調節し，または市価の安定をはかるなど，この不況に対処すべき必要最小限度の方途を講ずることはやむを得ないものと存じます。」[341]

そして，また学者からも，第一に，戦後の一定期間，戦争による生産設備の破壊や資本蓄積不足となった日本企業の自己資本比率の低さ，終身雇用形態，さらに国民性も加わって，一般的に高い操業率の維持が必要とされ，不況期にも高い操業率を維持し，減産を躊躇する傾向が外国企業に比べて顕著なため，不況のさらなる深刻化を防止するためには，需給不均衡を是正するための話し合いで供給量を減少させることとならざるを得ないこと，第二に，日本経済は高度成長から安定成長に移行し始めた昭和40年代末以降，需要成長率の低下により，多くの産業は恒常的に過剰設備を抱える構造的不況状態となり，この対策が大きな社会問題化したのに伴い，過剰設備の共同廃棄へ不況カルテルの運用転換も図られたことが指摘された。[342]

このように，日本では，統制経済から自由経済へという戦後の転換期，そして，高度成長から安定成長に移行し始める段階における経済的不況によってもたらされる社会的不安定を防ぐための政策的な考慮（競争以外の社会政策的な考慮）などから不況カルテルが導入されたと考えられる。また，その背後に，競争原理・市場機構に対する社会的な信頼はまだ薄かったということも窺われる。

341　第15回国会衆議院経済安定委員会議事録第15号（1953年3月5日）5頁
　　　http://kokkai.ndl.go.jp/SENTAKU/syugiin/015/0788/main.html
342　鈴木［1981］240頁。

(2) なぜ不況カルテルは，その役割が終わったと認識され，削除されたのか

　高度成長期以後，日本経済は成熟段階に入り，先進国へのキャッチアップをもある程度果たしたことから，産業政策の有効性が次第に失われ，国内政治においても，経済のさらなる発展のために競争政策を重視する意見が増えてきたと言われる[343]。また諸外国から，日本の公的規制と独禁法の適用除外制度が，開放的な競争秩序の形成を妨げ，海外からの参入を阻害していると批判されるようになってきた。そこで，日本政府は，規制緩和を進め，適用除外制度の廃止・縮小をするために，まず，平成9年に適用除外制度の一括整理法を制定し，産業政策の目的のための適用除外法を大幅に整理・縮小させた[344]。平成11年の独禁法改正は，旧第22条（事業法令に基づく正当行為），旧第24条の3（不況カルテル），旧第24条の4（合理化カルテル）を削除し，また適用除外法も廃止した。

　このような適用除外制度の縮小について，「……今日の我が国のように，市場を諸外国の事業者に開放した国においては，今後，適用除外カルテルが国内事業者にとって意味のないものになり，自然にその許可申請も減ずることが予想される。我が国の事業者のみのカルテルは，日本市場に参入する国外の事業者を利するのみだからである。我が国における適用除外カルテルの社会的役割は，いずれにしてもすでに終わっていると評価しうるのである」[345]。「……『経済社会の変動』が広範囲に及ぶ経済領域に競争原理の浸透を求めるようになった。ここに『必要悪』としての『不況カルテル』も，その歴史的な役割を終えたものといえよう」[346]と積極的に評価されている。

　また，（不況カルテル制度などの廃止について）日本の経済社会を国際的に開放し，しかも自己責任原則と市場原理に基づいた自由で公正なものとする方針を示し，そのための改正であり，（不況カルテル制度の存続が外国からの批判を招くばかりではなく）事業者間にカルテル・マインドを植え付けることにより経済構造改革の障害になる可能性が高いと認識されたと考えられ[347]，競争政策の推進に非常に意義のあることであると思われる。

343　滝川［2006］11頁。
344　長谷川［1999］92頁。
345　来生［1990］323頁。
346　田中裕明［2002］152頁。
347　谷原［2007］254頁。

第3節　適用免除の対象範囲

2　産業政策との関連

(1)　産業調整政策としての不況カルテル及びその功罪

　日本では不況カルテル等の適用除外カルテルが，産業調整のために，産業政策当局により，主張されてきたと言われ[348]，その裏には，統制経済時期に強い権限をもっていた行政官庁が再び権限を拡張しようとする狙いも潜んでいたと指摘されている[349]。[350]

　不況カルテルのメリットとデメリットについて，日本においては以下のように理解され，指摘されていた[351]。

　まず，第一に，不況カルテルの存在意義については，「不況が特に深刻化した場合には，市場メカニズムが有効に働かず，特定の産業が潰滅的打撃を受けることもあり，企業の倒産，休廃業が相次ぎ，失業者の増大による社会的混乱，設備破壊等による供給力不足等を引き起こすとともに，これが他の業種にも波及していくおそれがある。このような経済社会の混乱とロスは産業界ばかりでなくひいては一般消費者にとっても不利益をもたらすものであり，国民経済的に見て損失であるから，これを未然に防止するための緊急避難的措置として，不況カルテル制度が必要とされる」。

　第二に，不況カルテルの弊害については，① 不況カルテルはカンフル剤の役割しか果たせず，それ自体は不況の原因を克服できない，② 不況カルテルの下で非効率的企業が温存され，経済の効率性が阻害される，③ 不況を深刻化，長期化させるおそれがある，④ ある産業の不況カルテルの結成は他の産業のカルテル結成を促し，また不況カルテルは当該産業の利潤の安定には役立つが，産業構造全体の安定にむしろ逆効果をもたらす，⑤ 私的統制である不況カルテルは，輸入制限等の公的統制を呼び，いわば統制が統制を呼ぶ結果となるおそれ，⑥ 行政指導によるカルテル参加「説得」等強制カルテル措置は，企業の自己責任の原則を不明確にするおそれ，⑦ 不況時下がるべき物価を支える役割を果たし，物価問題を深刻化することがある，⑧ 不況カルテルが許容されていることが，

---

[348]　「『産業調整』とは，国際競争力を失った衰退産業から競争力のある産業に労働力と資本を移動させることである」滝川［2006］88頁。

[349]　滝川［2006］88頁。

[350]　長谷川［1996］33-34頁。

[351]　鈴木［1981］238-244頁。

違法なカルテルの摘発を困難にする側面がある，⑨ 不況カルテルが許容されると，一般に不況実態になれば，カルテルを結んでもよいと受け取られ，事業者が安易に違法なカルテルを結成する傾向を助長するおそれがあると指摘されていた。

(2) 戦後日本の産業政策全般に対する評価

日本では戦後の産業政策の評価については，「……経済官僚とりわけ通産省が高度経済成長を種々の政策手段を駆使して指導した効果を積極的に評価する。(2)政府活動は企業の産業活動にとっての好都合な環境を提供したに過ぎず，日本の発展の主役は市場システムの結果であるとの二つがある。」と言われるように，[352] 論者によって分かれている。まとめてみると，主として以下の三つの異なる角度からの評価となるのではないかと思われる。

① 戦後日本の産業政策に積極的な評価

まず，(せいぜい) 60年代に入る頃まで，すなわち高度成長の準備期まで，産業政策が全体として有効であったと評価するのはいまの日本の共通認識であると強調する意見がみられる。[353] そして，「1970年時点において育成目標とされた化学繊維，有機化学，石油精製……等の諸産業が明確な効率産業として評価分類される。この現実の成果から判断すると，日本の産業政策が明らかに成功を収めたと言ってよい」と産業政策の有効性を訴える意見も見られた。[354]

また，「……勧告操短や中小企業の輸出振興のための組織化政策は……企業活動がカルテルまで含めて原則自由であった戦前の経済システムに比べれば，政府による利害調整が図られ，独占的レントが管理されて輸出振興に活用された点において，より安定的で持続可能の高い経済システムであったと考えることができる」[355] というように，産業政策の実施によって安定持続可能成長の効果があると主張された。

最後に，日本は，(産業政策の実施によって) 戦後の混乱期からいち早く経済が回復し，政治的不安から脱出した成功経験があるので，産業政策には，「計画経済から市場経済への移行に向けた中継機能」（これを飛び越えて急激な市場経済化を

---

352 浅田［2005］128頁。
353 原豊「産業と政府の役割」日本経済政策学会編『日本経済における政府の役割』日本経済政策学会年報XXXIV，勁草書房，1986年，28頁。浅田［2005］128頁。
354 上野［1980］296-297頁。
355 石井［2008］25頁。

図ると政治的不安を招きやすいことの回避）があり，経済体制転換過程にある国（旧ソ連・東欧など）にとって非常に効果的，魅力的であるはずという意見もあった。[356]

② 戦後日本の産業政策に消極的な評価

「『産業政策』が有効に機能し，戦後日本の急速な経済成長の実現に大きく貢献したとする『通念』は明確な証拠に基づかないという意味で根拠のない見方であり，観察事実と整合的ではないという意味で誤りである。」と痛烈に批判し，産業政策を完全に否定する見解もある。[357]

③ （一定の評価付きの）慎重論

この立場の意見は，（ある程度，あるいはある期間では）産業政策の積極的な役割があったことを否定しないが，あまりにもその役割を過大視することに対してやや慎重的，または消極的である。

その代表的な意見（特に日本の産業政策の経験が発展途上国に与える示唆の面で）は，「産業政策は，たしかにわが国経済・産業の好成果に貢献したけれども，根本的重要な役割を演じたとはいえないように思われる。」とし，戦後の日本経済・産業にとって決定的な重要性をもつのは，財閥解体・過度経済力集中排除措置をはじめとする経済民主化政策であり（もちろんその他の重要な諸要素も軽視できない），産業政策がJ. A. シュムペーターのいう「自動車はブレーキをもっていればこそ，もっていないときよりも速く走る」のブレーキの役割を演じたに過ぎず，発展途上国は，（そのまま日本の産業政策を持ち込むのではなく）この根本的なところを理解した上，ある部分の産業政策（例えば「競争と協調の巧みな活用」「市場機構を活用した巧妙な政府介入」など）を参照するのは有益であると述べた。[358]

また，キャッチアップ的「産業政策」が成功したが，しかしキャッチアップ後の産業政策は具体的なモデルが無く，共通目標を定めにくく，貿易摩擦の問題もあるので，産業政策の限界が現れたという指摘もある。[359]

3 中国における不況カルテルに対する認識

(1) 産業政策について

第2章にて紹介したように，中国において産業政策は非常に強い影響力を有し，

---

356 多賀谷［1993］3頁。
357 その代表的な見解について，三輪芳朗＝J.マーク・ラムザイヤー［2002］521頁。
358 小西［1989］312-314頁。
359 前川［1985］96-97頁。

諸経済政策の中核的存在である。また，中国における産業政策の導入，執行については，日本の経験を大いに参照し，取り入れてきた[360]。経済体制転換期の中国にとっては，持続的な経済の発展，国際競争のための産業育成，産業構造の転換，政治社会の安定性などを図るために，産業政策が非常に重視され，かつて日本が経験したような産業政策重視の発展段階にあると思われる[361]。

(2) 不況カルテルの導入について

中国反壟断法の立法過程において，不況カルテルの導入について，ほとんどの学説が必要であるという立場で，反対する説はあまり見られなかった。主張された理由について，次のように，まとめてみた。

① 不況カルテルについては，他の先進国の経験を見れば，一定の役割があり，一定の経済発展段階において，必要である。

「……不況カルテル，合理化カルテル，再販売価格維持の適用除外規定の制度化については，戦後の経済不況の背景の下に，中小企業を救済するための社会的政策として，制定されて継続してきた。産業政策を最も優先的な政策と見なす当時の特殊な政策背景の下に形成された適用除外制度は，大企業を含めた民間企業が戦後に発展を求めようとする要望に応じた制度である」と日本の不況カルテル等の適用除外制度を積極的に評価する意見がある[362]。

また，(日本とドイツなどの経験から見れば)，特殊な時期において，経済全体や社会公共利益の必要性から，不況カルテルなどを認めるべきであるとする見解もある[363]。

さらに，日本などの一部の国は不況カルテルの規定を削除し，あるいは，不況カルテルに対する消極的になった国際的な流れに対して，中国はまだ発展途上国であるので，経済不況に対処するために，不況カルテルが必要であると主張する学者もいる[364]。

② 国民経済の壊滅的影響，社会安定のために，不況カルテルが必要である。

---

360 陳少洪［2000］72頁。馮曉琦＝万軍［2005b］20頁。于立＝呉緒亮［2008］8頁。
361 90年代後半以後，競争政策優先の観点が次第に台頭し，影響力が増大するようになってきているが，まだまだ産業政策の方が優位的であるといわざるを得ないだろう。詳細は第2章を参照されたい。
362 呉小丁［2001］57頁。
363 項雪平［2003］89頁。黄亮平他［2005］87頁。
364 時建中編［2008］188頁。

カルテル化は経済的危機あるいは経済不況を根本的に解決できないが，経済危機によって大量の企業が倒産し，国民経済に破滅的な影響をもたらすこともあるので，この危機の期間においてカルテルを認めることによって，経済危機あるいは経済的不況を乗り越えることに役に立つし，また実際の経験から見れば，一部の国家は不況カルテルを認めるあるいはかつて認めていたという主張が見られる[365]。

その他，産業の衰退，経済的構造の不合理による全面的な危機の発生や大量の企業倒産からもたらされる社会的危機を防ぐために，（不況カルテルを含める）適用除外規定を設けるべきという主張が多数ある[366]。

4 検　討

中国においては，70年代末から漸進的な移行方式で，市場経済が導入されてきた。しかし，計画経済の制度的慣性などから，市場メカニズムに一定の不信感がなお残存しており，産業政策の影響力が非常に大きく，政府の経済介入によって経済社会を安定させる手段が非常に重視されるため，日本で主張された産業政策消極論は現在の中国では受け入れられる可能性が低い。それに対し，産業政策積極論は，中国にとって親和的で，受け入れやすい土壌があると考えられる。

統制経済から市場経済への転換過程において，産業政策の役割が重視され，不況カルテルを含める適用除外が次々に導入されたという日本が経験したことと同じように，中国では，不況カルテルの導入に賛成意見が多く，反対あるいは異議を唱えた学者・有識者はあまりいなかった。そこで，表5-2のように，1999年案から制定法までのほとんどの草案に不況カルテルに関する適用免除の規定が設けてあった。

不況カルテルが必要とされる理由について，① 他の先進国の経験を見れば，一定の役割があり，一定の経済発展段階においては必要である，② 国民経済の壊滅的影響，社会安定のために，不況カルテルが必要であると前述したのは，それほど特別的ではなかった。

私見によれば，その他に中国独自の事情があるのではないかと考えられる[367]。不

365　游珏［2006］195頁。
366　「……もし経済的な構造が不合理であり，ある業界において，全面的な危機が発生し，経営効率と関係せず，すべての事業者が損失を被るような事態が不可避な場合には，生産経営者は共同行為を通じて，構造的な危機の解決を目的とするカルテルについて法的な適用免除を与える必要がある。」張鳴勝［2001］37頁。李晶＝辛松梅［2003］47頁。

況カルテルに対する消極意見では，不況の時こそ，不効率な企業が淘汰され，経済の効率化は図られるとよく言われるが，現段階の中国では，必ずしもそうならない場合があり得るため，このような理由に基づく不況カルテル不要論は中国において，受け入れがたいかもしれない。その根拠として，以下のことがある。

① 経済危機の際に，現在の中国政府は経済社会の安定性を最優先課題として考慮し，競争政策の堅持をあまり考慮しないのであろう。例として，2008年リーマン・ショックによる世界的な金融危機の際に，中国政府は，国有企業はもちろん，民間企業にもリストラしないように働きかけ，指導し，最低賃金基準の緩和，なるべく企業を倒産させないなど一連の措置をとり，経済社会の安定性を必死に図ろうとした。

② 中国ではいわゆる「諸侯経済」で，産業分野によって多くの企業のバック（特に公有企業）には政府がいる。「不況」であっても，これらの企業を倒産させないように地元政府が保護するため，「不況」（などの市場メカニズム）による淘汰より，中央政府は強いリーダーシップを発揮して閉鎖させないかぎり，産業構造を効率化できない状況が多々ある（例：石炭産業，鉄鋼産業，自動車産業など数多くの産業に見られた）。

367　この点について，日本の学者も不況カルテルを置くのは中国の固有の事情によると推測しているが，具体的事情については示していない。松下〔2005〕884頁。

368　姚聞〔2008〕。楊傲多「企業共同約定不裁員覆蓋職工7322.9万人」『法制日報』2010年1月20日。

369　「……なるべく企業の操業停止，閉鎖，破産が起こらないように手段を尽くさなければならない。……」「工業和信息化部関于做好緩解当前生産経営困難保持中小企業平穏較快発展有関工作的通知」（工信部企業〔2009〕1号）http://www.gov.cn/gongbao/content/2009/content_1365907.htm

370　「市場経済化改革の中で，特に発展から取り残されたと感じた多くの地方政府が，地元経済の発展のために，行政介入などを通じて地域市場を人為的に保護する政策をとったことがある。例えば，湖北，遼寧各省では外地からの食料，軽工業製品の流入を禁止し，吉林，河南各省では酒類，洗剤，自転車，テレビなどはその省が生産したものしか販売を認めなかった。このような地域保護が『諸侯経済』であるが，現在だいぶ改善された。」南＝牧野〔2005〕249頁。

371　丸川〔2000〕の関連箇所を参照されたい。例えば，鉄鋼産業については同書287頁以下。

3 輸出入カルテル

1 輸出入カルテルの導入に関する論点

(1) 反壟断法第15条第1項第六号

中国反壟断法第15条第1項第六号において,「外国との貿易及び経済協力における正当な利益を保障するための場合」に該当する事業者の共同行為は,第13条及び第14条に規定する独占的協定禁止規定の適用を免除することができる。この条文の文言自体に輸出カルテルあるいは輸入カルテルというような言葉は明示されていないが,後述するように,立法経緯や学説をみれば,輸出入カルテルの適用免除にかかわる規定であると考えられている。しかし,この条文は,輸出カルテルのみを指すのか,または,輸出カルテルと輸入カルテルの両方をも対象にしているのかについて二つの意見に分かれている。

① 輸出カルテルを対象とする意見

「わが国『反壟断法』第15条第1項第六号に規定している『外国との貿易及び経済協力における正当な利益を保障するための場合』の独占的協定は,輸出カルテルと略称することができる。」と述べて,輸入カルテルについてはこの第六号ではなく,必要な場合,同項第七号の解釈次第であり,当該条文規定には,輸出カルテルのみを指すという考え方がある[372]。他には,同規定は,主として輸出カルテルを指していると考える意見もある[373]。

② 輸出カルテルと輸入カルテルの両方を対象とする意見

第15条第1項第六号の規定には,輸出カルテルと輸入カルテルの両方を対象としていると解釈できるという意見も多く見られ,多数説である[374]。

以上のように,中国反壟断法第15条第1項第六号の規定は,輸出カルテルと輸入カルテルの両方を対象としているか否かについては,学説が分かれており,今後の実際執行において,どのように適用されるかは注目される。但し,全人代の「立法解説書」では,同規定について輸出カルテルと輸入カルテルの両方を含むと解説されている[375]。そこで,本書では,学説の多数説及び全人代の「立法解説

---

[372] 王暁曄 [2008b](呉玉嶺執筆部分)124頁。
[373] 王暁曄 [2010] 460頁。
[374] 史際春 [2007] 122頁。時建中編 [2008] 183頁。余菲 [2008], 84頁。姜姍 [2009] 83頁。
[375] 人大法工委経済法室 [2007] 83頁。

書」の説に従って，理論上，同規定を輸出カルテルと輸入カルテルの両方を対象としていると形式的に解釈することが可能であると一応理解する。

また，輸出カルテルと輸入カルテルの両方を適用免除の対象としても，「正当な利益の保障」という文言が如何に解釈されるか，それによって適用免除の具体的な認容範囲にどのような影響が与えられるかなどについても，今後たいへん重要な課題になるであろう。

(2) 輸出入カルテルの導入に関する意見対立

この輸出入カルテルの導入について，中国では，立法過程において，輸出入カルテルの導入に関して，許容する観点と懐疑の観点という意見の対立が見られる。

① 輸出入カルテルの導入許容論（以下，許容論という）

この説は，中国反壟断法において，輸出（入）カルテルの適用免除を認めるべきであるという意見である。その主な理由をまとめてみよう。

(ｱ) 過度な輸出競争の自粛及び外国からのアンチダンピングの防止──（純粋な輸出カルテルは）国内市場に対する影響はあまりなく，無秩序で過度な輸出競争の防止に役立つほか，自国企業の国際競争力の強化につなげることができる。[376] また，外国からのアンチダンピングをも防止することができる。[377,378]

(ｲ) 外国の独占的企業への対抗──中国の市場経済がまだ不成熟の現在では，悪質な輸出競争を防止する以外に，外国の独占的な会社から資源を輸入する際の価格高騰に対処するために（例えば，鉱産物に関する外国の独占的売り手への対抗），輸出入カルテルを認めるべきである。[379]

また，2006年6月の全人代常務委員会反壟断法の第一次審議会議において，

---

[376] 王曉曄［2008b］（呉玉嶺執筆部分）124頁。史際春［2007］122頁。呉振国［2007］237頁。

[377] 王曉曄［2003］43頁。王曉曄［2010］460頁。

[378] 全人代において反壟断法の第1次審議会議における鄭功成委員の発言：「わが国が外国との貿易において，われわれの製品が国際市場で非常に安い価格で売られており，いつも非難される。……このような事態になったのは，国内企業の悪質的な競争の要素が多い。そこで，場合によっては，適切な価格協定によって，業界全体の利益を保護することも必要である。」「発言摘登：反壟断法草案（2006年6月27日十届全国人大常委会第二十二次会議分組審議《中華人民共和国反壟断法（草案）》」http://www.npc.gov.cn/npc/zt/2006-06/30/content_350218.htm （全人代ホームページ）

[379] 史際春［2007］122頁。

第3節　適用免除の対象範囲　　161

「現在国内の同業者が国際市場で原材料を購入する際，例えば，鉄鋼産業では，宝鋼を始めとして，同業他社を組織・協調して他の国と交渉すれば，比較的に有利となるであろう」という発言も見られる。[380]

(ウ) 外国と交渉する際の「道具・武器」，「対等原則」，「相互原則」——諸外国は，輸出（入）カルテルを適用除外とする規定を設けている国が多いため，交渉時の道具・武器や，「対等原則」，「相互原則」などの視点からすれば，輸出入カルテルの適用免除を認めるべきである。[381] いわゆる「相互原則」とは，相手国は，中国との貿易において自国の企業に対し，輸出（入）カルテルを禁止する場合，中国も同じように自国の企業に対し，輸出（入）カルテルを禁止する（反対の場合，認める）。[382] また，「対等原則」も類似する趣旨で，他国の輸出（入）カルテルの手段に対抗するために，中国も輸出（入）カルテル制度を設けるべきであるという見解である。[383]

一方，輸出入カルテルの導入を許容する論者の多くは，輸出入カルテルを許容する立場をとりながら，その消極の面について（特に国際紛争の種に），かなりの程度，認識しているようであり，その実際の効果の限界及びリスクについて示した意見も多々ある。[384] また，国際貿易の現状では，輸出企業の国際競争力の向上，他国企業の同様の行為へ対抗するための手段として，輸出カルテルを認めるべきであると主張しながら，その適用免除には，相対的，制限条件付きで，かつ反躙断法の国際的，特にWTO枠組みの下での調整が必要であると述べる意見がある。[385] さらに，「正当な利益」という要件を用いて，輸出（入）カルテルの範囲内になるべく狭く限定解釈し，不必要な輸出（入）カルテルを助長せずに，対外貿易における利益を守ることができる程度に止まるべきという主張も見られる。[386]

380　路甬祥副委員長発言「発言摘登：反壟断法草案（2006年6月27日十届全国人大常委会第二十二次会議分組審議《中華人民共和国反壟断法（草案）》）」http://www.npc.gov.cn/npc/zt/2006-06/30/content_350218.htm （全人代ホームページ）
381　呉韜＝楊艶玲［2003］33頁。王暁曄［2003］43頁。王先林［2005］192頁。呉振国［2007］237頁。杜仲霞［2008］63頁。
382　董瀟戦［2004］25頁。
383　王長秋［2008］24頁。王健［2006］119頁。
384　王暁曄［2010］461頁。張靖［2009］74頁。
385　王先林［2005］192頁。
386　王長秋［2008］24頁。

② 輸出入カルテルの適用免除に懐疑論（以下，懐疑論）

許容論の見解に反対し，反壟断法における輸出入カルテルの適用免除に対して，懐疑的な意見が提起されている。

輸出カルテルは輸出先国の取締りや訴訟の対象となるため，リスクが高く，長期的には利益になり得ない。また，輸出企業の競争力を高める最善の方法は，技術，経営管理の進歩を通じて企業自身の競争能力を強化することであると明確に認識しなければならないと考えられている。[387]

また，輸出カルテルは自国産業にとって一定の利益になるかもしれないが，国家の貿易衝突の種となりかねないため，輸出カルテルの適用免除についてはやはり各国の競争政策の協調による解決が必要であり，また，国際的視点から見ても，反壟断法において輸出カルテルの適用免除の規定を置くのはむしろ稀であり，そこで反壟断法に輸出カルテル適用免除の規定を置く必要は無い（但し別の輸出入貿易法で規定するのは別問題である）という主張もある。[388]

2 立法過程における草案の変化及び関連検討

表5-3を見れば分かるように，反壟断法の立法過程では，輸出入カルテルの適用免除規定をめぐる条文変化は，概ね前述の論争と対応していると思われる。まず，輸出入カルテル適用免除規定を設けるか否かについて，表5-4のように二つのグループに分けられる。

グループ1（2002年案，2003年案，2004年案）には，輸出入カルテル適用免除規定はなく，懐疑論に対応している。グループ2（グループ1以外の各年案）では，輸出（入）カルテル適用免除規定を設けてあり，許容論に対応していると言えよう。表5-4から分かるように，競争政策優先を堅持する懐疑論は2002年案～2004年案までの草案に反映したが，それ以外の草案で，また制定法でも，（国内産業の保護・育成，国際的競争などに備えるために，競争政策を後退させ）産業政策を優先させるべきという許容論が優位を収めたと言える。

そして，グループ2は，さらに，表5-5のように，三つのタイプに分かれる。

① 1999年案，2000年案，2001年案は，輸出カルテルと輸入カルテルの両方が含まれていることを明記している。② 2005年案は，輸出カルテルのみを適用免除の対象とする。③ 2006年案，2007年案，制定法では「輸出入カルテル」のよ

387　黄勇［2008］110頁。
388　唐要家［2006］27頁。

表 5-3 反壟断法の立法過程と輸出入カルテル適用免除規定

	輸出（入）カルテル適用免除規定の有無	メモ
1999年案	両方あり	第17条第1項第三号「事業者は，輸出入取引及び外国との協同事業における正当な利益を保障するための共同行為」
2000年案	両方あり	第17条第1項第三号「輸出，輸入及び外国における協同事業における正当な利益の保護を目的とする共同行為」
2001年案	両方あり	第19条第1項第三号「事業者は，輸出入取引及び外国との協同事業における正当な利益を保障するための共同行為」
2002年案	無	
2003年案	無	
2004年案	無	
2005年案	輸出カルテルのみ	第9条第1項第四号「輸出商品の国際市場における競争力を向上させるための協定」
2006年案	有	第10条第1項第五号「外国との貿易及び経済協力における正当な利益を保障するための場合」
2007年案	有	第15条第1項第六号「外国との貿易及び経済協力における正当な利益を保障するための場合」
制定法	有	第15条第1項第六号「外国との貿易及び経済協力における正当な利益を保障するための場合」

表 5-4 輸出入カルテル適用免除規定をめぐる二つのグループ

	各草案	対応する説
グループ1	2002年案，2003年案，2004年案	懐疑論
グループ2	1999年案，2000年案，2001年案，2005年案，2006年案，2007年案，制定法	許容論

表 5-5 グループ2の三つのタイプ

タイプ	各草案	対応する説
①	1999年案，2000年案，2001年案	輸出カルテルと輸入カルテルの両方を対象とする意見
②	2005年案	輸出カルテルを対象（またはのみ）とする意見
③	2006年案，2007年案，制定法	「外国との貿易及び経済協力における正当な利益を保障するための場合」→①と②の折衷（他に，懐疑論の意見への配慮も）

うな明確な言葉を避けて,「外国との貿易及び経済協力における正当な利益を保障するための場合」のようなやや曖昧な記述が見られる。①は輸出カルテルと輸入カルテルの両方を対象とする意見を反映している。②は,主として,輸出カルテル（または,輸出カルテルのみ）を対象とする意見に対応しており,そして,③は,①と②の折衷で,おそらく,①の意見と②の意見が相互に妥協し,また,懐疑論のような反対意見にも一定程度配慮したことから,③のようにやや曖昧な記述となったのではないかと思われる。予測され得る主な効果としては,③の適用免除範囲及び要件が,（今後の実際的な適用・解釈によるが,ここで形式的に見れば,）①より,やや狭く,認容条件も少し厳しくなり,恣意的な運用にある程度歯止めをかけることなどによって,輸出入カルテルの導入に反対する意見や他国からの批判を少し緩和させる狙いがあるのではないかと思われる。

4 国務院規定カルテル

　反壟断法第15条第1項第七号において,（同項第一号～第六号以外）「法律及び国務院が規定するその他の場合」に該当する場合,独占的協定の適用を免除することができると規定している。

1 第15条第1項第七号の意義

　第七号について,全人代の「立法解説書」においては二つの意味があるとされている[389]。第一に,第15条の規定した適用免除以外のカルテルについては,もしその他の法律に関連規定があれば,反壟断法の適用を免除することができる。第二に,この第七号によって,国務院に本号以外の適用免除に関する「規定」を作ることができることを委任した効果をもたらす（以下この第二の意義のことを,国務院規定カルテルという）。

　「法律及び国務院が規定するその他の場合」の解釈について,ここでは,「法律」に関して現段階ではそれほど問題にならないのではないかと思われる。国務院の「規定」について,どう解釈するのかが,要点となり,その定義がやや曖昧である。但し,明確になっているのは,例えば同法第13条第1項第六号及び第14条第1項第三号に「国務院反独占執行機関が認定したその他の独占的協定」と規定しているため,これによって「規定」と「認定」は一定の区別をつけるこ

---

[389] 人大法工委経済法室［2007］83頁。

とができると思われる。「認定」の場合はその主体が国務院反独占執行機関であり，その実現手法が「認定」である。「認定」の方法については，二つある。すなわち，事前「認定」[390]と事後「認定」[391]である。現段階の解釈論では，二つの方法ともあり得ると思われる。[392]それに対して，「規定」はその主体が「国務院」である。「法律及び国務院が規定するその他の場合」であるため，法律と類似する何らかの事前的に明文化された「規定」が必要であろう。

　現在，この「規定」の範囲に関する解釈をめぐって，懸念される問題点がある。すなわち，この「規定」は，国務院の制定した「行政法規」[393]と考えられ，国務院に所属する各部門（日本の省庁に相当）が制定した「部門規章」（日本の省令に相当）を排するかについて，やや曖昧なところが無いわけではないと思われる。

　まず，現在の有力な学説としては，この「規定」を，国務院が制定した「行政法規」と解釈する説がある。すなわち，第七号の国務院規定カルテルによる適用免除は，国務院が「行政法規」を制定する必要があるという意見である。[394]中国国

390　ここでいう事前「認定」とは，国務院反独占執行機関は，規章（大体日本の省令に相当）や実施細則，ガイドラインなどを用いて，同法第13条第1項及び第14条第1項の「列挙」協定以外の協定類型を事前に，「認定」しておくことを指す。

391　ここでいう事後「認定」とは，国務院反独占執行機関は，事前「認定」をせず（または，よらず），一定の要件（例えば，独占的協定の定義規定など）に従って，行為ごとに独占的協定に該当するか否かを認定することを指す。

392　例えば，工商総局は2009年4月27日付で出した「関于禁止壟断協議行為的有関規定（意見募集稿）」（独占的協定の禁止に関する関連規定）の第6条では，第14条第1項の「列挙」協定以外の協定類型を事前に，「認定」すると同時に，事後「認定」を行なうこともできるように規定している。このことから，工商総局は，事前「認定」と事後「認定」の両方を解釈することが可能であるという態度を示している。2010年12月31日に公布された前記意見募集稿の正式版＝「工商行政管理機関禁止壟断協議行為的規定」（独占的協定の禁止に関する工商行政管理機関規定）では，事前「認定」の条文を取り消し，事後「認定」のみ規定している。しかし，これによって，事前「認定」を否定したとは言えず，現段階では事前「認定」を行なう必要性が低いが，状況によって，事前「認定」を行なう可能性が十分にあるということも考えられる。

393　行政法規とは，国務院は，国家の各種の行政職務を管理，指導するために，憲法，または法律に基づいて，法定の手続に従って，制定した……各種法令規則の総称である。行政法の法源でもある。その効力は，全国の範囲内で憲法，法律につぐものであり，裁判規範にもなり，裁判所に対して，拘束力を有する。行政法規の通常使われる名称は，条例，規定及び弁法がある。張樹義［2002］84-88頁。『現代法律詞典』学苑出版社，2004年，411頁。

394　時建中編［2008］183頁。

務院の各部門が制定する「部門規章」は「規定」と名付けられる場合もあるため,[395]
この説は明らかに「部門規章」を排除し,各省庁の恣意的な解釈や細則作りを防
止しようとする考え方である。私見としてこの考え方は支持されるべきではない
かと思われる。その理由として,① 法律に基づく解釈である。中国では「立法
法」[396]（第 56 条,第 57 条,第 71 条等）などによって,国務院が制定する「行政法規」
と各部門が制定する「規章」が厳密に区別されている。前述の全人代の「立法解
説書」では,この第七号によって,国務院に本号以外の適用免除に関する「規
定」を作ることができることを委任したとし,その委任される主体は国務院であ
るため,「行政法規」のみと考えるべきである。② 反壟断法における類似規定に
関する先例がある。例えば,反壟断法第 21 条において,「国務院が規定する申告
基準に達する事業者集中について,事業者は事前に国務院反独占執行機関に申告
しなければならない……」と規定している。この条文の「国務院が規定する申告
基準」に基づき,中国国務院は,行政法規である「国務院関于経営者集中申報標
准的規定」[397]（事業者集中申告基準に関する国務院の規定）を制定して公布したが,商
務部が事業者集中規制の執行機関としては,この「規定」を制定する権限は無か
ったと思われる。

　上述したように,国務院規定カルテルの「規定」を,「部門規章」を排した
「行政法規」またはそれに準ずるものと解釈すべきではないかと述べた。しかし,
この「行政法規」の制定は明文上で国務院のみ制定する権限を有するという厳格
な捉え方をしても,国務院の所属部門は自己の関心事項について「行政法規」の
起草,制定を促すことが十分に可能である。[398]例えば,産業政策の主要な策定・推
進部門である発展改革委員会や工業信息部などは,自分の行なおうとする産業政
策のために,自らの意向を反映した「適用免除」に関する「行政法規」を制定す

395　例えば,前記の工商総局が公布した規章＝「工商行政管理機関禁止壟断協議行
　　為的規定」（独占的協議の禁止に関する工商行政管理機関規定）は規定という名称
　　をつけている。
396　「中華人民共和国立法法」（2000 年 3 月 15 日第 9 期全国人民代表大会第 3 回会
　　議で採択され,2000 年 7 月 1 日から施行）。中国の法律,行政法規,地方法規,自
　　治条例,部門規章などの制定（改正及び廃止も含まれる）に関する立法権限,立法
　　手続,法解釈等についての規範を定めた法律である。
397　「『国務院関于経営者集中申報標准的規定』中華人民共和国国務院令第 529 号」
　　は 2008 年 8 月 1 日国務院第 20 回常務会議で可決された。

ることを促す可能性が大いにある。実際に中国の「行政法規」は，一般的に，その所属の各部門が各自所管範囲の「行政法規」の案を起草しているのが現状であると言われている。[399]

このように，いざという時，競争政策以外の判断（例えば産業政策や通商政策，政治政策等）のために発動できるように，この第七号は一種の安全措置条項として設けられ，かつ国務院に（競争政策を凌駕するおそれがある）大きな裁量権を与えることになるのではないかと考えられる。

2　立法過程から見た第15条第1項第七号の系譜とその変化

表5-6を見れば分かるように，2003年案以前の草案にはこの第七号と類似するような条文は，ほとんど設けていなかった。最初に草案に盛り込まれたのは，2003年案からであり，法第8条第2項第四号に「その他，競争を排除しもしくは制限するおそれがあるが，国民経済発展及び社会公共利益に有利となる行為。」と規定し，その前後の関連条文とあわせてみると，国務院の反独占主管機関は，第8条第2項に列挙された適用免除の対象以外のカルテルについても，「国民経済の発展」及び「社会公共利益」のためになると判断すれば，適用免除の許可を与えることが可能となっている。そして2004年案もその第11条第1項第五号に同趣旨規定を置いていた。その後，2005年案ではその第11条によって「国家利益の保護及び社会公共利益の要請に応えるために，国務院反独占主管機関はこの法律第八条の規定に違反し，かつ第九条の適用免除規定に該当しない独占的協定をも適用免除とすることが出来る。」と規定した。2006年案では一旦このような条文がなくなり，2007年案第15条第1項第七号という形で復活し，最終的に制定法で確定された。

特に2005年案の第11条は，ドイツ競争制限禁止法における「緊急カルテル」と類似していると指摘される。[400]というのは，ドイツ競争制限禁止法旧第8条（現

398　例えば，「立法法」第57条では，「国務院は行政法規の起草を組織する。国務院の関連部門は行政法規の制定が必要であると考える場合，国務院に起草立案の申請を行なわなければならない。」，同法第59条では，行政法規の起草に関する業務が終了した後，起草部門は，草案及びその説明，各方面からの草案に対する異なる意見及びその他の関連資料を国務院法制機構に提出して，審査を受けなければならない。」と規定している。

399　孫同鵬［2004］168頁。

400　松下［2005］884頁。

表 5-6　第15条第1項第七号の系譜と変化

	「主管機関カルテル」	「国務院等規定カルテル」
1999 年案	無し	無し
2000 年案	無し	無し
2001 年案	無し	無し
2002 年案	無し	無し
2003 年案	第8条第2項第四号「その他，競争を排除しもしくは制限するおそれがあるが，国民経済発展及び社会公共利益に有利となる行為。」	
2004 年案	第11条第1項第五号「その他，競争を排除しもしくは制限するおそれがあるが，国民経済発展及び社会公共利益に有利となるもの。」	
2005 年案	第11条に「国家利益の保護及び社会公共利益の要請に応えるために，国務院反独占主管機関はこの法律第八条の規定に違反し，かつ第九条の適用免除規定に該当しない独占的協定をも適用免除とすることが出来る。」	
2006 年案	無し	無し
2007 年案		第15条第1項第七号「法律及び国務院が規定するその他の場合」
制定法		第15条第1項第七号「法律及び国務院が規定するその他の場合」

在削除された）に規定されていたように，適用除外規定に該当しない場合であっても，経済全体及び公共利益についての重大事由から競争を制限することが必要な場合に，連邦経済大臣はそれに関する適用除外の申請に許可を与えることができる。この「緊急カルテル」は中国では「公共利益カルテル」や「部長カルテル」と呼ばれるようになっている。[401] 中国法の 2003 年案，2004 年案の関連条文はまさにこれと同じ趣旨で規定され，2005 年案においてより明確化されたものである。しかも，2005 年案にも，2003 年案・2004 案にも，ドイツ法に規定してあるような制限条件はなく，反独占主管機関は「国民経済発展及び社会公共利益」[402] あるいは「国家利益及び社会公共利益」という考量のみに基づき，適用免除を与

401　王暁曄［2007b］253頁。孔祥俊［2001］682頁。

えることができるという法的構造となっている。したがって，緊急事態に対するのみではなく，（理論上事前の「規定」作りも不要で）完全に国務院反独占主管機関の自由裁量によるカルテル適用免除であって，旧ドイツ法の「大臣カルテル」よりもっとハードルが低い中国版の「大臣カルテル」＝主管機関によるカルテル（以下，「主管機関カルテル」という）というべきであろう。

　前述のように，2006年案で主管機関カルテルは一旦その姿が消え，2007年案から（第15条第1項第七号）「法律及び国務院が規定するその他の場合」に改められ，最終的に制定法の条文もこのように決着した。すなわちその他の法律または国務院の「規定」による適用免除（いわゆる前述の「国務院等規定カルテル」である）となった。

3　検　　討

　表5-6における「主管機関カルテル」あるいは「国務院等規定カルテル」をめぐっては，三つのグループに分けられる。グループ1（1999年～2002年案及び2006年案）は，両方のいずれも取り入れていない。グループ2（2003年～2005年案）は，「主管機関カルテル」を取り入れた。それに対して，グループ3の2007年案及び制定法は，「国務院等規定カルテル」を取り入れた。これに対応したような形で，学説も，意見の対立がみられ，容認意見と消極意見との二つに分かれている。

(1)　消極意見

　（第15条第1項第七号のような）包括的な規定によって，適用免除規定に非経済的な基準が導入され，もともと広すぎる適用免除の範囲をさらに拡大してしまうことになり，競争を制限することは，根本的なところで国民経済の発展，社会公共利益の増大に有利になるはずはないという主張である。[403]

(2)　容認意見

① 　一般的な容認意見

　中国では，反壟断法を制定したばかりであり，カルテルの規制及び適用免除に関して一定の模索過程が必要であるため，国務院は経済の発展状況に応じて，新

402　すなわちドイツ競争制限禁止法旧第8条第1項と第2項の条文に書かれていたことであり，例外的で経済全体及び公共利益についての重大事由から競争を制限する必要がある場合と直接的な危険でその他の法律または経済政策上の方法はなく，かつ競争制限によりこの危険を解決できる場合のみという限定条件。

たな適用免除を機動的に規定することができるようにすべきと主張されている。[404]

また，経済状況と経済背景の変動によって，あらゆることを想定するのは困難であるため，このような時，「包括的な条項」が必要であるかもしれないという主張も見られる。[405]

他にも，（直接中国法に対してではないが，ドイツ法の旧第8条に関して）「ドイツ連邦経済部長が許可した公共利益カルテルは如何に少ないと言っても，このような法律規定は少なくとも大きな機動性があり，すなわち一つの分野において，競争制限的な手段を除けば，他の法律あるいは経済政策上では，この分野の大多数の企業を救うことができる方法は無い場合に，特殊な手続きを通じて競争制限行為に適用免除を与えることは最も適切な方法になるかもしれない」と述べて，[406]「緊急カルテル」のメリットを肯定している意見も見られる。

② 制限条件付きの容認意見

この考えは，列挙された適用免除対象以外のカルテルに関する「包括的な適用免除」の規定（2004年案第11条第1項第五号）が必要であると肯定したうえ，その承認要件について「国民経済発展及び社会公共利益」以外に，消費者利益の保護に関する要件を付け加えるべきであると主張している。[407]

このように，草案の変化を見ても以上の意見の違いを反映するようになっている。1999年案から2002年案には，「主管機関カルテル」あるいはそれに準ずるような規定はほとんど無かったが，2003年案から入れられ，2004年案，2005年を経て，2006年案においてまた一旦削除された。

2007年案及び制定法の内容となった「国務院等規定カルテル」は2005年案等

---

403 呉振国［2007］239頁。また，これ以外に，外国有識者からも，この第七号はカルテルに対する規制を弱め，しかも，競争政策に関係ないその他の目的に利用されてしまう可能性があるという懸念意見が表明されている。Natalie HSIAO/Torben TOFT「対中国価格協会関于固定価格及其他競争政策等問題的回復」「中欧反価格壟断研討会 EU-China Workshop on Anti-Price Monopoly in China 2008年9月22日」(Workshop Documentation) 23（総45）頁，英語版25頁。http://www.euchinawto.org/index.php?option=com_docman&task=doc_download&gid=473
404 王暁曄［2008b］（呉玉嶺執筆部分）125頁。
405 時建中編［2008］183頁。
406 王暁曄［2004a］38頁。
407 王先林［2005］192頁。

の「主管機関カルテル」の延長であると考えられるが，性格的には大きく変わったと言うべきであろう。なぜなら，前述の国務院の「規定」とは，いまだ解釈上の懸念が少し残っているかもしれないが，少なくとも「国務院等規定カルテル」の場合は，「行政法規」を事前に制定しなければならない。そのために，委任立法の権限を発動する手続きあるいは類似する手続きを踏まなければならないからである。それに基づく「国務院等規定カルテル」型の適用免除は，「主管機関カルテル」型の適用除外と性格が異なり，法執行行政機関の裁量権や発動権の範囲が大幅に縮小，制限されたというべきであろう。

この結果は，消極意見と許容意見の相互妥協の形で，制定法の「国務院等規定カルテル」になったが，前述のように「規定」の制定に関する現状を見れば，反壟断法執行機関は，まだ一定の関連権限または影響力（例えば，「行政法規」の起草，制定を促すことや，及びその草案に自分たちの狙いを織り込むなど）を有していると思われる。これらのことは推測の域を出ておらず，実際にどうなるのかについて，「規定」の起草や適用免除の要件規定を見てから，判断するしかないであろう。

消極意見論者及び一部の国外の学者が指摘した通り，「国務院等規定カルテル」規定を設けることは，競争政策以外の政策，特に産業政策等のための制度設計である。その背後には，現段階の中国において，立法当局，関連する行政官庁，一部の学者たちの間に，市場機構，競争政策への不信感と産業政策に対する期待感が潜んでいるというべきではないかと思われる。

第4節　適用免除の要件

1　適用免除の3要件

反壟断法第15条に基づくと，第13条及び第14条の適用免除を受けるには，以下の要件を満たさなければならない。

① 第15条第1項の第一号〜第七号に該当
② 当該協定の締結が関連市場における競争を著しく（中国原文：厳重に）制限することはなく
③ それ（筆者注：協定）によって生ずる利益を消費者に受けさせることができる。

ここにはまた二つの異なる場合がある。すなわち，

第一　第15条第1項の第一号～第五号に該当する場合，当該事業者には上記の①②③を満たしていることをすべて立証する責任がある。

第二　第15条第1項の第六号または第七号に該当する場合，当該事業者は上記の①のみ証明すれば足りる。

2　EU法との比較

すでに述べたように，中国法の独占的協定に関する規制の構造はEU法をモデルにしている。EU競争法第101条第1項でカルテルを禁止し，その第3項において適用免除の可能性を見るという構造と同じように，中国法では第13条と第14条でカルテルを禁止し，第15条に適用免除の規定を用意してある。

EU法第101条第3項による適用免除を受けるには，次の四つの要件を満たさなければならない[408]。①商品の生産もしくは販売の改善に寄与し，または，技術もしくは経済の進歩に貢献すること，②その結果生じる利益が消費者に公正に還元されること，③その目的を達成するために必要不可欠でない制限を関係事業者に課さないこと，④当該商品の実質的部分について競争を排除する可能性を与えるものでないこと。

具体的な解釈上の差異はともかくとして，EU法の4要件に対して，中国法では3要件となっており，特にEU法の③の必要不可欠でない制限を関係事業者に課さないことという要件は中国法では必要とされないため，制限の手段や性格を見ないでいいのだろうかと懸念されている[409]。

3　要件の変遷及び検討

表5-7で分かるように，適用免除の要件は，1999年～2001年案までは（①～④）比較的に厳格な要件であったが，2002年から2004年案にかけて，要件が急激に緩和され，「国民経済全般の発展及び社会公共利益に有利……」という要件のみ（もちろん列挙類型に該当しなければならない）で適用免除の対象となる。そのうち2003年案については，免除要件が一切なく，適用免除列挙類型の対象範囲内（しかも第8条第2項第四号に「主管機関カルテル」もあり）であれば，適用免除と

408　村上政博［2001］60頁。
409　許光耀［2010］80頁。

表 5-7　各草案における適用免除の要件

1999 年案	① 経済全般の発展及び社会公共利益に有利 ② 実質的な競争を阻害しない ③ 市場支配的な地位を形成・強化しない ④ 価格を維持・固定しない
2000 年案	1999 年案と同じ
2001 年案	1999 年案と同じ
2002 年案	⑤ 国民経済全般の発展及び社会公共利益に有利 　筆者注：適用免除の範囲が狭く限定＋「主管機関カルテル」なし
2003 年案	要件なし（列挙類型に当たれば適用免除） 　筆者注：「主管機関カルテル」にかかわる規定（すなわち第 8 条第 2 項第四号）において「国民経済の発展及び社会公共利益に有利となる」の要件が置かれている。
2004 年案	① 国民経済全般の発展及び社会公共利益に有利
2005 年案	① 消費者への利益還元 ② 目的の達成に協定が必要不可欠 ③ 競争を完全に排除することはない
2006 年案	① 関連市場における競争を著しく制限することなく ② 消費者への利益還元
2007 年案	① 関連市場における競争を著しく制限することなく ② 消費者への利益還元
制定法	① 関連市場における競争を著しく制限することなく ② 消費者への利益還元

（注）（制定法第 15 条第 1 項第一号～第七号のような）類型の列挙を除く。

なるため，ハードルが極めて低くなった。これは，明らかに産業政策などに対する配慮によっての大後退であると思われる。

その後，2005 年案の要件は，2002 年～2004 年案の要件と比べると一気に厳格化され，（適用免除の対象範囲を除けば）EU 法なみの要件となり，競争政策支持意見が巻き返したようにも見える。2006 年案から「協定がこれらの目的を達成するために必要不可欠なもの」という文言が削除され，2007 年案，制定法もこれを踏襲して，決定された。

このように，1999 年～2001 年案のような要件に比べて，2002 年～2004 年案の要件は，大幅に後退し，その後 2005 年案で再び厳格化された。その折衷または妥協として，2006 年案から「協定がこれらの目的を達成するために必要不可欠なもの」が削除された（なぜ，「必要不可欠」という要件が削除されたのか，その削除

によって，適用免除にどのような影響が生じるのかなどについて）。この「必要不可欠」の要件が削除された理由を明確に示した文献は，現段階では見当たらない。この「必要不可欠」の要件が前述したEU競争法第101条第3項の適用免除4要件の③に相当しており，同4要件の①と③はアメリカ法の「付随的制限理論」に通じると指摘されている。そこで，この「必要不可欠」要件の削除は，カルテル行為の当事者の立証ハードルを大きく下げたのみならず，適用免除に関する規制当局の自由裁量の範囲をも一層拡大させる結果になった。

第5節　事前規制と事後規制

競争法において，一般的にカルテルの適用除外や適用免除を与えるには，2種類の方法があった。

① 事前規制。すなわち，カルテルの適用免除を受けるために，カルテル形成の時に規制機関に許認可や届出等一定の手続を行なわなければならない。例えば，1999年改正前に日本独禁法の第24条の3に基づいて「不況カルテル」の適用除外を受けるには，事前に公取委に申請し，認可を受けなければならない。また2004年以前，EU競争法の旧適用免除制度も事前規制型であった。

② 事後規制。カルテルの適用免除を受けるには，事前に手続をとる必要は無い。規制機関は，具体的な個々の事例において，法に基づいて適用免除の有無を判断する。例えば，現在のEU競争法の適用免除制度はそうである。

1　事前規制か事後規制かに関する学説

1　事前規制説

市場経済体制が未成熟な段階にある中国にとって，規範的な市場経済秩序の早期形成のために（カルテル適用免除に関して）事前規制をとるべきという意見があ

410　滝川［2006］60頁。
411　すなわち，制定法のもとでは，事業者は，当該協定が，① 第15条第1項の対象範囲内であり，② 関連市場の競争を著しく制限することはなく，③ 消費者への還元，を立証すれば足り，行為の必要性や合理性について立証しなくていいことになると考えられる。

る。[412]

「……中国の現実的な状況を考慮すれば，反壟断法執行の早期段階において，事前の申告制度を設け」るべきである。その理由として，① 問題を早期に発見することにより，企業に対して自ら改めることを要求することができ，実際の競争制限効果を避けることができる。② 国内の企業はまだ反壟断法に対する理解が希薄で，自分の行為について（反壟断法に関連する）判断する能力が不十分であるため，事前規制によって，このようなリスクを軽減させることができる。③ 競争法理念の普及などにも有益であり，このような過程を通じて，企業の市場行動を導いて，反壟断法の実施にもたいへん意義のあることであると主張される。[413]

2 事後規制説

事前規制説に対して，「……（事前規制には）合理的な一面がある。但し，その審査コスト及び実際効果を考慮すると，カルテル協議については事前の合法性審査制をとるべきではなく，事後規制をとるべきである。」という見解である。[414]

3 事前事後組み合わせ説

この説は，カルテルの類別に応じて，事前規制と事後規制の制度を設計するべきであるという見解である。

例えば，ドイツ法を参照して，市場競争に対する影響が比較的に小さいカルテル（例えば中小企業カルテル，標準化カルテル）については，企業の判断による自主申告をとり，それに対し，競争に対する影響が大きいカルテル（例えば，不況カルテル）に対し，事前の強制的な申告制度を設けるべきであるという意見がある。[415]

また，カルテルは競争に対する影響の違いがあるため，異なった適用免除制度（事後規制が主，事前規制が従）を設けるべきという考えのもと，① 不況カルテル・輸出入カルテルが競争メカニズムに対する侵害が顕著であるため，事前の審査による適用免除制度をとるべきである。そのメリットとして，カルテルの締結，

---

412 「申告確認制度（筆者注：事前規制）か直接適用制度（筆者注：事後規制）かについては……わが国の社会主義市場経済がまだ初級段階にあり，審査確認制度のほうが望ましく，規範的な市場経済秩序の早期形成に有利であり，但しその低効率と高コストのデメリットを避けるための措置をとる必要がある」徐士英＝郑丙贵「欧盟競争法的新発展及対我国的啓示」法学［2004］118頁。

413 許光耀［2006b］489頁。

414 王先林［2005］195頁。

415 游珏［2006］282頁。

実施の全過程を監視することが可能であり、さまざまな制限条件を付加することもできるため、産業政策と調整しながら市場競争への侵害を抑えることができる。

② 一方、合理化カルテル、規格カルテルのような競争への影響が比較的に小さいカルテルに対し、事後審査制度をとることができる。それによって規制機関の負担を軽減することができると同時に、企業側の経済的なコストが低減され、市場競争に対する影響をも抑えることができる。[416]

2　立法過程から見た事前規制と事後規制及びそれに関連する検討

表5-8から、適用免除には、事前規制（1999年～2002年案、2004年案）、事後規制（制定法、2005年～2007年案）、事前事後選択可能方式（2003年案、以下、二本立て方式という）という三つのタイプがあり、上述の各学説にほぼ対応していることが分かる。

そして、最終的に、中国立法当局がなぜ上記三つのタイプの中から事後規制を選んだのかについて、その原因または理由として、概ね、世界的な流れ、行政及び企業コスト、産業政策の実施への配慮などがあると指摘されている。

①　世界的な流れについて（世界の共通認識）

現在世界において、競争法を有する国（または地域）は、カルテルの適用免除について、多くの場合、事後規制をとり、またはその方向に移りつつある。中国は、世界的な流れを見て、アメリカ法のような事後規制方式を取り入れたと言われている。[417]

②　行政及び企業のコストの節約

事後規制をとる場合、執行機関の行政資源及び企業のコストを節約できるかもしれない。[418] また、執行機関の事前審査などの行政資源を節約して、カルテルの摘発に力を集中することができるメリットもある。

③　産業政策の実施への配慮

事前規制をとれば、反独占執行機関の負担を重くさせる以外にも、経済的なコストの増加によって企業間の必要な協力を萎縮させ、さらに産業政策の実施も妨げるおそれがあると思われている。[419]

416　劉桂清［2010b］150頁。
417　王暁曄［2010］130頁。
418　王暁曄［2010］130頁。劉桂清［2010b］148頁。

表 5-8　各草案と適用免除の三つのタイプ

草案	事前規制 or 事後規制 or その他	申請手続きの有無
1999年案	事前規制	有
2001年案	事前規制	有
2002年案	事前規制	有
2003年案	適用免除となるか否かを判断しにくい場合，事前に申請してもよいという二本立て方式	有
2004年案	事前規制	有
2005年案	事後規制	無
2006年案	事後規制	無
2007年案	事後規制	無
制定法	事後規制	無

④　複数の執行機関による調節困難

　筆者の推測によれば，以上の三つの理由以外に，執行機関の複数性も原因の一つとして考え得るのではないかと思われる。すなわち，反壟断法立法の後期では，第7章で紹介するように，反壟断法の執行権限をめぐって，複数の部門間における縄張り争いが次第に激しくなった。単独または統一の執行機関となる可能性が低くなり，複数執行機関の可能性が高い状況の下で，適用免除の事前規制の制度設計は非常に難しくなったため，事後規制にして，このような難題を避けることも可能となった。[420]

　以上のように，事後規制の導入に関する四つの理由を挙げた。まず，世界的な流れについて，確かにある程度で一定の影響力があると思われる。特に，事後規制への移行という2004年のEU法の改正は中国法にも大きな影響を与えたのであろう。但し，既述したように，先進的または世界的な潮流だからといって，中国が自国の状況を考慮せず，必ずそのまま制度を導入しなければならない理由はそれほど説得的ではないと思われる（実際に多くの国・地域は初期において，事前規

419　劉桂清［2010b］148頁。
420　例えば，現行の体制の下で，ある価格と非価格要素両方にかかわるカルテルの適用免除を申請する場合，（工商総局と発展委という）複数機関に同時に申請（または申請窓口の統一？）しなければならない。また，執行機関によって異なる判断がでる可能性が否定できず，その調整が非常に困難になる場面も想定できる。

制方式をとっていた)。

　行政及び企業のコスト節約について，確かに施行上の効率性などの面から考えれば事後規制をとるべきと考えられるかもしれないが，前述の事前規制説が主張した事前規制方式のメリットを考慮し，さらに事前事後組み合わせ説が主張するような二本立て方式によって，この行政（及び企業）コストの問題は，一定程度，解決され得るのではないか。従って，コストの節約という理由に問題点が無いわけではないと思われる。

　そして，産業政策の実施への配慮についてであるが，事前規制方式と事後規制方式の選択によって，企業の必要な協力行為の萎縮並びに産業政策の実施に，それぞれどのような影響が生じるか，または，生じる影響が異なるのかについては，まだ不明確なところがあるかもしれない。しかし，2004年のEU法の改正理由では，事前規制方式は事業者に対し，多大な負担を課していると言及されたことがあるので，中国においても，事前規制方式は，同様に，カルテルを締結する企業にとって重い負担となるであろう[421]。中国の現段階では産業政策優先で，また，反独占執行機関自身も産業政策の実施を担っているため（例えば，発展改革委，第7章を参照），自縄自縛的なことを避け，（より行政的機関の裁量が効く）事後規制の方が，産業政策の実施に対する障害が少ないとして，導入されたと考えられる。このように，産業政策の実施に対する配慮を，事後規制方式が導入される理由の一つとして考えるのは，説得力があると思われる。

　複数の執行機関による調節の困難さについては，後述第7章で分析するように，中国反独占執行機関が複数で分散的な執行方式になること自体は，競争政策の後退として捉え得るため，それに合わせて，取り入れた事後規制方式は，競争政策促進的な観点から取り入れたとは到底思えないであろう。

　このように，事後規制方式の導入理由の中で，理由の①と②は競争政策促進（ないし効率促進）の視点から，理由の③と④は産業政策優先の考え方に基づいているように見え，出発点が異なるが，この事後規制方式の導入について，産業政策優先論と競争政策優先論の結論が一致していると思われがちである。しかし，よく考えてみるとそうではなく，ここではやはり産業政策優先論の主導（または優位）であったと考えるべきである。その理由として，もし競争政策優先論の意

421　朝田［2002］142頁。

見が主導的であるなら，もともと第一の選択肢として，（競争政策優先論により近いではないかと思われる）事前規制説の主張する事前規制方式を導入するはずであった。産業政策優先論が強くて，どうしても譲歩しなければならない場合には，事前事後組み合わせ説を主張する方式もあり，この事前事後組み合わせの方式を取り入れ，妥協するという第二の選択肢もある。事後規制は競争政策優先論にとって最下位の第三の選択肢であったはずであった。産業政策優先論の主張は徐々に主導的地位を占め，競争政策優先論の意見が譲歩しつつあった（但し，この譲歩は容認範囲内であって，または，EU競争法の改正の影響もあったと思われるかもしれない）。表5-8の立法過程の変化を見れば分かるように，概ね第一の選択肢（事前規制）→第二の選択肢（事前事後組み合わせ）→第三の選択肢（事後規制）というような推移は，まさにこの譲歩を反映しているのではないかと思われる。

第6節 小　括

　各節ごとにおいて，すでに，まとめや検討などを行なったため，ここでは，本章全体の主な内容について概括してみる。
　適用免除制度は競争政策の他の政策，特に産業政策への譲歩を反映している。カルテル規制の鏡と思われる適用免除制度に対する考察を通じ，カルテル規制の基本理念・原則，実際の執行への影響などを分析した。本章の第1節において，統制経済から市場経済への移行という過程に関して，日本と中国はやや類似する点があるため，日本の経験から中国にとって参考になる示唆を指摘した。
　第2節では，適用免除（除外）の立法スタイルに関する適用除外と適用免除の意見対立について，検討した。競争政策重視の適用免除重視説は，立法過程において，主導的な地位を占め，自然独占・公益事業に関する適用除外の条文を削除させるなどによって，産業政策重視の適用除外説を抑えて，一部譲歩も見られたが，適用除外の範囲を狭く限定すること（知的財産に関する適用除外と農業に関する適用除外）に成功した。
　第3節では，国際共通認識から外れた規定であると指摘されている不況カルテル，輸出（入）カルテル，（法律及び）国務院規定カルテルに絞って，考察した。そして，第4節では，適用免除の要件を，第5節では，事前規制と事後規制をそ

れぞれ検討した。これらのカルテル適用免除の具体的な内容に関する規定作りでは，前述の適用除外と適用免除の意見対立における競争政策の優位とは反対に，産業政策重視の意見が優位に立ち，立法に大きな影響を与えた。このことは，正に，第2章において，「……③の『東アジア型モデル』と④の『アングロ・サクソン型モデル』という二つの観点の関係は微妙である。両者は，政府による市場への介入に対する意見が異なるが，経済改革が始まって以来，時には相互協調的で，時には対立するという関係にあり，総じて，理念方向，理論的な面では，④の観点が優位であるが，実際の政策内容や実行において，③の観点が優位であると言われている……」と述べたような経済学上の観点の状況と一致するのではないかと思われる。

第 **6** 章　当然違法の原則と合理の原則

　現在，カルテルの規制を検討する際にしばしば出てくるのは，「当然違法の原則」と「合理の原則」である。

　この二つの言葉はともに判例法国＝アメリカで生まれた。シャーマン法第1条を文字通り厳格に解釈すれば，ほとんどの企業間の契約や協調行為が違法になってしまうため，1911年のスタンダード・オイル事件において，アメリカ最高裁は，シャーマン法第1条が「不合理な取引制限」のみを禁止しているとして，いわゆる「合理の原則」を宣言した[422]。「合理の原則」の適用を受ける行為類型の反競争効果の有無については，その行為が行なわれる市場との関係で具体的個別的に立証して初めて違法とされ，この反競争効果の立証責任は原告側ないし訴追側にある[423]。ところが，「合理の原則」は，判断基準が曖昧で，多くの要素を検討する必要があるため，裁判が長期間になってしまい，また企業側にとっても，どの行為が違法とされるのかは不明確であるなどの欠点がある[424]。

　そこで，「当然違法の原則」が登場した。すなわち，「合理の原則」のもとで，「ある類型の行為がほとんど常に競争制限効果を有し，『それを補って余りある価値（a redeeming virtue）』を認めることができない場合には，その行為類型に該当する行為は『不当とみなされ（conclusively presumed to be unreasonable）』，競争制限効果を厳密に調べることなく違法とされるようになった。当然違法のレッテルを貼られた行為類型の事件においては，原告は被告の行為が当該行為類型に該

　422　金井［1996］8頁。田村次朗［1990］541頁。
　423　松下［1990］17頁。
　424　滝川［2006］45頁。

当することを示せば足り、被告は、自己の行為が『正当あるいは合理的である（reasonable）』と反論することは認められない。[425]」、「当然違法の原則」のもとでは、原告ないし訴追側は「当然違法の原則」に該当する行為の存在を立証すれば足り、行為の反競争効果について立証する必要は無い。このように、アメリカでは、「当然違法の原則」と「合理の原則」を使い分けることにより、有益な協調を許容すると共に、悪性の強いカルテルを厳しく規制するような形になった。また、日本、EUなど多くの国や地域はこの影響を受け、カルテル規制において類似した評価・立証手法を導入し、特に、価格カルテル・数量カルテル・市場分割カルテルのような競争制限だけを目的とする明白なカルテルについて、「当然違法の原則」として、厳しく規制するのは、国際的に共通していると言われている。[426]「当然違法の原則」と「合理の原則」に対する理解、それぞれの適用範囲及び対象、執行段階における応用方法などに、一定程度にその国における競争政策の性格や態度が反映されてくると思われる。

そこで、本章では、中国反壟断法の独占的協定における「当然違法の原則」と「合理の原則」をめぐって、他の国の関連制度と比較しながら、その規制の具体的内容、傾向、特徴及び性格などを分析したい。

第1節　「合理の原則」と「当然違法の原則」の概要

1　日本法・EU法における「合理の原則」と「当然違法の原則」

1　日本原始独禁法制定当時のカルテルに関する規定

1947年に制定された日本の原始独禁法において、カルテルに関する主な規定は第2条第4項、旧第4条などがある。

（第2条第4項）　不当な取引制限

「この法律において不当な取引制限とは、事業者が、契約、協定その他何らの名義を以てするかを問わず、他の事業者と共同して相互にその事業活動を拘束しまたは遂行することにより、公共の利益に反して、一定の取引分野における競争を実質的に制限することをいう。」

425　金井［1996］8頁。
426　滝川［2006］90頁。金井＝川濱＝泉水編［2010］（宮井雅明執筆部分）63-64頁。

(旧第4条) 共同行為の禁止

「事業者は，共同して左の各号の一に該当する行為をしてはならない。

1　対価を決定し，維持し，または引き上げること
2　生産数量または販売数量を制限すること
3　技術，製品，販路または顧客を制限すること
4　設備の新設若しくは拡張または新技術若しくは新生産方式の採用を制限すること

② 前項の規定は，一定の取引分野における競争に対する当該共同行為の影響が問題とする程度に至らないものである場合には，これを適用しない。」

この旧第4条について「これは米国において『取引制限』に関する判例法で確立された『それ自体違法』の原則を法文化したものといえる。」[427]や，アメリカの当然違法の判例法理から来ていると言われているように[428]，日本原始独禁法において，カルテルの規制に関し，条文上「当然違法の原則」と「合理の原則」を区別しており[429]，すなわち旧第4条に規定されていた価格カルテル，数量カルテル，市場分割カルテル，新設備及び技術等のカルテルは「当然違法の原則」で，それ以外のカルテルは第2条第4項に基づいて「合理の原則」で規制する。しかし，独禁法が制定されて間もなく，この旧第4条はあまりにも厳しすぎると批判され，1953年改正で削除されてしまった。「……四条の規定が，……削除の結果，改正法によれば，実質的に独占段階に到達しない限り（すなわち，……不当な取引制限に該当するに至らない限り），法を適用できなくなった。……」[430]と強く批判され，条文上で「当然違法の原則」とそのほかを区別する手掛かりが失われた[431]。このように，現在の日本法の条文「一定の取引分野における競争を実質的に制限する」のままであると，カルテル事案において，個々の行為に関し，市場を画定し，競争への影響を分析・立証しなければならないとなってしまう。

そこで，学説上においては，解釈論的な方法によって欧米競争法と同等の規制が行なわれるという意見が見られる[432]。また，「……実際の運用においては，競争

427　独禁三十年史［1977］37頁。
428　今村［1986］16頁。
429　泉水［2002］101頁。
430　今村［1986］20頁。
431　金井＝川濱＝泉水編［2010］（宮井雅明執筆部分）65頁。
432　稗貫［2006］198-199頁。渡辺昭成［2000］331頁以下。

の実質的制限の有無は，主に市場占有率で判断されている。……他の要素を考慮せずに実質的制限の認定を行なう場合がほとんどであった。……現実は『市場占有率に言及する米国の当然違法の取扱い方とそう大きく異ならない』……」と考える意見もあり，日本においては（「当然違法の原則」に当たる）行為の存在そのものから競争の実質的な制限が事実上推定されていると考えられる[434]。さらに，公取委が1991年に制定した「流通・取引慣行に関する独占禁止法上の指針」においても，価格カルテル，供給量制限カルテル，購入数量カルテル，入札談合，共同ボイコットなどの悪性の強い共同行為を（「当然違法の原則」に近い）原則違法とすることを明確にしている。

以上のように，日本法において，「当然違法の原則」と「合理の原則」の法条文上の明白な区別が欠けるとしても，実際の執行運用において，解釈や審判決による知見の積み重ねを通じて一定程度区別して運用することができていると思われるが，但し，問題点も存在する。

指摘されている問題点として，例えば，日本法第2条第6項について，市場支配力の認定が必要である。これまで，アメリカでは問題なく当然違法の単純な価格カルテルであっても，違反企業の市場シェアが高いことを認定しているので，少なくとも市場画定と市場シェアの算出などが不可欠であるため，ハードコア・カルテル規制の効率性が妨げられるほか，日本の裁判所は条文を硬直的に解釈しがちであり，関西国際空港新聞販売事件判決のように，公取委の「原則違法」基準を否定してしまい，規制制度を不安定なものにしていると指摘される[436]。他に，「……入札談合の個別調整行為への独禁法の適用の可否特に刑事罰が用意されている行為に対する独禁法の適用においては複雑な法律問題が現れる」ことや，現在の法条文規定の下で「当然違法の原則」と「合理の原則」の解釈のトレードオフが生じるなどの無理があると言われている[437][438]。

そこで，以上のような問題の解決を図るために，日本では，法改正したほうが望ましいという提案が出されている[439]。

---

433 田村次朗［2002］309頁。
434 金井＝川濱＝泉水編［2010］（宮井雅明執筆部分）65頁。
435 大阪高裁平成17年7月5日判決（審決集52巻856頁）。
436 滝川［2006］75頁，91頁。

2 EU法における「合理の原則」と「当然違法の原則」の概要

EU法第101条第1項に，競争制限の「目的あるいは効果」を有する共同行為を禁止すると規定しており，それに基づき，競争制限の「目的」であると外形的（あるいは性格上）に判断できる行為であれば，具体的な市場効果を検討する必要がなく，「ハードコア制限」として違法とされるが，競争制限の「目的」が外形上は明確でない場合，競争制限の「効果」を分析・検討しなければならないとなっている。(条文上の文言のみ見ると) 理論上，競争制限の「目的」があり，第1項に該当するとされた共同行為であっても，第3項の適用免除要件について主張・立証できれば，適用免除を受けることができるが（または適用免除を与えることができる），EUにおける実際の運用からみれば，価格カルテル，市場分割カルテル，共同ボイコットなどの「ハードコア制限」は，ほとんど認められておらず，この「目的」規定はアメリカ反トラスト法の「当然違法の原則」に相当すると言われている。

2 「当然違法の原則」と「合理の原則」を区別するメリット及び要点の整理

1 「当然違法の原則」と「合理の原則」を区別するメリット

「当然違法の原則」と「合理の原則」を区別する主な実益とは，競争制限効果の立証責任の分配，有益な協調を許容するとともに，悪性の強いカルテルを簡単に禁止できるということにある。

---

437 （リサイクルの例：家電リサイクルの場合に個々の会社による回収より，一社のみで設立した方が効率的である），「……共同行為によって市場支配力が形成されるといったんなると，その共同行為が安全や環境等の社会公共的目的を理由とするものであってそれを許容しようとしても，許容する法的根拠を見つけることが難しいことが挙げられる。後者の問題は，米国では合理の原則の枠組みの中で正当化行為（競争促進効果ないし効率性の達成に限定）との，ECでは81条3項の4つの適用除外の中において，競争以外の法益と競争制限効果との競争政策の中で及び競争政策との他の政策との慎重な比較の中において，バランスをとった考慮が行われている。日本においても，この問題に対しては，様々な解釈上のテクニックを使って解決する試みがなされているが，他方でこのような試みにより競争以外の法益と競争制限とのトレードオフを正面から認めてしまうと，米国・EC法において厳格になされているような，トレードオフできる場合およびその外延をいかにして確定するかという困難な問題に直面する。……」泉水［2002］102頁。
438 泉水［2002］102頁。
439 滝川［2006］75頁，91頁。泉水［2002］102頁。

「当然違法の原則は，違法性の基準を形式化し明確化することによって，法の安定と実効の確保を期するのに対し，条理の原則は，流動的かつ複雑な多様な経済実態に適応した弾力的な規制を行なうことを志向……」や，「……共謀の事実が立証もしくは，リニエンシーにより申告されることによって，シャーマン法1条違反にすることができるこの当然違法の原則は，訴追側からすれば非常に簡便

---

440 Article 101
   1. The following shall be prohibited as incompatible with the internal market: all agreements between undertakings, decisions by associations of undertakings and concerted practices which may affect trade between Member States and which have as their object or effect the prevention, restriction or distortion of competition within the internal market, and in particular those which:
     (a) directly or indirectly fix purchase or selling prices or any other trading conditions;
     (b) limit or control production, markets, technical development, or investment;
     (c) share markets or sources of supply;
     (d) apply dissimilar conditions to equivalent transactions with other trading parties, thereby placing them at a competitive disadvantage;
     (e) make the conclusion of contracts subject to acceptance by the other parties of supplementary obligations which, by their nature or according to commercial usage, have no connection with the subject of such contracts.
   2. Any agreements or decisions prohibited pursuant to this Article shall be automatically void.
   3. The provisions of paragraph 1 may, however, be declared inapplicable in the case of:
   — any agreement or category of agreements between undertakings,
   any decision or category of decisions by associations of undertakings,
   — any concerted practice or category of concerted practices,
   which contributes to improving the production or distribution of goods or to promoting technical or economic progress, while allowing consumers a fair share of the resulting benefit, and which does not:
     (a) impose on the undertakings concerned restrictions which are not indispensable to the attainment of these objectives;
     (b) afford such undertakings the possibility of eliminating competition in respect of a substantial part of the products in question.
441　滝川［2006］58 頁。正田［1996b］37 頁。
442　滝川［2006］58 頁，63 頁。
443　正田［1996a］246 頁。
444　滝川［2006］91 頁。
445　江上［1979］3 頁。

である……⁴⁴⁶」と言われているように，「当然違法の原則」と「合理の原則」を区別することによって，（訴追側や原告側の）立証負担の軽減によって規制の効率性及び法的抑止効果が高められ，また，違法基準及び予測の可能性を明確化する（そのほか訴訟の長期化，高額化を防止）などのメリットがあると考えられる。

2　要点の整理

　以上のような日米欧のカルテル規制における「当然違法の原則」と「合理の原則」の概要について大体の分析を経て，次のように要点をまとめることができよう。

①　「当然違法の原則」と「合理の原則」とは，条文上明記されたルールや規則ではなく，法解釈や判例法などによって形成されたある意味での経験則[447]，規制手法，立証責任の分配などのことを意味している。

　例えば，アメリカのシャーマン法第 1 条では「数州間または外国との取引または商業を制限するすべての契約，トラストその他の形態による結合または共謀は，これを違法とする。……[448]」。この条文自体から，「合理の原則」と「当然違法の原則」は区別されているとは言えず，アメリカにおいて積み重ねる判決によって形成・発展してきた。

　同様に，EU 法も前述のように，競争制限の「目的」があり，第 1 項に該当するとされた共同行為であっても，第 3 項の適用免除が受けられるが，実際の運用において，ハードコア・カルテルに対し，ほとんど適用免除を認めていないため，「当然違法」のルールが形成されてきた。

　また，日本法も旧第 4 条が削除されたが，実際の執行運用において事実上の推定によって一定程度での「当然違法の原則」に近い「原則違法」の適用が見られる。

446　隅田［2009］129 頁。
447　田村次朗［1989］260 頁。
448　Section 1. Every contract, combination in the form of trust or otherwise, or conspiracy, in restraint of trade or commerce among the several States, or with foreign nations, is declared to be illegal. Every person who shall make any contract or engage in any combination or conspiracy hereby declared to be illegal shall be deemed guilty of a felony, and, on conviction thereof, shall be punished by fine not exceeding $10,000,000 if a corporation, or, if any other person, $350,000, or by imprisonment not exceeding three years, or by both said punishments, in the discretion of the court. 訳文は，松下［1990］8 頁による。

②　条文の分析から実際の執行において「当然違法の原則」と「合理の原則」を区別する可能性あるいは問題点については一定程度で判断可能である。

　条文の分析について，「当然違法の原則」と「合理の原則」を区別する重要な指標としては，立証責任の分配，及びその立証責任がどの程度要求されるか，また，立証に必要とされる要件などが挙げられよう。

　日本，中国のような大陸法系の国では，裁判所は事件の判断において条文解釈を重視しがちな傾向があるので（日本の例としては関西国際空港新聞販売事件，中国の例としては第1章で述べた水道公司事件をそれぞれ挙げることができよう），法運用過程において，「当然違法の原則」と「合理の原則」の区別に支障となることを防ぐために，予め条文における制度設計は重要である。この問題に関して，先進国の関連する研究から経験及び知恵を吸収することが大切であると思われる。

　③　「当然違法の原則」は裁判所の裁判を行なう上での便利な道具と化していたことがあるというアメリカの歴史教訓から学び，行政機関の便利な道具と化することを警戒すべきである。[449]

　規制機関としてなるべく自分の負担を減らす動機が必ず存在するため，硬直的な「当然違法の原則」の運用は正常な競争に大きな萎縮効果をもたらす恐れがあり，警戒されなければならない。

第2節　中国のカルテル規制における「合理の原則」と「当然違法の原則」

　前節において，「当然違法の原則」と「合理の原則」とは，条文上明記されたルールや規則というわけではなく，法解釈や判例法などによって形成されてきたある意味での経験則，規制手法，立証責任の分配などである，それに対する理解，適用範囲及び対象，執行段階における応用方法などから，一定程度にその国の競争政策の性格や傾向が見えると述べた。

　中国のカルテル規制における「合理の原則」と「当然違法の原則」を考察するには，実際の審判例等を多く検討した方が望ましいが，現在中国では（反壟断法の適用に）関連する実際の事例が非常に少ない。そこで，本章では，事例中心の

449　田村次朗［1990］553頁。

検討ではなく，既述のように，条文の分析を通じても，実際の執行における「当然違法の原則」と「合理の原則」を区別する可能性あるいは問題点について，一定程度，判断可能であると考え，それに加えて，学説に関する検討，数少ない初期事例に対する分析等によって，中国のカルテル規制における「合理の原則」と「当然違法の原則」について，概観したい。

1　学説の分析

1　「当然違法の原則」不要説

この説は，「合理の原則」を基本の原則とし，「当然違法の原則」を排除し，あるいは希薄化させるという見解である。

(1)　第 一 説

中国は，「当然違法の原則」を重視する厳格な反壟断法ではなく，「合理の原則」を基本的な原則とする温和型な反壟断法を制定すべきであるという意見である[450]。その理由について，他の国と違って，中国は市場経済への移行期にあり，まだ発展途上であるため，柔軟性のある反独占政策が望ましく，また中国企業の規模効率性や国際競争力を増強させるために，産業政策と競争政策との調節が必要であると主張している[451]。

(2)　第 二 説

「我が国はまだ市場経済体制の構築段階であり，市場制度が成熟しておらず，経済運営は市場経済の先進国と比べてまだ大きな差があるため，もし，完全に市場経済の一般的な形態に基づき，我が国の反壟断法を制定して，厳格な当然違法の原則を用いると，多くの不調和がもたらされ，我が国の経済発展及び総合的な国力の増強にも，我が国の法制の改善にも，不利である。」そこで，(「合理の原則」を基本原則とすべきで) 法の条文上，当然違法につながる明確な条文規定を設けるべきではないという主張である[452]。

(3)　その他の説（第三説）

現在「当然違法の原則」は「合理の原則」によって代替されつつあるため，中国の立法にはもはや「当然違法の原則」を取り入れるべきでは無いという考え方[453]

450　朱慈蘊［2003］30頁。
451　朱慈蘊［2003］34頁。
452　李鐘斌［2002］26頁。李鐘斌［2005］222頁。

である。新自由主義の立場にある観点であるこの説の論者に言わせれば，基本的に行政独占を除けば，反壟断法の出番は無い[454]という主張である。

2 「当然違法の原則」と「合理の原則」の取り入れに賛同する説＝「当然違法の原則」必要説

「当然違法の原則」必要説は，「当然違法の原則」と「合理の原則」の区別（条文上または法執行過程において）を取り入れるべきという主張である。その代表的な理由として，「現在，国内において，『合理の原則』を反独占の立法，司法及び執行の原則にすべきと主張する学者は多くいるが，……『合理の原則』……がたいへん不明確であるため，『当然違法』の原則を捨て，すべての反競争行為について，『合理の原則』を適用すれば，……貴重な執行資源を浪費するのみならず，我が国の反独占制度を形骸化させるおそれがあるため，……『当然違法』を用いて，『合理の原則』の適用範囲を狭めるべきである……」と述べており[455]，上記の「当然違法の原則」不要説によって，反壟断法カルテル禁止規定が骨抜きにされることを非常に警戒している。しかし，この「当然違法の原則」必要説にも，主として，独占的協定の条文規定において，「当然違法の原則」と「合理の原則」を条文上明確に区別すべきか否か（という立法スタイル）について，以下のように意見が分かれている。

(1) 第一意見＝区別する意見

この説の代表的な考え方として，「……（筆者注：2006 年案）第 10 条の規定によれば，……価格カルテル，数量カルテル及び市場分割カルテルなどの『ハードコア・カルテル』でさえ適用免除の対象になり得るのである……草案のような独占的協定の規制制度を制定すれば，我が国は独占的協定に対する規制が最も緩い国になるおそれがある……独占的協定規制の明確性はほとんどなくなり……そこで，……適用免除ができない独占的協定を明確にさせるべき……」と主張しているように[456]，立法論として，条文上「当然違法の原則」と「合理の原則」を明確に区別すべきで，「当然違法の原則」と考えられる行為類型に対して，（原則として適用免除を認めず）厳しく禁止しなければならないという意見である。

---

453 薛兆豊［2007］薛兆豊［2008］32-38 頁。
454 薛兆豊［2008］168 頁。
455 鄭鵬程［2005］第 10 期 126 頁。
456 時建中［2007b］36 頁。

また類似する意見として，カルテルの規制に関する制度設計について，先進国の経験（特にアメリカの判例法の分析方法）を参考にし，「当然違法の原則」と「合理の原則」にそれぞれ適用される類型を区別して規制を行なうべきと考える意見もあった。[457]

(2) 第二意見＝区別する必要性は無いとする意見

代表的な考え方として，中国では先進国の経験を取り入れて，（筆者注：条文上，）「当然違法の原則」と「合理の原則」を明確に区別する立法手法を取るべきであると主張する学者が多いが，各国において，条文上で「当然違法の原則」と「合理の原則」を明確に区別する国はほとんど無いと述べ，[458]カルテルの規制方法について，アメリカ型の「当然違法」のルールが硬直的すぎるため，（法条文上，「当然違法の原則」と「合理の原則」を明確に区別する必要はなく）EU型を採用すべきと主張している。その理由について，（EU型では）「すべての協定について，……四つの適用免除の要件で審査し，その結果からみれば，この方法はアメリカ型と大差がなく，アメリカ法で当然違法に該当する独占的協定は適用免除の要件を満たす可能性はほとんど無い。しかも，このような方法は，当然違法のルールに比べて，より例外的な状況にうまく対応することが可能であり，かつ反壟断法体系の統一性にも有利である。」[459]という意見である。

3 検　討

(1) 「当然違法の原則」不要説について

この説の主要意見（第一，二説）は，概ね，中国が現在発展途上国で，産業政策を優先すべきという見地から，あまり厳しい競争政策をとると，中国産業政策の推進や経済発展に不利であるので，厳格なカルテル禁止規定を避けるべきで，「当然違法の原則」の取り入れは望ましくないという主張である。

そこで，この「当然違法の原則」不要説の主張をとると，実際の執行において，競争政策より，産業政策の方が優先され，カルテルの規制については，原則禁止ではなく，弊害禁止に傾く可能性が高いため，前述一部の学者が批判しているように，カルテル禁止制度は「形骸化」されるおそれがあるというべきであろう。

また，傍論であるが，「当然違法の原則」不要説の中に，（第三説のような）新

457　王暁曄［1996］7頁。
458　許光耀［2006b］143頁。
459　許光耀［2007］30頁。

自由主義の立場の観点から,「当然違法の原則」不要とする説もみられるが, そもそもこの論者は, 行政独占を除き, 反壟断法の出番は無いと言うため, ここでは, 傍論として触れるだけにとどめる。

(2) 「当然違法の原則」必要説について

中国では,「当然違法の原則」必要説は, 主に, 競争政策優先論の立場に立っており, 多数説ないし通説というべきであるが, 既述したように, 立法スタイルをめぐって異なる意見が見られる。すなわち, 前記した第一意見の区別意見と第二意見の区別しない意見である。

区別意見は, アメリカをはじめとする先進国の施行経験から,「当然違法の原則」と「合理の原則」を明確に区別しない場合, 規制の明確性, 効率性, 抑止効果などが損なわれること, ひいてはカルテル規制が形骸化 (または骨抜き) されることを危惧し, 明確な「当然違法の原則」を設けるべきと主張している。

一方, 第二の区別しない意見の代表的な見解は,「当然違法の原則」と「合理の原則」を硬直的に二分化することを批判し, 条文上「当然違法の原則」と「合理の原則」を明確に区別しなくても EU 法のような体系を取り入れれば, 十分に同様の効果が達成でき, しかも「当然違法の原則」のデメリットをも回避できると主張している。実際に中国において,「当然違法の原則」が硬直的に運用されるのではないかということについて, 懸念を表明した競争法学者は少なくない。[460]

2 立法過程及び条文の分析

上述したように,「当然違法の原則」と「合理の原則」の問題をめぐって, 特に「当然違法の原則」の導入の必要あるいは不必要について, 意見は対立している。この問題は, 中国反壟断法におけるカルテル規制の根本理念にもかかわるたいへん重要な問題である。「当然違法の原則」不要説はカルテルに対して,「当然

---

460 例えば,「……もし, 競争を排除, 制限する効果を有するという判断基準が回避されれば, ……執行機関の機械的な適用が行なわれてしまい, ……周知のように, 価格固定, 数量制限, 市場分割などのハードコア・カルテル以外の多くの競争制限のある行為には, 同時に競争促進及び効率向上の積極的な効果もあるので, それらの行為を当然違法として規制すると, 競争法の本来の目的に反するのみならず, 市場競争に深刻な損害を与えるかもしれない。そこで, ……執行過程において, 硬直な運用を避けることは, ……規制の基本原則である」(黄勇 [2010] 30 頁)。その他の類似する意見として, 王先林 [2009] 246-247 頁。

違法の原則」を取り入れ，厳格な規制態度で臨むと，独占政策による過剰規制が生じ，経済の効率性，中国企業の国際競争力，産業政策の実施などに悪影響がもたらされることを理由として，カルテルの規制についてやや寛容的な態度をとり，基本として「合理の原則」で規制すべきであると主張している。この説をつき詰めて行くと，カルテル規制の基本原則に関して「原則禁止主義」から離れ，「弊害規制主義」へ接近する傾向がある。これに反対して，「当然違法の原則」必要説は，カルテル規制の実効性，明確性などを維持し，「形骸化」されることを防止するために，（立法スタイルは別として）「当然違法の原則」を取り入れる必要があると主張している。

　立法過程において，独占的協定に関する規定は基本的に「当然違法の原則」必要説に基づいて立法作業を行なってきたとは言えよう。なぜならば，1999年案から制定法までの条文をみると，「当然違法の原則」を排除した草案もほとんど無く，カルテル禁止の条文は（後述のように）基本的に「当然違法の原則」必要説の第一意見（区別する意見）と第二意見（区別する必要性は無いとする意見）をめぐって論議され，それに応じて変化するように見られるからである。但し，「当然違法の原則」不要説は完全に無視されたわけでもなく，その意図の一部は，輸出入カルテル，不況カルテル，「国務院カルテル」などというような広範な「適用免除」の範囲及び免除要件の緩和などに一定程度に反映されたのではないかと思われる。その具体的な内容及び法案への反映については，第5章においてすでに詳しく紹介したため，ここでは省略する。

　次に，「当然違法の原則」必要説の第一意見（区別する意見）と第二意見（区別する必要性は無いとする意見）は，実際の立法過程において，どのように法条文に反映され，そして，制定法において「当然違法の原則」と「合理の原則」に関して，どのように解釈され得るのかについて考察したい。

　各次草案を全体的に見ると，いわゆる「……適用免除ができない独占的協定を明確にさせ……」[461]ているか否かは，当然違法の原則必要説の第一意見（区別する意見）と第二意見（区別する必要性は無いとする意見）を分別するための最も明確な基準であると思われる。また，この第一意見と第二意見の見解に対応し，立法スタイルも以下の二つのタイプに分けられる。

461　時建中［2007b］36頁。

表 6-1 タイプ 1 の法案

明確化された法案	「明確」に当然違法とされる行為	根拠条文
1999 年案	価格に関する独占的協定（再販も含む）	第 18 条第 2 項第二号　商品の価格を固定，維持または不当に変更した場合は適用免除の対象とならない[466]
2000 年案	1999 年案と同じ	1999 年案と同じ
2001 年案	価格に関する独占的協定（再販も含む）	第 19 条第 2 項第二号　商品の価格を固定，維持または不当に変更した場合は適用免除の対象とならない
2004 年案	第 9 条（発注・入札における共謀） 第 10 条（再販売価格維持）	第 11 条の適用免除の規定において，第 8 条の行為のみ適用免除の対象で，第 9 条，第 10 条は適用免除対象外
2006 年案	第 9 条（発注・入札における共謀）	第 10 条規定によると，第 9 条は適用免除の対象外

1 タイプ 1 ──「当然違法の原則」の存在が条文上明確化された法案

「当然違法の原則」の存在が条文上「明確化」されたこととは，禁止されるカルテルとして列挙される行為のうち，条文上，適用免除の対象とならない（または，適用免除の許可を得る可能性は無い）行為は「当然違法の原則」によることを示すと思われる。

例えば，1999 年案では，第 15 条[462]で，価格カルテル，数量カルテル，市場分割カルテルなどの水平的協定を列挙して禁止し，同第 16 条[463]で再販売価格制限の禁止を規定する。第 17 条[464]は適用免除に関する規定で，（適用免除の申告にかかる）第 18 条第 2 項第二号[465]では，「商品の価格を固定，維持もしくは不当に変更する場合」（免除を許可しない）と規定しており，すなわち価格に関する独占的協定は，（事前申告による）適用免除の許可を得る可能性が無いと法条文上で明確に規定してい

462　第 15 条（独占的協定の禁止）事業者は，契約，協定，あるいはその他の方法で，競争関係にあるその他の事業者と以下に挙げられた競争を制限する行為をしてはならない。（一）商品の価格を決定，維持または変更する。（二）入札談合。（三）市場における商品の供給数量，品質を制限する。（四）取引地域または取引相手を制限する。（五）新しい技術または新設備を導入することを制限する。（六）共同して市場参入を阻止し，または競争者を排除する。

463　第 16 条（再販売価格制限の禁止）　事業者は，卸売業者，小売業者に商品を提供する際に，その再販売価格を制限してはならない。

表6-2　タイプ2の法案

2002年案	2003年案	2005年案	2007年案	制定法

る。

このタイプ1に属すると思われる法案については、表6-1のとおりである。

2　タイプ2──「当然違法の原則」の存在が条文上明確化されない法案

このタイプ2の「当然違法の原則」の存在が条文上明確化されない法案とは、「当然違法の原則」必要説の第二意見（区別する必要性は無い）が主張するように、タイプ1と異なり、（EU法と類似して）条文上、どの行為類型が「当然違法の原則」とされるのかについて、明確化されず、すべての禁止行為は理論上、適用免除を受ける（ないし許される）可能性があるが、解釈上ないし執行において、「当然違法の原則」あるいはそれに準ずるルールが運用され得るという立法方式である。

このタイプ2に属すると思われる法案は、表6-2のとおりである。

464　第17条（協定の適用免除）　事業者間に締結された競争を制限する協定は、経済全般の発展及び社会公共利益に有益となり、かつ実質的な競争を損害しない場合に、国務院反独占主管機関の許可を経て、この法律を適用しない。（一）事業者は技術の向上、品質の改善、効率の増進、原価の引下げ、商品の規格あるいは標準の統一、商品あるいは市場を共同して研究・開発するための共同行為。（二）中小企業は経営効率を高めて、競争力を強めるための共同行為。（三）事業者は、輸出入取引及び外国との協同事業における正当な利益を保障するための共同行為。（四）市場の変化に応じ、販売数量の激減や著しい生産過剰を阻止するための事業者の共同行為。（五）事業者は生産経営の合理化、分業協力して専門化発展を促進するための共同行為。

465　第18条（協定の申告）　事業者はこの本法の第17条の言う協定を締結する際に、国務院反独占主管機関に申請し、許可を得なければならない。但し、次の一つに該当する場合に、国務院反独占主管機関は許可しない。（一）市場支配的な地位を形成しもしくは強化するおそれがある場合。（二）商品の価格を固定、維持もしくは不当に変更する場合。

466　第18条第2項第一号に市場支配的地位を形成、強化する場合についても適用免除を認めないと規定しているが、市場支配的地位について判断することは合理の原則に近いので、ここでは議論の対象としない。

3 検　討

1 学説・理論に関する検討

　以上の分析から分かるように，反壟断法の独占的協定について，条文上，「当然違法の原則」の存在が明確化されていないが，立法経緯の分析及び学説の検討から，「当然違法」のルールを念頭に置いて立法されたのは明確である。また全人代の「立法解説書」も法執行において，当然違法のルールが運用される可能性があることを確認している。[467]

　「当然違法」のルールは，具体的にどのように運用されるのかについては，今後の法執行を見るほうがもっともであるかもしれないが，次ではその可能性について簡単に触れることにする。

　中国反壟断法における独占的協定規制について，三つの解釈論の可能性がある。①すべての独占的協定に対し，「当然違法」のルールが適用される，②すべての独占的協定に対し，「合理の原則」が適用される，③「当然違法の原則」と「合理の原則」の両方を組み合わせて適用される。上の分析に基づくと，言うまでもなく，③「当然違法の原則」と「合理の原則」の組み合わせの可能性は最も高く，それ以外の二つは運用される可能性はほとんど無いと言えるであろう。

　そして，③の「当然違法の原則」と「合理の原則」の組み合わせにしても，また少なくとも下の二つの選択肢があるのではないかと思われる。

(1) 可能性一

　第13条と第14条に「列挙」されている独占的協定（第13条第1項の第一号～第五号，第14条第1項の第一号及び第二号，以下，「列挙」協定という）が「当然違法」のルールの適用とし，（第13条第1項六号，及び，第14条第1項第三号の）国務院反独占執行機関が「認定」する独占的協定（以下，「認定」協定という）について，「合理の原則」の適用にするというように「区別」する。

　このような「区別」については，解釈上比較的に自然であり，体系的にも一目瞭然である。企業や執行機関にとっても一定程度において明確的である。但し，硬直的であると批判されやすいであろう。

(2) 可能性二

　「認定」協定について，「合理の原則」が適用されるが，「列挙」協定が必ずし

---

[467] 人大法工委経済法室［2007］68頁。

もすべて「当然違法」のルールに適用されるとはならず,その一部についてのみ「当然違法」のルールが適用される。例えば,全人代の「立法解説書」では,世界各国の経験を見て,価格カルテル,数量カルテル,市場分割カルテルについて一般的に「当然違法の原則」が適用されると言及しつつ[468],再販売価格維持行為については,多くの場合は「当然違法の原則」の可能性があるが,そうではない場合の可能性がまったく無いわけではないという微妙な言い回しで表現している[469]。学説においても,価格カルテル,数量カルテル,市場分割カルテルを「当然違法の原則」を適用すべきと言いつつ[470],第14条の再販売価格維持行為は「当然違法」のルールが適用されない可能性があると示されている[471]。その他も,多くの学説は類似する意見,すなわち,「列挙」協定に対し,すべて一律硬直的に「当然違法」のルールを適用するわけではなく,一部の行為は厳格な「当然違法の原則」が適用されない可能性が存在することを示している[472]。

そうすると,将来の執行において,「列挙」協定の中で,解釈として,厳格に「当然違法の原則」とされる協定とそうではない協定とが区別される可能性があり得る。但し,第13条及び第14条の条文を見ると,「列挙」協定がすべて同じ条件(要件)の下で禁止されるから,そこから厳格に「当然違法の原則」とされる協定とそうではない協定というような区別を合理的に文理解釈ができる規定は無さそうであるため,可能性として,第15条の適用免除にかかる規定にあるのではないかと思われる。すなわち,適用免除の要件に関する裁量によって,適用免除になる(または認める)難易度によって,上記のような区別をつけることが可能であるかもしれない。但し,あくまでも現時点の推測であると断りたい。

そこで,中国の将来の法執行において,「当然違法の原則」と「合理の原則」を硬直的に対立させるのではなく,一つの延長線上にあるものとして,ある程度,柔軟性をもたせて,その中間にある別のルールや分析手法等を形成し得ることは可能性として否定できないと思われる。

また,同時に,ハードコア・カルテルと非ハードコア・カルテルの概念を導入

---

468 人大法工委経済法室［2007］68頁。
469 人大法工委経済法室［2007］80頁。
470 王暁曄［2010］456頁。
471 王暁曄［2010］459頁。
472 黄勇［2010］30頁。王長秋［2008］23頁。呉振国［2007］232頁。

し，独占的協定を区別していくことも可能性としてあり得る。但しその具体的な内容は，今後の執行実務を注目するしかないと思われる。[473]

いずれにせよ，本章冒頭で述べた，「当然違法の原則」と「合理の原則」とは条文上明白に区別されたルールや規則ではなく，執行において，法解釈や判例法などによって形成されたある意味での経験則であり，その主な実益とは，競争制限効果の立証責任の分配，有益な協調を許容するとともに，悪性の強いカルテルを簡単に禁止できると理解するならば，この実益の側面に限ってみれば，中国反壟断法における独占的協定の禁止規定は，少なくとも形式上では，それに近づいたと言えるのではないかと思われる。

2 関連事例

(1) 某県教習所カルテル事件[474]

2007年12月，某県の四つの自動車教習所は，共同出資，生徒募集事務所の共同設立によって，生徒の募集，教習料金の徴収を一本化にする協定を締結した。それに基づき，教習料金の引き上げ，各教習所の有する教習車の台数に応じて，生徒数を配分するなどの行為を行なった。

執行機関である県工商局は，「……教習車の台数に応じて，生徒数を配分することは，市場分割に当たり，また，一斉に教習料金を引き上げる……ことは価格カルテルである。……」当該行為の目的にはあからさまな競争制限性があり，それ以外に合理的な理由が挙げられなかったため，当該違反行為は「……某県自動車教習市場における競争を実質的になくした（原文：消除）……」と判断して，「重慶市反不正当競争条例」に基づき，行政処分措置を命じた。

(2) 連雲港市生コンカルテル事件[475]

2009年3月，連雲港市の生コン事業者団体は，構成メンバーである18の生コ

---

473 例：①ハードコア・カルテル
　　　　a 行為の存在のみ立証，市場分析不要，適用免除がほぼ不可能
　　　　b 行為の存在のみ立証，市場分析不要，適用免除が不可能ではない
　　　②非ハードコア・カルテル
　　　　行為の存在立証，要市場分析，適用免除が可能
474 綦江県工商局［2010］50頁。事件の詳細について第8章の事例20をも参照されたい。
475 姚芃［2011］。周萍［2011］。事件の詳細について第8章の事例24をも参照されたい。

ン事業者を招集し，会合を開いて，「生コン事業者業界自律条項」（以下，自律条項という）及びそれに関する「検査処罰規定」を策定し，合意した。当該自律条項に基づき，事業者の所在地，生産能力などに応じて市場分割行為を行なった。

江蘇省工商局は，生コン事業者たちは，自律条項などに基づいて，連雲港市市内生コン販売市場を分割し，「生コン地域（原文：区域）市場」における競争を制限したため，反壟断法第13条第1項第三号「販売市場の分割」の禁止規定に該当し，「構成事業者を組織して，販売市場を分割する独占的協定のような行為は，反壟断法第15条第1項に掲げた適用免除に該当しないため，適用免除をすることができない。」と判断し，違反行為の停止及び行政制裁金の納付を命じた。

①の事例は，反壟断法施行前の事例であるが，執行当局は「条例（筆者注：「重慶市反不正当競争条例」）に規定している行為は実質的に独占的協定行為と同一であるため」，反壟断法の関連規定を意識しながら，認定，判断を行なったと述べられているため，反壟断法の下でも同じ判断を行なう可能性を示唆している。[476] ①の事例において，執行当局は，当該行為は，行為要件を満たしているから，当該行為の目的にはあからさまな競争制限性があると認定し，それ以外に合理的な理由が挙げられなかったため，当該違反行為は「……某県自動車教習市場における競争を実質的になくした（原文：消除）……」と判断した。すなわち，外形的・性格的に判断できる行為であれば，即競争制限の「目的」があり，行為による具体的な反競争効果を分析・立証する必要はなく，「それ以外に合理的な理由」について行為者側が立証できない限り，違法である。これは，前述したEU法の「ハードコア」制限の認定手法と類似すると思われる。

②の事例については，これは反壟断法に基づいて判断した事例である。事件担当者は，当該事件について，次のように述べた。「このような行為（筆者注：当該市場分割行為）は，市場経済先進国では，『当然違法』の原則にあたる。すなわち，どのような状況の下で行なわれても，当事者はどのような目的であっても，効果を一切認定せずに，違法となる。……だが，我々は効果を見た。……当事者たちの適用免除の可能性を排除した。[477]」この事件において，執行当局は，当事者たちの市場シェア，具体的な競争制限効果についてあまり言及しておらず，主に競争関係にあること，市場分割行為の存在，適用免除の可能性が無いという三つのこ

476　綦江県工商局［2010］51頁。
477　姚芃［2011］。

とをもって,独占的協定に該当すると判断した。

上の二つの事例によって,現時点において,少なくとも,独占的協定に関する執行権限を有する二つの行政執行機関(工商総局と発展改革委員会,第7章参照)の一つである工商総局は,独占的協定の規制にあたって,「当然違法の原則」を受け入れ,かつ運用していく積極姿勢を示したと考えられる。

第3節　小　括

本章では,中国反壟断法の独占的協定における「当然違法の原則」と「合理の原則」にかかわる立法理念,具体的な内容及び実際の状況について考察した。

独占的協定に対する規制をめぐって,当然違法のルールを導入すべきか否かについて,意見対立があった。ここでも産業政策と競争政策の相剋が見られた。すなわち,産業政策の視点から出発した「当然違法の原則」不要説は,「当然違法」ルールの導入によって,厳格な独禁政策が行なわれると,中国における産業政策の推進,企業の国際競争力及び経済成長に萎縮効果をもたらすのではないかと危惧して,「当然違法」ルールの導入に反対して,産業政策などのために,緩やかにカルテル規制を行なうべきであると主張している。

それと反対に,「当然違法の原則」必要説は,競争政策擁護の立場に立ち,カルテルに対して厳しく規制すべきという主張である。但し,この説の中に,独占的協定の条文規定において,「当然違法の原則」と「合理の原則」を条文上明確に区別すべきか否かに関して,異なる意見が見られた。区別する意見は,条文上,「当然違法」のルールを明確に規定しないと,実際の執行において,独占的協定にかかわる規制の明確性,効率性,抑止効果などが損なわれるおそれがあり,ひいてはカルテル規制が形骸化(または骨抜きに)される危険性もあると強調している。これと異なり,区別する必要は無いという意見は,区別必要説をとって,「当然違法」のルールを明確に規定していくと,硬直的に運用される危険性が高く,「当然違法」のルールは執行機関の便利な道具と化し,正常な競争に多大な影響を与えてしまう可能性があると主張している。この二つの意見のバランスを取ることは非常に難しいであろう。本章の考察によれば,制定法は,(「当然違法の原則」必要説の第二意見の)区別する必要は無いという意見が採用されて,基本

的に，それに基づき，独占的協定に関する制度設計が行なわれていたが，（条文上，明確に区別しなかったが）実際の執行において，（「当然違法の原則」必要説の第一意見の）区別する意見も，相当的部分について，解釈によって実現する可能性があると思われる。本章の考察したとおり，結果的に見れば，「当然違法」のルールの導入という立法理念において，競争政策優先論が優位を収めたと言えるであろう。

　次は，本章第1節の2の*2*において述べた要点に基づいて，中国法における関連問題について簡単にコメントしてみよう。

　まず，要点①では，各国の経験を見れば，「当然違法の原則」と「合理の原則」とは条文上明白に区別されたルールや規則ではなく，一種の法解釈や判例法などによる経験則，規制手法，立証責任の分配などであると述べた。アメリカにおいて積み重ねる判例によって形成・発展してきた「当然違法の原則」と「合理の原則」という判例法上の原則を，大陸法の伝統を有する中国で，成文化するために，中国立法当局及び有識者は，主として，EU法の関連経験を参照し，独占的協定の規制における「当然違法の原則」と「合理の原則」の運用が可能となる法制度設計を行なった。

　第二に，要点②では，「当然違法の原則」と「合理の原則」を区別する主な目的ないし実益とは，カルテル行為の競争制限効果に関する立証責任の分配によって，規制の効率性，法的抑止効果の向上，違法基準及び予測可能性の明確化などが図られることであるため，それに適合した制度設計がたいへん重要であると述べた。中国法では，条文上，第13条及び第14条の「列挙」協定に該当する場合，訴追側（規制機関や原告側）は，協定の存在を立証すれば十分であり，訴追される側は，第15条の適用免除に該当することについて立証責任を負う[478]。第13条及び第14条の「認定」協定の場合，訴追側（規制機関や原告側）は，協定の存在を立証するだけでは足らず，市場における競争の排除・制限効果についても分析，立証しなければならない。このように，前者の場合は「当然違法」のルール，後者の場合は「合理の原則」というような，立証責任の分配に類似していると思われ

---

[478] この点について，中国最高人民法院は，2011年4月に公開された「独占民事紛争案件審理における法律適用の若干問題に関する最高人民法院の規定（意見募集稿）」（「最高人民法院関于審理壟断民事糾紛案件適用法律若干問題的規定（征求意見稿）」）において，類似の見解が示されている。

る。そこで，すでに言及したように，「当然違法の原則」と「合理の原則」を区別する主なメリットを競争制限効果の立証責任の分配であると理解すれば，中国法は少なくとも条文上このような制度設計ができていると言えるであろう（実際ではどのように運用されていくかについては，今後の法執行に注目したい）。

　第三に，要点③において，「当然違法」のルールは行政機関などの便利な道具と化していくおそれがあり，「当然違法の原則」の硬直的な運用による過剰規制を警戒すべきと述べた。この点について，反壟断法の立法段階で，多くの学識者によって懸念意見が出された。また，行政機関側は「当然違法」のルールの導入について反対意見をほとんど述べていなかったことから，行政機関が「当然違法の原則」の便利さを意識していることが推測できると思われる。制定法の条文構造を見ると，このような心配（便利な道具と化していくことによる過剰規制）は大きく緩和されたかもしれない。但し，硬直的な運用の防止の配慮などによって，制定法のような制度設計になると，他方では，第4章の第4節の1で述べたように，垂直的協定について，再販売価格維持行為しか「列挙」協定となっておらず，それ以外の垂直的協定に対する規制が消極化していきやすいという問題点が存在するのではないかと思われる。[479]

479　第4章の関連箇所（第4節の1）を参照されたい。

第7章 規制機関

　本章の目的は，中国反壟断法の執行機関の設立，及び当該機関の集中性，権威性，独立性などの問題について，学説，法案の条文の変化等に関する検討を通じて，反壟断法執行体制構築の視点から，中国における産業政策と競争政策の衝突・相克を考察することである。

第1節　論点の整理

　独禁法の施行は，大きく，① 政府の行政官が独禁法を解釈して，それを運用するという行政措置型，② 裁判所が判決により独禁法を執行するという裁判制度型，に大別される。主要国はこの①と②を組み合わせて運用するが，欧州諸国は①型に重点を置いており，アメリカは②型に重点を置いていると言われている。中国では欧州諸国（恐らく日本も）と同じように，①型＝行政措置型に重点を置いて，執行すると見られている。中国が行政措置型に重点を置くべき理由として，

480　立法経緯や実際の執行過程において，反壟断法執行機関をめぐってさまざまな論点があり得るが，論述の便宜上，問題の重要性や関連する議論が日本でなされた経験があるかなどを考慮して，集中性，権威性，独立性に絞って検討することにする。但し，本書では集中性，権威性，独立性は相互に対立的，無関係な概念として捉えているのではなく，逆に相互の間に相乗効果があると理解している。それを別々に検討することは，単に議論を進めやすくするためである。

481　滝川 [2006] 14 頁。

482　許光耀 [2006a] 57 頁。黄勇 [2007] 153 頁。

① 行政が強力な権力を有する伝統, ② 競争関連法律に関する執行経験を有する行政機関の存在, ③ 裁判（司法）制度の未成熟, ④ 独禁法執行には高度な専門知識が必要であることが挙げられている。[483]

1　反壟断法執行機関の設立に関する意見について

1　三つの意見

どのように執行機関を設立するのかについては, 中国反壟断法の立法過程において, 立法当局及び学識関係者の間に, 概ね三つの意見があったと言われている。[484]

① 意見A——意見Aは,（既存の機関ではなく）新しい専門的な執行機関を設立して, 独立性と権威性を与えるべきと主張する。

② 意見B——意見Bは, 既存の行政機関の職能を確認する上, その内部において相対的に独立する専門機関を設立するべきという考え方である（この説は共同執行について言及していないから, 執行機関を単独機関にすべきと考えている可能性が高いと思われる）。また, 意見Bは,「既存の行政機関」をめぐって意見が二つに分かれている。すなわち, 意見B1は「既存の行政機関」を工商総局とすることに対して, 意見B2は,「既存の行政機関」を商務部とすべきという主張であった。[485]

③ 意見C——意見Cは, 専門的な執行機関を設立せず, 現在の関連する行政機関がその職権を分担し, 共同して法執行を行なうべきという主張である。但し, 協議機構として, 反壟断委員会を設立して, 関連執行機関の執行活動を調整することも考えられる。

2　三つの意見に関する検討

上記の3説のうち,（既存の行政機関を執行機関とした場合, 他の政府部門や企業などとの癒着により執行機関の独立性を脅かすことを警戒しているため, 新しい機関の設立を望んでいる）意見Aは, 高度独立で, 強力な権限を有する「主管」機関の設立

483　王曉曄［2007b］400頁。

484　陳麗潔［2003］134頁。史際春［2007］268頁。張穹［2007］34頁, 270頁。曹康泰［2007］181頁。

485　張穹［2007］270頁。また, これをもって, 執行機関の設立に関して, 四つの意見が存在したという指摘がある（呉振国［2007］134頁）。しかし, 意見B1もB2も「既存の行政機関」の内容をめぐる争いのみであるので, 実質的にみれば, 意見Bに属するものなので, 本書では3意見説として, 議論を展開する。

によって反独占政策を本格的に推進していき，産業政策などの政策より，競争政策を優先すべきという考え方である。意見Cは，反壟断法の執行権限が既存の執行機関（特にその中に産業政策の担当機関もある）によって分担され，しかも権威性も独立性も無く，競争政策は産業政策等によって埋没されてしまう危険性がある考え方であり，競争政策に消極的な意見（または産業政策優先論の範疇に属する意見）である。意見Bは既存の行政機関の中から，適切な行政機関を一つ選択して，一定の独立性をもたせて，反壟断法の執行機関とする考え方で，意見Aと意見Cの折衷説であると思われる。

意見Aの立場に立っているのは，主として，研究者または関連研究機関であり，意見Cを主張しているのは，主として関連業界の管理部門（筆者注：多くの場合，日本の規制分野の管理部門に相当）であると言われている。意見Bについては，意見Aと意見Cの折衷説で，前述したことから推測すれば，工商総局，商務部の関係者，及び少数の学者は，この説を主張している可能性が高いと思われる。

2　中国における主要論点に関する概念的解釈

上記の反壟断法執行機関の設立に関する意見の違い，及び，後述の立法経緯などに関する考察から，集中性，権威性，独立性という三つの論点を抽出することができると考えられる。また，中国の立法過程における独占禁止規制機関をめぐる学説上の議論もこの三つの論点に集中している。従って，まずこの三つの論点の具体的内容について，少し説明してから，議論を進めていくことにする。

1　集　中　性

例えば，中国において，「専司性」（もっぱら司る＝集中性）という言葉を用いて，反壟断法の執行について，「反独占に関する法執行権限を専有あるいは排他的に行使する」と考え，その内容について，① 業務内容について競争に関する規制のみを行なう（＝競争政策を唯一の目標とする機関），② 価値目標を競争の維持と促進のみに置く，③ 高度な専門技術力，④ 競争秩序に関する管轄権の普遍性など

486　意見Aの代表的な考えとしは，王暁曄［1996］19頁。
487　張穹［2007］34頁，270頁。
488　中国反壟断法の執行機関をめぐる主要問題点をこの三つの重点に言及，整理した学者が多くいた。王暁曄［1996］19頁。王暁曄［2007a］30頁以下。李濤＝王先林［2000］6頁以下。張炳生［2005］113頁以下。李俊峰［2010］32頁以下。

と述べる見解がある[489]。

このように中国においては，反壟断法執行機関の「集中性」とは，主として，① 反壟断法の執行，及び ② 競争政策の策定・促進等をすべて一元的に集中させることを意味するが，他に，③ 旧来の行政官庁に分担させるのではなく，競争政策の執行・推進の専門機関を新たに設置すべきであるという意味でも使われ，この点が強く強調されている[490]。

簡単に言えば，ここでの「集中性」ということばの意味は，一つの反壟断法執行機関に行政執行権限を集中させ，その他の機関は執行できず，また干渉してはならないことと，独禁政策・競争政策を担当することに集中（または専念）して，他の部門・分野には関与しないことという二つの意味として同時に理解されるべきではないかと思われる。

2 権 威 性

権威性については，主として，「権威」的な機関となるためにどのような条件が必要であるのかということが重要であり，以下では主要な内容（または条件）についてまとめてみた。

(1) 政府内の位置

政府内の位置とは，簡単にいえば，反壟断法執行機関は，政府において，上級機関であるか否かを指している。中国では，官僚統治の伝統が長いので，行政機関の政府における地位の高低は，その権威性に非常に影響すると考えられているからである。

例えば，執行機関は「規制対象に比べて，高いあるいは上級の地位」である必要があるとか[491]，または，「部」（対応する英訳：Ministry）クラスより，格下の「局」（対応する英訳：Bureau[492]）クラスの場合は，違反行為を取り締まる力も弱くなるため，国務院に属する高いレベルの執行機関（例：「国家公正交易委員会」）とする必要があると言われる場合もある[493]。

489　李俊峰［2010］35頁。
490　王暁曄［2007a］36頁。王暁曄［1996］19頁。
491　李俊峰［2010］32頁。
492　例えば，中国商務部（に置かれた）反壟断局の公式英訳名称は，(Ministry of commerce of the People's Republic of China)「Anti-monopoly Bureau」となっている。
493　李勇軍＝胡暁玲［2006］26頁。

そこで，将来の反独占執行機関の所管機関について，国務院所管説や全人代所管説などのようなさまざまな意見が見られる。

① 国務院所管説——アメリカとドイツの経験を学んで，権威性及び高度独立性を有する（アメリカの連邦取引委員会あるいはドイツ連邦カルテル庁に相当するような機関）「国家公平交易局」または「国家反壟断委員会」を設立して，この機関は人事や予算上で国務院に属するが，法執行業務に関して，（国務院の指揮命令を受けず）法に基づくのみ執行活動を行なうとか[494]，反壟断法の執行機関は少なくとも「正部級（日本の「省」に相当）以上のクラスで，国務院に直接に所管する[495]……」と主張している。

② 全人代所管説——この意見は，現在の政府機関を超えるような競争法執行機関を作るべきであり，それを全人代の所管におくべきであると主張している[496]。

(2) 意見表明，報告要請等に関する権限

国家の立法機関は競争等に関連する法律を制定または改正する際に，「国家公平交易局」（または「国家反壟断委員会」）の意見を求めるべきであり，その他，「国家公平交易局」については，政府の会議に参加し，そこで意見を表明する権限や，他の経済部門，地方政府，国家資産管理局等に対して，市場及び競争に関する状況報告を求める権限を認めるべきである[497]。そして，他の機関が制定する競争と関連性のある政策や規章（規則）に対して，その修正を提案する権限をも与えるべきであると考えられている[498]。

(3) 行政的独占に対する直接的規制権限

行政的独占に対する直接的規制権限の有無も執行機関の権威性にかかわると主張される[499]。例えば，行政権限を濫用して競争を制限する行為について，反独占機関が直接的に規制できるか否か，または行政権限を濫用して競争を制限するおそれのある法令・規則等が制定された場合，反独占執行機関が直接的に介入し，規制できるか否かは，反独占執行機関の権限の強弱や，（産業政策に対する）競争政

---

494 王暁曄［1996］19頁。
495 張炳生［2005］119頁。
496 李揚［1999］92頁。周昀［2001］53頁。
497 王暁曄［1996］19頁。
498 王暁曄［2007a］39頁。
499 王暁曄［2009］57頁。

策の優位性の有無が反映されていると思われる。

(4) 国際交流における国の代表機関としての地位

具体的には，競争に関する国際的協定の交渉，国際交流活動への参加等であると言われる[500]。グローバル化の時代で，国際の表舞台において，競争政策をめぐって，国際的な経験・知恵を取り入れたり，自国の競争政策を主張したりするなどのことができれば，国際社会における国益維持のためになるのはもちろん，国内向けでも，権威性の向上につながるという考えではないかと思われる（特に競争文化の伝統が無く，経済体制転換期にある中国にとって，競争政策の推進に一層，意義があると思われる）。

3 独 立 性

中国反壟断法執行機関の独立性についての議論をまとめてみると，主として，二つの面がある。一つは，他の行政機関または外部等から独立して，反独占政策の業務執行に関する独立性である。もう一つは，このような独立性を守るための制度的な保障である。

(1) 他の行政機関または外部等から独立して，反独占政策の業務執行に関する独立性

「反独占執行機関の独立性とは，当該組織が国家の反壟断法及び競争政策を独立的に執行することができることであり，すなわち執行過程中において他の政府部門の妨げを受けないことである。[501]」と述べられ，また，独立性を「執行活動が外部からの影響を受けない」というように理解する考え方もある[502]。

(2) 独立性を維持するための制度的な保障

反壟断法執行機関の独立性を保障するために，合議体の独立委員会である「国家反壟断委員会」を設置し，委員の任期・身分保障制度などの整備もしなければならず，国務院総理の所管であるが，反独占事件の審査においては高度的な独立性を有するべきであるという主張は有力である[503]。またこれに類似する意見も見られる[504]。

---

500 王暁曄［2007a］39頁。
501 王暁曄［2007a］37頁。
502 李俊峰［2010］32頁。
503 周昀「関于反壟断主管機構的比較研究」比較法研究 2002 年第 4 期 69 頁。
504 国務院所管で，合議体の委員会，委員の任期，身分，報酬等の保障制度によって，反独占執行機関の職権行使の独立性を保障するという考え方である。孫新＝李勇軍［2002］51頁。

さらに，少数説であるが，反壟断法執行機関は，政府を超脱し，独立委員会として，その人事，財政もすべて全人代の所管に置くべきという突出した主張も見られた。この説に対して，中国現在体制では，全人代が立法機関であり，行政権がすべて国務院に属すると指摘し，（このようなアメリカFTCを意識して，合議体の行政委員会制度を導入する考えは）非現実的であると批判する意見もある。

3　日本における関連議論について

1　「公取委中心主義」について

独禁法の規制内容の執行・実現の圧倒部分を，公取委の手に委ね，中心的な役割を果たすということは，「公取委中心主義」と呼ばれている。その具体的な内容として，行政処分についての排他的権限，実質的証拠法則，第25条の損害賠償請求訴訟における審決前置，刑事制裁についての専属告発などの独禁法の運用・実現が公取委に集中するような制度的構成などが挙げられている。

独禁法の執行・運用について唯一の行政機関として公取委を設置した理由については，次のようであった。（公取委中心主義をとったのは）「これは，我が国においては，反トラスト政策運用の経験がないこと，複雑多様で生成発展してやまない経済活動を規制の対象とするという点からみて，専門的且つ一元的処理によって，法運用の統一性及び効率性が確保されると考えられたからであると思われる。」

また，「独禁法の運用を行政委員会である公取委に委ねたのは，独禁法の性質と密接に関連する。独禁法は規定が抽象的であり，その解釈運用は規則やガイドラインを制定しまた審判決を積み重ねることにより，ルールを形成していくほかはない。……そのルールや違反事件についての処分は，関係する産業や当該企業の利害に重大な関係かつ経済全体へ決定的な影響を及ぼす。それゆえに，ルールを形成しつつ，公正な処分を行うには，専門家による合議制の機関により独立して職権を行使する必要があることになる」などと説明されている。

505　李揚［1999］92頁。
506　李剣［2004］168頁。孫新＝李勇軍［2002］51頁。
507　根岸＝舟田［2006］303頁。
508　丹宗他［2002］（岸井執筆部分）41頁。
509　独禁五十年史［1997］（上巻）33頁。
510　根岸編［2009］（平林執筆部分）605-606頁。

「公取委中心主義」には，次のいくつかの要素が含まれているといえよう。①優先的・排他的・集中的（一元的），②独禁法の執行・競争政策の推進は公取委の唯一の（または最優先的に考慮する）目標，③法運用の統一性及び効率性の確保という目的がある。

2 権威性について

日本の原始独禁法の立法時から，独禁法の執行機関の権威性は非常に重視され，かつ着実に立法に反映された。1946年3月，エドワーズ財閥調査団は独禁法が政府内の高い位置で活動し，広汎な調査と是正措置の権限を行使できる特別機関によって執行されるべきとアメリカ政府に報告した。その理由について，特別機関でなければならないのは，専門家の見識ある判断に委ねるべきであるからとされ，政府内の高い位置（上級機関）でなければならないのは，扱うべき事項が極めて重要であり，かつ強力な利害関係に左右されるものであるからと言われた。その後の立法過程において，日本側が出した「独占禁止委員会は司法大臣の管理に属する」との「試案」に対し，司令部はこれを否定し，独占禁止委員会は「独立政府機関として完全な権威」をもたなければならないとして内閣総理大臣のもとに置くように指示した。[511]

3 独立性について

日本の公取委は，合議制の行政機関であり，内閣総理大臣の指揮命令を受けずに，独立して職権を行使する。このような権限行使の独立性は，（委員長及び委員の）権限行使の独立性に関する法的な保障（法第28条），準司法的権限，準立法的権限などが与えられることによって，実現されると思われる。

公取委（の委員長及び委員）に権限行使の独立性を与える理由として，①法律と経済に関する高度の専門技術的知識に基づいて運用するために，その職権行使を政治的党派から独立させることが必要である，②準司法的権限を有していることが職権行使の独立性の根拠になる，③独禁法が自由経済体制の基本的な経済秩序を維持するための法律であるため，その運用は，その時々の政治的影響から独立して，継続的一貫性を保持する必要があることなどが挙げられている。[512]

しかし，公取委が内閣総理大臣からの独立性を有すると言っても，具体的な職権行使の独立性にとどまることに過ぎず，委員長及び委員の任命，関係法案の提

---

511 根岸編［2009］（平林執筆部分）604頁。
512 根岸＝舟田［2006］307-308頁。

出，予算案の編成などを通じて，内閣は公取委をコントロールすることが可能である。

4 まとめ

　戦後の日本は，戦前の統制経済への反省から，自由な市場経済体制の構築に向けて，市場における公正・自由な競争ルールの実現を目指す競争政策を強く促進しようとした。経済民主化のシンボル，「経済憲法」である独禁法の実効性を保障するために，「もともと公取委は競争政策になじみのないわが国において独禁法を活発に施行するために高いレベルでかつ独立の機関として設立されたものである」と言われるように，その執行機関にあたる公正取引委員会の「中心主義」，権威性，独立性が強く強調された。これは（「中心主義」，権威性，独立性の強調）言うまでもなく，独禁・競争政策の推進に適格な機関を設立し，強力に遂行させるためである。すなわち，独禁・競争政策の推進の任務を担う独禁法の執行機関について，どの程度の権威性，独立性等を保障するかは，独禁政策・競争政策の効果的な執行に，直接かつ極めて重要な影響を与えると考えられるからである。

　しかし，統制経済の残滓を取り除くことはもちろん簡単にできることではなく，また，戦後の日本は先進国に追いつくために，産業の育成を最優先の課題にし，競争政策より，産業政策を重視することになった。そこで，公取委は，執行活動，競争政策の推進過程において，さまざまな困難に遭遇した。戦後，独禁法の執行歴史過程において，公正取引委員会に産業政策等への譲歩を求めてくる政治的な圧力がたびたびあったことに鑑みると，この公正取引委員会の「権威性」，「独立性」等の重要性が自明なことであると思われる。この日本の経験から学べることとは，競争的文化の伝統の無い国，かつ発展途上で産業政策を重視する国において，競争政策を推進し，競争文化を浸透させるために，高度な独立性，政府内の高い地位と強力な権力をもち（いわゆる「権威性」），外部からの不当な干渉を排し，競争政策の推進に専念できる（いわゆる「集中性」）執行機関を設立することが如何に重要なことであるかということであると思われる。

　中国で反壟断法立法過程中に議論の焦点となった執行機関の「集中性」，「権威

513　根岸＝舟田［2006］308 頁。
514　平林［2008b］52 頁。平林［2008c］49 頁。
515　平林［2008a］67 頁以下。

性」,「独立性」について,日本では,かつての立法過程,執行実務において,すでに類似のことを経験していた。このような論争の背後には,競争政策を推進・強化しようとする勢力と産業政策優先,伝統的な官僚主導行政体制を擁護する勢力との間の拮抗が存在している。

　前述した中国における三つの論点(=「集中性」,「権威性」,「独立性」)は,日本の関連議論と比べても,実質的内容について異なる所はあまり多くないと思われる。但し,ここで一つ重要な点を指摘しておきたい。中国において,反独占執行機関の独立性を論じる際に,多くの意見は,他の行政機関に対する独立性の保障を主張しており(場合によって国務院に対する相対的な独立性),その目的がもちろん行政権限による市場介入(主に産業政策)に対抗できる競争政策の執行機関の設立などにある。[516] 実際に非常に重要であると考えられている,日本で(独立性に関する議論において)言及された政党や政治的圧力からの独立について,中国では,ほとんど言及されず,やはり現段階では,そのようなことについては,まだ非現実的であると考えられているかもしれない。

第2節　三つの論点についての中国における学説論争

1　独立性について

1　第一説(独立性が必要=積極意見)

　反壟断法執行機関に独立性が必要であるという理由について,例えば,反壟断法の執行は,国のマクロ的経済政策と社会公共利益に直接的に関連しており,他の行政機関,権力及び利益集団からの不当な影響を防ぐために,反独占執行機関の独立性が非常に重要であるという考え方がある。[517] また,反独占の執行機関は独立性がなければ,競争政策と産業政策の衝突の中で,他の政府部門の産業政策に屈してしまいがちであり,また,行政権限に大きな影響力を有する大企業や,中国特有の行政独占等と戦い,競争政策を推進するために,執行機関の独立性は不

516　また少数の説は全人代所管に言及したが,全人代も共産党の支配的地位で,また,中国の現行憲法体制の下では,この意見があまりにも飛躍しすぎて現実的ではないと多くの学者に批判されている。

517　史際春[2007] 266頁。

可欠であるという主張もみられる。[518]

　以上のような見解から，反壟断法執行機関の独立性が必要である理由は，①他の政府部門の産業政策に屈しないようにするため，②行政権限や利益集団から独立性を保つため，③地方保護主義などの行政独占を規制するためという3点にまとめることができるのではないかと思われる。

　その他に，独立性必要説に賛成する学説が多く見られ，[519]学識者の間において多数説ないし通説であると言われている。[520]

2 第二説（独立性を過度的に主張する説への批判＝消極意見）

　この説の代表的な意見は，反壟断法執行機関の独立性の重要性を否定しないが，同時に反独占執行機関への抑制と均衡，権限の分散，チェック・アンド・バランス，デュ・プロセスなども重要視し，中国現在の体制からみれば，過度的に反独占執行機関の独立性を強調することは危険であるとして，高度な独立性に固執せず，執行機関の権限を制約する制度設計も考慮した方が現実的であると主張する。[521]

　その理由は，以下の通りである。

① そもそも，中国現体制の下では，高度的な独立性を有する反独占機関の成立を求めることは非現実的であり，反独占機関自体の設置に困難性を高めるばかりのこととなる。[522]

② 仮に（積極意見の主張するような）高度的な独立性を有する反独占機関が成立したとしても，この機関が高度な独立性を備えることによって強大な権限を有すると（利益集団に「捕獲」されたり，判断を誤ったりすることによって）望んでいる方向に反して，独立性が強くなればなるほど法執行に失敗する可能性が高くなり，市場にとって，危険な存在となる可能性が否定できない。[523]

③ 独立の規制機関は大局的な視野が欠け，自己の授権された範囲の局部的な目標にこだわり過ぎて国家の全体目標を無視しがちな傾向にある。[524]

518　王暁曄［1996］19頁。王暁曄［2007a］37頁。
519　張穹［2007］266-267頁。王健［2005］758頁。喬文豹［1998］22頁。汲広林［2006］379頁。周昀［2001］53頁。
520　李勇軍＝胡暁玲［2006］24頁。
521　李剣［2004］168-170頁。李剣［2010］18頁以下。
522　李剣［2004］169頁。
523　李剣［2010］18頁以下。
524　李剣［2010］21頁。

④ 規制機関は非常に広汎な自由裁量権を有すると，独断や権限の濫用のおそれが大きくなる。[525]

(有効な制約制度の存在は，反独占規制機関の独立性の前提である) そこで，規制機関に対する制約の方法を極めて重視する必要があるが，中国の現状では行政権力に対する制約がまだ非常に弱く，[526]また，現行の制度設計において，執行機関に対する関連制約，手続規定の厳格さなどが極めて不十分である (そこで，制約の無い独立機関自体にリスクが大いに存在する)。[527]

また，その他，独立性必要説をとりつつ，中国の現状ではそれはたいへん困難であると指摘した意見もある。[528]

2 集中性について

1 第一説 (＝集中説，一元説＝積極意見)

この説は次の幾つかの理由から，反壟断法執行機関の集中性が重要であると主張している。これらの要素を満たさなければ，反独占執行機関は，強力的な機関として保障できなくなり，執行機関の権威性，独立性，及び反壟断法の実効性が損なわれ，競争政策の推進にマイナスの影響を与えてしまうことになるという見解である。

(1) 法執行の公正，法的判断基準の平準化

(非集中的) 分散的な執行体制をとると，(複数の執行機関の間において) 判断基準はばらばらになる可能性があるため，法執行の公正さ及び統一性に影響する。また，権限が中央レベルの執行機関に集中されず，地方政府にその権限を与えることになると，地方政府がそれを濫用し，反壟断法は地方保護主義の道具になるおそれがある。[529]

多元的で分散的な執行体制をとると (執行管轄権をめぐる縄張りの争いや混乱が生じるおそれがあり) 執行の不確実性をもたらし，法執行の統一性を損ない，執行機関の権威性にも影響するため，一つの執行機関に集中すべきと考え，そして，

---

525 李剣 [2010] 21 頁。
526 李剣 [2004] 168-169 頁。
527 李剣 [2010] 18 頁以下。
528 史際春 [2007] 271 頁。
529 張炳生 [2005] 119 頁。

（後述のような一元的な執行機関への抑制と均衡の保持を心配している）集中説を懐疑する見解に対して，最終的に司法審査による制約が働くため，特に心配に及ばないと反論している。[530]

(2) 行政コスト及び法執行の効率性

世界的に見てもアメリカ以外の国の執行機関は，ほとんど執行権限を集中させており，もし反壟断法の執行権限が分散されてしまうと，部門間の不調和，権限配分の曖昧性などによって，法施行の効果は大きく損なわれるおそれがあるため，「反壟断法の執行は集権的でなければならず，分権的になってはいけない」[531]。

現在，アメリカの学者の多くもアメリカの経験から分散的な執行は不適当であると考えており，執行権限が分散されてしまうと，部門間の管轄権の衝突や権限配分の困難性などによって，行政のコストの増大と執行効率性の低下がもたらされるため，多元的な執行体制をとるよりも，規制権限を一元的に集中した方が望ましいとしている。[532]

その他，分散的な執行体制によって，執行部門間の管轄権をめぐる縄張り争いが生じ，その調整が非常に困難となり，執行コストが増大することを避けるために一元的な（集中的な）執行体制の方が望ましいと主張する意見も多くみられる。[533]

(3) 競争政策の執行及び推進の専門性・実効性

本章第1節の1の2で述べたように，（既存の行政機関は他の政府部門や企業などとの癒着が見られ，また産業政策に対しても積極的であるため）旧来の行政官庁の反壟断法執行権限の分担による競争政策の骨抜きを防ぐために，執行権限が一元的に集中した新しい専門機関の設立が望ましいと強調されている。

2 第二説（＝非集中説＝消極意見）

この消極意見は，① 現在の中国においては，高度独立的で集中的（理想的）な反独占執行機関の設立は不可能である，② (①を前提とすれば) 集中性より非集中で複数の執行機関の方が合理的で現実に相応しく，効率性も高くなるという見解である。

---

530 汲広林［2006］381-382頁。
531 時建中［2006］。
532 また，同論者は，中国の現実を洞察して，たとえ，（非集中的）多元的な執行機関の設置が避けられない場合であっても，なるべく産業分野ごとに，執行権を分けるべきとの妥協案についても言及している。王暁曄［2007a］36-37頁。
533 張炳生［2005］119頁。喬文豹［1998］21頁。

まず，この説の代表的な見解によれば，① 中国の現在の官僚体制の下で，反独占の執行権限を集中させ，単独の執行機関を設立することは非現実的である。集中的な単独の機関を設立するには，中国の行政機関全体を大きく調整する必要がある他，さらに，いままでなかった独立（行政）機関の概念を導入しなければならず，それは決して簡単なことではない。仮にそのような機関が成立したとしても，あまりにも従来の官僚機関と異なるため，抵抗され，孤立してしまう危険性もある。② 反独占執行機関の独立性はイコール唯一性（単独の執行機関）ではないため，他の国の経験をみても，効果的な協調及び権限の配分ができれば，（筆者注：協議機関である反壟断委員会の下で）執行機関が複数であっても，反独占執行機関の権威性，統一性，独立性，高度な専門性にそれほど大きな影響を与えないと主張し，反独占執行機関は必ずしも集中的でなくとも構わないという見解である。[534]

また，他の意見として，（集中性を有する執行機関の方は執行効率の面で多少有利であるかもしれないが）中国の現状では，非集中的で複数の行政執行機関による権限分担の反独占執行体制の方が望ましいとの考え方もある。その理由として，中国において，行政機関に対する制約が非常に少なくて弱い現状では，執行権限を過度に集中させるより，権限を分散して相互的に制約し合いながら，均衡を図る執行体制を取った方がより合理的で現実に相応しいと述べ，また中国において，高度独立的で集中的な反独占執行機関の設立は不可能に近いため，理想的な執行機関の設立に固執しすぎる意見は，非現実的な考えであり，反壟断法執行機関成立の困難さを増すだけになると主張している。[535]

他には，基本的に上記の二つの考え方に類似し（一元集中的な執行機関より，複数の執行機関の方が望ましい），そのうえ，諮問的な役割を有する機関＝委員会を設置することも考えられる方法であるという意見も見られた。[536]

3 権威性について

1 第一説（＝権威性が必要＝積極意見）

この説は，反壟断法執行機関の権威性を保障する必要があると主張するが，そ

---

534 史際春［2007］270-271 頁。
535 李剣［2004］169-170 頁。
536 邱平栄＝高毅［2006］101-102 頁。

の具体的な理由は，次のとおりである。

① （中国現在行政体制において，行政機関の権限及び執行力は，一般的に行政序列のクラスに比例している場合が多いため）高いクラスの行政機関でないと，その執行力が弱くなるから，この問題を克服するために，反壟断法執行機関を国務院の高い位置の機関（国家公正交易委員会）とし，その権威性を保障する必要がある[537]。

② 市場経済の国では，競争政策が優先的に適用されるべきであるため，その競争政策の執行機関が政府内において高い位置を有するのは，当然のことである[538]。

③ 競争政策に関する国際的な交流，国際協定の交渉などにおいて，国を代表できる権威性のある競争政策執行機関が必要である[539]。

④ 多くの場合は，反壟断法の規制対象として，強力な大企業であり，特に中国では行政独占をも規制する必要があるため，執行力を保障するために，執行機関の高い権威性が必要である[540]。

2 第二説（＝消極意見）

この説は，上記の権威性に関する第一説（＝権威性が必要＝積極意見）に対して，疑問を提起している。その中でも有力な見解は，反独占執行機関の権威性は重要であるが，それが政府部門における位置の高低と必然的な関係はなく，また法律の規定によるものでもない。なぜなら，権威性については，独立性による必然的な結果であり，独立性に基づき，公正的で専門的な法執行によって築かれるものだからであると主張している[541]。

反壟断法の執行機関の政府における位置の高低は，権威性や法執行効果に必ずしもそれほど重大かつ直接的な影響を与えているとは言えない（そこで，権威性を強調する必要は無い）という意見も見られる[542]。

---

537 李勇軍＝胡暁玲［2006］26頁。
538 王暁曄［2007a］36頁。
539 王暁曄［2007a］39頁。
540 李濤＝王先林［2000］9頁。張炳生［2005］115頁。
541 史際春［2007］266頁。
542 李剣［2004］168頁。

4 まとめ

　本節では，反壟断法執行機関にかかわる三つの重要な論点：独立性，集中性，権威性に関する学説の状況について分析してきた。すべての学説は，分析してきたように，論点ごとに第一説と第二説のように分かれている。第一説は，競争政策の強力な推進に非常に熱心であり，競争文化の伝統が無く，産業政策が優位である現在の中国において，競争政策を推進させるために，独立性，集中性，権威性を有する強力な執行機関の設立がたいへん重要で，不可欠であると主張しており，中にはやや理想主義的な論者もいると言われているが，意見Aとほぼ一致し，その学説的基礎にあたると思われる。それに対して，第二説は，中国における政治・官僚制度の現実，産業政策などの優位性に注目し，（理想的な執行機関の設立が不可能なら，よりリスクまたは消極的影響の少ない）現段階の中国の政治・経済社会に適合した執行機関をつくるべきで，あまり理想主義にこだわりすぎず，現実主義の視点から，妥協すべきところは妥協するという考え方である。第二説は，（考え方として，産業政策優先論とまで言えるか否かは別として，少なくとも），結果論的にみれば，意見Cに近づくような結論になり，競争政策に消極的で，産業政策に積極的になる傾向があると思われる。このように，競争政策及びその推進機関たる執行機関のあり方に対する態度について，両説の区別としては，第一説は非常に積極的で，やや理想主義的な傾向があるが，第二説は，やや消極的で，現実主義（または妥協説）であると思われる。

　この二つの学説は，中国において，反壟断法執行機関を設立し，競争政策を推進することの困難さを表している。一方，競争文化の伝統はなく，計画経済の残滓がまだ残っている中国において，産業政策重視の勢力と対抗するために，高度的独立，かつ強力で権威的な執行機関によって競争政策を貫徹させることが非常に大切であるが，もう一方，中国の政治・経済体制の現状から，高度的独立，かつ強力で権威的な執行機関の設立はそもそも困難で，それにこだわりすぎると，反独占政策を推進するどころか，反壟断法の立法自体も困難な状況であった。そこで，中国の立法当局，及び立法関係者はどのように対応したのかについて，次節で考察しよう。

第3節　各草案の考察及び解説

1　集中性について

本章第1節の2の*1*で述べたように，ここで言う集中性の問題について，中国での議論の焦点は，概ね反独占担当機関について，一元的にある単独機関に集中して執行させるか（例えば日本の公正取引委員会中心主義のように），それとも，執行権限を分散して，複数の機関によって執行するのか，についてのことである。既述のように，集中説及び非集中説と意見は分かれている。以下では，学説における意見の違いに照らしながら，各草案において，この集中性についての条文の変化について見てみよう。

1　集中性に関する各草案の主要なチェックポイント

中国の学説や立法過程に現れる問題点を分析すると，集中性について，主として，① （反壟断法の）行政執行権限の集中（機関は単独か複数か），② 行政執行権限と競争政策の推進機能の集中（または分離か）[543]という二つの側面から説明できる。ということは，もし①の行政執行権限が一元的に集中されれば，②の問題が特に起きないであろうが（日本の公取委のように，全部この機関に集中させれば解決する），行政執行権限が一元的に集中しなかった場合（複数法執行機関の状況で），競争政策の推進機能をどう処理するのかが問題になる。

(1)　「主管」＝行政執行権限の集中

例えば，2005年案の第36条は「国務院は反独占主管機関を設立し，次に掲げる職能及び責任を有する。」と規定している。しかし，2006年案の関連条文からは「主管」という文言はなくなった。これについて，立法関係者である王暁曄氏は，「……我が国の反独占の法執行は，国家工商局，商務部及び国家発展改革委員会による分散的な法執行の状況が続くことになることを意味している。……」と述べた[544]。すなわち，「主管」という言葉には反独占の執行機関が非分散的であ

543　例えば，反壟断法施行に，商務部，発展改革委，工商総局という三つの行政執行機関によって，反壟断法の行政執行権限を分担している。それに対して，国務院反壟断委員会は競争政策の研究・調査，執行機関の業務の調整などの機能を与えられている。

544　王暁曄［2007a］37頁。

ることを意味して，その文言をなくすというのは，法執行権限の集中を消滅させるということに等しいと考えられている。

(2) 行政執行権限と競争政策の研究・調査・推進などに関する機能の集中

中国の反独占担当機関について，担当機関が「単独」か「複数」かという問題があると同時に，その意思決定の方式や機能の内容などについても問題がある。意思決定の方式については，主として，合議体にするかどうかの問題で，それは独立性にもかかわる問題であるため，独立性を議論する箇所に譲ることにする。そして，機能の内容については，いわゆる競争政策の推進と行政執行の機能，例えば，日本の公正取引委員会は独禁法の執行機関であるのみならず，競争政策の推進を任務とする政策官庁であり，この二つの機能が公正取引委員会に集中している[545]。中国法の立法過程においても，後述のように，この二つの機能を一つの機関に集中させるタイプと分離するタイプがあった。

2 草案の変化及び解説

(1) 行政執行権限と競争政策の研究・調査・推進などに関する機能の集中

表7-1のように，1999年案から制定法までは，行政執行権限と競争政策の研究・調査・推進などに関する機能の集中について，草案は，二つのタイプに分かれた。

一つは行政執行権限と競争政策の研究・調査・推進などの権限及び機能を，ある反独占主管機関に集中させる（以下は集中型という）。もう一つは，行政執行権限と競争政策の研究・調査・推進などの権限及び機能を複数の機関に分散させる（以下は分離型という）。

前者の集中型の例として，例えば，1999年案では，その第31条において

> 第31条（職権）　この法律における独占禁止の関連事項を処理するために，国務院は反独占主管機関を設立し，次の職能及び責任をもたせる。
>
> （一）　独占禁止の政策及び法規定を作成すること。
> （二）　この法律における独占禁止の関連事項を審議すること。
> （三）　事業者の活動及び競争状況について調査すること。
> （四）　この法律に違反する事案について調査・処理すること。
> （五）　定期的に市場支配的地位を有する事業者の名簿を公表すること。

545　根岸編［2009］（平林執筆部分）608頁。

（六）　独占禁止のその他の事項。

と規定している。

表7−1　行政執行権限と競争政策の研究・調査・推進などに関する機能の集中

	行政執行権限と競争政策の研究・調査・推進などに関する機能の集中について		「主管」＝行政執行権限の集中	
	集中（or 分離）	関連参照条文	集中（or 非集中）	関連参照条文
1999 年案	集中	第5条，第31条	集中	第5条，第31条等
2000 年案	集中	第5条，第31条	集中	第5条，第31条等
2001 年案	集中	第6条，第37条，第38条	集中	第6条，第37条，第38条等
2002 年案	集中	第6条，第37条，第38条	集中	第6条，第37条，第38条等
2003 年案	集中	第6条，第36条，第37条	集中	第6条，第36条，第37条等
2004 年案	集中	第6条，第40条	集中	第6条，第40条等
2005 年案	集中	第6条，第36条	集中	第6条，第36条等
2006 年案	分離（正確に言えば，2005 年11月案から）[546]	第5条，第33条，第34条	非集中（正確に言えば，2005 年11月案から）[547]	第5条，第33条，第34条等
2007 年案	分離	第9条，第10条	非集中	第9条，第10条
制定法	分離	第9条，第10条	非集中	第9条，第10条

例えば，独占禁止政策の策定，競争状況の調査などは，競争政策の推進の機能にあたり，違反事案の調査，処理は法の行政執行にあたる。この条文の規定によれば，行政執行の権限と競争政策の推進の機能の両方を合わせて，すべて「国務院反独占主管機関」に集中させているため，集中型である。1999 年案〜2005 年案までの草案はほとんどこの集中型に属する。[548]

一方，2006 年案から（正確に言えば 2005 年 11 月案から），この行政執行権限と競

546　正確に言えば，2005 年 11 月案から，分離されるようになったが（第5条），本書では複数の草案から，国際会議において配られ，最も広く知られている 2005 年 4 月 8 日の草案を 2005 年草案と選定しているので，2006 年案からとした。

547　「主管」の 2 文字は 2005 年 11 月案から消え（少なくとも 2005 年 7 月案第 5 条及び，9 月案第 5 条においては確認できた），これは執行機関の非集中性の可能性を示した最初の変化である。本書では前掲の理由でこの変化を 2006 年案にしか表記していない。

争政策の研究・調査・推進などに関する機能は，分離されるようになった。例えば，2006年案の第5条では，「国務院反壟断委員会」と「国務院反独占執行機関」[549]という2種類の機関の設立を規定し，さらに同草案の第33条は，前者の「国務院反壟断委員会」に，競争政策の研究・調査，執行機関の業務の調整などの機能を与え，後者の「国務院反独占執行機関」には，第34条[550]によって独占禁止の法執行権限を与えた。2007年案もこれを踏襲し，最終的には制定法第9条[551]は

第9条　国務院は反壟断委員会を設立し，同委員会に独占禁止業務を組織，

548　2004年案の第40条の規定を見ると：

「第40条　（主管機関の職能及び責任）

　商務部反独占主管機関は法に基づき，市場における競争について，監督管理を行ない，競争秩序を維持して，次の職能及び責任を有する。（一）独占禁止の政策，法律，行政法規及び規則を作成すること。（二）この法律における独占禁止の関連事項の受理及び審議を行なうこと。（三）独占禁止の法律，行政法規に違反する案件について調査し，処理すること。（四）市場における競争の状況について監視すること。（五）外国の反独占主管機関及び国際組織との国際交流・協力を担当し，競争に関する国際的協定の交渉を行なうこと。（六）独占禁止のその他の事項。」

　他の草案の「国務院反独占主管機関」と異なって，「商務部反独占主管機関」と規定しているが，実際に，条文を見れば，法執行と競争政策の研究・調査・推進などに関する機能が主管機関に集中されているので，2005年案までの各草案と同じく，集中型に属するというべきであろう。

549　（2006年案）「第5条　国務院は反壟断委員会を設立する。国務院反壟断委員会は独占禁止に係る事項を指導，組織，協調させる責任をもつ。

　国務院が規定した反独占の執行に関する職責を負う機関（以下国務院反独占執行機関という）は，この法律の規定により，反独占の法執行を担当する。

　国務院反独占執行機関は，職務上の必要に応じて，省，自治区，直轄市の人民政府の対応機関に，この法律の規定に基づき，反独占の関連する法執行を担当する権限を授与することができる。」

550　「第33条　国務院反壟断委員会は次に掲げる職能及び責任を有する。（一）競争政策を研究し，作成すること。（二）市場全体の競争状況に関する調査，評価することを組織して，評価報告書を公表すること。（三）国務院反独占執行機関，国務院関連部門及び規制機関の反独占に関する法執行の業務を監視し，協調させること。（四）重大な反独占事件の処理についての調整を行なうこと。（五）国務院の規定するその他の職能及び責任。」

551　「第34条　国務院反独占執行機関は次に掲げる職能及び責任を有する。（一）独占禁止に関する指針及び具体的措置を制定し，公告すること。（二）市場における競争状況を調査して，評価すること。（三）独占容疑のある行為について調査，処理すること。（四）独占行為を制止すること。（五）事業者集中に関する届出を受理し，審査すること。（六）国務院の規定するその他の職能及び責任。」

協調，指導する責任をもたせ，次に掲げる職能及び責任をつかさどる。

(一) 競争に関する政策の研究及び策定。

(二) 市場全体の競争状況に関する調査，評価の実施，並びに評価報告書の公表。

(三) 独占禁止に関する指針の制定及び公布。

(四) 独占禁止に関する行政機関の法執行業務の調整。

(五) 国務院の規定するその他の職能及び責任。

国務院反壟断委員会の構成及び職務規則は国務院の規定による。

と規定し，競争政策の研究・調査，指針の制定・公布などの機能を「国務院反壟断委員会」に与え，第10条「国務院が規定する反独占執行の職責を担当する機関は……の法律の規定により，反独占執行権限を有する。」によって，反独占行政執行権限を「国務院反独占執行機関」に与えることによって，反壟断法の行政執行権限と競争政策の研究・調査・推進などに関する機能を分ける，いわゆる分離型に決着した。

(2) 「主管」＝法執行権限の集中についての解説

すでに述べたように，競争政策の推進と別に，反壟断法の行政執行について，その執行権限を単独の機関に与えるか，または複数の機関に分散するのか，いわゆる集中と分散の問題がある。表7－1の各年度の草案を見ると，1999年案～2005年案は集中型で，2006案～制定法は，分散型であるという二つのタイプに分けられる。そのキーワードは「主管」という文言である。2005年案までの各草案は，「主管」という文言があったため（法案の条文の分析からも），法執行権限も競争政策の研究・推進の機能も，すべて法によって規定された「主管」機関に集中していたが，2006年案からは，反独占機関の名称には「主管」という文言

---

552 2000年案の訳文（姜姍訳『国際商事法務』2002年，第30巻1号，64頁以下。中国語の原文は未入手）では，第31条，第32条などにおいて，反独占の執行機関が「国務院独占禁止機関」と訳されていたが，しかし，2000年案の関連条文は1999年（中国原文あり）の関連条項，法規定の内容と酷似しており，また2000年案の第31条には，①独占禁止機関を設立し，それに法執行及び競争政策の研究・推進に関する権限を与える，②さらに，同第32条～41条などによると，この独占禁止機関は合議体の独立行政委員会の組織構成となる等々の分析により，2000年案も1999年案と同じ，集中型の独立行政委員会がその「主管」機関であると判断できると考えるので，その「国務院独占禁止機関」には「主管」が無いのは，翻訳の問題にすぎないと思われる。

がなくなり，その第5条第2項では，「国務院が規定した反独占の執行に関する職責を負う機関（以下国務院反独占執行機関という）は，この法律の規定により，反独占の法執行を担当する。」と規定した。これは，反壟断法の執行は単独機関ではなく，複数の機関による分担となり，しかも従来の既得権限に沿って，反壟断法の執行権限を山分けすることになると言われ[553]，実際に，反壟断法が成立し，施行されてから，そのとおりとなった。すなわち，後述のように，企業結合は，商務部に，価格に関する独占行為は国家発展改革委員会に，（価格に関する以外のカルテル・市場支配的地位など）その他反独占行為は工商総局に，それぞれ分掌されるようになった。

2 権威性について

本章第1節第2項の*2*及び第2節第3項では，中国の学説において反壟断法執行機関の権威性について，主として以下の点を考慮して評価すると紹介した。

① 執行機関は，実質的で強力的な権限を有し，一元的集中型であるか否か
  （集中性の箇所で議論したので，ここでの議論を省略する）。
② 政府内の位置について上級機関であるか否か。
  ②-1 国務院または全人代のどちらの所管，上級機関であるか否か。
  ②-2 合議体の独立行政委員会であるか否か。
③ 行政的独占に対する直接的規制権限。
④ 法令，規則等に関する意見表明，報告要請等の権限。

上記の①を除いて，各評価点に基づき，各年度の草案（及び制定法）を表7-2のように整理してみる。表7-2で整理したように，全体として，概ね次の四つのグループに分けられる。

第1グループ：1999年案及び2000年案。第2グループ：2001年案，2002年案，2003年案。第3グループ：2004年案，2005年案。第4グループ：2006年案，2007年案，制定法。

まず，第1グループにおいて，反壟断法執行機関は国務院所管で，高度な権威性を有する合議体の独立行政委員会として，行政的独占に対して処分を命ずる権限は無いが，直接調査権限がある。このような反壟断法執行機関の設置は，（第1

---

553 王暁曄［2007a］37頁。

表 7-2 各年度の草案及び制定法

	（上級機関であるか否か等の）政府内の位置について		法令，規則等に関する意見表明，報告要請等の権限	行政的独占に対する直接的規制権限
	所管	委員会 or その他の組織体		
1999 年案	国務院	合議体の独立行政委員会（第31条以下）	不明	直接調査権限があるが，処分を命ずる権限は無い（第41条第2項）
2000 年案	国務院	合議体の独立行政委員会（第31条以下）	不明	不明であるが，1999年案と同一の可能性が否定できない[554]。
2001 年案	国務院	非合議体委員会の独立的主管機関（第38条以下）	あり（第38条第2項）	あり（第50条等）
2002 年案	国務院	非合議体委員会の独立的主管機関（第37条以下）	明確規定無し，但し部分的権限あり（第36条，第48条の解釈による）	あり（第47条，第48条等）
2003 年案	国務院	非合議体委員会の独立的主管機関（第36条以下）	明確規定無し，但し部分的権限あり（第35条，第47条の解釈による）	あり（第48条）
2004 年案	国務院商務主管部門（＝商務部）	商務部の所属部門（非独立）（第6条，第40条等）	あり（第60条）	あり（第59条）
2005 年案	国務院	国務院反独占主管機関（非委員会，非合議体，非独立，第36条以下）	あり（第50条）	あり（第49条等）
2006 年案	国務院（及びその下の行政機関）	「協調議事機関」である反壟断委員会＋反独占執行機関（第5条，第32条，第33条）	不明	無し（第50条）
2007 年案	国務院（及びその下の行政機関）	「協調議事機関」である反壟断委員会＋反独占執行機関（第9条，第10条）	不明	無し（第50条）
制定法	国務院（及びその下の行政機関）	「協調議事機関」である反壟断委員会＋反独占執行機関（第9条，第10条）	不明	無し（提案可能　第51条）

第3節　各草案の考察及び解説

節の1の反壟断法執行機関の設立に関する意見の）意見Aに基づき，また，権威性必要説の要求条件をほぼ満たしているため，すべての案の中において権威性が一番高いと思われる。法令，規則等に関する意見表明，報告要請等の権限は不明となっているが，おそらく，反壟断法執行機関は高度な権威性を有する合議体の独立行政委員会であるため，（第2グループのように）明確な規定を置かなくても，もともと（または，他の条文，例えば1999年案第31条などの解釈によって）そのような権限を有するのは当然であると考えられているかもしれない。

次に，第2グループにおいては，反壟断法執行機関は国務院所管で，行政的独占に対して直接的な規制権限があり，また法令，規則等に関する意見表明，報告要請等の権限もあるが，非合議体委員会の独立的主管機関であるため，第1グループと比較して大きく異なるのは非委員会，非合議体の組織となったことである。これは，意見Bに近く，一定の権威性があるが，第1グループより大きくレベルダウンしている。

第3グループにおいては，反壟断法執行機関は国務院所管で（2004年案は商務部の所管），行政的独占に対する直接的な規制権限，及び法令，規則等に関する意見表明，報告要請等の権限があるが，独立性はなくなり，非委員会・非合議体・非独立の執行機関となった。グループ2と比較して大きく異なるのは非独立機関になったことである。これは，意見Bよりもすこし下の制度設計であり，グループ2よりもさらに権威性がレベルダウンしている。

最後に，第4グループにおいては，反独占関連機関については，二層構造となり（国務院所管の「協調議事機関」である反壟断委員会＋国務院の行政機関に反独占執行機関を設置する），行政的独占に対しても直接に規制する権限は無くなり，また，法令，規則等に関する意見表明の権限の規定も無い。これは，意見Cとほぼ同じで，第3グループよりさらにレベルダウンされ，権威性が全草案において最も低い。

554　2000年案（姜姍訳文［2002］64頁以下）は，第41条第2項の翻訳漏れの可能性が高い。理由として，いままで条文を見てきた経験からすれば，2000年案は1999年案とほぼ一致しているのに，この第41条第2項だけが抜けているのは極めて不自然だからである。今後中国語の原文を入手し次第確認したい。

表 7-3　各草案及び制定法における反壟断法執行機関の独立性をめぐる規定

	「職権行使の独立性」規定の有無	委員長及び委員の任命	委員の任期	委員の罷免に関する規定	合議による議決に関する規定の有無
1999 年案	あり（第 32 条）	委員長は国務院総理指名，全国人民代表大会任命。委員は国務院総理指名	5 年	あり	あり
2000 年案	あり（第 32 条）	1999 年案に同じ	5 年	あり	あり
2001 年案	あり（第 39 条）	規定無し	規定無し	規定無し	規定無し
2002 年案	あり（第 37 条）	規定無し	規定無し	規定無し	規定無し
2003 年案	あり（第 36 条）	規定無し	規定無し	規定無し	規定無し
2004 年案	規定無し	規定無し	規定無し	規定無し	規定無し
2005 年案	規定無し	規定無し	規定無し	規定無し	規定無し
2006 年案	規定無し	直接規定無し	規定無し	規定無し	直接規定無し
2007 年案	規定無し	直接規定無し	規定無し	規定無し	規定無し
制定法	規定無し	直接規定無し	規定無し	規定無し	規定無し

3　独立性について

中国反壟断法執行機関の独立性を考察する際に中心要点となるのは，いわゆる職権行使の独立性，及びこれを確保するための組織構成，委員（あるいは職員）の身分保障，任期，任命方法，罷免規定等であると考えられる（表 7-3）。

ここでも，①第 1 グループ（1999 年案及び 2000 年案）②第 2 グループ（2001 年案，2002 年案，2003 年案）③第 3 グループ（2004 年案～制定法）というように，三つのグループに分けられる。

① 第 1 グループ（1999 年案及び 2000 年案）は，「職権行使の独立性」に関する規定があり，委員の任命，身分保障にかかわる規定なども充実しているため，すべての法案の中，反独占機関の独立性が最も高いと思われる。

② 第 2 グループ（2001 年案，2002 年案，2003 年案）は，「職権行使の独立性」に関する規定があるが，委員の任命，身分保障にかかわる規定が無くなったため，グループ 1 より独立性がレベルダウンしている。

③ 第 3 グループ（2004 年案～制定法）は，「職権行使の独立性」規定をはじめ，独立性に関する条文が全部無くなったため，独立性は無いこととなった。

表 7-4 反壟断法執行機関の集中性，権威性，独立性をめぐる各法案の比較

	集中性	権威性	独立性
1999 年案	○	○	○
2000 年案	○	○	○
2001 年案	○	△	△-
2002 年案	○	△	△-
2003 年案	○	△	△-
2004 年案	○	△-	×
2005 年案	○	△-	×
2006 年案	×	×	×
2007 年案	×	×	×
制定法	×	×	×

表 7-5 各法案の集中性，権威性，独立性を満たした度合い

		集中性	権威性	独立性
グループ 1	1999 年案	○	○	○
	2000 年案	○	○	○
グループ 2	2001 年案	○	△	△-
	2002 年案	○	△	△-
	2003 年案	○	△	△-
グループ 3	2004 年案	○	△-	×
	2005 年案	○	△-	×
グループ 4	2006 年案	×	×	×
	2007 年案	×	×	×
	制定法	×	×	×

4　全草案の比較

　以上の分析に基づき，表 7-4 のように，反壟断法の執行機関の集中性，権威性，独立性をめぐる各法案の簡単な一覧表を作成した。

　意見 A 及び，(第 2 節三つの論点の) 第一説の主張という角度及び評価基準に基づいて，○，△，△-，×という順位で，各草案において，集中性，権威性，独立性の満たした度合いを表で表すと，表 7-4 のようになると思われる。

　○，△，△-，×によって四つのグループに分類することも可能である。

表 7 - 6　集中性，権威性，独立性をめぐる各法案の総合評価(1)

	集中性	権威性	独立性	総合評価
1999 年案	5	5	5	15
2000 年案	5	5	5	15
2001 年案	5	3	2	10
2002 年案	5	3	2	10
2003 年案	5	3	2	10
2004 年案	5	2	1	8
2005 年案	5	2	1	8
2006 年案	1	1	1	3
2007 年案	1	1	1	3
制定法	1	1	1	3

図 7 - 1　集中性，権威性，独立性をめぐる各法案の総合評価(2)

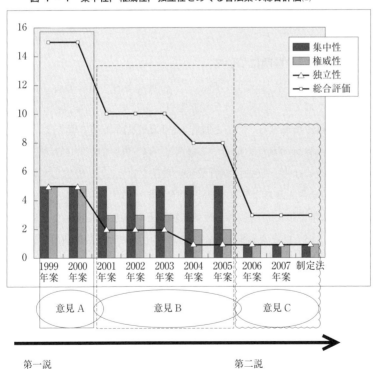

第 3 節　各草案の考察及び解説

さらに，○＝5点，△＝3点，△-＝2点，×＝1点とし，各法案に点数を付けて，表7-6及び図7-1で表す。

以上で分析してきたように，反壟断法立法初期の法案において，意見A及び（3論点の）第一説の主張が優位であり，それによって，反壟断法執行機関は，高度な独立性，権威性，集中性を備えて出発したが，図7-1で現れるように，立法過程の進展とともに，右下がり一方である。すなわち，立法当初，（競争政策優先論などに）積極的な意見（意見A及び第一説）の主導の下で理想的な執行機関をつくろうとし，その意見はある程度は法案に反映されたが，消極的な勢力（産業政策優先論など，意見C及び第二説）の抵抗を受けて，後退する一方であった。まず，牙城が崩されたのは，独立性であり，その次が，権威性，最後に集中性をも含めて，積極的意見の主張はほぼ否定された。

第4節　法施行後の規制機関について

1　反独占関連行政機関について

反壟断法は2007年8月30日に成立し，2008年8月1日に施行された。制定法の第9条第1項では「国務院は反壟断委員会を設立し，同委員会に独占禁止業務を組織，協調，指導する……」と規定し，同法第10条第1項では，「国務院が規定する反独占執行の職責を担当する機関は（以下国務院反独占執行機関という），この法律の規定により，反独占執行業務の責任を負う。」と規定している。すなわち，表7-1で見られるように，2005年案以前の草案と異なり，制定法では，基本的に2006年案以後の反独占行政執行権限と競争政策の推進などに関する機能を分離するということを踏襲した。よって，中国における反独占関連機関に関して，その性格に基づき，行政執行権限の無い反壟断委員会と，実際上の行政執行機関の2種類に分けられる。

1　国務院反壟断委員会

反壟断法の第9条に基づき，中国国務院において，国務院反壟断委員会（以下，反壟断委員会という）が設立され，2008年7月28日に，「国務院辦公庁国務院反壟断委員会の主要職責及び構成人員に関する通知」を公布した[555]。当該通知の内容は三つの部分からなる。

表 7-7　国務院反壟断委員会の構成人員

肩書き	名前	現職（2008年7月28日当時）
主　任	王岐山	国務院副総理
副主任	陳徳銘	商務部部長
	張　平	発展改革委員会主任
	周伯華	工商総局局長
	畢井泉	国務院副秘書長
委　員	張　茅	発展改革委員会副主任
	欧新黔	工業信息化部副部長
	姚増科	監察部副部長
	張少春	財政部副部長
	高宏峰	交通運輸部副部長
	馬秀紅	商務部副部長
	黄淑和	国有資産監督管理委員会副主任
	鐘攸平	工商総局副局長
	張　勤	知識産権局副局長
	張　穹	国務院法制弁副主任
	蔡鄂生	中国銀行業監督管理委員会副主席
	桂敏傑	中国証券監督管理委員会副主席
	魏迎寧	中国保険監督管理委員会副主席
	王禹民	国家電力監管委員会副主席

(1)（反壟断委員会）主要職責

競争に関する政策の研究及び策定，市場全体の競争状況に関する調査，評価の実施，並びに評価報告書の公表，独占禁止に関する指針の制定及び公布，独占禁止に関する行政機関の法執行業務の調整，国務院の規定するその他の職能及び責任（第9条第1項の第一号～第五号と一致）。

(2)　構 成 人 員

表7-7の通り。

(3)　その他の事項

反壟断委員会の具体的な日常業務は，商務部が担当し，馬秀紅商務部副部長が

555　「国務院辦公庁関于国務院反壟断委員会主要職責和組成人員的通知」（国辦発[2008]104号）。

秘書長を兼任する。委員会のメンバーに職務上の異動がある場合，その所属部門が委員会主任に報告し，許可を得る必要がある。

そして，同年9月の報道より，（9月の上旬）主任王岐山の主催で，反壟断委員会の第一次会議が開催され，「国務院反壟断委員会業務規則」を審議し，次の段階の業務について研究し，手配して，関係部門に主要な任務を指示した[556]。会議の主要な内容については以下のとおり，いくつかの点に分けて説明する。

① 反独占業務の推進に関する方針について，次のようなことが強調された。「反壟断法実施の重要な意義を十分認識し，反独占業務遂行の困難性，複雑性を十分に認識して，穏当に反壟断法の実施を進めなければならない。市場における競争を保護・促進しながらも，市場効率を高めることができる集中・合併を奨励しなければならない。企業の規模拡大や市場競争力の強化を奨励しながらも，不正な合併・集中による市場独占を防止しなければならない。国有企業の重点業界及び重要な領域における支配力を保障しながらも，企業が市場支配的地位を濫用して他の事業者及び多くの消費者の合法的な権益を害することを防止しなければならない。外国事業者を含めたすべての投資者の合法的な権益を平等的に保護しながらも，外資による悪性な合併・買収を防止し，国家経済の安全を維持しなければならない。」

② 現段階において，各関連部門の主要な任務。現段階の主要な任務とは，反壟断法の関連規則の制定，市場全体における競争状況の評価報告の綱要の起草編成，業界分類及び評価基準の研究起草，各業界市場集中度状況を反映するデータベースの構築に関する研究，反壟断法の宣伝，学習，人材育成等の展開などとされた。

③ 業務規則等。反壟断委員会の主要な職責（反壟断法第9条第1項第一～第五号）に基づき，「国務院反壟断委員会業務規則」において，委員会構成，会議制度，業務制度及び業務手続を規定する以外に，反壟断委員会は，主に委員会全体会議，主任会議及び専題（特定の問題）会議の開催を通じて，職責を果たすが，構成組織や関連部門の代わりに行政行為を行なわない。商務部，発展改革委員会，工商総局は，反独占執行の職責を果たす。

---

556 「国務院批准反壟断委員会工作規則」『人民日報』2008年9月14日。

2 国務院反独占執行機関

(1) 反独占執行機関に関する規定

反壟断法第10条第1項では，「国務院が規定する反独占執行の職責を担当する機関は（以下，国務院反独占執行機関という），この法律の規定により，反独占執行業務の責任を負う。」と規定しているため，どの機関が反独占執行機関になるのかは，国務院の「規定」するところによることとなる。国務院は2008年前半から，所管の各構成部門について「主要な職責，内設機構，人員編成」の三つを定めようとすることを行なった（中国ではよく「三定規定」と呼ばれる）。反独占執行機関の決定に関連するのは，以下の三つである。

① 2008年7月11日に公布された「商務部主要な職責，内設機構及び人員編成規定[557]」（以下，「商務部三定規定」という）。

② 2008年7月11日に公布された「国家工商行政管理総局主要な職責，内設機構及び人員編成規定[558]」（以下，「工商総局三定規定」という）。

③ 2008年7月15日に公布された「国家発展と改革委員会主要な職責，内設機構及び人員編成規定[559]」（以下，「発展改革委三定規定」という）。

(2) それぞれの反壟断法執行権限について

① 「商務部三定規定」の二（主要な職責）の（十五）は，「法に基づき，事業者集中についての反独占審査を行ない，企業の国外における反独占訴訟対応業務を指導し，多国間・二国間における競争政策の交流と協力を展開する。」と規定する。すなわち，商務部が反壟断法の執行機関の一つであり，その権限の範囲は，事業者集中，企業の国外における訴訟対応，競争政策の国際交流の三つである。これに対応した機構として，同規定の三の（十一）によれば，商務部内に反独占局の設立が規定されている。

② 「工商総局三定規定」の二（主要な職責）の（五）は，「独占的協定，市場支配的地位の濫用，行政権限の濫用による競争の排除・制限に関する反独占執行業務（価格独占行為を除く）の責任を負う。……」と規定する。すなわち，

---

[557] 「国務院辦公庁関于印発商務部主要職責内設機構和人員編制規定的通知」（国辦発［2008］77号）。
[558] 「国務院辦公庁関于印発国家工商行政管理総局主要職責内設機構和人員編制規定的通知」（国辦発［2008］88号）。
[559] 「国務院辦公庁関于印発国家発展和改革委員会主要職責内設機構和人員編制規定的通知」（国辦発［2008］102号）。

図7-2 関連部門関係図

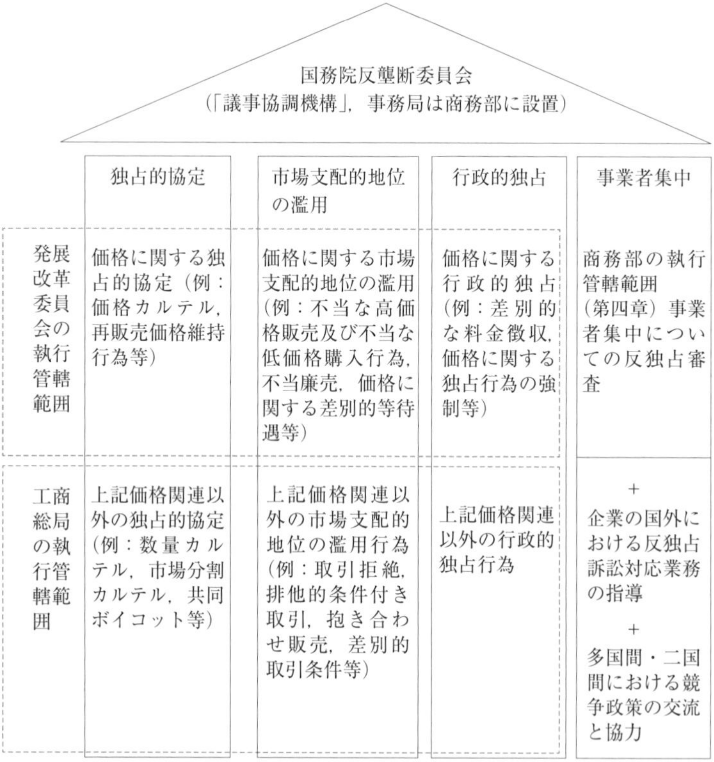

	独占的協定	市場支配的地位の濫用	行政的独占	事業者集中
発展改革委員会の執行管轄範囲	価格に関する独占的協定（例：価格カルテル，再販売価格維持行為等）	価格に関する市場支配的地位の濫用（例：不当な高価格販売及び不当な低価格購入行為，不当廉売，価格に関する差別的等待遇等）	価格に関する行政的独占（例：差別的な料金徴収，価格に関する独占行為の強制等）	商務部の執行管轄範囲（第四章）事業者集中についての反独占審査
工商総局の執行管轄範囲	上記価格関連以外の独占的協定（例：数量カルテル，市場分割カルテル，共同ボイコット等）	上記価格関連以外の市場支配的地位の濫用行為（例：取引拒絶，排他的条件付き取引，抱き合わせ販売，差別的取引条件等）	上記価格関連以外の行政的独占行為	＋企業の国外における反独占訴訟対応業務の指導＋多国間・二国間における競争政策の交流と協力

上部：国務院反壟断委員会（「議事協調機構」，事務局は商務部に設置）

出所：「商務部三定規定」，「工商総局三定規定」，「発展改革委三定規定」，「国家工商行政管理総局令第53号 工商行政管理機関禁止壟断協議行為的規定」，「2010年国家発展和改革委員会第7号令 反価格壟断規定」等に基づき，筆者作成。

工商総局も反壟断法の執行機関の一つであり，その権限の範囲は，価格に関する独占行為を除いた独占的協定，市場支配的地位の濫用，行政権限の濫用による競争制限行為である。これに対応した機構として，同規定の三（内設機構）の（三）によれば，工商総局において，「反壟断及び反不正当競争執法局」を設立することになる。

③ 「発展改革委三定規定」の二（主要な職責）の（三）は「……法に基づき，価格違法行為及び価格独占行為などの取締を行なう。……」と規定する。これに対応した機構設置は，同規定の三（内設機構）によれば，発展改革委の28の内設機構の一つである「価格監督検査司」である。

3 関係機関の概要

前で述べた反壟断委員会と反独占執行機関の状況について図で表すと図7-2となる。

(1) 反壟断委員会の性格及び設置理由

まず，反壟断委員会の性格についてである。反壟断委員会は，実際には行政執行権限を有せず，国務院の「議事協調機構」であることは，全人代常務委員会の第3次審議において，次のように，再度確認され，明確化していた。[560]

> 「……反壟断委員会は議事協調機構か，または実体性のある機構かについて，その性格がまだ不明確であり，反壟断委員会の権威性を増強し，この法律の有効に執行されることを保証するために，反壟断委員会にもっと強力で充分な権力を与えなければならないと一部の常務委員による意見が出されたが，法律委員会は財政経済委員会及び国務院法制弁等の部門と共同して検討して，草案の規定によれば，反独占の執行業務は国務院の規定する反独占執行機関がその職責を負い，国務院反壟断委員会は，反独占業務の『組織，協調，指導』を行なう職能しかない議事協調機構であり，行政権力を行使し，行政的決定を行なうわけではない。草案の第三次審議稿第9条に規定する国務院反壟断委員会の職責がその性格に合致し，適切であるため，法律委員会はこの条文に関して修正しないほうがいいと提案する。」

国務院の「議事協調機構」とは，国務院のある特定の業務を遂行するために，国務院の行政部門間の重要な業務を組織，協調させる機構のことであり，もともと非常設機構から由来し，一般的に総理，副総理，または国務委員会がそのトップを兼任し，マクロ的な指導方針の作成，調査研究の組織業務を行なうが，多部門所管にかかわる特定の問題が起こった場合，この「議事協調機構」が異なる職能部門の業務を協調させるという役割である。[561] この「議事協調機構」のもう一つの特徴は，その成立と解散の変化が激しく，また存在期間が短いのが多い[562]（図[563]

---

560 「全国人大法律委員会関于『中華人民共和国反壟断法（草案三次審議稿）』修改意見的報告——2007年8月29日在第十届全国人民代表大会常務委員会第二十九次会議上全国人大法律委員会主任委員楊景宇」全国人民代表大会常務委員会公報2007年第6期553頁。

561 周望［2010］65頁。劉新萍他［2010］42頁。

562 劉新萍他［2010］42頁。

563 劉新萍他［2010］43頁。

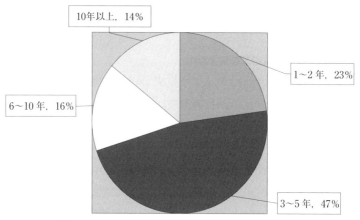

図 7-3 議事協調機構及び臨時機構等の存続期間

出所：劉新萍他 [2010] 44 頁。

7-3参照)。但し，反壟断委員会は反壟断法の明文規定によって設立した法定機構であるため，いままでのような類似機構と異なる一面があり，常設機構として認識される可能性が否定できない。また，国務院も反壟断法の関連規定によって，反壟断委員会の性格を変更させることができるという法解釈が可能であるという考え方が示されている。[564]

そして，なぜ，反壟断委員会が設立されるかについて，「……反壟断法において，我が国反独占機構の設立に関する規定については，現実の実行可能性，関連部門による分散執行の現状の維持を通じて，反壟断法成立後の実施を保障することを考慮して，並びに，将来のことを考え，今後の機構改革及び職責調整に一定の余地を設けるために，……反独占執行業務の責任を負う具体的な機構について国務院が規定することとし，同時に反独占執行を協調し，反独占執行の統一性，公正性，権威性をはかるために，国務院反壟断委員会を設立する必要がある……上記の意見について，我々が慎重に研究した上，国務院に指示を仰ぎ，国務院指導者の同意を得て……」[565]，このような理由で草案に反壟断委員会の設立に関する条文を入れたのである。

---

564 曹康泰 [2007] 186 頁。

(2) 反独占執行権限を三つの機関に与える理由及び3機関の概要

① 理　　由

　既述したように，反壟断法第10条第1項をみるだけでは，反独占執行機関が単独か，複数かについて，必ずしも明確ではなく，両方の可能性があり，国務院の「規定」次第のことである[565]。しかし，すでに全人代常務委員会での第一次審議の草案説明において「……現実の実行可能性，関連部門による分散執行の現状の維持を通じて，反壟断法成立後の実施を保障することを考慮……」と述べられた[567]ように，反独占執行権限を現に関連する執行権限を有する複数の行政機関に与えることを想定範囲としていたが，将来のことを考えて，条文上では単独の機関による執行の可能性が否定されていない。このような（現状への妥協が強いが，将来のことをも見据えた）条文になった理由については，本章第1節において紹介した三つの意見を比較して考慮した結果だと言われている。

　第一に，意見Aによれば，新しい専門的な執行機関を設立して，独立性と権威性を与えることであるが，現実的に不可能である。なぜなら，現在中国では国務院が極力行政部門の数を減らそうとしている方向であるため，新しい部門を増設するのは非常に困難である。また，反壟断法において新しい部門を設立することを明文で規定するのは，国務院の主導による部門改革に支障が出てくる。

　第二に，意見Bのような既存の一つの機関に執行権限を与えるという考え方も困難である。立法過程において関連する執行権限を有する部門間の争いがあり（筆者注：執行権限をめぐる争いに関する報道が多くあった）[568]，その執行権限をある機関に集中させるのは，新しい機関の設立よりもっと困難であるかもしれない。

　そして，第三に，意見Cの分散執行という現状維持の考え方の方は実行可能

565　「関于『中華人民共和国反壟断法（草案）』的説明——2006年6月24日在第十届全国人民代表大会常務委員会第二十二次会議上国務院法制辦公室主任曹康泰」全国人民代表大会常務委員会公報2007年第6期527頁。「全国人大法律委員会関于『中華人民共和国反壟断法（草案三次審議稿）』修改意見的報告——2007年8月29日在第十届全国人民代表大会常務委員会第二十九次会議上全国人大法律委員会主任委員楊景宇」全国人民代表大会常務委員会公報2007年第6期，553頁。

566　さらに，国務院総理は新しい専門機関の設立を全人代及びその常務委員会に提案することも可能である。人大法工委経済法室［2007］49頁。

567　「関于『中華人民共和国反壟断法（草案）』的説明——2006年6月24日在第十届全国人民代表大会常務委員会第二十二次会議上国務院法制辦公室主任曹康泰」全国人民代表大会常務委員会公報2007年第6期，527頁。

性が最も高いが，但し，将来の機構改革及び職能の変更の可能性を考慮して，このような分散執行の状況を反壟断法では固定せず，国務院に充分な調整余地を残しておいてあると言われている[569]。

そして，反壟断法の執行権限を図7-2のように，商務部，工商総局，発展改革委の三つの機関に与えた主な理由として，まず，商務部については，2006年に公布された「外国投資者による国内企業の合併・買収に関する規定」[570]の第10条以下の規定によって，商務部が外国投資者による国内企業の合併・買収に関して，審査する権限を有しているため，反壟断法が成立した後，企業結合の審査に関する権限を商務部に与えた。第二に，工商総局については，1993年成立した反不正当競争法によって，不正競争行為や一部の競争制限行為類型（例：談合，不当廉売，抱合せ販売など）を含めた広汎な反競争行為に関する規制権限を有しているため，工商総局に反壟断法の市場支配的地位の濫用，独占的協定等（但し，発展改革委の権限範囲との調整で価格に関する独占行為を除く）に関する執行権限を工商総局に与えた。第三に，発展改革委については，1997年成立した価格法の第5条，第14条によって，発展改革委は，価格に関する反競争行為に対して，規制する権限を有しているため，反壟断法では，価格に関する独占的協定及び市場支配的地位の濫用行為などに関して規制する権限を発展改革委に与えた[571]。

② 3機関の概要

1. 商務部——WTO加盟後の新しい経済情勢の必要，開放的で統合された現代的な市場体制の構築に対応するために，2003年の中国国務院機構改革において，それまでの国内貿易を管理する国家経済貿易委員会，対外貿易等を担当する対外貿易経済合作部が解散され，新たに商務部を成立させた[572]。これまでの，対外

---

568 「三部委争立反壟断法主管者缺位致今年出台無望」北京晨報2005年1月11日。南方都市報社論「反壟断立法応由全国人大主導」南方都市報2005年1月12日。http://www.southcn.com/opinion/politics/200501120259.htm（南方都市報ホームページ）。「三大部委為何竜争虎斗？」『経理日報』2005年1月18日。仝亜娜[2006]。王畢強[2006]。

569 曹康泰[2007] 181頁以下。

570 「関于外国投資者併購境内企業的規定」商務部，国務院国有資産監督管理委員会，国家税務総局，国家工商行政管理総局，中国証券監督管理委員会，国家外彙管理局令（2006年第10号）。

571 王暁曄[2008a] 20頁。人大法工委経済法室[2007] 48頁。

572 王忠禹[2003] 192頁。範希春[2003] 15頁。

貿易と国内貿易の縦割り，分断的な市場管理体制を統合した。商務部の主な職責の概要について，全人代常務委員会の審議会において，「市場運営と流通秩序に関する政策法規の研究・策定，市場制度の整備及び改善，流通体制に関する改革の推進，市場運営及び商品の供給状況の観測・分析，国際経済協力の展開，アンチダンピング，補助金関連事項及び産業損害の調査の組織・協調等」と紹介されている。さらに，2008年「商務部三定規定」の二の主要職責を見ていくと，例えば，「(5)消費品市場の調節及び重要な生産資料流通管理の責任……商品価格情報を調査分析し，予測，警告及び情報誘導を行ない……」「(6)輸出入商品・加工貿易の管理弁法，並びに技術カタログの制定，対外貿易の成長方式の転換を促進する政策措置を策定する。重要な工業品，原材料及び重要な農産物の輸出入総量計画を組織し，実施すること……」「(7)対外技術貿易，輸出入規制，技術・プラントの輸出入を促進する貿易政策の策定及び実施……拡散禁止・国家安全にかかる輸出入許可証明の交付」「全国における外国事業者の投資のマクロ的な指導，外国事業者の投資政策・改革方案の策定及び実施……」というような，国内，国際的な市場統合及びそれにかかる産業政策（特に対外貿易的な産業政策）の実施なども商務部の主な任務である。

2. 工商総局——1978年9月25日，「文化大革命」中に廃止されていた工商行政管理機構が「中華人民共和国工商行政管理総局」として復活し，国務院に直属する機構であり，「社会主義公有制度を守り，国家計画を維持して，正当な経済活動を保護し，資本主義勢力に打撃を加え，資本主義への発展傾向を防止する。……主要な業務とは，投機的な取引を取り締まり，……全民企業及び集団企業の売買契約，加工発注契約を管理し……市（イチ）の貿易を管理し，正当な貿易を保護し，闇市を取り締まる。工商企業の登録管理……商標の管理……」はその任務とされた。1982年8月から，工商局は，国家工商行政管理局に名前が変わり，その後1993年までの期間において，幾度の機構改革を経ながら，その機関の性格としては，社会主義公有制経済主体的の地位の維持・保護，国家計画の保障のために，

573　王忠禹［2003］192頁。
574　「国務院辧公庁関于印発商務部主要職責内設機構和人員編制規定的通知」（国辧発［2008］77号）。
575　「国務院関于成立工商行政管理総局的通知」（1978年9月25日）。
576　「全国人民代表大会常務委員会関于批准国務院直属機構改革実施方案的決議」『中華人民共和国国務院公報』1982年第14期，638頁。

非公有経済に対する監督・管理を主要な任務であると位置づけられる。その例として，例えば，初期において，一時的に「全民企業及び集団企業の売買契約，加工発注契約を管理し……」というような公有制企業間の契約等に対する管理が工商局の管轄範囲であったが，運用中に計画経済体制に合わないとの問題ができて，公有制企業間の契約に関する管理業務を工商局から各業界の主管行政部門へ移管されたように，工商局の主な任務は，<u>公有制経済優位の立場から，非公有制経済に対する監督・管理</u>となった[577]。そして，1993年の憲法改正で「社会主義市場経済」への方向転換に伴って，工商局の役割もこの体制移行に合わせて，非公有制経済に対する監督・管理から，社会主義市場経済制度の下でのミクロ的市場経済秩序の形成・維持へ変わるようになりつつある。2001年4月30日，工商局は再び「中華人民共和国工商行政管理総局」に，すなわち「総局」に昇格し，「部」レベルの行政機関になった[578]。2008年の「工商総局三定規定」[579]によれば，その主要な職責として，市場の監督・管理や秩序の維持及び関連行政執行，各種市場主体の営業許可・商業登録，商品質量・食品安全の監督・管理，消費者権利保護に関連する業務，広告関連の監督管理，商標登録及び監督・管理，マルチ商法の取り締まり，反壟断法の関連執行（価格関連の行為を除く独占的協定，市場支配的地位の濫用，行政独占），反不正当競争法の関連執行などとなっている。

　3．発展改革委——1952年11月，ソ連のゴスプランをモデルにした「国家計画委員会」[580]は成立し，同委員会において，国民経済総合計画局や国民経済長期計画局を中心に20以上の部局が存在し，また省以下の地方行政単位にもその指揮命令下の計画委員会を置き，全国経済の計画がその立案から実施・監督のすべてが中央集権的に行なわれた。「国家計画委員会」は中国ではよく「小国務院」[581]と揶揄されるほどのスーパー官庁であり，計画経済の時代において，全国計画経済

577　郭躍進［2008］42頁。
578　「国務院関于国家工商行政管理局，新聞出版署，国家質量技術監督局，国家出入境検験検疫局機構調整的通知」（国発［2001］13号）。
579　「国務院辦公庁関于印発国家工商行政管理総局主要職責内設機構和人員編制規定的通知」（国辦発［2008］88号）。
580　「中央人民政府委員会関于増設中央人民政府機構的決議」（1952年11月15日中央人民政府委員会第十九次会議通過　1952年11月16日中央人民政府公布）。なお，国家発展改革委員会に関する紹介文献として，国分［2004］240頁，国分［2002］73頁以下，田中修［2001］22頁以下。
581　国分［2002］78頁以下。

の中枢機関として政府行政部門のトップの座に長く居座った。しかし，計画経済から市場経済への移行が始まったら，その役割及び権限も徐々に削減される一方である。1998 年 3 月 10 日の全人代の国務院機構改革方案に関する決定によって[582]，発展改革委の正式名称は，従来の「中華人民共和国国家計画委員会」から「中華人民共和国国家発展計画委員会」に変更された。この名称変更は，同委員会の構造と機能の本質的な変化を象徴すると同時に，経済管理のミクロの部分の監督権限を失いつつ，マクロの部分のみ担当させられる方向を意味すると評価されている[583]。さらに，2003 年 3 月の国務院の機構改革において，その名称は「中華人民共和国国家発展計画委員会」から「中華人民共和国国家発展和改革委員会」に変更され，徹底的に「計画」と決別した[584]。再編された「国家発展和改革委員会」は，経済と社会発展政策に関する研究及び策定，経済総量の平衡を行ない，経済全体の体制改革を指導するマクロ・コントロールの部門とされ，その主な職責について，「国民経済及び社会発展戦略，長期規劃，年度計画，産業政策及び価格政策を策定して，その実施を組織する。国民経済の運営の監視測定及び調節，経済総量の平衡をはかること，……，国家の重大建設プロジェクトの手配，……国務院の委任を受けて，全人代に国民経済及び社会発展計画の報告を行なう」[585]。そして，2008 年の国務院の機構改革において，発展改革委は，また，ミクロ的な経済管理に関する業務の削減，マクロ・コントロールの経済管理へ集中するように要求され，工業部門の管理業務を新たに成立した工業及び情報化部に移転させられるなど，その権限が一層縮小した。このように，市場経済への移行という歴史趨向において，発展改革委の権限が縮小される一方であるため，その変化に追いつかないか，またはひたすらその既得権益を守りたがっているために，同委員会は時々深刻な官僚主義や改革に対する根強い抵抗勢力であると批判される[586]。

　以上のように，発展改革委は，計画経済の時代より，その権限が大きく縮小されたが，依然として中国国務院の極めて強力な権限を有するスーパー官庁であり，国民経済の全体に対する影響力が強い。特に，2003 年の国務院の機構改革にお

---

582 「第九届全国人民代表大会第一次会議関于国務院機構改革方案的決定」『中華人民共和国国務院公報』1998 年第 9 期，405 頁。
583 国分［2002］88 頁以下。
584 王忠禹［2003］192 頁。
585 王忠禹［2003］192 頁。
586 国分［2002］83 頁。

いて，発展改革委は，一時旧国家経済貿易委員会に取られた産業政策を含め，多くの権限を取り返したり，または吸収したりして，現在，中国の産業政策の「重鎮」とも言える存在である。

2　独占的協定の直接的規制担当部署について

前述したように，発展改革委及び工商総局は「三定規定」によって，自己の部門における反独占執行機関をそれぞれ，「価格監督検査司」と「反壟断及び反不正当競争執法局」と規定した。すなわち，価格に関する独占的協定について「価格監督検査司」，それ以外の独占的協定について，「反壟断及び反不正当競争執法局」はその直接的な規制部署に該当する。

1　工商総局の「反壟断及び反不正当競争執法局」

「反壟断及び反不正当競争執法局」は，工商総局の13の内設機構の一つとして，「反独占，反不正当競争の具体的措置・弁法の策定，反独占の法執行業務の担当，市場における不正競争，商業賄賂，やみ取引やその他の経済違法事件の取り締まり，重要・典型的な事件の取り調べや査察及び監督。」とされている。工商総局の職員編成が全部で300名で[587]，「反壟断及び反不正当競争執法局」の職員はそのうち24名程度，反壟断法の執行に当たる職員は8名程度と言われているが（2008年9月10日時点）[588]，省レベル（省，自治区，直轄市）の工商局までに事案ごとに法執行の権限を授与することが可能であり，省レベルの工商局による下への法執行権限の再授与が禁止されている[589]。[590]

2　発展改革委の「価格監督検査司」（現在「価格監督検査与反壟断局」）

「価格監督検査司」は，発展改革委の28の内設機構の一つで，その主要な職責について，「価格監督検査に関する法規草案及び規章（筆者注：規則）の起草，価格監督検査業務の指導，価格検査実施活動の組織，……商品・役務価格や国家機関の費用徴収における違法行為の取り締まり，……価格独占行為の取り締まり，

---

[587] 「国務院辨公庁関于印発国家工商行政管理総局主要職責内設機構和人員編制規定的通知」（国辨発［2008］88号）三の（三）。

[588] 「国務院辨公庁関于印発国家工商行政管理総局主要職責内設機構和人員編制規定的通知」（国辨発［2008］88号）（四，人員編成）。

[589] 川島［2009a］363頁。

[590] 「工商行政管理機関査処壟断協議，濫用市場支配地位案件程序規定」国家工商行政管理総局令第42号（2009年5月26日）（第3条の②項，③項）。

規定に基づき価格に関する処分の行政復議及び申し立ての事案の受理。」と規定されている。[591] 発展改革委の職員編成が全部で1,029名で、[592]「価格監督検査司」の職員の総数は20数名程度で、そのうち反独占執行を担当する職員数は定めていないと言われていた（2008年11月21日時点、また一時的に担当箇所である反独占処（日本で言えば「課」）に3人の職員しか配備されていないと報道された）。[593] 2011年7月1日に、「価格監督検査司」は、「価格監督検査与反壟断局」（価格監督検査と反壟断局）に変更され、職員数なども増加し、執行体制が強化された。[594] 同時に省レベルの執行当局（物価局）も体制強化の動きが見られた。[595] その他、新しい「価格監督検査与反壟断局」において、価格独占の規制に関する三つの課室を設けた。すなわち、反壟断調査一処、反壟断調査二処及び競争政策処である。それから、職員の数も20名ほど増えて、全部で46名になったと報道されている。[596][597]

また、工商総局と異なって、発展改革委は省レベル（省、自治区、直轄市）の人民政府の価格主管部門に法執行の権限を一括して授与している。[598]

第5節　小　括

本章において、考察した反壟断法執行機関の設立に関する問題は、立法過程において、焦点の一つとなり、一時的に、各方面による執行権限をめぐる熾烈な争いによって、法の成立時期にまで影響したと報道されることもあった。[599] この反独

---

591 「国務院辦公庁関于印発国家発展和改革委員会主要職責内設機構和人員編制規定的通知」（国辦発［2008］102号）2の（23）。
592 「国務院辦公庁関于印発国家発展和改革委員会主要職責内設機構和人員編制規定的通知」（国辦発［2008］102号）（4. 人員編成）。
593 川島［2009a］363頁。
594 李楽＝劉敏［2011］。
595 価検司綜合処［2011］5頁。
596 例えば、「広東省物価局価格検査局」は「広東省物価局価格検査与反壟断局」に変わった。「関于同意省物価局価格検査局更名和増加編制的函」（粵機編辦［2011］269号）、「広東省物価局価格検査局更名為価格監督検査与反壟断局」（2011年11月2日発展改革委員会ホームページ）http://jjs.ndrc.gov.cn/gzdt/t20111102_442401.htm
597 李韶輝［2011b］。
598 「反価格壟断行政執法程序規定」（2010年国家発展和改革委員会第8号令）（第3条）。

占執行機関に関する問題について，① 競争政策優先論と産業政策優先論の相剋，② 理想主義と現実主義の選択という二つの角度からまとめてみたい。

1 競争政策優先論と産業政策優先論の相剋

競争政策優先論に立つ意見 A（及びそれを支持する第一説）は，競争文化の伝統がなく，かつ発展途上で産業政策を重視する中国において，競争政策を推進し，競争文化を浸透させるために，高度的な独立性，集中性，権威性を有する反壟断法執行機関の設立が非常に大事であるという理解の下で，そのような機関の設立を実現させるために，働きかけて，努力してきた。これに対して，意見 C は，意見 A の主張どおりになれば，産業政策への萎縮効果，既得権益の縮減などを危惧し，またはさらなる権限拡大を目指して，強く抵抗してきた。この意見 C に至ったことは，何らの学説や理論に基づくことよりも，関係行政機関の縄張り争いによる結果であるため，競争政策に対して消極的で，（少なくとも結果的に）産業政策優先論の立場である。立法初期において，意見 A の影響の下で作成した法案が見られた。だが，反対意見は強く，立法中期段階になると，意見 B のような妥協案も見られるが，決着がつかず，最終的には，意見 C の思う通りに制定法に至り，競争政策優先論の敗北であった。

2 理想主義と現実主義の選択

学説として，競争政策に忠実で，理想的な反壟断法執行機関を設立することを目指しているのは，多数説ないし通説の第一説である。それに対して，第二説は，中国の現状から，第一説の主張するような執行体制がそもそもできず，仮にできたとしても，目指している目標を達成することができないのみならず，かえって市場競争や経済発展を脅かす存在となる（または消極的な影響を与える）リスクがあるため，理想主義に固執するのではなく，中国の現実に適した執行機関を設立した方が望ましいと主張している。結果論的に言えば，第二説は意見 C の結論に近づいていき，産業政策優位という現実に屈従することになるのではないかと思われる[600]。

以上のように，結局，産業政策優先という現実に従って，反壟断法執行機関が

599　仝亜娜［2006］。王暐強［2006］。

600　例えば，第二説の論者は，独立の規制機関は大局的な視野が欠け，自己の授権された範囲の局部的な目標にこだわり過ぎて国家の全体目標を無視しがちな傾向にあると主張した。李剣［2010］22 頁。

設立された。その執行権限は，産業政策の「重鎮」である発展改革委や，国内，国際的な市場統合及び対外貿易的な産業政策の担い手である商務部，（ミクロ的な）市場秩序監督管理機関である工商総局の3者によって分担され，その上に，「議事協調機構」である反壟断委員会が設置されることになったため，現段階では，前記3者の機関は他の経済政策や産業政策などを執行すると同時に（または傍らに）反独占政策の執行任務を担っている。そのゆえ，競争政策を推進する専門的で実質的な執行機関が存在しないと言える。とりわけ，表7-7で示した反壟断委員会の構成メンバーを見ると，その大半は各産業分野の監督管理官庁の官僚が委員になっており，そこにおいて，産業政策の実行者たちは，反独占業務を，「組織，協調，指導」しているように思わせられる。

　反壟断法は，競争に関する恒久立法であっても，その執行に関する恒久機関の欠如によって，中国における競争政策の持続的な推進や一貫性の堅持には大変不利なことである。これらのことは，ある意味では，やむを得ない「現実」である。すなわち，現在の中国では，共産党の一元的支配の下で，計画経済から市場経済体制へ移行させつつあるというマクロ的な移行体制の最中で，強力的な政治力指導体制の下での改革という基軸から離れ，急進主義的で，政治からの独立を図り，完全に先進国のような競争政策機関を作ることは，まだ現実的に困難であるかもしれない。中国の経済改革とは既得利権と戦いながら，漸進的に進めていく過程であるため，政治的力学の影響が決定的である。競争政策及びその推進機関の設立も，改革の進展に合わせて，徐々に整備され，改善していくことを期待するしかないと考える。

第8章 カルテル規制の展開に関する事例分析

本章の目的は，中国経済改革以来のカルテルに関する主要な事例を分析することを通じて，カルテルの出現の原因，変化，及び政府関連行政機関の介入・規制の状況を検討し，時系列の観点から，中国におけるカルテル規制理念の変遷，並びに産業政策と競争政策の関連問題点について考察したい[601]。

第1節　初期（1970年代末～1993年：カルテルの萌芽期）の代表的事例

1　事　例

事例1　染料メーカー価格カルテル[602]

① 事案概要

1982年2月，北京，天津，上海などの18社の染料メーカーの責任者は，重慶で，「有機顔料価格会議記録」を締結し，50種類以上の有機染料の出荷価格を引き上げた。

② 処　分

601　そこで，本章において，（現段階において筆者の収集できた事例範囲内で）主に公的な執行に関連する事例を取り上げ，純粋な民事的な事例は，例外を除き，基本的に取り上げない。また，中国における判例研究や関連する統計，データベース等の未発達により，並びに（関連事例の収集に最善を尽くすつもりであったが）筆者の能力の限界もあり，各時期の主要な事例を取り上げてはいるが，網羅的ではないことをお断りしておく。

602　游珏［2006］246頁。

不明である。

事例2　低圧電気製品メーカー価格カルテル[603]

① 事　案　概　要

1982年，全国108社の低圧電気製品メーカーは，3回にわたる会議を経て，同年4月1日から，260品目の価格を15～200％引き上げることに合意した。

② 処　　　分

不明である。

事例3　1太原市事業者共同値下げカルテル　2カラー現像サービス業値上げカルテル

1988年12月21日に『人民日報』は，次の二つの事例を報道して比較を行なった。[604]

事例3-1　太原市事業者共同値下げカルテル

① 事　案　概　要

1988年12月15日，太原市の500余りの事業者は共同して，3万種類以上の家電，食品などの商品を，国家物価部門の規定した価格より平均して7％の値下げをして消費者に利益を譲るような行為を行なった。

② 処　　　分

不明である（『人民日報』はこの行為を賞賛した）。

事例3-2　太原市カラー現像サービス業値上げカルテル

① 事　案　概　要

1988年12月，太原市のカラー現像サービス業の大手3社は，「カラー現像サービス経理懇談会」という名義の下，全市の30あまりのカラー現像サービス同業者の責任者を招集して，事業者団体を成立させ，それを通じて，カラー現像サービス料金を一気に50％値上げした（『人民日報』はこのような行為に対して，批判的な口調で報道した）。

② 処　　　分

不明である。

事例4　国有デパート8社共同ボイコット[605]

① 事　案　概　要

603　游珏［2006］246頁。
604　『人民日報』1988年12月21日第2版。
605　曹天玷［1993］240頁。

1993年5月某市において，エアコンの小売競争が激しくなり，大手国有デパート8社は，安売りをする同市の某競争相手をボイコットするために，「家電拓展協調協会」を成立させ，「業者が一方的に商品価格を低く抑えて投げ売りすることは，大多数の同業者の利益を害する」という全国の空調メーカーに声明文を出した以外，価格の統一や，キャンペーン価格の公開，アフターサービス及び修理に関する提携などの措置を取った。

② 処　　分

不明である。

事例5　レンガカルテル[606]

① 事 案 概 要

1993年浙江省江山市のレンガ業者十数社は，江山市レンガ協会を成立させ，当年度の各業者の年間生産量を30％削減し，かつ最低価格を決めた。

② 処　　分

不明である。

　　付記：『人民日報』の報道では，これらのレンガ業者のほとんどは，郷鎮企業である。その出資主体の大多数は，郷と鎮の政府などで，国家の銀行から借金をしている。カルテルを結ぶ前は，無秩序で，歪曲された低価格競争によってレンガ業者の多くは赤字になっており，レンガ業界の正常な発展に不利で，国家利益に損害を与えていた。そこで，このようなカルテルによって，市場を乱す低価格行為を正して，生産者の生産意欲を保てたと『人民日報』は肯定的に報道した。またこの事件に関して某政府関係者によれば，「政企分離（筆者注：政治と企業の分離），企業の両権分離（筆者注：所有権と経営権の分離）で，政府が直接に企業を管理しない状況では，企業は如何に政府のマクロ・コントロールの下で，自力で発展し，盲目的な競争を避け，市場経済秩序を維持していくのか？　今後，業界協会（筆者注：事業者団体）のさらなる活躍が期待できる。」と発言した。

2　検　　討

　上記の事例は，経済改革開放の初期から現れ始めた。この時期の前後において，

606　『人民日報』1993年7月6日第2版。

経済改革の進展については，第1章の表1-1の改革開始及び全面的展開の段階にあり，計画経済制度から，抜け出しつつ，「商品経済」の範囲を少しずつ広げていくような時期である。[607]すでに述べたように，中国の漸進的改革の主要な手法とは，旧制度を一気に廃止するのではなく，その外側にまず新制度を作り出し，旧制度を囲い込み，それから，旧制度にも徐々にメスを入れていくということである。そのため，この時期において，計画経済的旧体制の残存する部分があり，影響力も依然として強い中で，「商品経済」が認められ，郷鎮企業[608]，非公有制の民間事業者の数も急速に増加した。一方，国営企業にも変化が生じた。すなわち，「放権譲利」[609]，「請負経営責任制」[610]，中央から地方へ，政府から企業へ一定の権限を移譲するなどの政策の導入によって，それまでと違い，経営上一定の自主性を有し，かつ（利潤の留保などによって）企業の自己利益の部分が生じた。このように，中国において，「商品経済」という名の下で，不完全な市場経済でありながら，私的な利益を求めようとする経済主体が現れ，（萌芽的な状態でありながら）相互に競争し始めるようになり，すると，事業者の間において，激化する競争の圧力か

---

607 1992年10月に，社会主義市場経済という言い方が中国共産党第14回大会で提出され，1993年3月の全人代第8回大会で憲法改正が行なわれ，正式に登場したが，92年〜93年の間はまだ市場経済への移行の準備期間であるというべきであろう。

608 1982年に，人民公社が正式に解体された。従来人民公社に所属していた中小規模の工場が急速に増加し，農村工業を発展させ，農村の私営企業と共に，郷鎮企業とよばれるようになった。南＝牧野［2005］10頁。

609 「放権譲利」とは，政府は，製品の品種，生産数量，出荷価格などに関する国営企業の経営管理自主権を拡大させ，企業が政府の計画した任務を完成する前提の下，（計画以外に）市場の需要に応じて生産を拡大し価格を決定することを認め，そのような企業努力によって増加した利潤の一定の割合を，国営企業が留保でき，従業員の福祉やボーナスまたは，資本の再投入に利用できるということである。張文魁＝袁東明［2008］9頁。南＝牧野［2005］（劉徳強執筆部分）59頁。

610 「請負経営責任制」とは，「自主権を拡大する政策が取られたものの，……企業は依然として，上級主管機関をはじめ多くの政府機関からの干渉を受けていた。そのため，1986年末頃から，国有企業の所有と経営を分離することを目的とする請負経営責任制……が導入されるようになった。この制度のもとで，企業と政府は契約の形で生産量，利潤，投資，賃金などに関する双方の権利と義務を明確に定め，その達成状況に応じて賞罰を取り決め，その代わりに政府は企業の日常活動には介入しないことになった。契約期間は一般に3年から5年という比較的に長い期間であるため，企業の経営自主性は大幅に拡大した。この制度は大中型企業を中心に急速に普及し，88年には大中型国有企業の90％以上がこの制度を採用した。南＝牧野［2005］（劉徳強執筆部分）60頁。

ら逃避し，より多くの利益を求めるために，カルテルの行為も現れた。この時期，カルテルに関する違法意識がたいへん薄く，規制するための法整備も十分ではなかった[611]。そこで，この時期のカルテル行為は公然と行なわれ，それに対して法に基づく正式的な処分もあまり見られない。

　特に興味深いのは，政府の，同様なカルテル行為（事例3-1，事例3-2，事例5）に対する態度の違いである。なぜ事例3-1では，共同して価格を引き下げる行為が賞賛され，事例3-2では，共同して価格を引き上げる行為が批判されるのか，また，事例5では，価格の暴落を防止し，数量制限や最低価格を決定するのは良いこととされたのか，一見して非常に矛盾があり，不可解なことであるように見えるが，以下のように解釈することが可能ではないかと思われる。

　事例3-1，事例3-2の行為が行なわれた1988年には，中国が，深刻なインフレに見舞われ，これを抑えるために，政府は，さまざまな対策を打ち出している時期であった[612]。インフレで物価が上昇し，政府が価格上昇を抑えこもうとする際に，値下げの共同行為は賞賛され，値上げの共同行為は国家の物価政策に反するとして批判されたのではないかと思われる。また事例5の行為は，「郷鎮企業」や非公有制の中小企業の大量出現（本件のレンガ企業の大半はそうである）によって，競争が激しくなる市場分野で，過度な値下げ競争が行なわれるようになった。このような状況に対処するための政府管理制度の構築が遅れており，関連する経験の欠如もあり，企業の共倒れによる社会の不安定を避けるために，国家全体利益を強調し，政府は，事業者団体による共同行為が価格安定効果をもたらすことができ，社会的安定に役立つと考え，新しい経済秩序の管理手段としてこれを利用しようとしているのではないかと思われる。

　以上のように，この時期では，価格が基本的に自由な市場競争によって形成されるべきという社会的意識が非常に乏しかった。旧計画経済体制の下で形成された経済の政策（究極的統制経済）や，国家全体利益などが優先であるという意識はまだ根深い。価格形成，上昇などは，国家の政策によって大いに左右される。国家の利益，政策意向に合う場合はよい価格カルテル（共同行為）であり，そうでなければ，物価政策に反し，市場を攪乱する行為であると判断される。言い換え

611　反不正当競争法は1993年9月に成立し，同年12月1日施行された。
612　「国務院関于加強物価管理厳格控制物価上漲的決定」（国発［1988］73号『広州政報』1989年第1期，2頁）。

れば，価格が合理的か否かについての判断基準は，市場競争ではなく，政府の判断であると言っても過言ではないと思われる。

第2節　第2期（1994年～2000年）の代表的事例

1　事　例

事例6　陳家などビーフン業者8社による市場分割事件[613]

① 事案概要

1996年初期，四川省営山県の米粉（ビーフン）の生産業者（ほとんど自営業）の7社は，市場分割の協定を締結した。しかし，その後，新しい競争者が現れたため，この七つの事業者は，新規参入者を取り込んだ形で，「営山県米粉経営公司」を成立させ，共同生産販売の契約を結び，指定業者による生産，販売窓口の一本化，価格の統一などによって，営山県ビーフン市場を独占し，価格を引き上げた。

② 処　分

四川省営山県工商局は，この八つの事業者の行為が「四川省反不正当競争条例」第29条[614]に違反したと判断し，違反行為の停止及び行政制裁金の納付を命じた。

事例7　北京市洗濯機価格カルテル[615]

① 事案概要

1996年1月，白熱化した価格競争に対処するために，北京市の八つの大手デパートは，九つの洗濯機メーカーに要請し，共同して「首都洗濯機市場小売価格の統一に関する連合協定書」を締結した。協定の内容は主に以下である。各デパ

613　孔祥俊［2001］852頁。

614　反不正当競争法にはこのような協定を規定していないが，当時，地方によって，条例によるカルテル禁止の規定が設けられている。孔祥俊［2001］850頁。
　　　四川省反不正当競争条例第29条「事業者は，協定，約定などの方法をもって，次に掲げる公平競争を制限もしくは妨害する聯合行為をしてはならない。（一）共同して価格を限定し，または，その他の不合理な営業条件を約定すること。（二）市場を分割すること。（三）共同して購入，販売または役務を拒絶すること。次の聯合行為に該当する場合，不正当な競争行為と見做さない。……」（筆者注：技術・規格カルテル，合理化カルテル，その他の公共利益カルテル）。

615　黎平＝翟鴻超［1996］12頁。

ートはメーカーの規定した統一小売価格で販売すること，各メーカーはすべてのデパートに対する卸売り価格及び取引条件を同一にすること，デパートが統一小売価格を守らない場合，メーカーは商品の供給を停止すること，メーカーが統一小売価格を守らないデパートに対して措置を取らない場合，他のデパートはこのメーカーをボイコットすること……などと規定している。この協定によれば，各メーカーのブランド間の価格が異なり，一定の競争が残る。しかし，北京市における八つの大手デパートの間のブランド内の小売価格（同一ブランド，同型番の洗濯機の小売価格）が統一され，その価格競争は消滅した。

② 処　分

物価局が介入して，行政指導を行ない，事業者はそれに応じた（正式処分はなし）。報道によれば，当該協定が発効して半月足らずに，密かに約束を破る事業者が出てきた。北京市物価局は，この事件を重視し，工商局，学者，デパート側の代表，メーカー側の代表を招集し，協議を行なった。その結果として，当該協定は関連法律，条例にそぐわないので，破棄しなければならないこととなり[616]，デパート側及びメーカー側はこれを了承した。

事例8　某鎮家屋の競売に関する談合[617]

① 事　案　概　要

1995年12月，某鎮政府は，土地再開発事業のために，専門業者に依頼し，老朽化した家屋を競売にかけた。違反行為者の丁，朱などは，競売参加者を事前に集め，入札価格を低く抑える方法などを策定し，実行した。当該行為によって，違反行為の対象となった物件は違反行為の対象とならなかった他の物件より半分以下の価格で落札された。

② 処　分

工商局は，丁，朱の行為が，入札における通謀行為に該当するため，当該落札を無効とした。但し，行政制裁金を課さなかった。

事例9　徐淑華らの入札談合刑事事件[618]

① 事　案　概　要

616　当時，まだ価格法制定前だったので，どの法律や条例に違反するのかについて，曖昧なところがあるかもしれなかった。
617　孔祥俊［2001］859頁。
618　（1999）金中刑終字第16号

浙江省武義県人民検察院は，被告人の徐淑華，葉天栄，胡興春，陶福坤，鐘建月，胡栄達らが，1998年4月〜6月の間に，樹砒鉱場，大塘口砒鉱場などの入札過程において，相互に通謀し，入札談合を行ない，発注側及び他の入札参加者の利益を害し，情節（結果）が重大で，中国刑法第223条第1項の規定に違反し，入札談合罪を構成すると告発した。浙江省武義県人民法院は，検察側の主張を認め，被告人らの犯罪が成立し，実刑判決（5カ月〜2年の懲役及び1万元〜2万元の罰金）を下した。それに対して，被告の胡栄達は控訴した。

　②　判決：控訴棄却，原判決を維持する

　第二審において，量刑の判断に関して，「情節が重大」の解釈について争点となった。二審人民法院は，「……情節が重大ということは，一般的に入札談合の手段が非常に悪質であること；発注側またはその他の入札者に重大な経済損失を与えること；入札の業務秩序に深刻な混乱をもたらすこと；他の入札者が公平競争の条件の下で入札に参加することができないことによって損害を蒙ることなどという。本件徐淑華らの当該行為は，発注側の樹砒鉱場に26万元の損失を与えると同時に，その他の入札参加者の公平な競争機会を失わせ，その利益を損害した。さらに，彼らは入札談合の過程において，暴力及び恐喝などの手段を用いて……社会において極めて悪い影響をもたらしたため，被告人6名の入札談合行為は情節が重大であることを認定するべきである。」と判断した。（筆者注：この事件において，被告らの行為には脅迫の言動があり，また一部の被告は前科があり，または執行猶予期間中の犯行者であった。）

事例10（三輪農用車価格自律事件）[619]

　①　事　案　概　要

　1996年頃，中国の三輪農用車市場は大きく成長し，それに伴って，値下げ競争も徐々に激しくなった。価格競争に耐えられなくなった企業は，過度な価格競争，不当廉売を防止するという名の下で，中国農機工業協会農用運輸車分会（以下「三輪車協会」という）の組織によって，三輪農用車の十数社の有力企業（山東時風集団公司，南京金蛙集団，安徽飛彩集団などの）は「全国三輪農用運輸車業界価格自律承諾」という協定（以下「三輪車協定」という）を締結し，関連雑誌・新聞などに公表した。

---

[619]　「全国三輪農用運輸車行業価格自律承諾」『農機市場』1998年第8期，9頁。海山［1998］47頁。楊伯顕［1998］30頁。李書田＝馬桂英［1999］21頁。

「三輪車協定」には以下のことを規定した。① 1998 年 7 月 24 日から，全国三輪農用車市場において，車種に応じた市場最低価格（いわゆる「自律価格」）を実行すること。② 自ら，社会，特に部品及び組立てメーカーの監視を受けなければならないこと。③ 販売業者は「自律価格」より低い価格で販売してはならないこと（違反する場合，各三輪農用車メーカーはその業者と取引することをすべて拒絶しなければならない）。④ 協定した「自律価格」より低い価格で販売した三輪農用車メーカーに対して，その名を全業界に公表して批判すること，並びに，「業界広告宣伝費」という名目の 20 万元の料金を払わなければならないこと。⑤ 契約に違反し，重大な場合，国家機械工業局及び公安部に対し，違反事業者の生産許可の取り消しを要請すること。⑥ 中国農機工業協会農用運輸車分会において「全国三輪農用運輸車価格監視チーム」を設置し，協定の履行を監視，協調すること。⑦ その他，中国農機工業協会農用運輸車分会は全国すべての三輪農用運輸車に対して，この協定を遵守することを要求し，違反者について協定の規定に基づき，処罰することである[620]。

1998 年 7 月 24 日から，「三輪車協定」が実施されたが，約 3 カ月弱で，問題が現れた。大手の三輪農用車メーカーの中に，利益が増えた企業もあれば，そうではない企業もあるため，約束違反の者が現れ始めた。特に，最も大手の企業で，協定の積極的な発起者でもある山東時風集団公司は利益が増えないことに気づいたため，協定を破って，最低価格より低い価格で販売し始めた。しかし，事態が発覚し，違反金を支払うことになった。（そのようなことが何回かあって）山東時風集団公司は次第に不満を抱え，「三輪車協定」に反対し，「自律価格」が効率性の低い落後企業を保護するものであると批判して，関係部門への申し立てをするようになった[621]。

② 処　分

山東省物価局は「三輪車協定」が合法的な根拠は無く，企業間の正常な競争を制限し，かつ，協会の企業に対する違反金の徴収が価格法及び行政処罰法に反すると判断し，国家発展計画委員会（当時）に報告した[622]。そして，1998 年 11 月 15

620　「全国三輪農用運輸車行業価格自律承諾」『農機市場』1998 年第 8 期，9 頁。
621　楊伯顕［1998］30 頁。「三輪農用車行業協会－自律価執行効果好」『農機市場』1998 年第 11 期，7 頁。
622　顧一夫［1998］10 頁。

日，国家発展計画委員会は次のように判断した。現行の価格関係法律・規定に基づくと，農用車（の価格）は市場調節価格に属し，事業者が（法に基づき）自主的に価格を決めることができる。「三輪車協会」の規定した「業界自律価格」協定は処罰の根拠にならず，<u>「三輪車協会」側がそれに基づいて「違反」企業を処罰することは「価格法」及び「行政処罰法」に反する</u>。従って，「三輪車協会」の組織し，制定した「業界自律価格」及びその処罰行為について検討し，妥当な処理を行ない，徴収した違反金を企業に返還させることなどを，「三輪車協会」の主要管理部門である<u>国家機械工業局に対して</u>[623]，国家発展計画委員会は<u>提案した</u>[624]。

付記： 本件のような「三輪車協定」は成立してから3カ月間ぐらいで失敗に終わった。しかしその後，1998年12月7日，三輪農用車メーカーの7社の責任者は，再び北京に赴き，国家機械工業局に対し，(国家及び企業の利益のために) 農用車市場価格を管理することを強く要求した。その要請に応じて，1999年1月11日〜12日，国家機械工業局は，農用車メーカーの13社を招集し，国家発展計画委員会，国家経済貿易委員会及び主管業界協会と一緒に「三輪農用運輸車等業界価格自律」会議を開き，「三輪農用運輸車業界平均コスト価格」を制定し，同年1月26日に発効した[625]。しかし，「全国三輪農用運輸車業界平均コストに関する国家機械工業局の通知」[626]は，1998年の「三輪車協定」と大きく異なるのは，処罰規定は無い。また同通知が，不当廉売を防止するためのもので，(平均コストより8％以下を不当廉売の一応の目安として) 廉売が見つかった場合，「省レベルの物価部門及国家発展計画委に通報」し，これらの関係部門が処理することとなる。

---

623 国家機械工業局はその前身が機械工業部であり，1998年の国務院機構改革によって，部（日本の「省」に当たる）から，国家経済貿易委員会所管の「局」にランクを下げられた。「国務院辦公庁関于印発国家机械工業局職能配置内設机構和人員編制規定的通知」国辦発 [1998] 57号。

624 「国家計委関于建議糾正中国農機協会農用車分会組織制定農用車市場銷售『行業自律価』問題的函」計価格 [1998] 2275号。

625 李書田＝馬桂英 [1999] 21頁。「三輪農用車行業平均成本『浮出水面』」『中国経貿導刊』1999年第5期，34頁。

626 「国家机械工業局関于公布全国三輪農用運輸車行業平均成本的通知」国机管 [1999] 45号。

事例 11 （板ガラス価格自律事件）平板玻璃価格自律事件[627]

① 事案概要

　1995年から，中国における板ガラスの生産は供給過剰に転じ始めたにもかかわらず，毎年，多くの新生産ラインが導入され，供給過剰がますます進行して，それに伴い，激しい値下げ競争が始まった。板ガラスメーカーの90％以上は国有企業であるので，利潤及び税収の流失によって国家に損失を被らせてはならないと考えられた[628]。これらの企業の要請に応じて，1998年6月15日，国家発展計画委員会（当時）と国家建築材料工業局は共同して，「低価格による板ガラスの投げ売りの不正当競争行為の阻止に関する暫定規定」（以下「板ガラス規定」という）を作成して，公布した[629]。

　「板ガラス規定」の主な内容は，板ガラスの平均コストの策定，及びそれを守らせるための監視制度である。例えば，「板ガラス規定」の第4条では，国家建築材料工業局が定期的に板ガラスの「社会平均コスト」と「社会平均出荷価格」を公表すると規定した。そして，第10条では，「中国建築ガラスと工業ガラス協会」（以下「ガラス協会」という）などは，「社会平均コスト」と「社会平均出荷価格」より低い価格で販売する業者を発見した場合，勧告を行なうことができ，業者がそれに従わない場合，政府の価格主管部門に通報することができると規定していた。

　「板ガラス規定」の発効に伴い，国家建築材料工業局は，調査・統計に基づき，板ガラス業界平均コストの価格リストを発表した。また，「板ガラス規定」によって，監視権限を有する「ガラス協会」は，「板ガラス規定」の実施に備えて，実行方法に関する監視・調査の規程を作成し，価格監視調査チームを成立させた[630]（14の常務理事である構成事業者などより構成）[631]。

　1998年7月1日に「板ガラス規定」が実施された。報道によれば，実施され

627　張立君［1998］4頁。何建宇＝程行雲［1998］39頁。「平板玻璃価格自律取得成効」『中国建材』1999年第2期，24頁。李玉竜［1998］7頁。
628　「呉邦国副総理就建材工作作重要指示」『四川建材』1999年第1期，12頁。
629　「関于制止低価傾銷平板玻璃的不正当競争行為的暫行規定」計価管［1998］1094号。
630　「政府伸出『有形之手』干預平板玻璃価格盲戦『刹車』」『中国建材』1998年第7期，6頁。
631　同上7頁。

て1カ月後に，板ガラスの価格は6月より5%上がった。[632]

② 処　　分

処分無し。

事例12　カラーテレビカルテル

① 事　案　概　要

　1990年代から，中国カラーテレビ市場の競争は激しくなり，1996年以後，毎年のように価格戦争が繰り返された。特に，1998年11月，カラーテレビメーカーの最大手，国有企業の長虹電子社は，国内カラーテレビ用ブラウン管70%を買い占め，市場シェアを50%以上に拡大すると宣言した。[633] これによって，カラーテレビの価格戦争がますます悪化する一方であった。このような事態を解決するために，国家発展計画委員会（当時）及び国家情報産業部は，共同して，「カラーテレビ用ブラウン管，カラーテレビにおける不正な価格競争の制止に関する暫定弁法についての通知」[634] を出して，カラーテレビの廉売による競争，価格の安定を図った。これを口実に，2000年6月9日，中国カラーテレビ大手9社は，深圳に集まり，カラーテレビの下限価格を合意した。しかし，トップ企業である長虹電子の不参加や，また他のアウトサイダーの存在もあって，すぐに約束を破る事業者が現れ，このカルテルは失敗に終わった。[635]

② 処　　分

　2000年8月3日，情報産業部は，国家発展計画委員会に要請し，さらにカラーテレビ価格カルテル参加者の9社及び長虹電子社を招集して，北京にて，「カラーテレビ市場の規範に関する<u>業務座談会</u>」を開き，「カラーテレビ市場の規範について，<u>詳細かつ徹底的な交流及び討議を行なった。</u>」当該座談会で，情報産業部と国家発展計画委員会は，9社が企業連合体を成立させ，価格カルテルを実施するなどの行為は価格法に違反すると指摘した上，<u>処理意見を提出した</u>。すなわち，企業は，自ら企業連合体の違法行為を正し，価格協定の執行を停止して，

632　「厳格執法加強自律平板玻璃行業開始限産保価第二戦役」『建材工業信息』1998年第9期，3頁。

633　丸川［2003］63頁。

634　「国家計委，信息産業部印発関于制止彩色顕像管，彩色電視機不正当価格競争的試行辦法的通知」計価格［1999］264号。

635　馬勇［2000］63頁。安強身＝隋建華［2004］69頁。張京紅［2000］21頁。

636　韋大楽［2000］13頁。

マスコミに事件の経過を通告しなければならないという内容である[636]（下線は筆者による）。

2 検　討

　この時期の事例について，二つのタイプに分けて，分析したい。タイプ1は，事例10～事例12で，産業政策などにかかわり，カルテルの行為者は主として国有企業だった事例である（その他大量の類似する事例があるが[637]，ここではその中の代表的な事例のみ取り上げる）。タイプ2は事例6～事例9で，産業政策などにそれほどかかわりはなく，その行為者も非国有企業である事例である。

　この時期において，代表的意義を有するのはタイプ1の事例である。その背景には，二つの要点がある。第一に，第2章で述べたように，1980年代末から，中国政府は，日本などの国から産業政策の概念を導入し，その手法を研究してから，90年代初頭から，積極的な産業政策を本格的に打ち出し，「主導産業」の育成に大きな力を注いだ。例えば，農業，インフラ，基礎産業はもちろん，1994年に決定された「90年代国家産業政策綱要」では，機械・電子，石油化学，自動車製造，建築業を主導産業にし，1996年に制定された第9次五カ年計画（1996～2000年）においても，機械・電子，石油化学，自動車製造，建築・建材工業を主導産業として育成すると決定した。これらの主導産業を育成するために，国家は関連業種について投資，融資などの面を優遇し，法令等による全面実施を保証する[638]など，全面的に支持すると決定していた[639]。

　第二に，国有企業経営自主権のさらなる拡大及びそのひずみである。他の分野の改革の基本的な手法と同じように，国有企業の改革も漸進的アプローチを取っている。前述したような「放権譲利」，「請負経営責任制」を行なった後，さらに国有企業の改革を進め，その重要な政策として，1992年の「全民所有制工業企業経営メカニズム転換条例」[640]が成立し，生産・経営の意思決定権，投資意思決定

637　徐勤［1998］53頁。「国家有色金属工業局和中国鎢協聯合召開鎢精鉱—仲鎢酸銨行業自律価会議」中国鎢業1998年第6期。李継高［1999］37頁。海濤［1998］6頁。「全国輪（履帯）式拖拉機配套旋耕機産品価格自律承諾」農業機械1998年第10期14頁。

638　丸川［2000］40頁

639　「国務院関于印発『90年代国家産業政策綱要』的通知」雲南政報1994年第6期13頁以下。

権などをはじめとする国有企業の経営自主権をさらに拡大させた。また，1993年に（共産党 14 期 3 中全会で）現代企業制度の確立[641]という改革目標を明確化し，同年 12 月，改革開放以来の最初の会社法を制定し[642]，株式会社の制度を導入することなどによって，国有企業を市場競争に相応しい経済主体にさせるための体系づくりが大きく前進した。さらに 1997 年 9 月に「国有経済の戦略的再編」[643]も打ち出され，一部の重要産業を除いて，国有企業の（株式化などによる）「民営化」を推進する可能性をも示した。

　以上のように，改革開放以来，中央から地方へ，政府から企業へというような国有企業の改革方針がとられていた。この時期に来ると，生産・経営，投資の意思決定に関して，国有企業は相当な自主権を有し，計画によらず，企業独自の判断によって，新たな市場参入・投資することなどについても一定程度にできるようになった。そして，産業政策によって選定し，優先的に促進される「主導産業」などの有望な市場分野に関して，多くの国有企業は，需給やリスクを慎重に

---

640 「全民所有制工業企業転換経営機制条例」（1992 年 9 月 28 日，国務院第 103 号令）「この条例は，企業改革の基本法である『全民所有制（国営）工業企業法』（1988 年施行）の基本原則に基づき，政府と企業の機能を分離させることを改めて確認し，これを強化する方針を打ち出した。この条例に従って，国は企業に……十四項目の経営権を与え，市場経済にふさわしい経営主体に変身させることに努めた。」関［2005］44 頁。「……14 の経営自主権とは，①生産・経営の意思決定権，②製品の価格決定権，③製品販売権，④物資（生産財・資本財）購入権，⑤輸出入権，⑥投資意思決定権，⑦留保資金処分権，⑧資産処分権，⑨企業提携・吸収・合併権，⑩労働雇用権，⑪人事管理権，⑫賃金・ボーナス分配権，⑬内部機構設置権，⑭各種賦課金拒否権，である。」徐春陽［2008］52 頁。

641 「ここでいう現代企業制度は，①国家による所有権と企業による経営権の明確な分離，②出資者の所有者利益と責任の明確化，企業の損益自己負担，③政府が企業の生産と経営への不介入，④「科学的な」組織管理制度，によって特徴付けられる。」関［2005］53 頁。

642 「中華人民共和国公司法」（1993 年 12 月 29 日第八届全国人民代表大会常務委員会第五次会議通過）。

643 「……一九九〇年代半ばまでの国有企業改革は，国有という枠組みの中で，企業に経営自主権を与えることを中心に実施されてきた。しかし，九七年九月之第十五回党大会で，『国有経済の戦略的再編』が打ち出されたことにより，国有企業改革は，大きな転機を迎えた。この政策は，企業の規模の大小を問わず，一部の重要産業を除いては，もはや国有にこだわらないとの立場に立っている。国有企業を改革するのではなく，国有企業を減らす宣言であるとも言える。中国政府は『民営化』という言葉を避けているものの，これは事実上の国有企業の民営化推進である。」関［2005］52 頁。

考慮せず（計画経済制度の下では国有企業はそれについて考慮する必要はなく，また考慮する権限もなかった），次々に参入し，過剰投資を引き起こしてしまった。通常，市場経済体制の下では，過剰な投資によって，競争が激化し，それによって，優勝劣敗を通じて，効率的企業が残され，非効率的なその他企業が淘汰されることになる。しかし，中国では，国有企業が株式制の改革を完了した後も，国が依然として国有企業に対する最大の投資主体であるため，政府は行政目標に即した企業経営が行なわれるように，国有資産の所有者として干渉する[644]。タイプ1の事例のような場合（例えば，事例11），国家資産の損失（ないし流出）が懸念されるため，政府はしばしば直接に干渉するようになりがちであった。また多くの国有企業に対する管理権限を中央政府から地方政府などへ移譲したため，地方政府は，地元の経済財政，社会安定などの出発点から，赤字であってもこれらの企業を維持しようとするため，ここでは，正常な市場淘汰メカニズムは働かない場合が多いと思われる。（国有）企業側として，形式的にある程度独立した市場主体であるが，実質的には政府と切っても切れないほどの密接な関係がなお維持されていた。また計画経済に慣れ親しんだこともあり，なんらかの問題が起きれば，政府に対して，支援を求める場合が多いのである。このような実態によって，対応策として，競争政策をもって解決する発想はほとんどなく，産業政策などの政府による市場介入や価格安定政策は圧倒的に優位であり，多く運用された。タイプ1の事例のような事態について，よくとられる手法として，事例にも多く出た「価格自律」（価格自主規制）のことである。特に，国家経済貿易委員会[645]は，1998年8月17日に「一部の工業製品についての業界価格自主規制の実施に関する意見」を発布して[646]，それを受けて，政府の各部局は，21種類にもわたる工業製品について価格の自主規制を行なうように推進した[647]。価格法の執行機関である発展改革委（当時は国家発展計画委員会という）は，実効的な規制を行なうどころか，多くの場合，過度な価格競争を防止するという名目の下で，カルテルを誘発する行為に加担していると見られる[648]。

---

644 関［2005］45頁。
645 国家経済貿易委員会の紹介については，第7章第4節の紹介を参照されたい。
646 「国家経済貿易委員会関于部分工業産品実行行業自律価的意見」国家経済貿易委員会（1998年8月17日）。
647 劉桂清［2010a］183頁。

この時期では，産業政策にかかわる事件は，競争に関する法的ルールによる規制がほとんど行なわれなかった。一方，それ以外の場合，例えば，タイプ2の事例のように，関係当局は，法令に基づき，規制し始めたという変化が見られる。事例6において，当地政府は，地方条例に基づき，価格カルテル等の行為を処分した。とりわけ，事例9のような，入札談合行為に対して刑事罰を課したケースもあった。[649] これらの規制の共通点としては，市場メカニズムの保護（市場本位）より，政府による経済秩序の管理という発想の方が大きいと言えるのではないかと思われる。第1章及び第2章において繰り返して強調してきたように，反不正当競争法は，市場全体における自由競争を擁護するという発想が薄くて，むしろ政府介入による経済秩序の管理や，事業者権利の保護を通じて，健全な市場秩序の形成，促進に寄与する傾向が強い法律である。また，刑事罰が課されたケースとしての事例9において，人民法院は，入札談合行為によって，<u>侵害された法益</u>について，「<u>発注側またはその他の入札者に重大な経済損失を与えること</u>；<u>入札の業務秩序に深刻な混乱をもたらすこと</u>；<u>他の入札者が公平競争の条件の下で入札に参加することができないことによって損害を被ること</u>……」としており，市場メカニズムの保護についてほとんど言及されなかった。（下線は筆者による。）

　上述では，多くの消極面を述べたが，タイプ2の規制には，積極的面は無いわけではない。少なくとも，本章第1節のような初期的模索段階を超え，一定の限界がありながら，競争に関する法的ルールを整備し，競争活動に法的な保護を与えて，政府は，（限られた範囲であるが，計画ではなく）法令に基づいて市場経済・競争秩序を維持しようとする傾向が見られた。そして，政府のこのような政策動向は，本格的な競争政策の始動にはまだ少し距離があるが，それに向かって前進し始めたと評価できるのではないかと思われる。

　　648　事例10において，国家発展計画委員会は価格自主規制に対して，違法であるというような判断を下したように見えるが，実際には，以下の二つのことであった。①この事件において不満で協定破りの大手企業が出て，関係部門に申し立てたこと，②この事件を違反とした理由は，カルテル行為ではなく，あくまでも「三輪車協会」側が「三輪車協定」に基づき「違反」企業を処罰することは「価格法」及び「行政処罰法」に違反したと判断し，しかも直接に行政処分を下すのではなく，国家機械工業局に対して提案した。

　　649　もちろんこの事件において行為者による脅迫の言動があることも大きな要因であるが，それにしても罪刑の均衡の見地から疑問は無いわけではない。

第3節　第3期（2001年～2008年）の代表的事例

1　事　例

事例 13　上海黄金アクセサリー業者による価格カルテル[650]

① 事案概要

2001年8月1日から，それまで，国家定価だった純度99.99％の黄金アクセサリー（以下純金アクセサリー）の価格が自由化された。それに伴って，純金アクセサリーの価格が下がる傾向になりつつあった。同年8月4日，上海アクセサリー業者の13社は，会合を開いて，純金アクセサリー1グラムの価格を96元に固定するという協定を締結し，実施した。

② 処　分

上海市物価局は，当該13の上海アクセサリー業者の行為は，「相互に通謀し，市場価格を操る」行為であり，価格法第14条第1項に違反すると判断した。

事例 14　（プロパン）ガス事業者による価格カルテル[651]

① 事案概要

2002年5月15日，某市（プロパン）ガス事業者7社は，会合を開き，「市区燃気業界自律協議書」等一連の協定を締結することによって，（プロパン）ガスの卸売り価格の統一，市場の分割，職員交換派遣による管理の相互監視，利益分配の共同化などを図った。

② 処　分

2002年12月12日，市の工商局は，当該行為が省の「反不正当競争条例」第18条の規定に違反したと判断し，行政制裁金の納付を命じた。ガス事業者はこれを不服として，行政命令の取り消し訴訟を提起した。一審も二審も工商局の判断を支持し，ガス事業者の主張を退けた。

事例 15　福建省厦門市会計士業界報酬カルテル[652]

650　工商局 = 社科院［2007］112頁。
651　工商局 = 社科院［2007］116頁。
652　黄超生 = 曾海林［2003］7月4日第7面。游珏［2006］266頁。「厦門市査処首例行業価格壟断」（新華網福建頻道）。http://www.fj.xinhuanet.com/hyzx/2003-07/04/content_673974.htm

① 事 案 概 要

2003年1月，厦門市会計士協会は，会合を開き，報酬に関する業界自律公約を合意した。同公約において，会計士報酬の下限価格が決められ，また，実効性を保つための監視，処罰措置などをも規定した。

② 処　　分

厦門市物価主管部門は，この会計士業界報酬カルテルが違法であると判断し，協会に行為の停止及び行政制裁金の納付を命じた（具体的な適用法令が不明である）。

事例16　嵊州領帯（ネクタイ）価格カルテル事件[653]

① 事 案 概 要

浙江省嵊州市（セン）は中国最大のネクタイ生産地であり，中国国内シェアの90％，世界シェアの40％を占めている。2005年7月，嵊州市のネクタイメーカーは，嵊州領帯業界協会を通じて，16回程の協議会を経て，「嵊州ネクタイ業界自律承諾書」（以下「承諾書」という）を合意し，33社はこの「承諾書」に同意し，参加した。当該合意によれば，7月15日からネクタイの価格を10％引き上げることになる。9月，アメリカのラスベガスで開かれた国際展示会において，「承諾書」に参加した嵊州市13の事業者は，「承諾書」の規定に従い，一斉に10％値上げした。

② 処　　分

不明である。

付記：　その後，少なくとも2008年4月まで，嵊州市のネクタイメーカー及び事業者団体は複数回数の値上げ協定を実施したと新聞によって報道されたが，このカルテルに関する規制の報道については調べた限りではまだ見られていない。[654]この嵊州市ネクタイ価格カルテルの実施の主要な理由の一つは，嵊州市ネクタイメーカーの間における過度的な価格競争によって，ネクタイの輸出価格が暴落し，それにより欧米などの諸外国からアンチダンピングを防ぐために，このカルテルを結んだという報道があった。[655]

653　劉福江［2005］10頁。
654　呉妙麗＝馬鵬軍＝王洪良［2006］。裴浙鋒＝王洪良［2008］。
655　顧国飛「嵊州領帯欲集体提価避開反傾銷」都市快報2005年08月18日（浙商網 http://biz.zjol.com.cn/05biz/system/2005/08/18/006274175.shtml）費常泰＝裴浙鋒［2008］。

事例17　インスタント麺価格カルテル事件[656]

① 事案概要

2006年12月から，「世界拉麺協会中国分会」（以下「ラーメン協会」という）は複数回にわたり，その構成事業者を招集し，インスタント麺価格の引き上げについて合意して，その合意に関する文書を雑誌に掲載したり，マスコミを通じて報道したりすることを行なった。構成事業者も合意に基づき，2007年6月から，インスタント麺の価格を引き上げた。

② 背景説明

このインスタント麺価格カルテル事件はマスコミに大いに報道された。また，このカルテルが行なわれた時期は，全人代常務委員会の反壟断法に対する第2回，第3回審議期間中でもあったため，多くの委員が関心を示して，業界協会（事業者団体）による独占的協定に関する規定（制定法第16条）を設けることにもつながった。[657]

③ 処分

発展改革委は，「ラーメン協会は，数回にわたって，インスタント麺価格の引き上げ幅，方法，時間に関する企業間の協調を組織，策定，協調……」とし，かつ「……マスコミを通じて，インスタント麺の値上げに関する情報を流布して，一部の地域において真相がわからない民衆の買いだめを促した。このような行為は，市場の価格秩序を著しく撹乱し，事業者間の正当な競争を阻害して，消費者の合法的な権益を損害した。……」と述べたうえ，当該行為は，価格法第7条，第14条等に違反し，値上げ協定の破棄，不良影響を消去するための社会に対する公開説明などを命じた（筆者注：行政制裁金について言及していないが，発展改革委によるさらなる調査処分を留保しているようであった）。

事例18　中国電信と中国網通による市場分割等協定事件[658]

① 事案概要

---

656 （発展改革委ホームページ）「国家発展改革委対方便面価格串通案調査情況的通報」http://www.ndrc.gov.cn/xwzx/xwtt/t20070816_154071.htm

657 「全国人大法律委員会関于『中華人民共和国反壟断法（草案三次審議稿）』修改意見的報告—2007年8月29日在第十届全国人民代表大会常務委員会第二十九次会議上全国人大法律委員会主任委員楊景宇」全国人民代表大会常務委員会公報2007年第6期534頁。

658 尚明[2008]59頁。

2002年5月16日，電気通信業の改組によって，中国固定電話業務については，南の21の省，市は中国電信に，北の10の省，市は中国網通に，南北に分割して，二つの事業者が競争するような体制になった。その後，両者は相手の既存地域への進出を図るために，激しい競争を行なってきた。2007年2月16日，中国電信と中国網通は，北京で，「中国電信集団公司と中国網絡通信集団公司の協力協定」を締結した。当該協定には，2007年3月1日から相互に相手の既存領域内における新規顧客の開拓停止や投資予算上限の設定などの内容を含んでおり，一種の市場分割に関する協定であった。

② 処　　分

不明である。

事例19　銀行間残高確認手数料に関する共同行為事件[659]

① 事 案 概 要

　2006年5月8日，中国銀聯[660]はさまざまな調整を経て，異なる銀行間の残高確認手数料（以下手数料という）を徴収するようになった。同日，中国交通銀行は，率先して6月1日から1件ごとの手数料を0.3元徴収すると意見を表明した。その後，中国工商銀行，中国銀行，中国建設銀行，中国農業銀行は次々に6月1日から同額の手数料を徴収するように宣言し，実施した。郵便貯金銀行も7月1日から，同額の手数料を徴収し始めた。

② 処　　分

不明である。

> 付記：複数銀行による手数料の一斉徴収は，社会に大きな反響を起こし，マスコミの批判を浴びた。民間人による訴訟提起も報道された[661]。また，2007年3月，50名以上の全人代代表は連署して，この手数料の徴収を停止するほか，発展改革委が反独占の調査を要求するような議案を出した[662]。こう

659　趙悦＝李珺＝呉媛［2006］。夏峰［2006］。崔呂萍［2006］。王先林［2009］242頁。

660　中国銀聯とは，2002年3月に，中国国有四大商業銀行及びその他85の金融機関が共同出資して上海市に成立した企業である。主として銀行間決済サービス及びそのネットワークの運営を行なう。（『日本経済新聞』朝刊2002年3月28日9頁参照）及び，中国銀聯のホームページ：http://cn.unionpay.com/。

661　曹玲娟［2006］。李桜＝張立潔［2006］40頁。

662　海明威＝田剛＝魏武［2007］。

した圧力などの影響の下で，2007年4月6日，中国銀行協会は，加盟銀行がこの手数料の徴収を停止する決定を公布し[663]，同年4月20日から，各銀行も銀聯も手数料の徴収を停止したと報道された[664]。

事例20　某県教習所カルテル事件[665]

① 事案概要

2007年12月24日，某県の四つの自動車教習所は協定を結んだ。当該協定によれば，教習所側は共同出資して，生徒募集事務所を設立し，生徒の募集，教習料金の徴収を一本化して，教習所の有する教習車の台数に応じ，生徒数を配分することとした。その後，四つの自動車教習所は生徒募集事務所を通じて，教習料金を引き上げ，また協定の実効性を保つために，保証金の納付，監視方法などの措置をとり，2008年1月から実施した。

② 処分

工商局は，教習所4社の共同行為は「重慶市反不正当競争条例」第28条第1項に反すると判断し，処分措置を命じた[666]。

③ 解説

この事件が発生した時，まだ反壟断法施行前であったが，（報道によれば）規制当局は，「重慶市反不正当競争条例」第28条第1項に規定している行為（公平競争を制限，妨害する聯合行為）は反壟断法に規定している独占的協定と実質的に同じ規定であると考えられた。そこで，今後の反壟断法の執行を考慮して，この事案の分析にあたって，工商局は反壟断法の関連規定を意識しながら，行為の反競争性及び執行管轄権限という二つの問題点について分析を展開した。第一，行為者の当該共同行為の反競争性については，「……教習車の台数に応じて，生徒数

663　楊婉＝徐思佳［2007］。常新＝袁元［2007］46頁。
664　王亮亮＝王芳艶［2007］14頁。
665　綦江県工商局［2010］50頁。
666　重慶市反不正当競争条例第28条「事業者間において，次に掲げる公平競争を制限もしくは妨害する聯合行為をしてはならない。（一）市場を分割すること。（二）共同して価格を限定し，または，その他の不合理な営業条件を約定すること。（三）共同して購入，販売または役務を拒絶すること。（四）生産量または販売量を制限すること。
　　次の聯合行為に該当する場合，不正当な競争行為と見做さない。……」（筆者注：技術・規格カルテル，合理化カルテル，不況カルテル，輸出入カルテル，その他の公共利益カルテル）。

を配分することは，市場分割に当たり，また，一斉に教習料金を引き上げる……ことは価格カルテルである。……」当該行為の目的にはあからさまな競争制限性があり，それ以外に合理的な理由が挙げられなかったため，当該違反行為は「……某県自動車教習市場における競争を実質的になくした（原文：消除）……」。第二，執行管轄権限については，関連法律によって，カルテルの規制に関して，価格に関するものは物価部門の管轄，それ以外のものは，工商局の管轄となっている。本件のような市場分割と価格カルテル両方の内容がある違反行為の場合，工商局と物価部門のいずれも管轄権限があり，先に立件した方が管轄権を有するというルールを形成すべきであると工商局は考えて，この事件を処理した。

2 検　討

　第2期のカルテル事例の分析と類似する方法に基づき，この時期の事例について，引き続き，幾つかのタイプに分けて，分析したい。すなわち，タイプ1（事例18，事例19）は，産業政策などにかかわり，カルテルの行為者は国有企業だった事例である。それに対し，タイプ2（事例13，14，15，17，20）は，産業政策，政府規制などにあまりかかわりの無い事例である。タイプ3（事例16）については特殊な例として取り上げたい。

　この第3期のタイプ1の事例は，前述第2期のタイプ1の事例と比べると，行為者が国有企業で，産業政策とのかかわりのある点については類似しているが，重要な相違点がある。この重要な相違点を説明するには，まず国有企業の改革進展という背景説明は不可欠であると思われる。1997年9月に「国有経済の戦略的再編」が打ち出された後，さらに，1999年9月22日の中共第十五期四中全会で「国有企業の改革及び発展に関する若干の重大問題についての中共中央の決定」[667]を採択し，2010年まで国有企業の改革の基本目標を示した。すなわち，経済体制及び経済成長方式という二つの根本的な変化，並びに，対外開放の拡大に伴う必要性に応じて，国有企業について，戦略的な調整と再編，合理的な産業構造の調整，現代的企業制度の確立を完成させることである。同決定によれば，一部の重要業種・領域を国有経済は主導・コントロールする必要があるが（以下，[668]

---

[667] 「中共中央関于国有企業改革和発展若干重大問題的決定」『中華人民共和国国務院公報』1999年34期，1510頁以下。

[668] 同上1512頁。

表 8 - 1　国有企業主導分野の範囲

	産業，業種例（非網羅的，解釈によって拡大可能）
国家安全にかかわる産業	国防軍事，造幣，食料の備蓄，エネルギーの備蓄など
自然独占及び寡占産業	郵政，電気通信，電力，鉄道，航空など
重要な公共財を提供する産業	水道，ガス，公共交通，港，空港，水利施設，重要な防護林工事など
基幹産業及びハイテク産業における中核企業	石油採掘，鉄鋼，自動車，電子の先端部門など

出所）「中共中央関于国有企業改革和発展若干重大問題的決定」『中華人民共和国国務院公報』1999年34期，1513頁，関志雄［2005］53-54頁，に基づき，筆者作成。

国有企業主導分野という），その他の分野において，国有経済が縮小・退出していくことになる。この国有企業主導分野については，概ね表8-1の範囲である。

このように，中国において，国有企業主導分野とその他の競争分野が一応区別されるようになった。これは，先進市場経済国における規制産業分野と自由競争分野のような分類方法と類似するところがあるかもしれない。だが，中国の国有企業主導分野の役割について，「国有経済が国民経済命脈にかかわる重要な産業及び中核領域において，支配的な地位を占め，全社会経済の発展を支え，または導いて，国家のマクロ・コントロール目標を実現することにおいて重要な役割を果たす。」という特徴がある。

以上の国有企業主導分野以外の国有企業の民営化や，産業構造再編の対象となる。第2期タイプ1の事例のような業種の国有企業の多くは，その他の競争分野に属し，再編，民営化の対象となったため，その効果が現れたかと考えられる。[669] この第3期になると，類似する事例が大幅に減少した。すなわち，過剰投資によって起こした熾烈な競争に基づく淘汰がなかなか達成できなかったことは，政府の介入による産業構造の再編によって，ある程度の効果が得られた。これも中国のような経済体制転換過程中の国において，不完全な市場システムの下では，競争政策の限界を表した実例ではないかと思われる。

そして，この第3期タイプ1の事例18と事例19は，上述の国有企業主導分野

669　同上1514-1515頁。

に該当し，それに対する規制について，依然として非常に消極的な傾向であり，たとえ，大きな世論の圧力があっても，事例19のような行為について，規制当局の発展改革委は動かず（あるいは手を打つことができないのか），最終的に企業側の自粛で終わったが，事例17（インスタント麺価格カルテル事件）の対応とは対照的であった。

　また，タイプ2の事例について，この時期の前半（事例13，14，15[670][671]）において，第2期のタイプ2の事例の規制と類似しているが，後半の事例20では，大きな変化が見られた。その変化について，規制機関である工商当局は，間もなく施行される反壟断法を強く意識しながら，行為の反競争性に関して，市場の画定・分析，ハードコア・カルテル（類似の言い方）への言及など，従来の反不正当競争法型の規制方法や分析手法と異なり，競争を保護する競争政策型の規制発想を見せ始め，大きな転換点というべきである。また，同事件の判断において，工商当局は，反壟断法施行後，発展改革委（及びその所属の物価管理部門）の間で，カルテル規制の管轄権限の配分について，具体的なルール形成をも意識していることが重要な点である。そこから，今後反壟断法執行権限をめぐる争奪戦の幕開きの匂いが感じられる。

　タイプ3については，過度的な価格競争による外国からアンチダンピングを防ぐための輸出カルテルとして，特徴がある。このようなカルテル行為は公開的に行なわれ，それに対する規制の動きが見られない。

---

[670] タイプ2の事例について紹介した事例以外に，浙江省寧波市水産養殖場の入札における談合事件（工商局＝社科院［2007］132頁。），徳清県土地開発工事における入札談合事件（工商局＝社科院［2007］132頁）があり，いずれも違法行為と判断され，行政制裁金が課された。これらのような事件は，第2期において類似した事例もあったので，ここでの紹介は省略する。

[671] 事例15は自由専門職業に対する規制という特徴がある。

第4節　第4期（2009年～）独禁法施行後の代表的事例

1　事　　例

事例21　緑豆カルテル事件[672]

①　事 案 概 要

2009年10月17日，吉林玉米中心批発市場有限公司（以下A公司という）などの事業者は，全国109の卸売業者を招集して，吉林省洮南市のホテルで「第1回全国緑豆市場生産販売市況研究討論会」を開催した。（発展改革委の事実認定によれば）会場において，参加者の一部は，緑豆減産の情報を捏造，流布して，価格上昇が必然であると強調して，緑豆の値上げに関する事業者間の認識を一致させ，全国の緑豆価格の上昇を煽ることにつながった。

②　処　　分

上の認定事実に基づき，価格主管部門は，当事者らの行為が価格法及び価格違法行為行政処罰規定に違反すると判断し，違法行為の程度を勘案して，違反行為者に行政処罰を課した。会合の主催者であるA公司に，行政制裁金の上限額の100万元を課し，その他の会合の開催に協力した事業者に50万元の行政制裁金の納付を命じ，会合に参加し，相互に通謀したその他の事業者について，警告を処した。

事例22　広西ビーフン価格カルテル事件[673]

①　事 案 概 要

広西壮族自治区（以下「広西自治区」または「広西」という）物価当局の認定によれば，2009年11月1日及び同年12月16日，南寧市鮮一閣食品工場（以下「鮮一閣」という）の経営責任者闕之和は，南寧市ビーフン製造業17の事業者を招集し，ビーフンの出荷価格を引き上げることについて合意し，2010年1月1日から，この18のビーフン製造業者は一斉にビーフンの出荷価格を引き上げた。南寧市

---

[672]　「国家発展改革委，商務部，国家工商総局有関負責人就加強農産品市場監管工作答記者問」http://www.sdpc.gov.cn/xwfb/t20100701_358444.htm（発展委ホームページ）。江国成［2010］。鮑志恒［2010］。包興安［2010］。

[673]　価格監督検査司［2010］10頁。広西物価局［2010］8頁。王小丁＝王緝寧［2010］。

その他のビーフン製造業者7社もこれに追随（または便乗）して値上げをした。また，南寧市のビーフン価格の値上げを見て，広西省柳州市の一部のビーフン製造業者は，闕之和と連絡を取り，柳州市でのビーフン価格引き上げカルテルについて意見を交換した。2010年1月上旬と中旬に，柳州市ビーフン製造業者15社は3回の会合を開催し，1月21日から一斉に柳州市ビーフンの出荷価格を引き上げることを合意した（その過程において，闕之和及び柳州兄弟ビーフン工場の責任者などは同業者を利益で誘ったり，脅迫したりするなどの行為があったそうである）。

② 処　分

広西自治区物価局の指導に基づき，南寧市と柳州市の物価局は，（価格法及びその関連規定に基づいて）[674] 両市のビーフン価格カルテル参加・協力者及び追随者などの33の事業者に行政処分を下した。南寧市の鮮一閣及び柳州市のビーフン製造業者2社に10万元の行政制裁金を課し，参加者の中の18の事業者にその情状に応じて，3万元〜8万元の行政制裁金を課した。調査に積極的に協力し，情報の提供をし，自ら誤りを認め，改めた事業者12社に対して，警告を処し，経済的な処分を免除した。少数の追随者にも価格監督検査意見書を送付し，価格行為に関する自粛を促した。さらに，闕之和ら3人は，刑事責任を問われて，起訴され，現在審理中であると報道されている。[675]

　　付記：　2010年1月24日，柳州市人民政府は，記者会見を開き，ビーフン価格を安定させるために，ビーフン製造業者，ビーフン店などに，1月20日前の価格に戻すように要求した。[676]

事例23　中航信事件[677]

① 事 案 概 要

中国民航信息網絡股份有限公司[678]（以下「中航信」という）は，中国国内唯一の航空チケット予約・販売（ネットワーク）システムを有し，国内電子航空チケット予約販売サービス市場の97％の売上シェアを占めている。[679] 報道によれば，2009年1月から，中航信の株主である主要な大手航空会社は，次々に中航信に対して，

674　この情報は，発展委価格監督検査司のインタビュー，広西自治区物価局の論説，新聞報道によるものであった。正式な行政処分の資料が未入手である（価格監督検査司［2010］11頁。広西物価局［2010］9頁。鐘晶晶［2010］）。
675　王緝寧＝楊建林［2010］。
676　広西物価局［2010］8頁。
677　王畢強＝劉偉勲［2009］。謝鵬＝龐桐［2010］。張孜異［2009］。

割引計算方式を調整するように要求した。同年 3 月 19 日に，中航信は航空チケット予約代行業者や旅行代理店などに対し，新しい割引計算方式を導入するために，システムのメンテナンスを行なうと知らせた。4 月 20 日，新しい割引計算方式は導入され，その結果，航空チケット割引下限が引き上げられた。すなわち，これによって，航空チケットの価格全体が斉一的に引き上げられたことになる。

② 処　　分

不明である。

　付記：この事案について，発展改革委は関心を示し，調査の可能性があると報道されたが，調査結果はいまだに公開されていないようである。

事例 24　連雲港市生コンカルテル事件[680]

① 事 案 概 要

連雲港市建築材料と建築機械業界協会の下には，コンクリート委員会（以下コンクリート委員会）が設けられ，18 の生コン事業者がその構成メンバーとなっている。その中の五つの事業者は常務委員であり，この事業者団体に関する意思決定の権限を行使する。2009 年 3 月 3 日に，コンクリート委員会は，18 の生コン事業者を招集し，会合を開いて，「生コン事業者業界自律条項」（以下，自律条項という）及びそれに関する「検査処罰規定」を策定し，合意した。当該自律条項[681]に基づき，事業者の所在地，生産能力などに応じて市場分割行為を行なった。2009 年 10 月 28 日に，国家工商総局は，江蘇省工商局に，本件のカルテル事件について，調査・処分の権限を授与した。江蘇省工商局の調査によれば，当該自律条項及びその他の協定によって，市場を分割する共同行為及び価格への影響が

---

[678] 中国民航信息網絡股份有限公司は 2000 年 10 月に設立し，主要な株主は，中国大手航空業会社で，いずれも国有企業である中国民航信息集団公司，中国南方航空集団公司，中国東方航空集団公司，中国航空集団公司はそれぞれ，29.29%，11.94%，11.22%，9.17% を所有している（合計，61% 以上。データは中航信のホームページ http://www.travelsky.net/cn/tzzgx/gpxx/gqjg/index.shtml より 2011 年 5 月 28 日時点）。中航信は株式会社であるが，国有株が支配的にあり，（公有制企業の範囲内と考えられ）国有企業と同視できる事業者である。主要業務としては航空会社，空港，旅行代理店，貨物運輸業者向けに，電子航空チケット予約システム，空港旅客処理，航空貨物処理システムなどのサービスを提供している。

[679] 王畢強＝劉偉勲［2009］。

[680] 姚氾［2011］。周萍［2011］。

[681] この「生コン事業者業界自律条項」の締結は雑誌に報道された。汪林成［2009］51 頁。

あった。

②　処　　分

江蘇省工商局は，次のように判断した。生コン事業者たちは，自律条項などに基づいて，連雲港市市内生コン販売市場を分割し，「生コン地域（原文：区域）市場」における競争を制限したため，反壟断法第13条第1項第三号「販売市場の分割」の禁止規定に該当し，「構成事業者を組織して，販売市場を分割する独占的協定のような行為は，反壟断法第15条第1項に掲げた適用免除に該当しないため，適用免除をすることができない。」

コンクリート協会については，「構成事業者を組織して，販売市場を分割する行為は，反壟断法第16条に違反する」，「反壟断法第46条第3項に基づき」，違反行為の停止及び行政制裁金20万元の納付を命じた。

常務委員である五つの事業者に対して，江蘇省工商局は，不法所得（合計：136,481.21元）の没収，行政制裁金（合計：530,723.19元）の納付を処した。

その他のカルテル参加事業者については，「調査に主動的に協力し，かつ，自ら違反行為を停止したという理由で」，反壟断法第46条第1項の規定に基づき，違反行為の停止を命ずるにとどまった（2011年9月の現時点，公開された事件で，現在筆者が調べた範囲の限りでは，行政機関が，反壟断法に依拠し，独占的協定に該当し，違法と判断した初めての事件ではないかと思われる）。

事例25　富陽市製紙協会事件——浙江省富陽市造紙行業協会価格壟断行為[682]

①　事　案　概　要

浙江省富陽市製紙行業協会（以下「製紙協会」という）は1999年に成立し，そのメンバーとなっている事業者数が100以上ある。調査によれば，当該協会は，前後5回，20以上の常務理事である事業者を招集して，価格の引き上げ，価格の安定，メンバー事業者の減産の協調，価格の下げ幅などを議論し，合意をして，会議紀要を編集したうえ，すべてのメンバー事業者に送付した。

②　処　　分

発展改革委は製紙協会のカルテル行為に関する通報を受け，一定の調査を経て

682　「浙江省富陽市造紙行業協会組織実施価格壟断行為受到厳厲処罰」発展委ホームページ（2011年1月19日）http://jjs.ndrc.gov.cn/gzdt/t20110119_391551.htm，国家発改委価検司反壟断処「富陽市造紙行業協会組織経営者達成価格壟断協議受到厳厲処罰」『中国価格監督検査』2011年第2期，55頁。

から，当該事件に関する調査・処理を浙江省の関係部門（物価局）に移送した。製紙協会の本件行為が，価格法及び反壟断法の関連規定に違反したと判断され，「価格違法行為行政処罰規定」第5条第3項に基づき，浙江省物価局は，製紙協会に50万元の行政制裁金の納付を命じた[683]。

③ 解　説

この事案について，浙江省物価局及び発展改革委は製紙協会の行為が「価格法及び反壟断法の関連規定に違反した」というやや曖昧な表現を使い，反壟断法にも適用されたようなニュアンスがあった。しかし，行政制裁金の納付命令が依拠したのは「価格違法行為行政処罰規定」であり，<u>同規定の根拠法は価格法である</u>ため，本事案は，厳密に言えば反壟断法が適用された事案とはいえないのではないかと思われる。もう一つの問題点，発展改革委の事案紹介や報道によれば，本件の行政処罰は2010年12月第三次修正後の「価格違法行為行政処罰規定」の第5条第3項に依拠したとなっている（2010年修正前の当該規定第5条に第3項という条文は存在しない[685]）。しかし，本件行為の時期については，発展改革委の認定によれば，第1次合意は2010年3月であり，最後の合意＝第5次合意は9月1日に実施されたと認定され，当該行為は2010年12月4日以後に継続されていたか否かについて，言及されていないので，行政法規の遡及的適用という問題点が存在する。

事例26　聯合利華（ユニリーバ）事件

① 事案概要

2011年5月6日，発展改革委はそのホームページにおいて，上海市物価局のユニリーバ（中国）[686]（以下，ユニリーバという）に対する行政処罰決定の通知（以下，「処罰公布」という）を公表し[687]，発展改革委の関係責任者は記者インタビューに応

683　「価格違法行為行政処罰規定」とは，価格法に基づいて，国務院が1999年に制定した行政法規である。2006年2月第一次改正（国務院令第461号），2008年1月第二次改正（国務院令第515号）を経て，2010年12月4日に第三次改正（国務院令第585号）が行なわれ，同日に施行された。

684　李韶輝［2011a］。国家発改委価検司反壟断処「富陽市造紙行業協会組織経営者達成価格壟断協議受到厳厲処罰」『中国価格監督検査』2011年2期，55頁。

685　「価格違法行為行政処罰規定」2008年第二次修正（国務院令第515号）。

686　中国語名：聯合利華（中国）。

687　「聯合利華散布漲価信息擾乱市場秩序受到厳厲処罰」（発展委ホームページ2011年5月6日）http://www.sdpc.gov.cn/xwfb/t20110506_410542.htm。

じて，処罰決定に関するある程度詳細な内容を披露した[688]（以下，「披露内容」という）。

この「処罰公布」及び「披露内容」によれば，ユニリーバ社は同年3月各大手スーパーに対して，ユニリーバ社の日用化学製品（洗剤，シャンプーなど）の一部のブランド製品の価格を，4月1日に引き上げると通知した。また，ユニリーバ社の広報担当者は，値上げ前に，何度もマスコミのインタビューを受け，化学工業の日用製品価格の上昇に関する「一連の言論」[689]を表明した。これらの言論及び通知は，多くのマスコミによって報道され，社会的に注目された。これに追随した形で，競争相手の事業者もそれぞれ4月1日及び4月6日に値上げを予定していた（その後さまざまな原因で延期か，取りやめになった）。このような言動によって，一部の都市，地方において，日用化学製品に対する買いだめが起きた。

発展改革委はこの問題を重視して，ユニリーバ社の行為について，調査を行なうこと，同時に，ユニリーバ社の関係責任者と面談して，法に基づき，調査期間

---

688 「国家発展改革委有関負責人就査処聯合利華（中国）有限公司散布漲価信息擾乱市場秩序的有関問題答記者問」http://xwzx.ndrc.gov.cn/zcjd/t20110506_410545.htm（発展委ホームページ2011年5月6日）。

689 ① （2011年）3月21日，ユニリーバ社の広報担当責任者曽錫文（以下，Zという）は，第一財経日報に対して，「化学工業日用製品業界は，中国において，充分に競争がある業界であり，ブランドが非常に多くて，消費者が価格に対して相対的に敏感である。競争相手たちは皆相互に成り行きを見ており，少しずつ調整しながら，競争相手が付いて来るか否かを見て行なうしかない」。

② 同年3月22日，Zは新京報に対して，「快速消費品業界は，下流にある業界であり，現下の上流下流の連鎖的な反応から見れば，全業界は価格上昇の周期に入った。」

③ 同年3月22日，Zは新聞晩報に対して，「値上げは，一つの見守る過程を経て，みなは誰かが一番目に価格調整を行なうことを待っている」「もし，我々の競争相手が付いてこなければ，我々は非常にひどい目にあうので，我々は，続々に製品価格の調整を行なうしかない」「もし，近ごろ原材料の価格は，再び上昇して下がる気配が無い場合，第二次値上げがあり得ることを否定できない」。

その他，Zは毎日経済新聞に，「4月値上げの予期については，現在ははっきり分からないが，現在原材料の価格が上昇しており，将来製品価格の値上げは避けられない」，また，新華社「中国網事」に「来月，複数の日用化学製品会社の製品価格は10％ぐらい値上げされるだろう。主な原因は，上流の原材料石化学製品……などは最近40％上昇し，それによって，日用化学製品のコストが20％増加した」「事実上，日用化学製品の中，一部の製品は，粗利益が高くなく，例えば洗剤の粗利益は10％ぐらいしかなく，一部の中小企業がすでに苦しくなった。但し，大企業が値上げしないと，中小企業も値上げできない」とそれぞれ表明した。

中では，その4月1日の値上げ予定を一時停止（延期）させるように，上海市物価局に対して，指示した。

② 法的効果及び行政処分

当局は，当該行為を次のように認定して，行政処分を下した。

ユニリーバの値上げ通知及びマスコミに対する「一連の言論」によって

(1) 「……ユニリーバ社の日用化学製品の値上げ情報は，マスコミによって報道されて，消費者の価格上昇に対する予想を増強させ，一部の都市において日用化学製品に対する買いだめを引き起こし，個別スーパーのユニリーバ社の製品の販売量は通常の何倍から十何倍の量となり，正常な市場秩序を著しく攪乱した。」

(2) 「ユニリーバ社の値上げ情報の流布行為を阻止しなければ，日用化学製品価格の上昇幅及び上昇速度を過度にさせることとなる。市場競争条件の下，事業者は，市場占有率の低下を心配しているので，値上げに非常に慎重である。事前に値上げ情報を大げさに宣言するなどの方法をとり，マスコミの集中的な報道を通じて，市場反応を試し，競争相手の追随値上げをも期待して，業界競争者間で，相互に価格方策（原文：策略）を協調する時間を与えることによって，価格協調行為を達成させ，市場占有率の変化が無いうえでの業界一斉値上げを実現する。」

(3) ユニリーバの行為は，「値上げ情報を流布して，市場価格秩序を攪乱する」という価格違法行為に該当し，価格法第14条，「価格違法行為行政処罰規定」[690]第6条第1項第一号[691]に違反し，情節が重大であり，社会的な影響が大きい。但し，当該事業者が「面談」後，公開的に価格調整の一時停止を宣言し，消費者に謝り，自ら違法行為の影響を軽減させたことをも考慮して，「価格違法行為行政処罰規定」第6条，第17条第2項第一号及び行政処罰法第27条第一号[692]の規定

---

[690] 「価格違法行為行政処罰規定」1999年7月10日制定，2010年12月4日第三次修正（国務院令第585号）。国務院が制定した行政法規に属する。行政法規とは，国務院が憲法または法律に基づいて制定した法令であるので，人民法院に対して，拘束力を有する。

[691] 「第6条 事業者が，価格法第14条の規定に違反し，次に掲げる，商品価格を急騰させ，過度に上昇させる行為がある場合，行為の改めを命じ，不法所得を没収して，並びに不法所得の5倍以下の行政制裁金を課する。不法所得の無い場合，5万元以上50万元以下の行政制裁金を課し，情節が重大な場合，50万元以上300万元以下の行政制裁金を課する。……

（一）値上げ情報を捏造，もしくは流布して，市場価格秩序を攪乱する場合。……」

に基づき，上海市物価局は，ユニリーバに対して，200万元（注：約2,500万円）の行政制裁金を課した。

2 検 討

2008年8月反壟断法は施行された。この第4期の事例は，同法施行後の事件であり，タイプ1（事例23），タイプ2（事例21, 22, 25, 26），タイプ3（事例24）という三つのタイプに分けて説明したい。

1 タイプ1の事例について

タイプ1の事例について，事例23の航空チケットのカルテル被疑事件であるが，この事件は，第3期タイプ1の事件と同様で，いわゆる「国有企業主導分野」における国有航空関連会社などの企業による被疑行為であるが，第3期タイプ1の事件と同様に規制されることは無い。また，類似するような被疑事件について，第3期（2000年）から第4期にわたって，民間航空をめぐる一連のカルテル被疑報道（事件）[693]，石油製品に関するカルテルの被疑報道（事件）[694]などは，しばしばマスコミなどによって報道されたにもかかわらず，反独占規制機関の正式な介入ないし行政処分等がほとんど見られない。

2 タイプ2の事例について

タイプ2と分類された事例は，すべて価格の引き上げに関する事件であり，その規制当局は発展改革委及びその物価局となる。近年，中国では，深刻なインフレが進行中であり，政府もたいへん敏感となっている。インフレ抑止対策，価格全体水準の安定の維持が現在政府のマクロ経済政策の最も重要課題の一つと位置[695]

---

692 「第17条　経営者有《中華人民共和国行政処罰法》第27条所列情形的，応当依法従軽或者減軽処罰。
　　経営者有下列情形之一的，応当従重処罰：
　　（一）価格違法行為厳重或者社会影響較大的；……」
693 「民航継続推行航線聯営」東方航空報2000年7月10日。王茜［2003］。鄧聿文［2005］。沈偉［2005］。顧艶偉［2006］。
694 「中石油中石化疑結価格同盟」瀟湘晨報2003年7月18日（瀟湘晨報ホームページ）http://www.xxcb.cn/show.asp?id=289787。
　　葉静［2007］。何清＝明茜［2008］。張君［2009］。「石油巨頭被曝私定価格同盟」『北京商報』2011年3月3日。
695 例えば，2010年7月，国家発展及び改革委員会は，市場価格の異常な時に価格に対する一時的な介入方法について，「市場価格の異常変動時期における価格違法行為に対する処罰についての特別規定」の意見徴収稿を出した。

づけられている。2010年11月19日，中国国務院は，消費価格全体水準の安定などに関する通知[697]（以下，通知という）を出した。当該通知において，現段階の市場価格安定の重要性及び緊迫性を強調し，物価安定のために，違法な価格行為に対する取り締まりの強化を，政府各部門に要求した[698]。中国では価格に関する主要な監督・管理部門は発展改革委である。発展改革委は，国務院の通知に応じて，一連の措置を取った。例えば，「価格違法行為行政処罰規定」の改訂，価格違法行為に対する集中的な取り締まりなどである[699]。このような背景の下，タイプ2のような多くの事例は厳しく規制された。このタイプ2の事例は，反壟断法が施行後に起きたカルテル行為で，いずれの事件も反壟断法の適用を選択することが可能であるが，発展改革委（及びその下属の物価局など）は，すべて価格法及びその関連法令を適用した。価格法は，自由競争の保護に対する関心が薄く，価格に対する管理・統制的な性格が強く，価格安定のために直接的な介入となりがちであり，恣意的な法適用によって市場に萎縮効果，過剰規制などの悪影響を及ぼす可能性も大きいため，各国の経験を見れば，市場経済体制の下で，やはり，競争メカニズムを最大限に尊重し，市場機能の維持・強化などを目的とする反壟断法を優先的に適用すべきではないかと思われる。しかし，発展改革委は価格法か反壟断法かの適用という二つの選択（政府か市場か）があり得たが，結局，価格法（=「市場」より「政府」）を選択したと思われる。なぜ発展改革委は，反壟断法ではなく，価格法等を選択したのかについて，考えられる理由として，① インフレの早急な抑止というマクロ的経済政策の考慮，② 規制当局の専門的な人員の不足，規制経験の欠如など，③ 計画経済時代において価格に対する直接介入という慣用手法になれた，④ 反壟断法における独占的協定規制の立証の困難さ，及びそれに対して，価格法の立証面における都合の良さなどがある。

---

696 「中央経済工作会議在北京召開」人民日報2007年12月6日第1版。「中央経済工作会議在京挙行胡錦濤温家宝作重要講話」（2010年12月10日）http://news.xinhuanet.com/fortune/2010-12/12/c_13645961.htm （新華通信社ホームページ）。
697 「国務院関于穏定消費価格総水平保障群衆基本生活的通知」国発［2010］40号。
698 例えば：物価安定のために必要な場合，生活必需品・生産資料への臨時的な価格介入（9），価格上昇の情報の歪曲・流布（12），悪質な買占め・物価の釣り上げ，共謀等による値上げ行為（13）などを厳しく取り締まる。
699 「依法加強価格監管，大力整頓市場秩序為穏定価格総水平安定人民生活作出更大的貢献―全国価格監督検査工作会議日前召開」発展委ホームページより。http://www.ndrc.gov.cn/xwfb/t20101223_387358.htm。

3 タイプ3の事例について

事例24をタイプ3の事例に分類した。既述したように，公開された事例で現在筆者が調べた範囲では，この事件は，執行行政機関がカルテル行為を反壟断法の独占的協定に該当すると判断した最初の事件である可能性が非常に高いと思われるため，ここでは仮説として立てたいと考える[700]。実はすでに第3期の事例20の事件において，工商局は，反壟断法施行後のカルテル行為の規制及び，今後の執行管轄権限の配分ルールを意識しながら，（地方の条例であるが）法適用を行なっていた。そして，反壟断法が施行されてから，工商局はようやく，本件のような事件を調査し，独占的協定違反の第1号である（可能性が高い）行政処分を出した。この事件が公開されるタイミングは，（同様に，事業者団体の主導によるカルテル事件で，発展改革委が規制した）事例25の公開時期と非常に接近している。また，事例20の処分について，（2010年初頭）工商局が公開した後，発展改革委の所管である湖北省物価局は，（その対抗行動ではないかと思われる）同年8月に，本来工商局所管の（反壟断法第17条など）市場支配的地位の濫用規定に該当する行為にかかわる事件を処理した（違反停止の承諾を得て指導にとどまる）ということを発展改革委のホームページに公表した[701]。これらの一連の出来事によって，発展改革委と工商総局は，関連する法執行権限をめぐって少し摩擦が起きているのではないかと憶測される。

第5節　小　　括

本章において，中国の経済改革が始まってからの各時期の代表的で主要なカルテル関連事例を取り上げ，時系列的に分析を加えてきた。経済的・政治社会的環

700　その理由について①この事件は工商局が反壟断法に依拠し，処理した最初の事例である（姚芃［2011］，周萍［2011］）。②既述したように，発展委は反壟断法に依拠し，独占的協定に該当する違反行為を正式に処分したことについて，（公開された文献の中）筆者の調べた範囲に限って2011年9月の現時点ではまだ無いと思われる。

701　発展委価格監督検査司「湖北省物価局依法査処武昌塩業分公司強制搭售案件」http://jjs.ndrc.gov.cn/gzdt/t20101115_380421.htm（2010年11月15日）。川島［2011］7頁。

境の変化が関係する法制度の整備及びその規制目標などとの連動，または相互作用というさまざまな要素と関連して，カルテルの出現，政府対応の変化及び傾向などについて，以下のように簡単にまとめてみたい。

　第1節において，初期の事例について分析した。この時期は，まだ経済改革の初期段階であり，計画経済の枠組みを放棄せず，「商品経済」や「計画と市場の内在的統一」という名の下で，少しずつ市場の要素を認めて導入し始めた。この時期において，市場経済や自由競争などを正面から認めていないため，市場競争を害することをもってカルテルの悪質さを評価することは不可能であり，そもそも，このような意識を形成する土壌もなかったと思われる。この時期の事例を分析することを通じて，同時期において，カルテルという行為の善悪を判断する最も重要な基準とは，国家利益や国家の経済政策意向（例えば，計画）などに合致するか否かということである（簡単に言えば市場ではなく，政府の政策意向の判断による）と明らかにした。

　第2期では，「社会主義市場経済」への体制転換は明確化され，産業政策はたいへん強力な政策手段となった。この時期において，「主導産業」の育成が優先され，その目標の実現のために，数多くの産業政策が実施されていた。産業政策の絶対優位の状況の下，そのうえ，同時期では，旧体制から新体制への転換途中で，市場経済体制に対応するための国有企業の整理，管理組織転換，構造調整などが進行中であるため，本格的な競争政策を始動させるための基礎的な条件がまだ成熟していなかった。しかし，同時期では反不正当競争法は成立して，産業政策にはほとんど無力であったかもしれないが，一部の事件を取り上げ，限られた範囲でありながら，競争活動に法的な保護を与え，競争に関する法的なルールを整備しようとする模索及び傾向は見られるようになった。

　第3期において，国有経済を主とする産業構造調整は一定の成果を挙げたから，第2期で多発した，（主に投資，参入，退出等制度的な不健全などの）体制上の要因によって引き起こされた国有企業間の共同行為は大幅に減ったが，国有企業主導分野の違反行為に対する規制については，依然として非常に消極的である。しかし，この時期では，WTOへの加盟や，反壟断法立法の進展などは中国における本格的な競争政策の制度構築に拍車をかけた。これに呼応するように，同時期の後半

702　第1章の表1-1を参照されたい。

において,一部の地方工商局は,地方条例にカルテル禁止規定と類似する条文があるという点を利用して,従来の執行方法と違って,競争の保護に着目した視点から規制を行ない,本格的な競争政策へ接近するようになった。

そして,第4期において,2008年反壟断法が正式に施行された。民間社会に多く期待され,民事訴訟も多く提起されていたが[703],カルテルに対する規制は,ほとんど価格法に基づき処理されたが(その原因については,本章第4節の2の2において詳細に紹介したので,ここでは省略する),唯一反壟断法に基づき,独占的協定に該当し違反とされたのは,工商局が規制した事例24であった。

本章では,経済改革以来,カルテル行為に対する規制という角度から,競争関連法制の執行状況の推移について考察した。第2章で分析した競争関係立法過程における産業政策と競争政策の「相剋」と同じように,競争関係法制の執行においても,両者の「相剋」が見られ,しかも,同様の変化過程が現れた。競争政策の執行に関する促進要因と抵抗要因の消長は執行活動に直接的な影響を与えている。第1期から第4期の各時期の規制は,常にこのような「相剋」の下に,螺旋状に上昇している。段階ごとにおける法執行の前進は,促進要因の増加と抵抗要因の減退という相関関係によるものである。例えば,カルテル行為に対する規制に関して,第1期では関連する法執行はほとんど見られなかったが,統制範囲の縮小及び市場の拡大に伴い,第2期では部分的な執行が見られた。それから,産業構造の調整やWTOへの加盟及び競争政策の制度構築などによって,第3期においては本格的な競争政策の執行への接近が見られた。このような過程において最大の特徴とは,競争政策は常に,抵抗が比較的少ない分野から,突破口を探りながら,その執行活動を進めてきたことである(ある意味ではそうせざるを得なかった)。このことを分かりやすく説明できるのは,反壟断法が成立した第4期における事業者集中に関する規制である。競争政策の執行に最大の抵抗勢力となる産業政策優先論も,外資企業の独占的地位の獲得及びその地位濫用に対する防止,国内産業の育成・保護などの出発点から,外資企業による企業結合に対する規制に反対しない立場である。そこで,それにかかわる規制はいわゆる前述のような規制の「突破口」になりやすいと思われる。実際に,反壟断法施行以来,他の規

---

703 市場支配的地位の濫用に関する事件が圧倒的に多い(カルテルに関しては1件,しかも途中で訴えが取り下げられた)が,いずれも原告敗訴であった。川島[2011]8頁以下。

制（市場支配的地位の濫用，カルテル，行政的独占）に比べて，事業者集中は最も積極的な規制が行なわれ，その大半が外国企業と関連する事例である。[704] 特に現時点（2011年11月末）まで，公告されたもので，1件禁止，9件の条件付承認の規制事例[705]はすべて外国または外資系企業がかかわった事例である。[706] このような状況（執行における産業政策と競争政策の「相剋」及び「突破口」的な執行方法）は相当な期間において，継続するだろうと考えられる。[707]

　その他，カルテルの規制に関する代表的で主要な事例に対する本章の検討を通じて，中国の現段階までカルテルに関する規制の公的執行に大きな影響を与える要素として，以下の幾つかの点があるのではないかと思われる。

①　政府の政策意向

初期の事例から第4期の最新の事例まで，ほとんどの時期において，カルテルに対する規制はその当時の政府の政治的・経済的政策（特に政治・産業政策）に強く影響されている。例えば，近年ではインフレの抑止が政府にとって非常に重要な政策目標となったため，価格上昇をもたらすカルテルは取り締まりの主要な対象となり，それに関する規制もたいへん厳しくなった。それに対し，産業政策が非常に重要視される時期（例：第2期）では，産業政策にかかわる共同行為は規制されるどころか，関連行政部門がそれに加担することもあった。また，国際的競争力（またはそれに備える）を促進するための政策が取られる場合及びそのような分野では，カルテルに対する規制も消極的になりやすい（例：事例16）。

②　（国有企業主導）産業分野

704　もちろん，事業者集中に関する規制が積極的になったことについて，事前届出制が主要な要因であると考えられる。中国の事業者集中について，川島［2009c］950頁以下，川島［2011］3頁以下，戴龍［2009］，李美善＝劉冰［2011］27頁以下などを参照されたい。

705　（2012年1月15日まで）関連情報については，中国商務部反壟断局のホームページにて確認できる。http://fldj.mofcom.gov.cn/ztxx/ztxx.html

706　報道によれば，2008年10月に電気通信の大手国有企業間（中国聯合通信と中国網絡通信）の結合が届出基準を満たすにもかかわらず届出されていないことを商務部の担当職員が認めている。王畢強「聯通網通合併渉嫌違法」『経済観察報』2009年5月4日，第1，6版。

707　そうすると，独占的協定にもリニエンシー制度があるので，外資企業にかかわるカルテル，特に国際カルテルは今後，「突破口」的な執行の対象範囲となり，それに対する規制が積極的になる可能性があるのではないかと推測され得る（もちろん他の要因をも合わせて考慮する必要がある）。

表8-1のような「国有企業主導産業分野」における共同行為に対する規制が消極的になるであろう。その理由について，多くの場合，規制産業に属する分野であるほか，国有企業の政治的・経済的地位なども重要要素として考えられる。

③　規　制　機　関

　価格に関するカルテルについて執行権限を有する発展改革委自身は，中国の現在の産業政策の「総本山」であり，このような機関に対し，競争政策の中核である反壟断法の執行権限を与えること自体に，疑問が感じられる。仮に，発展改革委は反壟断法の実施（特に独占的協定）を推進しようとしても，産業政策的な発想からの法運用や，あるいは（価格管理秩序と市場による価格形成の間の矛盾という）自己矛盾に陥りやすいと予測され得る。従って，発展改革委にとってむしろ価格法の方が都合の良い規制手段であるから，そちらに傾くのではないかと思わる。[708] 一方，近時において反壟断法の運用に，やや積極的な姿勢を見せ始めた工商総局については，与えられた権限，政府内における地位及び機関の性格を見れば，果たせる役割については，やはり限られているのではないかと思われる。[709] 但し，今後，反壟断法の執行機関についてのさらなる調整可能性を控えて，この両機関は権限争いによってカルテルを摘発する競争が行なわれる可能性は無いわけではない。また，関連する行政機関の専門的人材の育成，執行経験の蓄積，競争理念の浸透などによって，いままで現れた執行上の問題は次第に改善されていく可能性が十分あると思われる。

④　世論の影響

　経済改革以来，中国政府は，価格の上昇によって引き起こされた国民の不満に非常に敏感である。各時期において，インフレが深刻になる際に，国民の不満を和らげるために，社会世論の反響が大きいカルテル（特に消費者末端価格に直結しているカルテル）に対して，執行機関は動かざるを得ず，また，場合によって，

---

[708] 但し，反壟断法の独占的協定に関して，リニエンシー制度があるので，その部分について現段階では予測はつかない。

[709] 工商総局の主要な職責として，市場の監督・管理や秩序の維持及び関連行政執行，各種市場主体の営業許可・商業登録，商品質量・食品安全の監督・管理，消費者権利保護に関連する業務，広告関連の監督管理，商標登録及び監督・管理，マルチ商法の取り締まり，反壟断法の関連執行（価格関連の行為を除く独占的協定，市場支配的地位の濫用，行政独占），反不正当競争法の関連執行などとなっている（第7章第4節1の**3**を参照されたい）。

その取り締まりは厳しくなる傾向がある（例えば，事例17，19，21，22，26など）。

　以上のように，現段階までの実際例からカルテル規制に影響を与えた幾つかの主な要素をまとめてみた。これらの要素については，一般論的なことについて述べているにとどまり，いずれについても単独的で絶対的に評価すべきではない。今後は具体的なケースごとに総合的に考慮しなければならないと思われる。例えば，①の政府の政策意向や④の世論の影響などによって，②の国有企業主導の産業分野であっても，そこにおけるカルテル行為に対する規制が場合によって積極的になる可能性が無いわけではない。そして，前記では，いままでの主要な事例を使って現段階までの影響要素を挙げて見たが，この中に含まれておらず，またこれから状況の変化によって，新たな要素が増えることは十分可能（あるいはすでに出始めているかもしれない）であり（例えば，国際的経済環境の変化，中国国内政治力学の変化，既得権益集団間の衝突など），注目していきたい。

終 章　**結びにかえて**

1　各章の検討によって明らかにしたこと，または結論

　最後に，各章における考察，検証によって，明らかにしたこと，または，結論づけたことについて，重要な点をまとめてみたい。

1　第1章と第2章

　第1章では，中国経済改革と経済法学の発展過程，競争関連法制度の生成・展開過程及び体系的構造を概観した。さらに，独占という新しい法律概念に対する認識の変化によって，競争法体系の構築に大きな影響を与えたことを指摘した。市場における自由競争の維持・促進への関心が薄く，統制・管理型経済秩序に親近感を有する広義説は，不正競争の概念を広く捉えて，独占を不正競争の一形態と理解し，1990年代前期までは通説的存在であった。この広義説の影響を強く受けて，1993年に反不正当競争法は制定された。その直接の目的は，「事業者の適法な権益の保護」で，競業者たる事業者（競争者）の保護を通じて，経済秩序を維持し，管理することである。これに対して，二分説において独占とは競争制限であり，独占行為を規制する目的が自由競争の市場メカニズムを保護することであり，独占と不正競争が異質であるゆえ，反不正当競争法と反壟断法を分けて立法するべきであると主張する。1990年代中期以降，市場化が進展するとともに，二分説は次第に通説となり，反壟断法の立法を主導するようになった。2007年に制定された反壟断法は「競争の排除若しくは制限」行為を禁止して，競争の保護を直接の目的としており，反不正当競争法との区別が明白になった。

　第2章では，社会主義市場経済における産業政策と競争政策の「相剋」が生じる原因，様態を考察した上，競争関係立法への影響を検討した。中国政府が進め

ている社会主義市場経済は，経済システムの枠組みでは，欧米や日本などの世界資本主義各国の市場経済システムに類似してきており，その区別も薄くなっているが，公有制の主体的地位及び共産党の一元的支配は堅持されている。国家は市場に対するマクロ・コントロールを通じて，資本主義市場経済国家における類を見ないほどの市場介入を行なうことができる力を有し，かつ，（旧計画経済体制の制度的慣性と相俟って）市場への積極的な介入との発想が依然として根強く存在している。この国家の市場に対するマクロ・コントロールの実現手段については，産業政策を中心としており，いわゆる「産業政策中心主義」を取っていると指摘した。一方，市場経済への移行ということ自体が，市場メカニズムの作用範囲を拡張し，政府の経済管理範囲を縮小させていくため，競争政策も徐々に台頭し，産業政策と衝突するようになった。

そこで，1990年代以降，中国において，経済政策の策定や，経済・競争立法に際して，産業政策と競争政策のどちらを優先的に考慮すべきかについて，産業政策優先説と競争政策優先説がしばしば対立するようになった。従来（改革開放以来），中国の諸経済政策において，産業政策は，最も強力で，中核的な政策である。それに対し，競争政策については，非常に弱い立場にあり，多くの場合，産業政策に従属するとさえ考えられてきた。このような状況は，経済・競争立法にも反映されていた。例えば，1993年に制定された反不正当競争法について，その立法過程において，競争政策に属すると思われるカルテルや市場支配的地位の濫用などの条文は，産業政策を擁護する観点の反対によって，ほとんどが削除されてしまうことになった。また，1997年に制定された価格法も，産業政策優先説の影響を強く受けて，自由競争への擁護という理念が薄く，価格安定及び価格秩序管理という統制的性格が強い法制度となった。しかし，90年代後半から，状況は変わった。1997年のアジア金融危機の勃発によって，政府による強力な介入，産業政策を重視する東アジア国々の体制上の問題点が，次々に暴露され，中国において，産業政策優先説にブレーキをかけた。また，WTOへの加盟（2001年）は中国における競争政策の影響力拡大にも大きく寄与した。これらの要因は，産業政策にマイナス，競争政策にプラスの影響を与え，両者の間に一定の力関係の変化が見られた。それによって，それまで抑えられていた競争政策優先の観点は次第に台頭し，影響力が増大するようになり，停滞していた反壟断法の立法作業も次第に活発化した。反壟断法は，競争政策優先説の立場に立つ二分

説の主導の下で立法作業が進められてきており，競争そのもの（または市場メカニズム）に対する保護を同法の直接の目的とし，中国の「経済憲法」と喩えられている。

このように，第1章と第2章では，中国における競争法体系の形成を概観して，独占の概念に対する理解の推移，産業政策と競争政策の「相剋」という二つの側面から，競争立法理念に関する変化傾向，並びにその過程におけるさまざまな思想・価値観の衝突や妥協などを提示し，検討した。中国における競争関連法制の発展は，競争者の保護から競争の保護に，管理型経済秩序から自由競争秩序に，「統制型競争法制」から「市場モデル型競争法制」にシフトするというかつて多くの東アジアの国々が経験した発展段階と類似している。但し，中国反壟断法は，概ね「市場モデル型競争法制」に属すると言いつつも，他の競争法先進国と比べると，産業政策の影響が相当に染み込んでいる。それは，中国の漸進的な経済改革における産業政策と競争政策の「相剋」過程で制定された法律であるゆえ，母斑のようなものであると指摘した。

2　第 3 章

第3章では，中国反壟断法における独占的協定（カルテル）の規制が「原則禁止主義」か，それとも「弊害規制主義」なのかについて検討した。カルテルが本質的に競争制限ないし市場統制等の弊害をもつので，原則的に禁止すべきだと考えるのは「原則禁止主義」であり，自由主義経済志向の立場に基づいている。これに対し，カルテルの存在あるいは結成を否定せず，経済的，社会的な弊害をもたらす場合にはじめて規制しようとするのは「弊害規制主義」といい，国家による市場介入に親近感を有する考え方である。本章では，主として，① カルテルの禁止，② 登録制の有無，③ 弊害要件に関する立証責任，④ カルテルの私法上の効力という「原則禁止主義」と「弊害規制主義」を区別できる四つの要点をめぐって，各次草案の条文の時系列の変化，及び学説などを検証して，反壟断法におけるカルテル規制は原則禁止主義に基づいているという結論に達した。しかし，この「原則禁止主義」の導入について，十分かつ慎重な議論は行なわれておらず（特に産業政策支持論による弊害規制主義説の意見は主張されなかった），コンセンサスによる結果とは言えないと指摘した。この「原則禁止主義」と「弊害規制主義」の導入について，日本とドイツの経験は，中国に大きな示唆を与え得ると述べた。すなわち，占領政策の一環として，アメリカなどの占領軍政府の圧力の下で，独

禁法（ドイツでは競争制限禁止法）を制定した点で，日本と旧西ドイツは同じである。だが，「原則禁止主義」と「弊害規制主義」をめぐって，十分かつ慎重な議論に基づくコンセンサスの有無という違いによって，その後，両国におけるカルテル規制ないし独禁法の展開に非常に対照的結果をもたらした。この日本とドイツの経験から，中国に示唆を与えることについて，3点を指摘した。すなわち，第一に，カルテル規制ないし反独占の立法に際して，自国の経済社会の伝統と現実を客観的に認識して，堅実な反独占思想を育成することが最も重要である。第二に，立法時に先進国の法制度を参考にする必要があるが，単に形式的に導入するのみでは足らず，原理原則を深く理解して，掘り下げた議論を行なった上で，立法（の原理原則）に関するコンセンサスを可能なかぎり得ることが必要である（その際に，国民世論，国際的な圧力及び経験などの有利な要素を利用する必要がある）。第三に，法の内容と現実の実効性を考慮に入れた柔軟性のある制度設計も非常に重要なことである。本章の最後に，中国がカルテル規制の原則禁止主義を受け入れたことは，世界的な流れを批判的な議論を経ずにそのまま受け入れ，鵜呑みにしたと批判し，日本などの国の経験から見れば，今後の執行過程において，さまざまな反発や骨抜き的な法執行などの懸念される課題が残っていると指摘した。

3　第 4 章

第4章では，中国反壟断法におけるカルテル規制が，水平的協定と垂直的協定と明確に区別されていることを明らかにし，またそのように区別されることの意義について検討した。まず，主要各国競争法によるカルテル規制制度を，①欧米型，②旧ドイツ型，③日本型という三つのタイプに分け，それぞれについて規制対象範囲の広狭，規制の厳しさが異なると指摘した。独占的協定を水平的協定と垂直的協定に区別する意義について，垂直的協定は，両面的な価値があり，水平的協定に比べて，危険ポテンシャルが小さいとしばしば考えられている。中国反壟断法の立法過程において，学説も各草案の分類も，おおよそ上記の三つのタイプに対応している。しかし，制定法では旧ドイツ法の水平的協定と垂直的協定を区別する立法形式を取り入れたことを明らかにした。その意義については，「列挙協定」を明示することによって，ルールの明確化及び規制の効率化を図ることができる一方，（再販以外の）垂直的協定に対する規制が消極化する傾向及び可能性があるというデメリットを示した。さらに，この旧ドイツ法形式の導入について，中国では産業政策と競争政策に関連する対立論争があまり見られなかっ

た。その理由に関して，次の2点が挙げられる。第一点は，競争政策優先説の立場から見れば，（再販を除く）多くの垂直的協定が経済効率の向上・競争促進効果を有するため，寛容な態度を取るべきと考えられている。第二点は，産業政策優先説の視点から見れば，垂直的協定が国際的な競争力を有する企業の育成，垂直的統合による産業集中度の向上，企業の系列化による効率の向上に寄与するメリットがあるため，縦の協調を禁止するべきではないと考えられている。すなわち，競争政策の視点からも産業政策の視点からも，（理由付けについて少々異なるが）垂直的協定に対し，寛容的な態度をとるべきという点に関して一致しているからであると指摘した。

4　第 5 章

第5章では，中国反壟断法におけるカルテルの適用免除と適用除外の区別及びその意義について検討した。まず，日本独禁法における適用除外制度，特に後退的適用除外の導入の背景・性格付け，及びその後の適用除外規定の整理・縮小などの歴史経緯を紹介し，整理した。日本の経験から，中国に有益な示唆を与える点を三つ示した。すなわち，第一に，一定の発展段階において，適用除外は新しい法制度の導入による衝撃を緩和し，独禁法を定着させる役割をもつ。経済体制改革中の中国にとって，現実に適し，柔軟性のある適用免除制度が必要である。第二に，（適用免除制度の濫用，競争政策の骨抜きを防止し，カルテル規制の実効的な運用を保障するために，）適用免除の範囲を必要最小限に抑え，並びに基準の明確化などの制度設計が非常に重要である。第三に，経済発展などとともに，適用免除の範囲を絶えず見なおしたり，縮小させたりすることも重要であると述べた。

次に，反壟断法のカルテル規制における適用免除（または適用除外）の各論を展開する。主として，①適用免除と適用除外に関する学説，②適用免除の対象範囲（不況カルテル，輸出入カルテル，国務院規定カルテルを主な対象とする），③適用免除の要件，④事前規制と事後規制という四つのカテゴリから，草案の変遷，学説の論争などを産業政策と競争政策の「相剋」と関連して考察し，検証した。

適用免除（除外）の立法スタイルに関する意見対立について，競争政策優先の立場に立つ適用免除重視説と産業政策支持の立場に立つ適用除外説という二つの学説の対立が見られた。両説の相違によって，主に，①反壟断法適用免除（除外）制度の性格や対象範囲の違い，②規制方法及び立証責任の区別という効果が生じる。適用免除重視説は，立法過程において，主導的な地位を占め，一部の譲

歩も見られたが，自然独占・公益事業に関する適用除外の条文を削除させるなどによって，産業政策重視の適用除外説を抑えて，適用除外の範囲を狭く限定すること（知的財産に関する適用除外と農業に関する適用除外）に成功した。

適用免除の対象範囲については，国際共通認識から外れた規定ではないかと指摘された不況カルテル，輸出（入）カルテル，（法律及び）国務院規定カルテルという三つのカルテル適用免除類型に絞って，それらを主な検討対象とした。不況カルテルについては，反対意見がほとんど見られず，必要説が通説であった。その原因に関して，市場に対する不信感，産業政策の影響力，政府の経済介入による社会経済安定の維持に対する依存，市場メカニズムが働かない分野の多数存在という中国独自の事情などを指摘した。輸出入カルテルの導入については，（競争政策を堅持すべきと主張する）懐疑論と（産業政策を優先させる）許容論が対立する。（懐疑論に一定の配慮や妥協があるものの）結果的に，許容論の優位で立法されたと指摘した。国務院規定カルテルについては，消極意見の反対によって，「主管機関カルテル」から，「国務院規定カルテル」に変更され，許容意見が譲歩したが，多くの学者が指摘したように，「国務院規定カルテル」そのものは，市場・競争政策への不信感及び産業政策に対する期待感の表れであるので，ここでも産業政策は競争政策を上回る結果を示した。

その他，適用免除の要件，事前規制と事後規制をめぐって，競争政策と産業政策の「相剋」が見られ，産業政策の強い影響力が見られたことを指摘した。

5　第 6 章

第6章では，中国反壟断法におけるカルテルの規制に関する「当然違法の原則」と「合理の原則」について考察した。まず，競争法先進各国の経験から，「当然違法の原則」と「合理の原則」を区別する実益は，競争制限効果に関する立証責任の分配，（有益な協調を許容すると同時に）悪性の強いカルテルを簡単に禁止することができることを指摘した。次に，反壟断法におけるカルテル規制制度の「当然違法の原則」と「合理の原則」について検討した。学説論争，各草案における変化について考察し，検討することによって，次のようなことを明らかにした。立法過程において，「当然違法の原則」を導入する必要性に関する意見対立が見られ，最終的に，競争政策擁護の立場に立つ当然違法必要説は，産業政策優先論の当然違法不要説に勝ち，制定法には「当然違法の原則」が取り入れられた。また，全人代の「立法解説書」及び実際の事例における行政機関の執行も，

「当然違法の原則」の採用を確認したと指摘した。

6 第7章

　第7章では，カルテル規制の行政執行体制を考察した。まず，反壟断法執行機関の設立に関する対立意見を整理した。すなわち，① 独立的で権威性のある新しい専門機関の設立を主張する意見A，② 既存の行政機関内部に相対的な独立性を有する専門機関を設立して，反壟断法執行権限を授与すると主張する意見B，及び，③ 分散的な執行体制を主張する意見Cという三つの対立する意見があった。そして，集中性，権威性，独立性という執行機関の性格にかかわる三つの論点を概観し，説明した。次に，執行機関の集中性，権威性，独立性の必要性について，積極的な見解である第一説と消極的な見解である第二説の対立について，検討した。また，立法過程における草案の変化，各要素の評価・比較などを通じて，図表を用いて説明を加えた。ということは，図7-1で示したように，立法当初，反壟断法執行機関が高度的な独立性，権威性，集中性を揃えて出発し，意見A及び（3論点の）第一説の主張が優位であったが，立法過程の進展とともに，意見A→意見B→意見C，第一説→第二説というような変化結果となった。最後に，法施行後の規制機関の実態＝三つの機関による分散執行体制の上に，「議事協調機構」である反壟断委員会が乗っかっているという体制を具体的に紹介し，問題点などを指摘した。規制機関の設置について，競争政策と産業政策の「相剋」の面からみれば，競争政策優先論の敗北であり，理想主義と現実主義の面では，現実主義の勝利である。本章の規制機関の設置に関する考察を通じて，現段階における中国反壟断法の執行体制は市場本位より，政府本位（または産業政策本位）への傾向が強いという結論を得た。

7 第8章

　第8章では，具体的な事例の角度から，中国におけるカルテル規制，及び産業政策と競争政策の「相剋」を実証的観点から研究した。経済改革以来26件の代表的事例を四つの時期に分けて検討した。初期において，カルテル行為に対する評価・判断基準は，国家の利益や国の計画実行の保障などであった。第2期になると，「社会主義市場経済」への体制転換が明確化された。この時期において，産業政策がまだ絶対的優位であったが，初期の模索段階を超え，競争政策が萌芽的な状態でありながら，それに基づくカルテル規制の執行活動が見られるようになった。第3期では，WTOの加盟や反壟断法立法の進展などによって，競争政

策の制度構築が大きく前進し，競争の保護に着目するカルテル規制も行なわれるようになった。但し，産業政策がかかわる分野（国有企業主導分野も含む）のカルテル行為に対する規制が依然として消極的である。第4期においては，反壟断法が正式に施行された。カルテル行為を反壟断法の独占的協定に該当し，違法であると判断した事例も出た。しかし，第3期と同じように，国有企業主導分野や産業政策などにかかわる行為に対する規制は，やはり消極的である。また，反壟断法ではなく，価格法を優先的に適用する傾向もあると指摘した。最後に，本章の検証を通じて，現在までの，カルテル規制に大きな影響を与えた要素に関して，① 政府の政策意向，② 産業分野，③ 規制機関，④ 世論の影響という四つの主な要素を挙げた。

2　研究課題についてのまとめ

本書では，産業政策と競争政策の「相剋」による競争関係法律への影響について，次の二つの角度から考察した。① 中国の（計画経済から市場経済へという）漸進的な経済体制改革は産業政策と競争政策の「相剋」過程である。その「相剋」過程中において起草され，立法された中国の競争関係法は，大きな影響を受けている（これは第一の研究課題に該当する）。② さらに，現在中国憲法が掲げている「社会主義市場経済」体制にも，政府と市場，産業政策と競争政策の「相剋」が内包されている。その「相剋」が反壟断法に与える影響について，カルテル規制に関する考察を通じて検証する（これは第二の研究課題に該当する）。

1　課題1について

計画経済から市場経済への転換は，一種の規制緩和とも言える。計画という「究極的」産業政策の勢力（または統制）範囲が徐々に縮小し，その代わりに，市場メカニズムによる資源配分の範囲が次第に拡張してくる。このような過程については，一時的な後退もあったり[710]，大きな突進も見られたりしながら[711]，全体として漸進的に行なわれてきた。その際に，産業政策と競争政策の「相剋」は多く現れ，これに応じながら，法制度の分野においても大きな変化が生まれる。この

---

[710] 例えば，1989年の天安門事件以後，一時的に経済改革が後戻りの兆候が見られた。

[711] 例えば，1992年鄧小平の「南巡講話」によって，経済改革が再開され，「社会主義市場経済」を打ち出した。

ような変化は概ね二つの段階に分けられる。

　第一の段階では，厳格な計画経済の時期より，産業政策の規制範囲が次第に縮小し，その統制力も弱まりつつあるが，市場経済（一時的に商品経済と呼ばれた）の領域がまだ萌芽ないし初期的な状態である。この段階では，産業政策がまだ絶対的優位にあるが，新たに形成されつつある市場における秩序を維持する必要が生じるため，反不正当競争法及び価格法などの法律が制定された。しかし，立法理念・法的な要件（第1章及び第2章），実際の執行（第8章）などを分析することによって，この二つの法律は，基本として経済秩序に対する管理・監督的な性格が強く，自由競争促進や市場メカニズムの保護に対する考慮が薄かった。かつて，東アジアの国々にもよく見られた権威主義的な政府の強力な産業政策による経済介入の背景の下に制定された「統制型競争法」と似たような一面があると思われる。

　第二の段階では，市場経済が持続的に成長し，影響範囲もますます拡大してきた。東アジアの国々が経験した「統制型競争法」から「市場型競争法」へシフトするという過程と同じように，中国も1990年代末期から「市場型競争法」である反壟断法の立法を積極的に推進するようになった。その理由は，①1997年のアジア金融危機の勃発に起因する「東アジア型モデル」への懐疑，②WTOの加盟という二つの主な要因によって，産業政策の影響力が低下する一方，競争政策の影響力が大きく躍進したからである。そこで，反壟断法は，「市場型競争法」を目指して，カルテル規制，市場支配的地位の濫用，事業者集中など競争法の一般的な規制内容を全面的に導入した。特に，①広義説の排除，二分説の採用，②効果要件を「競争を排除若しくは制限する」とする，③公平・誠実・信用等の事業者行為規範に関する事項の削除，④競争による効率促進目的の明記などによって，（反不正当競争法及び価格法などのような）従来の経済秩序管理の性格の強い法律と一線を画し，反壟断法は競争を保護する法としての性格と特徴が強調された。

2　課題2について

　上記では，計画経済から市場経済への移行に連れて，産業政策の影響力が低下しつつあることを述べたが，それはあくまでも計画経済の時代の「究極的」産業政策と比較し，歴史的な推移という角度から見たものであった。本書第2章で分析したように，「社会主義市場経済」自体に産業政策と競争政策の「相剋」が内

包されており，産業政策（特に「計画」マインドの残留）は依然として大きい影響力を有し，また，これからも長期間存在し続けるであろう。このような「相剋」が反壟断法を始めとする競争立法にどのような具体的な影響を与えているかを検証するために，カルテル規制の角度から考察した。結論を先に述べると，この「相剋」は反壟断法のカルテル規制に非常に大きな影響を与えたと言える。その具体内容については，① 規制機関についてである。第7章で分析したように，産業政策優先論に親和的な意見C（執行権限を既存機関に分散する）は，競争政策優先論に基づく意見A（理想的な執行機関の設置）及びその折衷的な意見である意見Bを抑えた結果によって，（既存の）三つの執行機関＋「議事協調機構」である反壟断委員会という世界では類を見ない執行体制となった。② 適用免除についてである。「適用除外」ではなく，「適用免除」の体制を採用したものの，不況カルテル，輸出入カルテル，「国務院規定」カルテルという国際的共通認識から外れた（と批判される）カルテルの適用免除が導入された。一方，産業政策優先論は常に優位であるわけでもなく，③ 当然違法の原則と合理の原則について，競争政策は優位を収めた。④ 垂直的協定と水平的協定については，競争政策優先論は効率促進の面から，産業政策支持意見は産業集中度の向上，産業秩序管理の視点から，（再販売価格維持行為を除く）両者の意見はかなり接近して，一定の妥協が見られた。また⑤ 原則禁止主義と弊害規制主義については，産業政策優先論による主張はほとんど見られず，競争政策優先論寄りの原則禁止主義が採用された。

以上で見たように，①と②というカルテル規制の実際執行に直接的に関係する部分については，産業政策と競争政策の「相剋」は激しく，産業政策が優位を収めたが，③，④のような抽象的な理念にかかわる点について，両者の対立（または産業政策優先論の抵抗）はそれほど激しくなく，あるいは，接近する場面もあった。また，⑤のように産業政策はほとんど意見を主張しなかった部分もあった。この現象は，中国経済改革の推進過程において，しばしば指摘されていること，すなわち，改革の方向，目標モデルをめぐって，政策の理念段階では「アングロ・サクソン型モデル」（＝競争政策優先論）の影響力が大きく，政策の具体的な実施・執行などについて，「東アジア型モデル」の考え方（＝産業政策優先論）が大きく反映されるという現象とほぼ一致している。

3　所感及び今後の課題

　第2章第1節第2項3では，日本及びドイツの経験に関する検討を通じて，カルテル規制ないし反独占の立法に際して，自国の経済社会の伝統と現実を客観的に認識して，堅実な反独占思想を育成することが最も重要であると述べた。中国の伝統文化は，競争に対して否定的であり，競争文化の思想伝統が乏しいとしばしば言われている。中国古代の哲学者や思想家たちは，中国の歴史や社会現実の教訓から「争則乱」（争いが生じれば，社会秩序が乱れる）という共通認識に達していた。「争」とは人の利益を巡って争う本能で，「乱」とは国家，社会秩序の崩壊と考えられる。この「争則乱」によって，人民に甚大な危害をもたらし，統治者の支配地位を脅かすことにつながり得るため，中国の思想家や統治者たちは恐れていたのである。

　その問題を解決するために，中国の思想家たちはいろいろな知恵を出した。例えば，孔子は「君子無所争」（解説：君子は争う所なし），「君君，臣臣，父父，子子」と主張し，荀子も「明分使群」と主張するなどのように，厳格な倫理階級制度が提唱され，人々が自分の社会においてあるべき地位を自覚し，守り，「争」を極力避けることで，「乱」が生じず，社会の調和が達成できると考えられてきたのである。このような道徳・倫理観は，中国の封建王朝の統治及び宗族社会と密接に結合して，古代から現在に至るまでの中国の社会を支配する主流的思想であり続けたのである。このような歴史の流れにおいて，極めて強力な中央集権の下でこそ社会秩序を保ち得るのだという思想が形成された。これについて，日本においても，中国と文化的背景が類似していることから，同様の傾向が認められ

712　陳紹燕［2002］60頁以下。黄勇＝江山［2008］14頁。
713　陳紹燕［2002］60頁。
714　解説：「君，君たり，臣，臣たり，父，父たり，子，子たり」「臣は君を君として仕え，君は臣を臣として扱い，子は父を父として仕え，父は子を子として扱う……」宮崎市定［1974］140，286頁参照。
715　原語（『荀子富国篇第十』）：「……離居不相待則窮，群居而無分則争；窮者患也，争者禍也，救患除禍，則莫若明分使群矣。……」解説：「……別々にお互いに持つ持たれつしないことには行きづまる。といっていっしょにいても，けじめがないと争う。行きづまることはわずらいである，争いはわざわいである。わずらいがないようにしわざわいを除くには，けじめをはっきりさせ，いっしょにさせるにこしたことはない」原富男［1978］162頁。
716　陳紹燕［2002］61頁。

る。例えば，日本では，伝統的に協調を美徳として競争を悪徳と見ており，（欧米のように）強権に対する警戒・不信感は希薄で，むしろ強権へ依存心が根深いと指摘される。[717]

そして，このように伝統的に存在してきた競争に対する否定的な考え方を克服するのは，非常に困難なことである。中華人民共和国建国以来，計画経済の時期は言うまでもなく，市場経済が導入された社会主義市場経済の現在でも，競争に関する意識や競争文化はまだ形成途上であると考えられており，反壟断法の執行過程は，相当程度，競争文化の育成ないし発展の過程だと見るべきであると指摘されている[718]。確かに，中国社会全体から見れば競争文化の浸透はまだ十分と言えないが，第2章で分析したように，1970年代末以降の中国改革開放の歴史過程を見ると，自由な市場経済を主張する経済学思想はすでに芽吹いており，着実に発展してきて，従来かつこれからも中国における競争文化を促進する主要な原動力になると思われる。しかし，過度に楽観視することも禁物である。中国独自の歴史背景，政治的，社会的，経済的事情の制約などによって，「アングロ・サクソン型モデル」を主張する観点は，独立の経済思想として確固たる地位を築いたとまでは言い得ない。特に，2008年のリーマン・ショックとそれに対応するための政府対策の実施を受けて，それまでの「国退民進」と逆に，「国進民退」の傾向が目立っている[719]。このような現象に大変危機感を感じた「アングロ・サクソン型モデル」の論者は，次のように指摘している。中国は30年あまりの経済改革を行なってきたが，現在の段階はまだ「半市場的」「半統制的」という過渡期の体制に過ぎず，これから「市場」と「統制」の衝突がますます激しくなる。中国はいま，岐路に立っており，「法治的市場経済体制」と「権貴的資本主義」（ま

---

717 小西［1997］10頁。

718 その理由について，「第一に，中国文化の中に存在する深層的な構造は，社会制度の転換，経済的発展及び西側の影響による明確な転換及び再構築がそれほど現れておらず，疑い無く中国文化のアイデンティティとして存続している。第二に，中国は計画経済から市場経済への転換過程において，計画経済体制の『慣性』の克服について相当な期間をかける必要があり，競争意識の発達にはまだ時間が必要である。……」黄勇＝江山［2008］14-15頁。

719 いわゆる「国退民進」とは，国有企業の勢力・シェアの縮小と民営企業の勢力・シェアの拡大のことを指すが，「国進民退」とは，それと逆に国有企業の勢力・シェアの拡大と民営企業の勢力・シェアの縮小のことを指している。関志雄［2010］15頁以下。

たは官僚資本主義，国家資本主義体制）という二つの道から選択を求められているのである[720]。

「アングロ・サクソン型モデル」と「東アジア型モデル」の対抗の延長として，競争・経済法の分野では，競争政策擁護意見が，1990年代後半から，ようやく一定の影響力をもつようになり始めている。第3章以下の各章で考察してきたように，理念的な面では，競争政策優先説が一定の優位性を獲得したが，具体的な規制内容に関する規定，執行機関の設置などの点では，まだ産業政策優先説の方が優位である。その影響の下で，カルテルに関する適用免除範囲の拡大，規制機関の骨抜きなどさまざまな消極的な規定が反壟断法に盛り込まれた。またいままでの実際の施行例を見ても，産業政策優先説の影響が大きい。

以上のように，中国においては，自由競争を促進しようとする反独占思想が一定の程度に発展してきているが，それは十分な地位を獲得したとまでは言い得ない。そのような状況の下で，反壟断法が成立したのである。競争文化の思想伝統が乏しい国において，特に日本の経験から見れば，競争文化の促進や独禁法の有効な執行を推進し，(旧通産省などのような) 産業政策擁護勢力と戦うために，独立行政委員会である公正取引委員会という独立で強力な専門執行機関の役割は極めて重要であると思われる[721]。このこと（独立的で強力な反独占執行・推進機関の設立）は，今後の中国における競争政策の定着における最重要課題であり，その実現のためには不断の努力が必要であると思われる。但し，日本では戦後，経済・政治構造について民主的な変革が行なわれたのに対して，中国は漸進的な改革で，経済・政治の変革がまだ進行中である（政治の民主的改革が大幅に遅れており，行政制度・司法制度は中立性及び客観性が欠如し，非常に不健全であるとよく指摘される）。中国反壟断法のこれからの道のりはたいへん険しいものになると言わざるを得ない。

---

720 後者（「権貴的資本主義」）へ陥ることを避けるために，経済以外の，政治，司法，行政などのさらなる全面的な制度改革が不可欠で，かつ急務となっていると指摘している。呉敬璉［2011］12頁以下。
721 もちろん，よく指摘されるように（ジョン・O・ヘイリー［2002］4，8頁），競争法制の有効な実行には整備された政治・司法制度も不可欠である。

あとがき

　本書は，2012年7月に早稲田大学法学研究科から授与された博士（法学）学位論文及びそれをもとにした著書『中国反壟断法（独占禁止法）におけるカルテル規制と社会主義市場経済―産業政策と競争政策の「相剋」』（早稲田大学モノグラフNO.80，以下「前著」という）をさらに加筆・変更したものである。本書を前著のグレードアップ版（増補修訂版）と位置づけている。また，書名は，『中国独占禁止法―法体系とカルテル規制の研究』に変更したものの，基本的な問題意識及び結論等については変わっていない。

　中国「社会主義市場経済」体制には，政府と市場，産業政策と競争政策の「相剋」が内包されている。その「相剋」が反壟断法の立法体系に大いに反映し，そして今後の法執行にも重大な影響を与え続けることになろう。中国反壟断法の立法過程では，場合によって，産業政策優先論が押さえられて，競争政策寄りの主張が受け入れられたように見えるかもしれない。だが，今後中国における競争政策が順調に発展するかについては，過度の楽観視は禁物である。反壟断法の立法について，競争法の原理原則を深く理解して，掘り下げた議論を行なったうえで，立法（の原理原則）に関するコンセンサスを得たとは言えないからである。そのため，日本などの経験から見れば，今後の執行過程において，さまざまな反発や骨抜き的な法執行や法適用基準の混乱等が生じうるという仮説を提示した。

　今回，前著刊行後で発生した独占的協定に関する最新事例を取り上げ，中国反壟断法の新動向を追跡した。前著で提示した仮説を実証的な角度から検証するために，一章の補論を追加した（第4章の後）。さらに，そのほかにも，大小さまざまな加筆訂正を加えている。本書のもととなった学術論文の初出は以下のとおりである。

　第1章第1，2節「中国における競争法体系の構築（1）―独占の概念を題材として」『早稲田大学大学院法学研究科法研論集』第125号（2008年）

　第1章第3節「中国における競争法体系の構築（2・完）―独占の概念を題材として」『早稲田大学大学院法学研究科法研論集』第127号（2008年）

　第2章第1，2節「産業政策と競争政策の『相剋』が中国競争立法に与える影

響に関する序論的考察（1）」『早稲田大学大学院法学研究科法研論集』第142号（2012年）

第2章第3, 4節「産業政策と競争政策の『相剋』が中国競争立法に与える影響に関する序論的考察（2・完）」『早稲田大学大学院法学研究科法研論集』第143号（2012年）

第8章「中国経済法・独占禁止法におけるカルテル規制の展開―事例分析を中心として」『早稲田法学会誌』第63巻第1号（2012年）

補論　「ジョンソン＆ジョンソン再販事件の二審判決からみる中国反壟断法（独占禁止法）における再販売価格維持行為の規制」『公正取引』第756号（2013年）

　最近では，本書の取り上げた再販売価格維持行為に関するジョンソン＆ジョンソン再販事件以外にも，水平的価格カルテルのようなハードコア・カルテルに関して，裁判所の間に判断基準の混乱が生じた。北京高裁は，北京水産卸売行業協会事件において，水平的価格カルテルについて，ハードコア・カルテルであり原則違法と判断した。一方，広東高裁は，恵尔訊事件において，水平的価格カルテルも合理の原則の下で判断すべきという全く反対の判決を出した。水平的価格カルテルについて，当然違法の原則が適用されることは昔から国際共通の認識として形成されているにもかかわらず，今日になっても中国の裁判所の間でこのような法適用基準の混乱等が生じ，前著の筆者の仮説にやや合致するように見えた。その原因を細かく究明しなければならないが，原稿締切の関係及び筆者の筆不精で今回取り上げることができず，今後の研究課題にしたい。

　筆者は2000年4月17日に交換留学として来日した。日本での留学生活は筆者にとって初めての外国滞在であった。道端にある無人野菜販売所や，反対車線が空っぽなのに，逆走し，割り込もうとする車は一台も無かったなど，驚くことは多かった。なぜ，日本人は礼儀正しく，整然とした社会秩序を維持することができるのか，それは当然法治の力だと当時の筆者は勝手に信じ込んだ。「日本で法学を勉強しよう」と決心した。本来1年間の交換留学であったが，思いがけず留学期間は12年半に至った。

　近代において，圧倒的な優位にたつ西洋文明の前に，中日両国は共に国家・民族の存亡危機に面し，西洋文明の導入を余儀なくされた。しかし，両国の対応及

びその後の展開は異なった。日本は古くから，伝統を守りつつ，外来文化の優れたところを積極的に摂取し，これを在来の文化と融合して日本化することが得意である。明治維新以後，日本は西洋文明を受けいれることに成功し，アジアにおいて最も早く先進国の仲間入りを果たした。一方，中国は，日本ほど外来文化を吸収し・消化する力を有せず，悠久の歴史伝統が，かえって変革の重荷になった。度重なる急激な革命を経たにもかかわらず，中国は混乱に陥り，革命家が目指した「富国強民」の目標は実現しなかった。筆者はこの中日両国間の対照的な差異に注目し，自分の専門である経済法学の分野において，その差異と影響を見出し，有益な示唆を示そうと考えた。

競争法という西洋から伝来した法律が，競争文化の伝統が希薄である東洋の国に定着し，その役割を果たし，競争を促進させるために，アジアにおいて率先して独禁法を導入した日本の経験は大変貴重である。また，日本では，米欧独をはじめ，先進各国の競争法に関する比較研究が大変重視され，その蓄積も非常に深い。筆者は本書において，日本独禁法の外国法継受及び執行に関する貴重な経験から得られる示唆を，中国反壟断法に対し多く提示した。一方，中国反壟断法の立法においては諸外国競争法をどう観察したのか，どのように外国法を継受したかという視点から，日本の経済法学界に何らかの新しい刺激を与えることができれば幸いである。

本書の基礎である学位論文の作成には，日頃から多くの方々にご指導を頂いてきた。まず，勉強の仕方，論文の書き方のみならず，ものの考え方，研究者としてのあり方をも丁寧にご指導頂いた恩師の土田和博先生（早稲田大学教授）に深く感謝申し上げたい。先生のご指導とご助言が無かったら，本書は生まれなかっただろう。岡田外司博先生（早稲田大学教授）は，もう一人の恩師として，いつも温厚な目線と微笑みで筆者を指導し，励ましてくださった。両先生の学恩に心から御礼を申し上げ，本書を捧げることにしたい。また，経済法研究への道を示唆してくださった静岡大学学部時代のゼミ指導教員である若林亜理砂先生（現駒澤大学教授），及び，修士の時代から大変お世話になり，学位論文の審査員も務めて頂いた小口彦太先生（早稲田大学教授）に心から感謝申し上げたい。そして，院生でありながら，参加を許して頂いた早稲田大学法研GCOE，東京経済法研究会・経済法判例研究会などの研究会において，お世話になった数え切れないほどの研究者・実務家の先生方に，心から感謝の意を表したい。また，勤務先の対外経済

貿易大学法学院の同僚にも感謝したい。日頃の交流，意見交換などは筆者の研究にたいへん有益であった。

本書の研究進展及び完成には，対外経済貿易大学の関連プロジェクト＊，中国教育部第49批「留学回国人員科研啓動基金」（教外司留（2015）311号）の助成を頂いた。本書の刊行に際して，前著に引き続き早稲田大学の学術研究書出版制度のご支援を頂いた。ここに記して謝意を表したい。また，筆者の拙い原稿を整え，日本語の不格好な表現まで指摘して頂いた武田文彦氏，並び早稲田大学出版部の方々に厚く御礼申し上げたい。

最後に，筆者の留学及び研究生活を長年にわたって，よく理解し支えてくれた家族に，心より感謝したい。本書上梓予定日の前に，次女愛依が生まれた。（さもなければ，本書の出版はもう少し早めにできたのに，だが。）筆者は至福の喜びを感じ，本書の出版を彼女の誕生記念に捧げたい。

　　2015年4月

陳　丹　舟

＊　本成果為対外経済貿易大学中国企業「走出去」協同創新中心以及対外経済貿易大学「211工程」建設項目成果。

文献一覧

☆中国語文献（ピンイン順）

A

安強身＝隋建華［2004］　安強身＝隋建華「彩電価格聯盟的経済学分析」『市場論壇』2004 年，第 11 期。

B

白樹強［2000］　白樹強『全球競争論－経済全球化国際競争理論与政策研究』中国社会科学出版社，2000 年。

包興安［2010］　包興安「発改委首次公布録音掲露百家緑豆企業串通漲価」『証券日報』2010 年 7 月 19 日，第 A2 版。

鮑志恒［2010］　鮑志恒「緑豆串通漲価背後－洮南会議的罪与罰」『東方早報』2010 年 7 月 22 日，第 A18 版。

C

曹天玷［1993］　曹天玷編・国家工商行政管理局条法司『現代競争法的理論与実践』法律出版社，1993 年。

曹康泰［2007］　曹康泰編『中華人民共和国反壟断法解読－理念，制度，機制，措施』中国法制出版社，2007 年。

常新＝袁元［2007］　常新＝袁元「跨行査詢収費風波平息背後」『農村金融研究』2007 年，第 5 期。

陳峰君［1999］　陳峰君「再論東亜模式」『太平洋学報』1999 年，4 期。

陳錦華［2005］　陳錦華『国事憶述』中共党史出版社，2005 年。

陳麗潔［2003］　陳麗潔「中国反壟断法的現状与問題」王暁曄＝伊従寛主編『競争法与経済発展』社会科学文献出版社，2003 年。

陳紹燕［2002］　陳紹燕「中国競争思想的演変及其当代思考」『文史哲』2002 年，第 3 期。

陳尭＝梁家祥＝朱洪波［2002］　陳尭＝梁家祥＝朱洪波「経済全球化背景下如何提升我国的経済競争力－関于競争政策和産業政策戦略搭配的探討」『中央財経大学学報』2002 年，第 1 期。

程開源［1992］　程開源「反不正当競争立法的幾点思考」『南開学報哲学社会科学版』1992 年，第 1 期。

崔呂萍［2006］　崔呂萍「郵儲緑卡跨行査詢下月収費」『北京現代商報』2006 年 6 月 21 日，第 6 面。

D

鄧聿文［2005］	鄧聿文「民航『価格聯盟』的生命力」『経理日報』2005 年 4 月 6 日。
鄧小平［1992］	鄧小平「在武昌，深圳，珠海，上海等地的談話要点（1992 年 1 月 18 日-2 月 21 日）」『鄧小平文選』第 3 巻，人民出版社，373 頁。
董溯戦［2004］	董溯戦「論反壟断法的適用豁免制度」『南京大学学報（哲学．人文科学．社会科学版）』2004 年，第 4 期。
董延林［1996］	董延林「中国経済法学之形成論略」『求是学刊』1996 年，第 6 期。
杜仲霞［2008］	杜仲霞「論反壟断法対出口卡特爾的豁免」『中国工商管理研究』2008 年，第 8 期。

E～F

方小剛＝李仁東［1998］	方小剛＝李仁東「政府失霊与東亜模式危機」『世界経済与政治』1998 年，第 5 期。
樊綱［1998］	樊綱「『東亜模式』与市場経済－東南亜金融危機対我們的教訓」『天津社会科学』1998 年，第 4 期。
樊綱［2003］	樊綱・関志雄訳『中国未完の経済改革』岩波書店，2003 年。
範希春［2003］	範希春「改革開放以来国務院機構暦次重大改革比較研究」『北京行政学院学報』2003 年，第 6 期。
費常泰＝裴浙鋒［2008］	費常泰＝裴浙鋒「嵊州領帯集体議価背後－30 家韓資企業撤離」『21 世紀経済報道』2008 年 5 月 14 日，第 7 面。
封学軍＝徐長玉［2006］	封学軍＝徐長玉「中国経済改革的暦程，成就与問題分析」『集団経済研究』2006 年，第 26 期。
馮曉琦＝万軍［2005a］	馮曉琦＝万軍「従産業政策到競争政策－東亜地区政府干預方式的転型及対中国的啓示」『南開経済研究』2005 年，第 5 期。
馮曉琦＝万軍［2005b］	馮曉琦＝万軍「中国転軌時期的産業政策与競争政策」『経済問題』2005 年，第 7 期。
馮果＝辛易竜［2009］	馮果＝辛易竜「論我国産業政策与反壟断法的時代調和」『武漢理工大学学報（社会科学版）』2009 年，第 4 期。
馮崇義［1998］	馮崇義「中国走向混沌－市場，政府与『東亜模式』」『開放時代』1998 年，第 5 期。
馮彦君［1996］	馮彦君「反壟断法論綱－兼論我国制定反壟断法問題」『吉林大学社会科学学報』1996 年，第 1 期。

G

高成興［1998］	高成興「『東亜奇跡』併非『神話』也没有終結－略論『東亜模式』和『東亜奇跡』」『世界経済与政治』1998 年，第 5 期。
耿俊徳［2003］	耿俊徳「発達国家聯合限制競争行為立法的研究与借鑑」『経済経緯』2003 年，第 1 期。
顧艶偉［2006］	顧艶偉「9 家航空公司聯合限制南寧機票打折」『中国消費者報』2006 年 1 月 16 日，第 1 面。

顧一夫 [1998]	顧一夫「誰能告訴我是対還是錯―由価格自律引発的争論」『中国紡織経済』1998 年，第 11 期。
郭躍進 [2008]	郭躍進「我国工商行政管理 30 年実践的理論思考」『中国工商管理研究』2008 年，第 10 期。
工商局 = 社科院 [2007]	国家工商行政管理総局公平交易局 = 中国社会科学院国際法学研究中心編『反壟断典型案例及中国反壟断執法調査』法律出版社，2007 年。
広西物価局 [2010]	広西壮族自治区物価局「霊敏反応果断出撃快速平抑米粉市場価格波働査処南寧和柳州米粉漲価案的経験啓示」『価格理論与実践』2010 年，第 8 期。

H

海山 [1998]	海山「三輪農用車実行自律価引発的思考」『中国機電工業』1998 年，第 11 期。
海濤 [1998]	海濤「用『自律価』扼制『悪性競争』―装載機行業推行市場銷售自律価」『工程機械与維修』1998 年，第 10 期。
海明威 = 田剛 = 魏武 [2007]	海明威 = 田剛 = 魏武「50 多名代表聯名呼籲停収跨行査詢費」『新華毎日電訊』2007 年 3 月 13 日，第 5 面。
韓立余 [2008]	韓立余「反壟断法対産業政策的拾遺補缺作用」『法学家』2008 年，第 1 期。
何建宇 = 程行雲 [1998]	何建宇 = 程行雲「加強価格調控制止低価傾銷―談国家計委，国家建材局頒布『関于制止低価傾銷平板玻璃不正当競争行為的暫行規定』」『価格理論与実践』1998 年，第 8 期。
何清 = 明茜 [2008]	何清 = 明茜「中石油，中石化抱団過冬」『21 世紀経済報道』2008 年 12 月 24 日，第 17 面。
黄超生 = 曾海林 [2003]	黄超生 = 曾海林「我市査処首例価格壟断」『廈門日報』2003 年 7 月 4 日，第 7 面。
黄範章 [2002]	黄範章「中国経済『転軌』的基本特徴，関鍵及難点」『経済縦横』2002 年，第 5 期。
黄亮平他 [2005]	黄亮平他「我国反壟断法適用除外制度的立法探討」『物流科技』2005 年，第 5 期。
黄勤南 [1991]	黄勤南「論建立和完善我国的経済競争法律制度―探討禁止非法壟断和制止不正当競争立法問題」『中国人民大学復印報刊資料経済法』1991 年，第 5 期。
黄勇 [2007]	黄勇「中国反壟断法下的救済措施」王暁曄編『反壟断法立法熱点問題』社会科学文献出版社，2007 年，153 頁。
黄勇 [2008]	黄勇「中国『反壟断法』中的豁免与適用除外」『華東政法大学学報』2008 年，第 2 期。
黄勇 [2010]	黄勇「反価格壟断幾個基本問題的探討」『価格理論与実践』2010 年，第 1 期。
黄勇 [2012]	黄勇「価格転售維持協議的執法分析路徑探討」『価格理論與実践』2012 年，第 12 期。

黄勇 = 江山 [2008]	黄勇 = 江山「反壟断法实施的文化維度論綱－以競争文化, 訴訟文化与権利文化為中心」『江西社会科学』2008 年, 第 7 期。
黄勇 = 黄蘊華 [2010]	黄勇 = 黄蘊華「开篇中国竞争法律与政策发展评述」中国世界貿易組織研究会競争政策与法律専業委員会編『中国競争法法律与政策研究報告 2010』法律出版社, 2010 年。
回滬明 = 孔祥俊 [2004]	回滬明 = 孔祥俊編『反不正当競争法及配套規定新釈新解』人民法院出版社, 2004 年。

I～J

汲広林 [2006]	汲広林「反壟断法執行機関的研究」『商事法論集』2006 年, 第 2 期。
価格監督検査司 [2010]	価格監督検査司「国家発展改革委有関負責人就広西部分地区米粉串通漲価答記者問」『中国価格監督検査』2010 年, 第 5 期。
価検司綜合処 [2011]	価検司綜合処「国家発展改革委価格監督検査司更名為価格監督検査与反壟断局」『中国価格監督検査』2011 年, 第 7 期。
江国成 [2010]	江国成「発改委公布百家緑豆企業串通漲価録音」『新華毎日電訊』2010 年 7 月 19 日, 第 A1 版。
江小涓 [1996]	江小涓『経済転軌時期的産業政策－対中国経済的実証分析与前景展望』上海三聯書店上海人民出版社, 1996 年。
江飛濤 = 李暁萍 [2010]	江飛濤 = 李暁萍「直接干預市場与限制競争－中国産業政策的取向与根本缺陥」『中国工業経済』2010 年, 第 9 期。
江沢民 [1992]	江沢民「加快改革開放和現代化建設歩伐奪取有中国特色社会主義事業的更大勝利－在中国共産党第十四次全国代表大会上的報告」『求実』1992 年, 第 11 期。

K

康德林 [1997]	康德林「实施『反不正当竞争法』维护公平竞争－限制竞争协议行為初探」『中国工商管理研究』1997 年, 第 8 期。
孔祥俊 [2001]	孔祥俊『反壟断法原理』中国法制出版社, 2001 年。
孔祥俊 [2005]	孔祥俊「案例 24：関于公用企業限制競争行為的行為要件与目的（結果）要件問題－評重慶市墊江県自来水有限公司限定他人接受其安装服務案」王学政主編『工商行政管理案例庫』中国工商出版社, 2005 年。
邝小文 [2005]	邝小文「関于産業政策和競争政策関系的幾点思考」『実事求是』2005 年, 第 6 期。

L

李剣 [2004]	李剣「試論我国反壟断法執行機構建立的可行性」『現代法学』2004 年, 第 1 期。
李剣 [2010]	李剣「如何制約反壟断執法機構－反壟断執法機構的独立性与程序性制約機制」『南京師大学報（社会科学版）』2010 年, 第 5 期。

李剣 [2011]	李剣「反壟断法実施与産業政策的協調―産業政策与反壟断法的沖突与選択」『東方法学』2011 年，第 1 期。
李剣 = 唐斐 [2010]	李剣 = 唐斐「転售価格維持的違法性與法律規制」『当代法学』2010 年，第 6 期。
李継高 [1999]	李継高「全国玻璃紙行業召開価格自律会議」『中華紙業』1999 年，第 3 期。
李晶 = 辛松梅 [2003]	李晶 = 辛松梅「試論反壟断法適用除外制度」『佳木斯大学社会科学学報』2003 年，第 6 期。
李俊峰 [2010]	李俊峰「産業規制視角下的中国反壟断執法架構」『法商研究』2010 年，第 2 期。
李楽 = 劉敏 [2011]	李楽 = 劉敏「三部委蓄勢争鋒反壟断執法醞醸変局」『中国経営報』2011 年 1 月 31 日，第 A5 版。
李良雄 [2004]	李良雄「中国価格法 20 年研究綜述」朱崇実『中国経済法学（部門法）研究綜述』廈門大学出版社，2004 年。
李濤 = 王先林 [2000]	李濤 = 王先林「論反壟断執法機構的幾個問題―関于我国反壟断立法中相関問題的探討」『安徽大学学報（哲学社会科学版）』2000 年，第 3 期。
李書田 = 馬桂英 [1999]	李書田 = 馬桂英「三輪農用車自律価還会巻土重来嗎―対自律価問題的再評議」『価格月刊』1999 年，第 5 期。
李揚 [1999]	李揚「論我国競争執法機関的定位」『法商研究』1999 年，第 5 期。
李玉竜 [1998]	李玉竜「平板玻璃限価以後」『中国建材』1998 年，第 8 期。
李桜 = 張立潔 [2006]	李桜 = 張立潔「鄧維捷対銀行壟断説『不』」『三月風』2006 年，第 10 期。
李勇軍 = 胡暁玲 [2006]	李勇軍 = 胡暁玲「論我国反壟断執法機構設置的定位―対現有争議的分析与探討」『黒竜江省政法管理干部学院学報』2006 年，第 6 期。
李鐘斌 [2002]	李鐘斌「論合理原則与我国反壟断法」『中国工商管理研究』2002 年，第 10 期。
李鐘斌 [2005]	李鐘斌『反壟断法的合理原則研究』廈門大学出版社，2005 年。
李韶輝 [2011a]	李韶輝「浙江富陽造紙協会組織経営者達成価格壟断協議受厳厲処罰」『中国改革報』2011 年 1 月 5 日，第 1 版。
李韶輝 [2011b]	李韶輝「我国切実加強反価格壟断工作」『中国改革報』2011 年 8 月 10 日，第 1 版。
黎平 = 翟鴻超 [1996]	黎平 = 翟鴻超「北京向市場壟断亮紅牌」『銷售与市場』1996 年，第 5 期。
頼源河編 [2002]	頼源河編『公平交易法新論』中国政法大学出版社，2002 年。
梁慧星 [1991]	梁慧星「中国反壟断法立法的構想」『法学与実践』1991 年，第 6 期。
林民書 = 林楓 [2002]	林民書 = 林楓「経済全球化条件下中国的競争政策与産業政策的選択」『東南学術』2002 年，第 4 期。

林欧［2005］	林欧「中国反壟断法起草過程及争議問題」王艶林編『競争法評論［第一巻］』中国政法大学出版社，2005年。
林毅夫［2007］	林毅夫「潮湧現象与発展中国家宏観経済理論的重新構建」『経済研究』2007年，第1期。
林毅夫［2011］	林毅夫「産業政策的応用将更為広闊」『今日中国論壇』2011年，第Z1期。
林燕平［1997］	林燕平「反壟断法中的適用除外制度比較」『法学』1997年，第11期。
劉国光［2008］	劉国光「回顧改革開放30年：計劃与市場関系的変革」『財貿経済』2008年，第11期。
劉桂清［2010a］	劉桂清『反壟断法中的産業政策与競争政策』北京大学出版社，2010年。
劉桂清［2010b］	劉桂清「反壟断法如何兼容産業政策―適用除外与適用豁免制度的政策協調機制分析」『学術論壇』2010年，第3期。
劉桂清［2010c］	劉桂清「論競争政策相対于産業政策的一般優先地位」『経済問題探索』2010年，第6期。
劉慷＝王彩霞［2008］	劉慷＝王彩霞「従産業政策到競争政策―由日本学者対産業政策的質疑説起」『黒竜江対外経貿』2008年，第11期。
劉新萍他［2010］	劉新萍＝王海峰＝王洋洋「議事協調機構和臨時機構的変遷概況及原因分析―基于1993－2008年間的数拠」『中国行政管理』2010年，第9期。
劉継峰［2008］	劉継峰「論我国反壟断法中競争政策与産業政策的協調」『宏観経済研究』2008年，第4期。
劉福江［2005］	劉福江「嵊州領帯結成価格同盟」『光彩』2005年，第11期。
劉文華［1999］	劉文華「中国経済法是十一届三中全会思想路線的産物」『法学家』1999年，第1・2期。
盧修敏＝王家田［1995］	盧修敏＝王家田「壟断，限制競争行為，不正当競争行為的区分及其対立法的意義」『中外法学』1995年，第4期。

M

馬洪［1993］	馬洪他編『什麼是社会主義市場経済』中国発展出版社，1993年。
馬勇［2000］	馬勇「『彩電価格聯盟』前因後果的経済学透視」『経済問題探索』2000年，第12期。

N～P

皮建才［2008］	皮建才「政府在経済発展中的作用―基于産業政策視角的考察」『経済社会体制比較』2008年，第2期。

Q

漆多俊［1997］	漆多俊「中国反壟断立法問題研究」『法学評論』1997年，第4期。
斉虹麗［2008］	斉虹麗「例外与豁免：中国『反壟断法』適用除外之観察」『法学雑志』2008年，第1期。

綦江県工商局［2010］	重慶市綦江県工商局「重慶市綦江県工商局『某県4家駕校聯合限制競争案』」『工商行政管理』2010年，第2期。
戚聿東［2004］	戚聿東『中国経済運行中的壟断与競争』人民出版社，2004年。
喬健康［1997］	喬健康「我国市場競争法的最佳立法模式」『法学雑誌』1997年，第2期。
喬文豹［1998］	喬文豹「設立反壟断法専門執行機構的若干問題」『雲南大学学報（法学版）』1998年，第3期。
邱平栄＝高毅［2006］	邱平栄＝高毅「我国反壟断執法機構設立的困境与出路」『行政与法』2006年，第6期。
裴浙鋒＝王洪良［2008］	裴浙鋒＝王洪良「一条領帯的0.2美元利益博弈」『紹興日報』2008年4月26日，第1面。

R

| 人大法工委経済法室
［2007］ | 全国人大常委会法制工作委員会経済法室編『中華人民共和国反壟断法条文説明，立法理由及相関規定』北京大学出版社，2007年。 |

S

尚明［2008］	尚明編『反壟断法理論与中外案例評析』北京大学出版社，2008年。
史際春［1998a］	史際春「遵従競争的客観要求―中国反壟断法概念和対象的両個基本問題」『国際貿易』1998年，第4期。
史際春［1998b］	史際春「関于中国反壟断法概念和対象的両個基本問題」王暁曄編『反壟断法与市場経済』法律出版社，1998年。
史際春［1999］	史際春「在改革開放和経済法治建設中産生発展的中国経済法学」『経済法学・労働法学』1999年，第6期。
史際春［2004］	史際春他「社会主義市場競争法治的進一歩完善―史際春教授談『反不正当競争法』修改」『首都師範大学学報〔社会科学版〕』2004年，第2期。
史際春［2007］	史際春他『反壟断法理解与適用』中国法制出版社，2007年。
史際春＝楊子姣［2006］	史際春＝楊子姣「反壟断法適用除外制度的理論和実践依拠」『学海』2006年，第1期。
時建中［2006］	時建中「調動公民的力量反壟断」『新京報』2006年7月9日。
時建中［2007a］	時建中「試評我国反壟断法草案有関壟断協議的規定」『中国工商管理研究』2007年，第6期。
時建中［2007b］	時建中「反壟断法（草案）有関壟断協議的規定」王暁曄編『反壟断法立法熱点問題』社会科学文献出版社，2007年。
時建中編［2008］	時建中編『反壟断法―法典釈評与学理探源』中国人民大学出版社，2008年。
石俊華［2008］	石俊華「日本産業政策与競争政策的関係及其対中国的啓示」『華東経済管理』2008年，第10期。
沈偉［2005］	沈偉「国内航空巨頭欲結機票価格新聯盟？」『成都日報』2005年2月22日，第5面。

孫晋 [2003]	孫晋「反壟断法適用除外制度構建与政策性壟断的合理界定」『法学評論』2003年，第3期。
孫晋 [2011]	孫晋「国際金融危機之応対与欧盟競争政策―兼論後危機時代我国競争政策和産業政策的沖突与協調」『法学評論』2011年，第1期。
孫同鵬 [2004]	孫同鵬『経済立法問題研究―制度変遷与公共選択的視角』中国人民大学出版社，2004年，168頁。
孫新＝李勇軍 [2002]	孫新＝李勇軍「関于我国反壟断執法機構設置的構想」『江淮論壇』2002年，第1期。
T	
唐要家 [2006]	唐要家「反壟断法豁免制度的比較分析」『中南財経政法大学学報』2006年，第1期。
仝亜娜 [2006]	仝亜娜「起草12年終難出台『反壟断法』難産為哪般？」『機電商報』2006年3月20日。
U	
Ulrich Immenga [2007]	Ulrich Immenga（王暁曄訳）「中国反壟断法草案中的壟断協議」王暁曄編『反壟断法立法熱点問題』社会科学文献出版社，2007年。
V〜W	
王畢強 [2006]	王畢強「誰承担核心執法者存争議『反壟断法』10月無望二審」『経済観察報』2006年10月2日。
王畢強＝劉偉勲 [2009]	王畢強＝劉偉勲「渉操縦機票漲価発改委調査中航信」『経済観察報』2009年5月18日，第25版。
王長秋 [2008]	王長秋「我国反壟断法壟断協議解析」『法学雑志』2008年，第1期。
王長斌 [1995]	王長斌「起草中的『反壟断法』」『工商行政管理』1995年，第9期。
汪道涵 [1999]	汪道涵「全球化・『東亜模式』・中国経済」『世界知識』1999年，第21期。
王健 [2005]	王健「英国競争主管機構的法律改革及其対我国的啓示」『中南大学学報（社会科学版）』2005年，第6期。
王健 [2006]	王健「出口価格協調行為的反壟断法問題」『国際貿易問題』2006年，第12期。
王緝寧＝楊建林 [2010]	王緝寧＝楊建林「年初柳州『米粉串通漲価』事件最新進展三被告過堂聴審」『南国今報』2010年11月13日，第7版。
王亮亮＝王芳艶 [2007]	王亮亮＝王芳艶「銀聯停収銀行跨行査詢費」『21世紀経済報道』2007年4月23日，第14面。
汪林成 [2009]	汪林成「連雲港預拌混凝土企業相約『自律』」『散装水泥』2009年，第5期。
王茜 [2003]	王茜「我国航空運価的理性選択：従価格戦転向価格聯盟」『中国民用航空』2003年，第4期。

王為農 [2005]	王為農『経済法学研究：法理与実践』中国方正出版社，2005年。
王小丁＝王緝寧 [2010]	王小丁＝王缉宁「柳州市政府通報対該市米粉漲価事件的処理情況邕柳両市米粉漲価確有南寧『黒手』」『当代生活報』2010年2月12日，第11版。
王先林 [1997]	王先林「論我国反壟断立法中的両個基本問題」『中外法学』1997年，第6期。
王先林 [2004]	王先林「論聯合限制競争行為的法律規制『中華人民共和国反壟断法（草擬稿）』的相関部分評析」『法商研究』2004年，第5期。
王先林 [2005]	王先林『WTO競争政策与中国反壟断立法』北京大学出版社，2005年。
王先林 [2009]	王先林『競争法学』中国人民大学出版社，2009年。
王先林＝呉建農 [2002]	王先林＝呉建農「壟断的一般界定与反壟断法所規制的壟断」『安徽大学学報（哲学社会科学版）』2002年，第1期。
王先林＝丁国峰 [2010]	王先林＝丁国峰「反壟断法実施中対競争政策与産業政策的協調」『法学』2010年，第9期。
王曉曄 [1996]	王曉曄「我国反壟断立法的框架」『法学研究』1996年，第6期。
王曉曄 [2000]	王曉曄「論限制競争性協議」『中国工商管理研究』2000年，第4期。
王曉曄 [2003]	王曉曄「中国反壟断立法中的幾個問題」『首都師範大学学報（社会科学版）』2003年，第2期。
王曉曄 [2004a]	王曉曄「合法与違法的認定－適用合理原則的卡特爾」『国際貿易』2004年，第9期。
王曉曄 [2004b]	王曉曄「重要的補充－反不正当競争法与相隣法的関係」『国際貿易』2004年，第7期。
王曉曄 [2004c]	王曉曄「反不正当競争法」王保樹編『経済法原理』社会科学文献出版社，2004年。
王曉曄 [2004d]	王曉曄「反壟断法概述」王保樹編『経済法原理』社会科学文献出版社，2004年。
王曉曄 [2007a]	王曉曄「関于我国反壟断執法機構的幾個問題」『東岳論叢』2007年，第1期。
王曉曄 [2007b]	王曉曄『競争法学』社会科学文献出版社，2007年。
王曉曄 [2008a]	王曉曄「反壟断執法機構－『反壟断法』釈義之七」『中国商界』（上半月）2008年，5月号。
王曉曄 [2008b]	王曉曄主編『中華人民共和国反壟断法詳解』知識産権出版社，2008年。
王曉曄 [2008c]	王曉曄「『中華人民共和国反壟断法』釈評」『法学研究』2008年，第4期。
王曉曄 [2009]	王曉曄「行政壟断問題的再思考」『中国社会科学院研究生院学報』2009年，第4期。

王曉曄［2010］	王曉曄『王曉曄論反壟斷法』社会科学文献出版社，2010年。
王曉曄［2011］	王曉曄『反壟斷法』法律出版社，2011年。
王学政［1998a］	王学政「中国反不正当競争法的理論与立法経験」『中国工商管理研究』1998年，第11期。
王学政［1998b］	王学政「中国反壟斷立法応注意的幾個問題」王曉曄編『反壟斷法与市場経済』法律出版社，1998年。
王源拡［2000］	王源拡「控制転售価格：経済分析与競争法的対策」史際春＝鄧峰主編『経済法学評論』（第1巻）中国法制出版社，2000年。
王忠禹［2003］	王忠禹「関于国務院機構改革方案的説明—2003年3月6日在第十届全国人民代表大会第一次会議上」『全国人民代表大会常務委員会公報』2003年，第2期。
王艷林［2004］	王艷林「再論中国競争法立法例之選択」『貴州警官職業学院学報』2004年，第2期。
韋大楽［2000］	韋大楽「創造市場価格競争的公平環境—写在彩電価格聯盟被依法処理之後」『価格理論与実践』2000年，第8期。
衛興華＝張宇［2008］	衛興華＝張宇『社会主義経済理論』高等教育出版社，2008年。
呉漢洪［1999］	呉漢洪「関于中国反壟斷法的適用除外」『中国改革』1999年，第1期。
呉宏偉＝金善明［2008］	呉宏偉＝金善明「論反壟斷法適用除外制度的価値目標」『政治与法律』2008年，第3期。
呉炯［1991］	呉炯『維護公平競争法』中国人事出版社，1991年。
呉敬璉［2008a］	呉敬璉「警惕権力尋租阻礙改革！」『現代営銷（営銷学苑）』2008年，第11期。
呉敬璉［2008b］	呉敬璉「序一：中国経済改革三十年暦程的制度思考」呉敬璉等『中国経済50人看三十年：回顧与分析』中国経済出版社，2008年。
呉敬璉［2009］	呉敬璉「『市場失霊』与『政府失霊』」『経済観察報』2009年3月2日，第41面。
呉敬璉［2010a］	呉敬璉「呉敬璉：市場化改革的中国経済面臨両種前途」『時代経貿』2010年，第3期。
呉敬璉［2010b］	呉敬璉『当代中国経済改革教程』上海世紀出版股份有限公司遠東出版社，2010年。
呉敬璉［2011］	呉敬璉「当前中国改革最緊要的問題」『中国改革』2011年，第12期。
呉妙麗＝馬鵬軍＝王洪良［2006］	呉妙麗＝馬鵬軍＝王洪良「嵊州領帯醞醸第二次集体提価」『浙江日報』2006年3月10日，第5面。
呉韬＝楊艷玲［2003］	呉韬＝楊艷玲「WTO国際競争立法－中国的対策」『学術交流』2003年，第11期。
呉小丁［2001］	呉小丁「日本競争政策過程的制度特征」『日本学刊』2001年，第2期。
呉暁波［2010］	呉暁波「聴呉敬璉説『宏観調控』」『新周刊』2010年，第3期。

呉振国 [2007]	呉振国『中華人民共和国反壟断法解読』人民法院出版社, 2007年。

X

夏峰 [2006]	夏峰「銀聯卡跨行査詢収費開閘」『上海証券報』2006年5月10日, 第2面。
項雪平 [2003]	項雪平「論反壟断法適用除外制度」『杭州師範学院学報(社会科学版)』2003年, 第3期。
肖平 [1991]	肖平「不正当競争刍議」『中国人民大学復印報刊資料経済法』1991年, 第5期。
許光耀 [2006a]	許光耀「欧共体競争法的実施機制及対我国的啓示」『湘潭大学学報(哲学社会科学版)』2006年, 第1期。
許光耀 [2006b]	許光耀『欧共体競争法通論』武漢大学出版社, 2006年。
許光耀 [2007]	許光耀「反壟断法(草案)壟断協議条款之評析」王暁曄編『反壟断法立法熱点問題』社会科学文献出版社, 2007年。
許光耀 [2008]	許光耀「『反壟断法』中壟断協議諸条款之評析」『法学雑志』2008年, 第1期。
許光耀 [2010]	許光耀「『関于禁止壟断協議行為的有関規定(征求意見稿)』的意見」王暁曄編『反壟断法実施中的重大問題』社会科学文献出版社, 2010年。
許光耀 [2011]	許光耀「転售価格維持的反壟断法分析」『政法論叢』2011年, 第4期。
徐士英=鄭丙貴 [2004]	徐士英=鄭丙貴「欧盟競争法的新発展及対我国的啓示」『法学』2004年, 第8期。
徐春陽 [2008]	徐春陽『中国所有権改革の研究』東信堂, 2008年。
徐勤 [1998]	徐勤「全国重点缫絲企業価格自律座談会在杭州召開」『絲綢』1998年, 第9期。
薛兆豊 [2007]	薛兆豊「反壟断究竟要反什麼？」『経済観察報』2007年5月21日, 第44版。
薛兆豊 [2008]	薛兆豊『商業無辺界—反壟断法的経済学革命』法律出版社, 2008年。
謝鵬=龐桐 [2010]	謝鵬=龐桐「中航信為誰清理門戸」『南方周末』2010年7月29日, 第D18版。

Y

姚芃 [2011]	姚芃「全国工商反壟断執法第一案辦結」『法制日報』2011年3月3日, 第6版。
姚聞 [2008]	姚聞「採取一系列有効措施穏定就業局勢」『中国労働保障報』2008年11月19日。
楊伯顕 [1998]	楊伯顕「三輪農用車価格自律実践80天—全国三輪農用車行業価格自律会議側記」『中国経貿導刊』1998年, 第21期。
楊潔 [2006]	楊潔「大型零售商濫用優勢地位行為的反壟断規制」『中国工商管理研究』2006年, 第11期。

楊潔［2009］	楊潔「対我国反壟断法有関壟断協議規制的理解与認識（二）」『工商行政管理』2009 年，第 22 期．
楊婉＝徐思佳［2007］	楊婉＝徐思佳「跨行査詢収費終被叫停」『中華工商時報』2007 年 4 月 9 日，第 3 面．
葉静［2007］	葉静「石油巨頭降価民営加油站受傷」『中国経済周刊』2007 年，第 13 期．
葉衛平［2007］	葉衛平「産業政策対反壟断法実施的影響」『法商研究』2007 年，第 4 期．
游珏［2006］	游珏『卡特爾規制制度研究』法律出版社，2006 年．
游＝毛＝林［2002］	游珏＝毛大春＝林婉婷「中国反壟断法 20 年研究綜述」朱崇実編『中国経済法学〔部門法〕研究綜述（1978-2001）』廈門大学出版社，2002 年．
余菲［2008］	余菲「論建立和完善我国出口卡特爾反壟断豁免審査制度」『法学雑志』2008 年，第 4 期．
于立［2001］	于立「中国反壟断立法研究」季曉南編『中国反壟断法研究』人民法院出版社，2001 年．
于立［2005］	于立「縦向限制的経済邏輯与反壟断政策」『中国工業経済』2005 年，第 8 期．
于立＝呉緒亮［2008］	于立＝呉緒亮『産業組織与反壟断法』東北財経大学出版社，2008 年．
于建国［2008］	于建国「中国独占禁止法についての若干の検討」『立教大学大学院法学研究』第 37 号，2008 年．
Z	
趙悦＝李珅＝呉媛［2006］	趙悦＝李珅＝呉媛「跨行査詢収費惹出『三毛銭風波』」『人民日報海外版』2006 年 5 月 31 日，第 5 面．
張炳生［2005］	張炳生「論我国反壟断執法機構的設置－対現行設計方案的質疑」『法律科学－西北政法学院学報』2005 年，第 2 期．
張穹［2007］	張穹『反壟断理論研究』中国法制出版社，2007 年．
張君［2009］	張君「面対成品油下滑中石油中石化聯手保価」『中国経貿』2009 年，第 2 期．
張靖［2009］	張靖「中国出口卡特爾豁免制度研究」『湖南社会科学』2009 年，第 3 期．
張＝盧＝李［2003］	張紅元＝盧立岩＝李仁秀「WTO 時代対我国競争政策与法規的思考」『商業研究』2003 年，第 11 期．
張立君［1998］	張立君「『暫行規定』出台的前前後後－関于促進我国平板玻璃工業公平競争問題的思考」『中国建材』1998 年．
張鳴勝［2001］	張鳴勝「反壟断法中卡特爾豁免制度研究」『南京航空航天大学学報（社会科学版）』2001 年，第 3 期．
張明志［2002］	張明志「WTO 框架下我国競争政策的調整」『東南学術』2002 年，第 4 期．
張駿［2013］	張駿「完善転售価格維持反壟断法規制的路径選択」『法学』2013 年，第 2 期．

張京紅［2000］	張京紅「彩電価格聯盟辨析－兼論我国彩電業発展」『粤港澳価格』2000 年，第 1 期。
張鵬飛＝徐朝陽［2007］	張鵬飛＝徐朝陽「干預抑或不干預？－囲繞政府産業政策有効性的争論」『経済社会体制比較』2007 年，第 4 期。
張瑞萍［2007］	張瑞萍「反壟断法豁免制度変化与趨勢分析」王暁曄編『反壟断法立法熱点問題』社会科学文献出版社，2007 年。
張樹義［2002］	張樹義『行政法与行政訴訟法学』高等教育出版社，2002 年。
張舟逸［2013］	張舟逸「対話主審法官 T 文聯」『財経』2013 年，第 22 期。
張孜異［2009］	張孜異「機票銷售新模式被指『壟断』」『江蘇経済報』2009 年 3 月 28 日，第 A2 版。
張文魁＝袁東明［2008］	張文魁＝袁東明『中国経済改革 30 年（1978-2008）国有企業巻』重慶大学出版社，2008 年。
鄭鵬程［2003］	鄭鵬程『行政壟断的法律控制研究』北京大学出版社，2003 年。
鄭鵬程［2005］	鄭鵬程「美国反壟断法『本身違法』与『合理法則』適用範囲探討」『河北法学』2005 年，第 10 期。
鄭元普［2005］	鄭元普「試論『反不正当競争法』在我国実践中存在一些問題及対策」『中国科技信息』2005 年，第 12 期。
朱慈蘊［2003］	朱慈蘊「反思反壟断：我国応当建立温和型的反壟断制度」『清華大学学報（哲学社会科学版）』2003 年，第 2 期。
周昀［2001］	周昀「関于我国反壟断立法中的幾個問題」『政法論壇』2001 年，第 4 期。
周昀［2002］	周昀「関于反壟断主管機構的比較研究」『比較法研究』2002 年，第 4 期。
周萍［2011］	周萍「工商機関第一起予以行政処罰壟断案件結案」『中国工商報』2011 年 1 月 26 日，第 B1 版。
周喜安［2000］	周喜安「東亜模式的再審視」『経済研究参考』2000 年，第 46 期。
周望［2010］	周望「議事協調機構和臨時機構改革研究綜述」『天水行政学院学報』2010 年，第 2 期。
鐘品晶［2010］	鐘品晶「国家発改委通報広西米粉廠串通漲価案」『中国食品質量報』2010 年 4 月 1 日，第 1 版。
種明釗［2002］	種明釗編『競争法学』高等教育出版社，2002 年。
邹瑜［1996］	邹瑜編『中華人民共和国法律釈義全書経済法巻』法律出版社，1996 年。

☆その他の中国語報道資料

包興安［2010］	包興安「発改委首次公布録音揭露百家緑豆企業串通漲価」『証券日報』2010 年 7 月 19 日，第 A2 版。

鮑志恒〔2010〕	鮑志恒「緑豆串通漲価背後－洮南会議的罪与罰」『東方早報』2010年7月22日，第A18版。
曹玲娟〔2006〕	曹玲娟「銀行跨行査詢収費首次被起訴」『人民日報』2006年7月7日，第5面。
費常泰＝裘浙鋒〔2008〕	費常泰＝裘浙鋒「嵊州領帯集体議価背後：30家韓資企業撤離」『21世紀経済報道』2008年5月14日，第7面。
顧艶偉〔2006〕	顧艶偉「9家航空公司聯合限制南寧機票打折」『中国消費者報』2006年1月16日，第1面。
海明威＝田剛＝魏武〔2007〕	海明威＝田剛＝魏武「50多名代表聯名呼籲停収跨行査詢費」『新華毎日電訊』2007年3月13日，第5面。
何清＝明茜〔2008〕	何清＝明茜「中石油，中石化抱団過冬」『21世紀経済報道』2008年12月24日，第17面。
黄超生＝曾海林〔2003〕	黄超生＝曾海林「我市査処首例価格壟断」『廈門日報』2003年7月4日，第7面。
江国成〔2010〕	江国成「発改委公布百家緑豆企業串通漲価録音」『新華毎日電訊』2010年7月19日，第A1版。
李楽＝劉敏〔2011〕	李楽＝劉敏「三部委蓄勢争鋒反壟断執法醞醸変局」『中国経営報』2011年1月31日，第A5版。
李韶輝〔2011a〕	李韶輝「浙江富陽造紙協会組織経営者達成価格壟断協議受厳厲処罰」『中国改革報』2011年1月5日，第1版。
李韶輝〔2011b〕	李韶輝「我国切実加強反価格壟断工作」『中国改革報』2011年8月10日，第1版。
裘浙鋒＝王洪良〔2008〕	裘浙鋒＝王洪良「一条領帯的0.2美元利益博弈」『紹興日報』2008年4月26日，第1面。
沈偉〔2005〕	沈偉「国内航空巨頭欲結機票価格新聯盟？」『成都日報』2005年2月22日，第5面。
仝亜娜〔2006〕	仝亜娜「起草12年終難出台『反壟断法』難産為哪般？」『機電商報』2006年3月20日。
王畢強〔2006〕	王畢強「誰承担核心執法者存争議『反壟断法』10月無望二審」『経済観察報』2006年10月2日。
王畢強＝劉偉勲〔2009〕	王畢強＝劉偉勲「渉操縦機票漲価発改委調査中航信」『経済観察報』2009年5月18日，第25版。
王緝寧＝楊建林〔2010〕	王緝寧＝楊建林「年初柳州『米粉串通漲価』事件最新進展三被告過堂聴審」『南国今報』2010年11月13日，第7版。
王亮亮＝王芳艶〔2007〕	王亮亮＝王芳艶「銀聯停収銀行跨行査詢費」『21世紀経済報道』2007年4月23日，第14面。
王小丁＝王緝寧〔2010〕	王小丁＝王緝寧「柳州市政府通報対該市米粉漲価事件的処理情況邕柳両市米粉漲価確有南寧『黒手』」『当代生活報』2010年2月12日，第11版。
呉妙麗＝馬鵬軍＝王洪良〔2006〕	呉妙麗＝馬鵬軍＝王洪良「嵊州領帯醞醸第二次集体提価」『浙江日報』2006年3月10日，第5面。

夏峰 [2006]	夏峰「銀聯卡跨行査詢収費開閘」『上海証券報』2006 年 5 月 10 日，第 2 面。
姚芃 [2011]	姚芃「全国工商反壟断執法第一案辦結」『法制日報』2011 年 3 月 3 日，第 6 版。
姚聞 [2008]	姚聞「採取一系列有効措施穏定就業局勢」『中国労働保障報』2008 年 11 月 19 日。
楊婉＝徐思佳 [2007]	楊婉＝徐思佳「跨行査詢収費終被叫停」『中華工商時報』2007 年 4 月 9 日，第 3 面。

☆日本語文献

ハードレイー [1973]	E・M・ハードレイー（小原敬士・有賀美智子監訳）『日本財閥の解体と再編成』東洋経済新報社，1973 年。
サムエルソン＝ノードハウス [1992]	P. サムエルソン＝W. ノードハウス著（都留重人訳）『サムエルソン経済学（上）』岩波書店，1992 年。
浅田 [2005]	浅田正雄「産業政策論の争点－定義と有効性をめぐる問題」『關西大學經濟論集』第 55 巻第 1 号，2005 年。
朝田 [2002]	朝田良作「EU 競争法施行規則の改革案とその問題点 EC 委員会による新たな是正措置の問題点を中心に」『法と政治』第 53 巻第 1 号，2002 年。
雨宮 [2007]	雨宮慶「中華人民共和国独占禁止法の概要」『NBL』第 870 号，2007 年。
石井 [2008]	石井晋「産業政策とカルテル勧告操短と輸出会議について」『學習院大學經濟論集』第 45 巻第 1 号，2008 年。
石原 [2000]	石原享一「中国型市場経済と政府の役割」中兼和津次編『現代中国の構造変動 2 経済－構造変動と市場化』東京大学出版会，2000 年。
出雲井 [1953]	出雲井正雄『新独占禁止法の解説』時事通信社，1953 年。
射手矢 [1998]	射手矢好雄「中国における価格法の制定」『国際商事法務』第 26 巻第 6 号，1998 年。
今村 [1976]	今村成和『私的独占禁止法の研究（一）』有斐閣，1976 年。
今村 [1986]	今村成和『独占禁止法（新版）』[法律学全集 52－Ⅱ] 有斐閣，1986 年。
今村 [1992]	今村成和「第 1 章カルテルの禁止とその限界」今村成和他『現代経済法講座 2 カルテルと法』三省堂，1992 年。
今村 [1995]	今村成和『独占禁止法入門（第 4 版）』有斐閣双書，1995 年。
伊従 [1986]	伊従寛編『日本企業と外国独禁法』日本経済新聞社，1986 年。
伊従 [1997]	伊従寛『独占禁止政策と独占禁止法』中央大学出版部，1997 年。

伊従＝上杉［1976a］	伊従寛＝上杉明令「主要国のカルテル規制法の概観と比較（一）」『ジュリスト』第625号，1976年。
伊従＝上杉［1976b］	伊従寛＝上杉明令「主要国のカルテル規制法の概観と比較（二）」『ジュリスト』第626号，1976年。
伊従＝上杉［1976c］	伊従寛＝上杉明令「主要国のカルテル規制法の概観と比較（三）」『ジュリスト』第627号，1976年。
上野［1980］	上野裕也「産業政策と経済制度」荒憲治郎ほか編『戦後経済政策論の争点』勁草書房，1980年。
植草［1992］	植草益「経済体制改革の方向」関口尚＝朱紹文＝植草益編『中国の経済体制改革―その成果と課題』東京大学出版会，1992年。
于建国［2008］	于建国「中国独占禁止法についての若干の検討」『立教大学大学院法学研究』第37号，2008年。
江口［2000］	江口公典『経済法研究序説』有斐閣，2000年。
江上［1979］	江上勲「シャーマン法における当然違法の原則と条理の原則の発展について――一九四〇年までの判例の概観」『政治学論集』第10号，1979年。
王暁曄［2000a］	王暁曄（阿武野華泉訳）「中国独占禁止法立法作業の現状と問題点（上）」『国際商事法務』第28巻第9号，2000年。
王暁曄［2000b］	王暁曄（阿武野華泉訳）「中国独占禁止法立法作業の現状と問題点（下）」『国際商事法務』第28巻第10号，2000年。
郝仁平［2005］	郝仁平「社会主義市場経済とは何か？」南亮進＝牧野文夫編『中国経済入門―世界の工場から世界の市場へ（第二版）』日本評論社，2005年。
加藤［2009］	加藤弘之「中国改革開放30年の回顧と展望（特集BRICs（ブラジル・ロシア・インド・中国）経済）」『國民經濟雜誌』第199巻第1号，2009年。
金井［1996］	金井貴嗣「アメリカ独占禁止法」正田彬編『アメリカ・EU独占禁止法と国際比較』三省堂，1996年。
金井＝川濱＝泉水編［2006］	金井貴嗣＝川濱昇＝泉水文雄編『独占禁止法［第2版］』弘文堂，2006年。
金井＝川濱＝泉水編［2010］	金井貴嗣＝川濱昇＝泉水文雄編『独占禁止法［第3版］』弘文堂，2010年。
川島［2007］	川島富士雄「中国独占禁止法2006年草案の選択と今後の課題：改革と開放の現段階」『国際開発研究フォーラム』第34号，2007年。
川島［2009］	川島富士雄「中国独占禁止法の執行体制と施行後の動向（特集東アジアの競争法）」『公正取引』第700号，2009年。
川島［2009a］	川島富士雄「中国独占禁止法―執行体制・実施規定・具体的事例（上）」『国際商事法務』第37巻第3号，2009年。
川島［2009b］	川島富士雄「中国独占禁止法―執行体制・実施規定・具体的事例（中）」『国際商事法務』第37巻6号，2009年。

川島［2009c］	川島富士雄「中国独占禁止法－執行体制・実施規定・具体的事例（下）」『国際商事法務』第 37 巻 7 号，2009 年。
川島［2011］	川島富士雄「中国独占禁止法－施行後 3 年間の法執行の概観と今後の展望」『公正取引』第 728 号，2011 年。
姜姍［2002］	姜姍「中国独占禁止法要綱案」『国際商事法務』第 30 巻第 1 号，2002 年。
姜姍［2006］	姜姍「中国における独占禁止法制定について」『コーポレイトコンプライアンス』季刊第 6 号［桐蔭横浜大学コンプライアンス研究センター］2006 年。
姜姍訳［2007］	姜姍訳「中華人民共和国独占禁止法－2007 年 8 月 30 日第十回全国人民代表大会常務委員会第 29 回会議において採択」『国際商事法務』第 545 号，2007 年。
姜姍［2008］	姜姍「中国独占禁止法の概要」『公正取引』688 号，2008 年。
姜姍［2009］	姜姍「中国経済の公正競争を促進する中国独占禁止法における『独占的協定』」『激流』第 34 巻第 11 号，2009 年。
姜姍［2010］	姜姍「中国独占禁止法の執行手続」『国際商事法務』第 38 巻第 8 号，2010 年。
姜姍［2011］	姜姍「中国独占禁止法の『市場支配的地位の濫用』について」『公正取引』第 728 号，2011 年。
関［2005］	関志雄『中国経済革命の最終章』日本経済新聞社，2005 年。
関［2010］	関志雄「高まる『国進民退』への批判－『国退民進』こそ中国が目指すべき方向」『中国資本市場研究』第 4 巻第 1 号，2010 年。
関＝朱［2008］	関志雄＝朱建栄編『中国の経済大論争』勁草書房，2008 年。
姜連甲［2010］	姜連甲「中国における行政独占の規制について」『商學討究』第 61 巻第 2-3 号，2010 年。
魏啓学［1993］	魏啓学「中国不正競争防止法」『国際商事法務』第 21 巻第 12 号，1993 年。
来生［1990］	来生新「第 4 章　適用除外カルテルの性格と限界」今村成和他『カルテルと法（現代経済法講座 2)』三省堂，1990 年。
龔曉毅［2007］	龔曉毅「中国反不正当競争法とその運用状況」『公正取引』第 678 号，2007 年。
栗田［2002］	栗田誠「『競争政策と経済発展』に関する北京会議－中国における競争法の制定作業の現状と課題を中心に」『国際商事法務』第 30 巻第 11 号，2002 年。
栗田［2005］	栗田誠「東アジア地域における競争法制定の現状と課題」『国際商事法務』第 33 巻第 5 号，2005 年。
公取委訳「中国独禁法」［2007］	公正取引委員会官房国際課訳「中華人民共和国独占禁止法」『公正取引』第 685 号，2007 年。
小島ほか訳［1994］	中国国務院発展研究センター・中国社会科学院『中国経済－社会主義市場経済のすべてが分かる（下）』小島麗逸ほか訳，総合法令，1994 年。

江小娟［2002］	江小娟「競争促進と独占維持－経済移行期における中国産業政策の二重の役割」伊従寛他編『APEC 諸国における競争政策と経済発展』中央大学出版部，2002 年。
高重迎［2004］	高重迎「中国反不正当競争法の運用状況と課題」『桐蔭論叢』第 11 号，2004 年。
呉振国［2004］	呉振国「中国独占禁止法草案の考え方と立法をめぐる問題点」『公正取引』第 643 号，2004 年。
国分［2002］	国分良成「中国における計画経済の終焉と官僚制－国家計画委員会から国家発展計画委員会へ」『法學研究』第 75 巻第 1 号，2002 年。
国分［2004］	国分良成『現代中国の政治と官僚制』慶応義塾大学出版会，2004 年。
小口＝田中［2004］	小口彦太＝田中信行『現代中国法』成文堂，2004 年。
小西［1963］	小西唯雄「西独における反独占政策をめぐる問題」『公正取引』第 154 号，1963 年。
小西［1964］	小西唯雄「西ドイツにおける反独占政策－政策原理と現実政策の関連をめぐって」『經濟學論究』第 17 巻第 4 号，1964 年。
小西［1989］	小西唯雄「日本の産業政策をめぐる問題－諸概念および経済発展との関連について」『經濟學論究』第 43 巻第 3 号，1989 年。
小西［1997］	小西唯雄『独占禁止政策とその周辺』晃洋書房，1997 年。
斉虹麗＝来生新［1995］	斉虹麗＝来生新「産業政策と計画経済，社会主義市場経済，市場経済」『横浜国際経済法学』第 3 巻第 2 号，1995 年。
酒井［2005］	酒井享平「中国経済法・企業法整備プロジェクト独占禁止法立法支援研究会に参加して」『公正取引』第 661 号，2005 年。
酒井［2009］	酒井享平「中国独占禁止法の制定・施行－外国企業のビジネスや投資や貿易に与える影響」『日本国際経済法学会年報』第 18 号，2009 年。
実方＝植草＝厚谷［1975］	実方謙二＝植草益＝厚谷襄児「カルテルの徹底的研究－独禁政策の新たな展開を求めて」『中央公論経営問題』第 14 巻第 3 号，1975 年。
渋谷［2005］	渋谷達紀『知的財産法講義 Ⅲ』有斐閣，2005 年。
正田［1974］	正田彬「適用除外カルテルの性格」経済法学会編『独占禁止法講座Ⅲカルテル（上）』商事法務研究会，1974 年。
正田［1996a］	正田彬「独占禁止法制の国際比較と平準化の可能性」正田彬編『アメリカ・EU 独占禁止法と国際比較』三省堂，1996 年。
正田［1996b］	正田彬『EC 独占禁止法』三省堂，1996 年。

ヘイリー［2002］	ジョン・O・ヘイリー「APEC 諸国の競争法―多様性を許容する法制度の設計」伊従寛他編『APEC 諸国における競争政策と経済発展』中央大学出版部，2002 年。
鈴木［1981］	鈴木満「不況カルテル」経済法学会編『独占禁止法講座Ⅲ』商事法務研究会，1981 年。
菅原［2003］	菅原陽心「中国社会主義市場経済の可能性」山口重克編『東アジア市場経済―多様性と可能性』お茶の水書房，2003 年。
隅田［2009］	隅田浩司「米国反トラスト法における当然違法の原則の適用に関する考察―事業提携を中心として」『大宮ローレビュー』第 5 号，2009 年。
泉水［2002］	泉水文雄「独禁法の比較法―市場支配力の視点から」日本経済法学会編『経済法講座第 2 巻　独禁法の理論と展開(1)』三省堂，2002 年。
孫煒［2010］	孫煒「中国における行政独占の実態について」『新世代法政策学研究』第 8 号，2010 年。
高橋岩和［1981］	高橋岩和「戦後西ドイツにおけるカルテル規制の転換―競争制限禁止法の立案作業に対する占領軍政府の干渉を中心として」『経済法学会年報』第 2 号，1981 年。
高橋岩和［1997］	高橋岩和『ドイツ競争制限禁止法の成立と構造』三省堂，1997 年。
高橋満［2004］	高橋満『中華新経済システムの形成』創土社，2004 年。
戴＝林［2009］	戴龍＝林秀弥「中国独占禁止法における企業結合規制」『名古屋大學法政論集』第 229 号，2009 年。
戴龍［2005］	戴龍「中国における独占禁止法・政策に関する考察―行政独占規制を中心として」『国際開発研究フォーラム』第 30 号，2005 年。
戴龍［2007］	戴龍「中国における独占禁止法立法の現状」『公正取引』第 678 号，2007 年。
戴龍［2009］	戴龍「最近の事件から見る中国独占禁止法の企業結合規制の運用」『日本経済法学会年報』第 30 号，2009 年。
滝川［2006］	滝川敏明『日米 EU の独禁法と競争政策〔第 3 版〕』青林書院，2006 年。
多賀谷［1993］	多賀谷宏「国力の計量学（第 1 報）日米産業政策史的比較を中心とした要因分析」『計量史研究』第 15 巻第 1 号，1993 年。
田中修［2001］	田中修『中国第十次五カ年計画―中国経済をどう読むか？』蒼蒼社，2001 年。
田中修［2006］	田中修「第 6 章　財政・金融政策を機動的に運用できる体制を」日本経済研究センター＝清華大学国情研究センター編『中国の経済構造改革』日本経済新聞社，2006 年。

田中修［2010］	田中修「中国のマクロ経済政策（特集中国経済成長維持の課題）」『経済セミナー』第655号，2010年。
田中裕明［2002］	田中裕明「独禁法の適用除外」日本経済法学会編『経済法講座第2巻独禁法の理論と展開(1)』三省堂，2002年。
田中裕明［2004］	田中裕明「日独反トラスト法比較：John O. Haleyの所説を手掛かりに」『神戸学院法学』第34巻第1号，2004年。
谷原［2007］	谷原修身『新版独占禁止法要論』中央経済社，2007年。
谷原［2009］	谷原修身「中華人民共和国独占禁止法の検討－日米の独禁法的視点による分析」『青山法学論集』第50巻第4号，2009年。
田村次朗［1989］	田村次朗「反トラスト法における当然違法と合理の原則の関係について－アリーダ教授の見解を中心に」『法学研究』第62巻第12号，1989年。
田村次朗［1990］	田村次朗「連邦最高裁判例に見る米国反トラスト法の当然違法と合理の原則の関係」慶応義塾大学法学部編集『慶応義塾大学法学部法律学科開設百年記念論文集　法律学科篇』慶応義塾大学法学部，1990年。
田村次朗［2002］	田村次朗「共同行為の規制(1)－不当な取引制限の禁止価格同調的引き上げの報告」日本経済法学会編『経済法講座第2巻：独禁法の理論と展開(1)』三省堂，2002年。
田村善之［2003］	田村善之『不正競争法概説〔第2版〕』有斐閣，2003年。
丹宗［1960］	丹宗昭信「独禁法二条五項六項にいう『公共の利益』について」『労働法と経済法の理論』〔菊池勇夫教授六十年祝賀記念論文集〕，有斐閣，1960年。
丹宗＝岸井編［2002］	丹宗暁信＝岸井大太郎編『独占禁止法手続法』有斐閣，2002年。
茶園［1998］	茶園成樹「独占禁止法と不正競争防止法の関係」日本経済法学会編『競争秩序と民事法－日本経済法学会年報』第19号，通巻第41号，有斐閣，1998年。
張輝［1994］	張輝「中国競争法（『反不正当競争法』）について－『不正当競争行為』を中心にして」『公正取引』第520号，1994年。
張輝［1999］	張輝「中国価格法の概要について」『公正取引』第585号，1999年。
張継文［2009］	張継文「中国の独占禁止法に関する3件の指針及び規定の制定」『国際商事法務』第37巻第8号，2009年。
張倩［2009］	張倩「中国独禁法における市場支配的地位の濫用規制について」『桐蔭論叢』第21号，2009年。
趙鳳彬［2003］	趙鳳彬「中国における『社会主義市場経済』の実像－小平1992年「南巡」への思考」『筑紫女学園大学紀要』第15号，2003年。
陳乾勇［2006］	陳乾勇「中国における行政独占規制の法規と実態」『桐蔭論叢』第15号，2006年。

陳乾勇［2008］	陳乾勇「競争法による「行政独占」規制の手続と実態―中国・ロシア・ウクライナの比較」『国際商事法務』第36巻第12号，2008年。
陳少洪［2000］	陳少洪「産業政策の制度的側面政策手段と策定過程」丸川知雄編『移行時期中国の産業政策』日本貿易振興会アジア経済研究所，2000年。
陳丹舟［2008a］	陳丹舟「中国における競争法体系の構築（1）　独占の概念を題材として」『早稲田大学大学院法研論集』第125号，2008年。
陳丹舟［2008b］	陳丹舟「中国における競争法体系の構築（2・完）　独占の概念を題材として」『早稲田大学大学院法研論集』第127号，2008年。
土田［2005］	土田和博「独占禁止法の継受に関する研究序説―不公正な競争方法の制定過程を中心に」広渡清吾他編『民主主義法学・刑事法学の展望（下巻）　小田中聰樹先生古稀記念論文集』日本評論社，2005年。
土田和博＝須網隆夫［2006］	土田和博＝須網隆夫編著『政府規制と経済法―規制改革時代の独禁法と事業法』日本評論社，2006年。
独禁五十年史［1997］	公正取引委員会事務総局編『独占禁止政策五十年史（上巻）』公正取引協会事務総局，1997年。
独禁三十年史［1977］	公正取引委員会『独占禁止政策三十年史』公正取引委員会事務局，1977年。
中兼［1994］	中兼和津次「社会主義市場経済論とは何か」『経済セミナー』第476号，1994年。
根岸＝舟田［2006］	根岸哲＝舟田正之『独占禁止法概説［第3版］』有斐閣，2006年。
根岸哲編［2009］	根岸哲編『注釈独占禁止法』有斐閣，2009年。
寧宣鳳＝劉新宇［2010a］	寧宣鳳＝劉新宇「最近の申告実務からみた中国独占禁止法における『経営者集中』（上）」『国際商事法務』第38巻第8号，2010年。
寧宣鳳＝劉新宇［2010b］	寧宣鳳＝劉新宇「最近の申告実務からみた中国独占禁止法における『経営者集中』（下）」『国際商事法務』第38巻第9号，2010年。
波光［2007］	波光巌「中国独占禁止法の制定」『神奈川法学』第40巻第3号，2007年。
橋田［1997］	橋田坦「中国における産業政策の展開」『国際文化研究科論集』第5号，1997年。
長谷川［1996］	長谷川古「わが国独占禁止法と適用除外」『白鴎法學』第6号，1996年。
長谷川［1999］	長谷川古『日本の独占禁止政策』国際商業出版株式会社，1999年。

服部 [2006]	服部育生『比較・独占禁止法（第7版）』泉文堂，2006年．
原 [1978]	原富男『荀子：現代語訳』春秋社，1978年。
朴春琴 [2001]	朴春琴「中国における『行政的独占』の現状に関する考察」『現代社会文化研究』第22号，2001年．
朴春琴 [2002]	朴春琴「中国における独占禁止政策法の立法について：『行政的独占』問題を中心として」『現代社会文化研究』第24号，2002年．
朴春琴 [2003]	朴春琴「中国における独占禁止法の制定について」『公正取引』第628号，2003年．
稗貫 [2006]	稗貫俊文「日本の独禁法の実体規定の構造的な特徴について」『金沢法学』第48巻第2号，2006年．
平林 [2008a]	平林英勝「公正取引委員会の職権行使の独立性について—事例の検討と法的分析」『筑波ロー・ジャーナル』第3号，2008年．
平林 [2008b]	平林英勝「公正取引委員会の審判廃止がもたらすもの」『筑波ロー・ジャーナル』第4号，2008年．
平林 [2008c]	平林英勝「独占禁止法の起草過程にみる公正取引委員会—独立行政委員会の誕生」『神奈川法学』第41巻第1号，2008年．
舟橋 [1996]	舟橋和幸「中国競争政策の現状と課題—中国競争法セミナーに参加して（特集海外競争政策の動向）」『公正取引』第554号，1996年．
前川 [1985]	前川恭一「日米欧の産業政策と企業経営（政府と企業）」『經營學論集』第55号，1985年．
松下 [1990]	松下満雄『アメリカ独占禁止法』東京大学出版会，1990年．
松下 [2005]	松下満雄「中国独占禁止法草案の検討」『国際商事法務』第33巻第7号，2005年．
松下 [2006]	松下満雄『経済法概説[第4版]』，東京大学出版会，2006年．
松下 [2007]	松下満雄「再販売価格維持は合理の原則で律すべきであるとする米最高裁判決」『国際商事法務』第35巻第9号，2007年．
松下 [2008]	松下満雄「中国独占禁止法についてのコメント」『公正取引』第688号，2008年．
丸川 [2000]	丸川知雄「第1章 中国の産業政策—清朝末期から1990年代まで」丸川知雄編『移行期中国の産業政策』日本貿易振興会アジア経済研究所，2000年．
丸川 [2003]	丸川知雄「第2章 テレビ製造業—漸進的改革の事例」田島俊雄＝江小涓＝丸川知雄著『中国の体制転換と産業発展』東京大学社会科学研究所，2003年．
宮崎 [1974]	宮崎市定『論語の新研究』岩波書店，1974年．
南＝牧野 [2005]	南亮進＝牧野文夫編『中国経済入門—世界の工場から世界の市場へ』日本評論社（第二版），2005年．

三輪゠ラムザイヤー [2002]	三輪芳朗゠J.マーク・ラムザイヤー『産業政策論の誤解―高度成長の真実』東洋経済新報社，2002年。
村上幸隆 [1998a]	村上幸隆「中国不正競争防止法の最近の動向（上）」『国際商事法務』第26巻第9号，1998年。
村上幸隆 [1998b]	村上幸隆「中国不正競争防止法の最近の動向（下）」『国際商事法務』第26巻第10号，1998年。
村上政博 [2001]	村上政博『EC競争法［第2版］』，弘文堂，2001年。
村上政博 [2006]	村上政博「あるべき競争法制と中国競争法制定作業―独占禁止法改正への示唆」『国際商事法務』第34巻第7号，2006年。
山内 [2005]	山内清「中国の市場経済」『鶴岡工業高等専門学校研究紀要』第40号，2005年。
安田 [2003]	安田信之「東アジア競争法の生成過程」『北大法学論集』第54巻第5号，2003年。
吉田編 [1964]	吉田仁風編『日本のカルテル』東洋経済新報社，1964年。
李毅 [2002]	李毅「中国『反不正当競争法』による行政的独占の規則―政府及びその所属機関の行政権の乱用による競争制限の禁止」『社会環境研究』第7号，2002年。
李毅 [2005]	李毅「中国『反壟断法』（法案）における市場支配的地位の濫用規制―日本・台湾競争制限禁止法との比較」『社会環境研究』第10号，2005年。
李毅 [2006]	李毅「中国法律における行政的独占に関わる規制について―反不正当競争法と反壟断法（法案）との比較」『社会環境研究』第11号，2006年。
李美善゠劉冰 [2011]	李美善゠劉冰「中国の企業結合事例について（特集中国独占禁止法の執行状況について）」『公正取引』第728号，2011年。
梁慧星 [1989]	梁慧星（鈴木賢訳）「中国の独占禁止法制定について」『中国における民法，環境法及び経済法の発展と現状』第1回日本・中国法学研究集会実行委員会，1989年。
和田 [1997]	和田健夫「独占禁止政策50年とカルテル規制」『商学討究』第48巻第1号，1997年。
渡辺昭成 [2000]	渡辺昭成「水平的取引制限に対する当然違法の法則の適用」『早稲田法学会誌』第50巻，2000年。
渡辺利夫 [1994]	渡辺利夫『社会主義市場経済の中国』講談社，1994年。

中国反壟断法の独占的協定に関する規定の各次草案の仮訳（抜粋）

1999年案（「中華人民共和国反壟断法大綱」1999年11月30日案）

第1章　総則

第5条　（執行機関）
　国務院反独占主管機関及びその出張機構はこの法律の規定に基づき，職権を行使して，独占的行為を制止し，公平競争を維持する。

第3章　独占的協定

第15条（独占的協定の禁止）
　事業者は，契約，協定，あるいはその他の方法で，競争関係にあるその他の事業者と次に掲げる競争を制限する行為をしてはならない。
　（一）　商品の価格を決定，維持または変更する
　（二）　入札談合
　（三）　市場における商品の供給数量，品質を制限する
　（四）　取引地域または取引相手を制限する
　（五）　新しい技術または新設備を導入することを制限する
　（六）　共同して市場参入を阻止し，または競争者を排除する

第16条（再販売価格制限の禁止）
　事業者は，卸売業者，小売業者に商品を提供する際に，その再販売価格を制限してはならない。

第17条（協定の適用免除）
　事業者間に締結された競争を制限する協定は，経済全般の発展及び社会公共利益に有益となり，かつ実質的な競争を損害しない場合に，国務院反独占主管機関の許可を経て，この法律を適用しない。
　（一）　事業者は技術の向上，品質の改善，効率の増進，原価の引下げ，商品の規格或いは標準の統一，商品或いは市場を共同して研究・開発するための共同行為
　（二）　中小企業は経営効率を高めて，競争力を強めるための共同行為
　（三）　事業者は，輸出入取引及び外国との協同事業における正当な利益を保障するための共同行為
　（四）　市場の変化に応じ，販売数量の激減や著しい生産過剰を阻止するための事業者の共同行為
　（五）　事業者は生産経営の合理化，分業協力して専門化発展を促進するための共同行為

第18条 (協定の申告)

　事業者はこの本法の第17条の言う協定を締結する際に，国務院反独占主管機関に申請し，許可を得なければならない。

　但し，次の一つに該当する場合に，国務院反独占主管機関は許可しない。

　（一）　市場支配的な地位を形成しもしくは強化するおそれがある場合
　（二）　商品の価格を固定，維持もしくは不当に変更する場合

第19条 (協定の許可)

　事業者は協定の締結日から15日以内に，国務院反独占主管機関に許可の申請を行なわなければならない。

　申請するとき，事業者が次の資料を提供しなければならない。

　（一）　協定
　（二）　申請報告書
　（三）　協定参加事業者の基本資料

　国務院反独占主管機関は，定めた資料を受け取った日から，1カ月以内に申告された協定について許可または不許可の決定を下さなければならない。

　反独占主管機関は，制限的な条件をつけて，協定を許可することができる。

第6章　反独占主管機関

第31条 (職権)

　この法律における独占禁止の関連事項を処理するために，国務院は反独占主管機関を設立し，次の職能及び責任をもたせる。

　（一）　独占禁止の政策及び法規定を作成すること
　（二）　この法律における独占禁止の関連事項を審議すること
　（三）　事業者の活動及び競争状況について調査すること
　（四）　この法律に違反する事案について調査・処理すること
　（五）　定期的に市場支配的地位を有する事業者の名簿を公表すること
　（六）　独占禁止のその他の事項

第32条 (職権行使の独立性)

　国務院反独占主管機関は法に基づいて，独立して職権を行使し，如何なる組織や個人の干渉もうけない。

第33条 (組織，委員の任命及び身分)

　国務院反独占主管機関は7名の委員で構成し，そのなかに主任が1名，副主任が2名である。

第34条 (主任，委員の任命)

　国務院反独占主管機関の責任者は国務院総理が推薦し，全国人民代表大会がこれを任命する。国務院反独占主管機関のその他の委員は国務院が任命する。

第35条 (委員の選任)

　国務院反独占主管機関の委員は，経済学，法学の知識または実務経験を有する者から選任しなければならない。

第36条（委員の任期）

国務院反独占主管機関の委員の任期は5年とする。

第37条（委員，職員の義務）

現職中または離職した国務院反独占主管機関の委員，職員は職務によって知り得た事業者の秘密を他人に漏らし，または不法に利用してはならない。

第38条（委員，職員の免職）

国務院反独占主管機関の委員，職員は次のいずれかに該当する場合，免職しなければならない。

（一） 刑事処分を受けた場合
（二） 健康原因によってその職務の遂行ができない場合
（三） その他の法律に違反して，免職処分を受けなければならない場合

第39条（出張機構）　　（省略）

第40条（議決方法）

国務院反独占主管機関の会議が主任によって召集され，5名以上の委員が出席し，委員会決議は出席委員の3分の2以上の多数をもって，これを決する。

第41条（調査処理）

国務院反独占主管機関は，この法律の規定に違反し，公平競争及び公共利益を害する行為について，調査・処理しなければならない。

行政権限の濫用による競争を制限する行為について，国務院反独占主管機関は取り調べを行ない，違反行為者の上級機関に提案し，その上級機関が処分する。

第7章　法的責任

第44条（市場支配的地位の濫用，独占的協定の規定に違反する行為に対する処罰）

この法律の第9条，第15条，第16条の規定に違反した場合，国務院反独占主管機関は当該違反行為の停止を命ず，違法な所得を没収し，情状に応じて，違法な所得の1倍以上3倍以下の制裁金を課すことができる。情節が重大な場合に，工商行政管理部門によりその営業免許を取り消す。犯罪を構成する場合には，法に基づいて刑事責任を追及する。

第8章　附則

第53条（自然独占，公共事業に関する行為）

郵便，鉄道，電力，ガス，水道等の自然独占あるいは公共事業の，国務院反独占主管機関の許可を得た行為は，この法律公布の5年以内においては，この法律の規定を適用しない。

第54条（無体財産権の行使に関する行為）

事業者は著作権法，商標法，特許法，及びその他の法律に基づいて，権利を行使する行為はこの法律を適用しない。但し，この法律に規定されている履行すべき特定の許可手続きは除く。

2000年案[722]（「中国独占禁止法要綱案」2000年6月20日案）

第1章　総則

第5条（執行機関）
　国務院独占禁止機関及びその附属事務所は独占行為を阻止し競争を維持するために，本法の規定に基づき職権を行使しなければならない。

第3章　独占的協定

第15条（独占的協定の禁止）
　事業者は，契約，協定，あるいはその他の方法で，競争者と共同して，次に掲げるいずれかに該当する競争を制限する行為を行なってはならない。
　（一）　商品の対価を決定し，維持し，または変更すること
　（二）　入札談合をすること
　（三）　商品の供給量または品質を制限すること
　（四）　取引先の地理的範囲または顧客もしくは供給者を制限すること
　（五）　新しい技術または設備の導入を制限すること
　（六）　共謀して市場アクセスを阻害しまたは競争者を排除すること

第16条（再販売価格制限の禁止）
　事業者は，卸売業者，小売業者に対して，再販売価格を制限してはならない。

第17条　（適用免除）
　事業者の間の競争を制限する協定が，経済全般の発展及び社会公共利益に有益であり，競争を実質的に制限せず，国務院独占禁止機関の認可を得た場合には，この法律を適用しない。
　（一）　技術の向上，品質の改善，原価の引き下げ，効率の増進，製品規格の統一及び商品または市場の開発のための共同研究開発を目的とする共同行為
　（二）　中小企業間の経営効率の向上または競争力の増強を目的とする共同行為
　（三）　輸出，輸入及び外国における協同事業における正当な利益の保護を目的とする共同行為
　（四）　市場の変化に適応し，販売数量の顕著な下降及び著しい生産過剰の阻止を目的とする共同行為
　（五）　生産及び経営の合理化，ならびに雇用の分担及び調整を促進するための専門性の向上の実現を目的とする共同行為

第18条（届出義務）
　事業者は，本法第17条各号のいずれかに該当する協定を締結した場合は，国務院独占禁

---

[722]　2000年6月20日案の中国語の原文を入手できなかったため，すべて日本語訳版（姜姍［2002］64頁以下）を用いている。

止機関に申請を提出し，認可を得なければならない。
　ただし，次の各号のいずれかに該当する場合，国務院独占禁止機関は申請を却下する。
　（一）　市場支配的な地位をもたらしまたは強化するおそれがある場合
　（二）　商品の価格を固定，維持または変更することとなる場合
第19条（認可の手続）
　事業者は，協定の締結日から15日以内に，国務院独占禁止機関に申請し，認可を得なければならない。
　申請の際に，国務院独占禁止機関に，次に掲げる書類を提出しなければならない。
　（一）　協定
　（二）　申請書
　（三）　協定に参加する事業者に関する資料
　国務院独占禁止機関は，申請書類の受理日から1カ月以内に，当該申請を認可しまたは却下しなければならない。
　なお，独占禁止機関の認可は，協定の内容を限定する条件を付け加えることができる。

　第6章　独占禁止機関

第31条（職権）
　この法律に定めた独占禁止の目的を達成するため，国務院は独占禁止機関を設置し，次に掲げる機能及び責任をもたせる。
　（一）　独占禁止の政策及び法規制を作成すること
　（二）　この法律に定めた独占禁止に関する条項を審議すること
　（三）　事業者の経営活動及び競争者について調査すること
　（四）　この法律に違反する事件について審査し措置をとること
　（五）　市場支配的地位にある事業者のリストを定期的に公表すること
　（六）　独占禁止に関するその他の事項を行なうこと
第32条（職権行使の独立性）
　国務院独占禁止機関は法に基づき，独立してその職権を行ない，如何なる組織または個人の干渉もうけない。
第33条（組織，委員の任命及び身分）
　国務院独占禁止機関は委員長及び副委員長2人を含む委員7名で構成される。
第34条（主任，委員の任命）
　委員長及び副委員長は国務院総理の指名に基づき，全国人民代表大会がこれを任命する。その他の委員は，国務院がこれを任命する。
第35条（委員の選任）
　委員は，法律及び経済に関する学識経験及び実務経験のある者から選任される。
第36条（委員の任期）
　委員の任期は5年とする。
第37条（委員，職員の義務）
　委員及び国務院独占禁止機関の職員は，在職中及び離職後，その職務に関して知得した

事業者の秘密を他に漏らし，または不当に利用してはならない。

第38条（委員，職員の免職）

委員及び国務院独占禁止機関の職員は次の各号に掲げるいずれかの場合，免職されなければならない。

（一）刑事処分を受けた場合
（二）健康上の理由により，職務の執行が不能の場合
（三）本法及びその他の法律に違反し，免職処分を受けた場合

第39条（地方事務所）　（省略）

第40条（議決方法）

国務院独占禁止機関は，委員長により議事を開き，出席委員が5名以上でなければならない。委員会の決議は，出席委員の3分の2の多数をもって，これを決する。

第41条（審査及び事件処理）

国務院独占禁止機関は，この法律の規定に違反し，公平な競争及び公共の利益に害を及ぼす行為について，審査し，処分しなければならない。

第7章　法的責任

第44条（市場支配的地位の濫用，独占的協定に対する処罰）

国務院独占禁止機関はこの法律の第9条，第15条，第16条の規定に違反する行為があると認める場合には，当該違反行為をしている者に対し，違反行為の停止を命じ，違法所得を没収し，情状により，違法な所得の1倍以上，3倍以下の科料を科す。悪質な場合は，工商行政管理部門により，営業許可を取り消す。事件が犯罪に該当する場合には，法に基づき刑事責任が調査されなければならない。

第8章　附則

第53条（自然独占及び公益事業の行為）

国務院独占禁止機関の許可を得た郵便，鉄道，電力，ガス及び水道供給等の自然独占または公共事業者の独占行為は，この法律を公布してから5年以内においては，この法律の規定を適用しない。

第54条（無体財産権の行使行為）

この法律の規定は，著作権法，商標法，特許法及びその他の法律に規定される権利の行使と認められる行為には適用しない。ただし，この法律の規定により，特別に許可される手続きを取る必要があるものはこれを準用しない。

2001年案（「中華人民共和国反壟断法（征求意見稿）」2001年10月11日案）

第1章　総則

第6条　（執行機関）

国務院反独占主管機関はこの法律の規定により，職権を行使して，独占的行為を制止し，公平競争を維持する。

　　第3章　　独占的協定

第17条（独占的協定の禁止）

　事業者は，契約，協定，あるいはその他の方法で，競争関係にあるその他の事業者と以下に挙げられた競争を制限する行為をしてはならない。

　（一）　商品の価格を決定，維持または変更する
　（二）　入札談合
　（三）　市場における商品の供給数量，品質を制限する
　（四）　取引地域または取引相手を制限する
　（五）　新しい技術または新設備を導入することを制限する
　（六）　共同して市場参入を阻止し，または競争者を排除する

第18条（再販売価格制限の禁止）

　事業者は，卸売業者，小売業者に商品を提供する際に，その再販売価格を制限してはならない。

第19条（協定の適用免除）

　事業者間に締結された次のような協定は，経済全般の発展及び社会公共利益に有利となり，かつ実質的な競争を損害しない場合に，国務院反独占主管機関の許可を申請することができる。

　（一）　事業者は技術の向上，品質の改善，効率の増進，原価の引下げ，商品の規格或いは標準の統一，商品或いは市場を共同して研究・開発するための共同行為
　（二）　中小企業は経営効率を高めて，競争力を強めるための共同行為
　（三）　事業者は，輸出入取引及び外国との協同事業における正当な利益を保障するための共同行為
　（四）　市場の変化に応じ，販売数量の激減や著しい生産過剰を阻止するための事業者の共同行為
　（五）　事業者は生産経営の合理化，分業協力して専門化発展を促進するための共同行為

　但し，次の一つに該当する場合に，国務院反独占主管機関は許可しない：

　（一）　市場支配的な地位を形成しもしくは強化するおそれがある場合
　（二）　商品の価格を固定，維持もしくは不当に変更する場合

第20条（協定の申告）

　事業者は本法の第17条に言う協定を締結する場合，協定の締結日から15日以内に，国務院反独占主管機関に許可の申請を行なわなければらい。

　申請するとき，事業者が次の資料を提供しなければならない：

　（一）　協定
　（二）　申請報告書
　（三）　協定参加事業者の基本資料

　国務院反独占主管機関は，定めた資料を受け取った日から，2カ月以内に申告された協

定について許可または不許可の決定を下さなければならない。

　反独占主管機関は，制限的な条件をつけて，協定を許可することができる。

　　第6章　監視検査

第37条（調査処理）

　国務院反独占主管機関はこの法律の規定に違反し，公平競争及び公共利益に反する行為について，通報または職権に基づいて，調査し，処理できる。

第38条（職能）

　国務院反独占主管機関は以下の職能及び責任を有する。
　（一）　独占禁止の政策及び法規定を作成すること
　（二）　この法律における独占禁止の関連事項を審議すること
　（三）　事業者の活動及び競争状況について調査すること
　（四）　この法律に違反する事案について調査・処理すること
　（五）　独占禁止のその他の事項
　国務院反独占主管機関は競争を制限する内容が含まれる法律規定，規範性文件について，関連機関に対して，修正するように提案する権限を有する。

第39条（職権行使の独立性）

　国務院反独占主管機関は法に基づいて，独立して職権を行使し，如何なる組織や個人の干渉もうけない。

第40条（出張機構）　　（省略）

第41条（任職資格）

　国務院反独占主管機関の職員は，経済学，法学の知識または実務経験を有する者から選任しなければならない。

第42条（調査権限）

　国務院反独占主管機関はこの法律に基づき，調査を行なうために，次の権限を有する……

第43条（行政勧告）　　（省略）

第44条（処分結果の公表）　　（省略）

第45条（義務）

　現職中または離職した国務院反独占主管機関の職員は職務によって知り得た事業者の秘密を他人に漏らし，または不法に利用してはならない。

　　第7章　法的責任

第46条（市場支配的地位の濫用に対する処罰）

　……犯罪を構成する場合，法に基づいて刑事責任を追及する。

第47条（競争制限的協定に対する処罰）

　この法律の第17条，第18条の規定に違反した場合，反独占執行主管機関は当該違反行為の停止を命じ，かつ，50万元以下の制裁金を，または，その前年度営業額10％以下の制裁金を課すことができる。

第8章　附則

第57条（無体財産権の行使に関する行為）
　事業者は著作権法，商標法，特許法，及びその他の法律に基づいて，権利を行使する行為にはこの法律を適用しない。但し，この法律に規定されている履行すべき特定の許可手続きは除く。

2002年案（「中華人民共和国反壟断法（征求意見稿）」2002年2月26日案）

　第1章　総則

第6条　（執行機関）
　国務院反独占主管機関はこの法律の規定により，職権を行使して，独占的行為を制止し，公平競争を維持する。

　第2章　独占的協定の禁止

第8条
　事業者は協定，あるいはその他の方法で通謀し，次に掲げる競争を制限する行為をしてはならない。
　（一）　商品の価格を決定，維持または変更する
　（二）　入札談合
　（三）　商品の生産数量または販売数量を制限する
　（四）　販売市場または原材料の購入市場を分割する
　（五）　新しい技術または新設備を購入することを制限する
　（六）　共同の取引拒絶
　（七）　その他の競争を制限する協定
第9条
　事業者間に締結される協定で次のいずれかに該当し，国民経済全般の発展及び社会公共利益に有利となる場合に，国務院反独占主管機関に対し，適用免除を申請することができる。
　（一）　事業者は技術の向上，品質の改善，効率の増進，原価の引下げ，商品の規格或いは標準の統一，商品または市場を共同して研究・開発するための共同行為
　（二）　中小企業が経営効率を高めて，競争力を強めるための共同行為
　（三）　事業者が市場の変化に応じ，販売数量の激減や著しい生産過剰を阻止するための共同行為
　（四）　事業者は生産経営の合理化，専門化の分業協力の発展を促進するための共同行為
第10条（協定の申告）
　事業者は本法の第9条にいう協定を締結する場合，協定の締結日から15日以内に，次

の資料を提出しなければならない。
　（一）協定
　（二）申請報告書
　（三）協定参加事業者の基本資料
第 11 条　（協定の許可）
　国務院反独占主管機関は，定めた資料を受け取った日から，30 勤務日以内に申告された協定について許可または不許可の決定を下さなければならない。期限が過ぎて回答がない場合，許可されたと見なす。
　国務院反独占主管機関は，制限的な条件をつけて，協定を許可することができる。
　国務院反独占主管機関は協定を許可する決定に有効期間を定めなければならない。
第 12 条（許可された協定の取消しと変更）
　協定が許可された後，次のいずれかに該当する場合，国務院反独占主管機関は，許可の取消し，許可内容の修正，行為の中止，変更を命ずることができる。
　（一）経済情勢に重大な変化がある場合
　（二）許可事由が消滅した場合
　（三）事業者が許可の決定に付加された義務に違反した場合
　（四）許可は事業者が提供した虚偽の情報によって決定された場合
　（五）適用免除を濫用する場合
　（三），（四），（五）の場合による決定の取消しは，遡及効果がある。
第 13 条（許可の公表）
　国務院反独占主管機関は第 10 条，第 12 条に基づいて出された決定について，指定された新聞雑誌に公表しなければならない。

　　第 6 章　反独占主管機関

第 37 条（調査処理）
　国務院反独占主管機関は法に基づき，独立して職権を行使し，公平な競争及び公共利益に反する行為を調査し，処理する。
第 38 条（職能）
　国務院反独占主管機関は以下の職能及び責任を有する。
　（一）独占禁止の政策及び規則を作成すること
　（二）この法律における独占禁止の関連事項を審議すること
　（三）この法律の規定によって申請する必要のある事項について，許可または不許可を決定すること
　（四）事業者の活動及び競争状況について調査すること
　（五）この法律に違反する事案について調査・処理すること
　（六）独占禁止のその他の事項
第 39 条（調査権限）　　（省略）
第 43 条（義務）
　現職中または離職した国務院反独占主管機関の職員は職務によって知り得た事業者の商

業的秘密を他に漏らし，または不法に利用してはならない。

　　第7章　法的責任

第44条（競争制限的協定に対する処罰）
　この法律の第8条の規定に違反した場合，反独占主管機関が当該違反行為の停止を命じ，かつ，500万元以下の制裁金を課すことができる。

　　第8章　附則

第56条（知的財産権の行使に関する行為）
　事業者が著作権法，商標法，特許法，及びその他の知的財産保護法に基づいて，正当に権利を行使する行為にはこの法律を適用しない。但し，知的財産権を濫用し，競争を実質的に制限し，または排除する，またはそのおそれがある場合には，この法律を適用する。

2003年案（「中華人民共和国反壟断法（草擬稿）」2003年案）

　　第1章　総則

第6条　（執行機関）
　国務院反独占主管機関はこの法律の規定により，職権を行使して，独占的行為を制止し，公平競争を維持する。

　　第2章　独占的協定の禁止

第8条
　事業者は協定，決定またはその他の協調一致の方法によって，次に掲げる競争を排除もしくは制限する行為をしてはならない。
　（一）　商品の価格を統一して決定，維持または変更する
　（二）　入札談合
　（三）　商品の生産数量または販売数量を制限する
　（四）　販売市場または原材料の購入市場を分割する
　（五）　新しい技術または新設備を購入することを制限する
　（六）　共同の取引拒絶
　（七）　その他の競争を制限する協定
但し次のいずれかに該当すれば，この限りではない。
　（一）　事業者が技術の向上，品質の改善，効率の増進，原価の引下げのために，商品規格または標準を統一し，商品もしくは市場を研究・開発する共同行為
　（二）　中小企業は経営効率を高めて，競争力を強めるための共同行為
　（三）　事業者が市場の変化に応じ，販売数量の激減や著しい生産過剰を阻止するための共同行為

（四）　その他，競争を排除しもしくは制限するおそれがあるが，国民経済の発展及び社会公共利益に有利となる行為

第 9 条

　事業者間の締結される協定に関して，第 8 条第 2 項の規定に適用するか否かについて判断することが困難な場合，国務院反独占主管機関に申請することができる。

第 10 条

　事業者は協定の許可を申請する場合は，協定締結日から 15 日以内に以下の資料を提出しなければならない。

　　（一）　協定
　　（二）　申請報告書
　　（三）　協定参加事業者の基本資料

第 11 条

　国務院反独占主管機関は，定めた資料を受け取った日から，60 勤務日以内に申告された協定について許可または不許可の決定を下さなければならない。期限が過ぎて回答がない場合，許可されたと見なす。

　国務院反独占主管機関は，協定を許可する決定に有効期間を定めなければならない。また，制限的な条件をつけて，協定を許可することができる。

第 12 条

　協定が許可された後，次のいずれかに該当する場合，国務院反独占主管機関は，許可の取消し，許可内容の修正，事業者に対して行為の中止，変更を命ずることができる。

　　（一）　経済情勢に重大な変化がある場合
　　（二）　許可事由が消滅した場合
　　（三）　事業者が許可の決定に付加された義務に違反した場合
　　（四）　許可は事業者が提供した虚偽の情報によって決定された場合
　　（五）　適用免除を濫用する場合
　　　（三），（四），（五）の場合による決定の取消しは，遡及効果がある。

第 13 条

　国務院反独占主管機関は第 11 条，第 12 条に基づいて出された決定について，指定された新聞雑誌に公表しなければならない。

　　第 6 章　反独占主管機関

第 36 条

　国務院反独占主管機関は法に基づき，独立して職権を行使し，この法律に違反する行為を処理する。

第 37 条

　国務院反独占主管機関は以下の職能及び責任を有する。

　　（一）　独占禁止の政策及び規則を作成すること
　　（二）　この法律における独占禁止の関連事項を審議すること
　　（三）　この法律の規定に基づく許認可事項を処理すること

（四）　市場における競争の状況について調査すること
　（五）　この法律に違反する事案について調査・処理すること
　（六）　通報を受けること
　（七）　独占禁止のその他の事項
第38条（調査権限に関する規定）　（省略）
第42条（秘密保持義務）　（省略）
第43条（出張機構）　（省略）
第44条
　この法律の第8条の規定に違反した場合，国務院反独占主管機関は当該違反行為の停止を命じ，かつ，500万元以下の制裁金を課すことができる。

2004年案（「中華人民共和国反壟断法（送審稿）」2004年案）

第1章　総則

第6条（主管機関）
　国務院商務主管部門はこの法律の規定に基づき，反独占主管機関を設立して，法に基づき，職権を行使して，独占的行為を制止し，公平競争を維持する。

第2章　独占的協定の禁止

第8条　（独占的協定の禁止）
　事業者間において締結される，競争を排除し若しくは制限する目的を有するか，又は実質的に競争を排除し若しくは制限する効果を有する協定，決定若しくはその他の協同一致の行為（以下，協定，決定若しくはその他の協同一致の行為を「協定」と略称する）は，これを禁止する。協定は，次のものを含める。
　（一）　商品の価格を統一して決定，維持または変更する
　（二）　商品の生産数量または販売数量を制限する
　（三）　販売市場または原材料の購入市場を分割する
　（四）　新しい技術または新設備を購入することを制限する
　（五）　共同の取引拒絶
　（六）　その他の競争を制限する協定
第9条　（発注・入札における談合）
　事業者が発注・入札において，談合を行ない，その他の事業者の公平な競争を排除し，国家利益または社会公共利益を損害してはならない。
第10条（再販売価格またはその他の取引条件を制限する）
　事業者がその他の事業者に商品を供給する際に，その第三者への取引価格やその他の条件を制限してはならない。
第11条　（協定の例外許可）

事業者間に結ばれた協定で次のいずれかに該当し，国民経済全般の発展及び社会公共利益に有利となり，国務院反独占主管機関の許可を得て，第8条の規定を適用しない。

 （一） 品質の改善，効率の増進，原価の引下げのために，商品規格或いは標準を統一する行為
 （二） 経済的不況に対応し，販売数量の激減や著しい生産過剰を阻止するための場合
 （三） 中小企業の経営効率を高め，中小企業の競争力を強めるための場合
 （四） 技術の向上，製品品質の改善のために，商品または市場を研究・開発するもの
 （五） その他，競争を排除し若しくは制限するおそれがあるが，国民経済発展及び社会公共利益に有利となるもの

第12条（協定申告の必要資料）

 第11条の規定に基づき，事業者，協定締結日から15日以内に，商務部反独占主管機関に申請し，並びに，以下の資料を提出しなければならない。

 （一） 協定
 （二） 申請報告書
 （三） 協定参加事業者の基本資料
 （四） 第11条の規定を満たす証明資料及び理由

第13条（協定の許可及び資料補正）

 国務院反独占主管機関は，定めた資料を受け取った日から，60日以内に決定を下さなければならない。期限が過ぎて回答がない場合，許可されたと見なす。

 事業者が申告時に出した資料が不足している場合，商務部反独占主管機関が定めた期間内に資料の補足を要求するべきである。商務部反独占主管機関が申告資料の受理日がその補足資料の受理日を基準とする。期限を過ぎても補足しない場合，申請放棄と見なす。

第14条（協定の許可の条件と延期）

 商務部反独占主管機関は許可を決定する場合，期限を定めなければならない。また理由を説明し，付加条件を付けることもできる。

 許可の期間は原則として3年間を超えてはならない。事業者が正当な理由がある場合，期限満了60日前に，書面をもって商務部反独占主管機関に延期の申請をすることができる。期限の延長は毎回，2年間を超えてはならない。

第15条（許可された協定の取消しと変更）

 協定が許可された後，次のいずれかに該当する場合，国務院反独占主管機関は，許可の取消し，許可内容の修正，行為の中止，変更を命ずることができる。

 （一） 経済情勢に重大な変化がある場合
 （二） 許可事由が消滅した場合
 （三） 事業者が許可の決定に付加された義務に違反した場合
 （四） 許可は事業者が提供した虚偽の情報によって決定された場合
 （五） 適用免除を濫用する場合
 （三），（四），（五）の場合による決定の取消しは，遡及効果がある。

第6章 反独占調査

第40条 （主管機関の職能及び責任）

商務部反独占主管機関は法に基づき，市場における競争について，監督管理を行ない，競争秩序を維持して，次の職能及び責任を有する。
- （一） 独占禁止の政策，法律，行政法規及び規則を作成すること
- （二） この法律における独占禁止の関連事項の受理及び審議を行なうこと
- （三） 独占禁止の法律，行政法規に違反する案件について調査し，処理すること
- （四） 市場における競争の状況について監視すること
- （五） 外国の反独占主管機関及び国際組織との国際交流・協力を担当し，競争に関する国際的協定の交渉を行なうこと
- （六） 独占禁止のその他の事項

第41条 （出張機構） 　（省略）

第42条 （調査事項）

商務部反独占主管機関は，職権または通報により，この法律に基づき，以下の事項について調査することができる。
- （一） 独占的協定，決定，またはその他の協同一致の行為
- （二） 市場支配的地位の濫用行為
- （三） 事業者集中
- （四） 行政的独占行為
- （五） 市場における競争状況
- （六） 調査する必要があるその他の事項

第43条 （通報資料の補正） 　（省略）

第50条 （聴証会）

商務部反独占主管機関は，必要であると認める時，聴証会を開くことができる。……

第7章 法的責任

第56条（独占的協定に対する処罰）

この法律の第8，9，10条の規定に違反し，かつ第11条に基づいて許可を得なかった場合，商務部反独占主管機関は当該違反行為の停止を命じ，協定の無効を宣言して，10万元以上，1000万元以下の制裁金を課すことができる。独占行為を実施し，犯罪を構成する場合，法に基づいて刑事責任を追及する。

第59条 （具体的行政独占行為に対する処罰）

この法律の第36から第38条に違反した場合，商務部反独占主管機関は当該違反行為の停止を命ずる。直接的な担当職員に対し，法的な手続に則って，情状に応じて，降職または免職の処分を行ない……

第60条 （抽象的行政独占行為に対する処罰）

この法律の第39条の規定に違反して，競争を排除若しくは制限する内容を有する規定を制定した場合，商務部独占主管機関は，この規定を制定した人民政府に対して，変更または削除することを提案することができ，当該人民政府が従わない場合，反独占主管機関はその上級の人民政府に対して変更または削除することを提案することができる。……

第 8 章　附則

第 66 条　（適用除外の場合）
　事業者が著作権法，商標法，特許法，及びその他の知的財産保護法に基づいて，正当に権利を行使する行為はこの法律を適用しない。但し，知的財産権を濫用してこの法律の規定に違反した場合，この法律に適用する。

2005 年案（「中華人民共和国反壟断法（征求意見稿）」2005 年 4 月 8 日）

　第 1 章　総則

　第 6 条（主管機関）
　国務院反独占主管機関はこの法律の規定により，職権を行使して，独占的行為を制止し，市場競争秩序を維持する。

　第 2 章（独占的協定）

第 8 条（独占的協定の禁止）
　事業者間において，競争を排除し若しくは制限する目的または実質上競争を排除し若しくは制限する効果を有する協定，決定を締結し，あるいはその他の協同一致の行為（協定，決定，あるいはその他の協同一致の行為を以下「協定」という）を行なってはならない。
　前項で言う協定は，主に次のことを含む。
　（一）　協同一致して商品価格を確定，維持または変更させること
　（二）　商品の生産または販売数量を制限すること
　（三）　販売市場または原材料仕入れ市場を分割すること
　（四）　新しい技術，設備の導入或いは新技術，新製品の開発を制限すること
　（五）　共同して取引を拒絶すること
　（六）　再販売価格を制限すること
　（七）　発注・入札において談合すること
　協定の有効期間内において事業者協定に係る商品の関係市場における占拠率が 10 分の 1 を超えない場合には，前項の規定を適用しない。
　出版物が発行，販売過程中における再販売価格制限行為について第 1 項の規定を適用しない。
第 9 条（協定の適用免除）
　事業者間において以下のいずれかの目的の為に締結された協定で，協定により生ずる利益を消費者に公平に享受させることができ，同時に協定がこれらの目的を達成するために必要不可欠なものであり，かつ協定が関連市場の競争を完全に排除しないものであれば，この法律の第 8 条の規定に適用免除とされることができる。
　（一）　製品の品質を高め，原価の引下げ，効率を促進するための協定

(二)　経済的不況に応対し，販売数量の著しい減少または顕著な生産過剰を緩和するための協定
　(三)　中小事業者の経営効率を高め，中小事業者の競争能力を向上させるための協定
　(四)　輸出商品の国際市場における競争力を向上させるための協定
　(五)　技術改良や新商品の研究開発または新市場を開拓するための協定
第10条　利害関係人或いは消費者は本法第8条の規定に違反し，かつ第9条の適用免除規定以外の独占の協定に対し，反独占主管機関に通報することができる。
　反独占主管機関は通報または職権に基づき，本法第8条の規定に違反し，かつ第9条の適用免除規定に該当しない独占的協定を調査して処置する。
第11条　国家利益の保護及び社会公共利益の要請に応えるために，国務院反独占主管機関はこの法律第8条の規定に違反し，かつ第9条の適用免除規定に該当しない独占的協定をも適用免除とすることができる。

　第6章　反独占主管機関

第36条　(反独占機関の設立，職能及び責任)
　国務院は反独占主管機関を設立し，次に掲げる職能及び責任を有する。
　(一)　独占禁止の政策及び規則を作成すること
　(二)　この法律における独占禁止の関連事項の受理及び審議を行なうこと
　(三)　独占禁止の案件について調査し，処理すること
　(四)　市場における競争の状況について調査し，分析すること
　(五)　外国の反独占主管機関及び国際組織との国際交流・協力を担当し，競争に関する国際的協定の交渉を行なうこと
　(六)　独占禁止のその他の事項
第37条　(出張機構)　　(省略)
第38条　(反独占主管機関の調査に関する職権)　　(省略)
第44条　(行政再審及び司法審査)
　事業者，利害関係人は，反独占主管機関が出した決定に不服がある場合，反独占主管機関所在地の中級人民法院に対して，行政不服訴訟を提起することができる。
第45条　(反独占主管機関と関連部門の関係)
　国務院反独占主管機関はこの法律の規定に基づき，独占禁止の関連事項を処理する。関連部門もその他の関係法律の規定に基づき，独占禁止の関連事項を処理することができる，但し，関連部門が独占禁止の関連事項の最終決定を出す前に，国務院反独占主管機関の同意を得なければならない。

　第7章　法的責任

第46条(独占的協定に対する処罰)
　この法律の独占的協定の禁止に関する規定に違反した場合，反独占主管機関は当該違反行為の停止を命じ，協定の無効を宣言して，10万元以上，1000万元以下の制裁金，または前年度の関連市場における売上額の10％以下の制裁金を課すことができる。独占的協

定の行為を実施することによって，犯罪を構成する場合，法に基づいて刑事責任を追及する。

第49条（具体的行政独占行為に対する処罰）

この法律の第32条から第34条に違反した場合，反独占主管機関は関係する人民政府及びその所属部門に対して，その具体的行政行為を撤回するように命じ，直接的な担当職員に対し，情状に応じて，降職または免職の行政処分を行ない……

第50条（抽象的行政独占行為に対する処罰）

この法律の第35条の規定に違反した場合，国務院反独占主管機関は，処分権限をもつ機関に対して，法的手続に基づく処理を提案することができ……。

第8章　附則

第56条（知的財産権の適用除外）　　（省略）

2006年案（「中華人民共和国反壟断法（草案）」2006年6月22日第1回審議案）

第1章　総則

第5条

国務院は反壟断委員会を設立する。国務院反壟断委員会は独占禁止に係る事項を指導，組織，協調させる責任をもつ。

国務院が規定した反独占の執行に関する職責を負う機関（以下国務院反独占執行機関という）は，この法律の規定により，反独占の法執行を担当する。

国務院反独占執行機関は，職務上の必要に応じて，省，自治区，直轄市の人民政府の対応機関に，この法律の規定に基づき，反独占の関連する法執行を担当する権限を授与することができる。

第2章　独占的協定

第7条　競争関係にある事業者の間で次に掲げる独占的協定を締結することを禁止する。
　（一）　商品の価格を固定し，若しくは維持し，または変更すること
　（二）　商品の生産数量または販売数量を制限すること
　（三）　販売市場または原材料の購入市場を分割すること
　（四）　新しい技術，新設備の購入を制限し，または新しい技術，若しくは新製品の開発を制限すること
　（五）　共同して取引を拒絶すること
　（六）　反独占執行機関が認定するその他の独占的協定

第8条

事業者が取引において，第三者への再販売商品の価格を制限し，または，その他の取引条件をつけて，競争を排除し，若しくは制限することを禁止する。

第 9 条

事業者が発注,入札において,通謀して入札し,競争を排除し,若しくは制限することを禁止する。

第 10 条

事業者は,締結される協定が以下のいずれかの目的のためであり,かつ関連市場の競争を著しく制限することなく,生ずる利益を消費者に享受させることが可能であることを証明することができるのであれば,この法律の第7条及び第8条の規定を適用しない。

(一) 技術の向上,新製品を研究・開発するための場合
(二) 製品の品質を高め,原価の引下げ,効率を促進するために,商品規格或いは標準を統一するもの
(三) 中小事業者の経営効率を高め,中小事業者の競争能力を向上させるための場合
(四) エネルギーの節約,環境保護,災害救助などの社会公共利益のための場合
(五) 外国との貿易及び経済協力における正当な利益を保障するための場合
(六) 経済的不況の時期において,販売数量の著しい減少又は顕著な生産過剰を緩和するための場合

第 11 条 本章によって禁止される独占的協定は最初から自動的に無効である。

第 6 章 反独占機関

第 32 条

国務院反壟断委員会は国務院の関連部門,機関の責任者及び若干の専門家によって構成され,国務院反壟断委員会の議決方式,職務規則は国務院が規定する。

第 33 条

国務院反壟断委員会は次に掲げる職能及び責任を有する。

(一) 競争政策を研究し,作成すること
(二) 市場全体の競争状況に関する調査,評価することを組織して,評価報告書を公表すること
(三) 国務院反独占執行機関,国務院関連部門及び規制機関の反独占に関する法執行の業務を監視し,協調させること
(四) 重大な反独占事件の処理についての調整を行なうこと
(五) 国務院の規定するその他の職能及び責任

第 34 条

国務院反独占執行機関は次に掲げる職能及び責任を有する。

(一) 独占禁止に関する指針及び具体的措置を制定し,公告すること
(二) 市場における競争状況を調査して,評価すること
(三) 独占容疑のある行為について調査,処理すること
(四) 独占行為を制止すること
(五) 事業者集中に関する届出を受理し,審査すること
(六) 国務院の規定するその他の職能及び責任

第 44 条

この法律に規定する独占行為については，他の法律，行政法規に関係部門または規制機関によって調査して処理すべきであると規定している場合，その規定に従う。関係部門または規制機関は調査及び処理の結果を国務院反壟断委員会に通知しなければならない。

関係部門または規制機関はこの法律が規定する独占行為を調査，処理しない場合，反独占執行機関は調査，処理することができる。反独占執行機関は調査，処理する際，関係部門または規制機関の意見を求めるべきである。

第7章　法的責任

第45条

事業者が，この法律の規定に違反し，独占的協定を締結し，実行した場合に，反独占執行機関は当該違反行為の停止を命じ，前年度売上額の1％以上，10％以下の制裁金を課し，同時に，違法な所得を没収する。まだ実行していない場合には，200万元以下の制裁金を課す。……

第49条

事業者が独占的行為を実施し，他人に損害を与えた場合，法に基づいて民事責任を負い，犯罪を構成する場合，法に基づいて刑事責任を追及する。

第50条

行政機関及び公共組織が行政権力を濫用して，競争を排除し，若しくは制限する場合，その上級機関は行為を改めることを命じる。情節が重大な場合，同レベルまたは上級機関は直接的に責任を有する職員若しくはその他の責任を有する者に対して，処分を下す。……

第8章　附則

第54条

事業者が，知的財産権に関連する法律，行政法規の規定に基づいて知的財産権を行使する行為については，この法律を適用しない。但し，事業者が知的財産権を濫用して，競争を排除し若しくは制限する行為については，この法律を適用する。

第55条

農業生産者及びその専門経済組織が農産品の生産，加工，販売，運送，貯蔵などの事業活動において行なわれた競争を著しく制限しない協力，連合及びその他の協調行為については，この法律を適用しない。

2007年案（「中華人民共和国反壟断法（草案二次審議稿）」2007年6月）

第1章　総則

第9条

国務院は反壟断委員会を設立し，同委員会に独占禁止業務を指導，組織，協調する責任

をもたせ，次に掲げる職能及び責任をつかさどる。
　（一）　競争に関する政策の研究及び策定
　（二）　市場全体の競争状況に関する調査，評価の実施，並びに評価報告書の公表
　（三）　独占禁止に関する指針の制定及び公布
　（四）　国務院反独占執行機関，国務院関係部門及び規制機関の独占禁止に関する法執行業務，並びに重大な独占禁止に関する事件の処理についての調整
　（五）　国務院の規定するその他の職能及び責任
　国務院反壟断委員会の構成及び職務規則は国務院の規定による。

第10条
　国務院が規定する反独占執行の職責を担当する機関は（以下国務院反独占執行機関という），この法律の規定により，反独占執行業務の責任を負う。
　国務院反独占執行機関は，職務上の必要に応じて，省，自治区，直轄市の人民政府の対応機関に，この法律の規定に基づき，反独占の関連する法執行を担当する権限を授与することができる。

　　第2章　独占的協定

第13条
　競争関係にある事業者の間で次に掲げる独占的協定を締結することを禁止する。
　（一）　商品の価格を固定し，または変更すること
　（二）　商品の生産数量または販売数量を制限すること
　（三）　販売市場または原材料の購入市場を分割すること
　（四）　新しい技術，新設備の購入を制限し，または新しい技術，若しくは新製品の開発を制限すること
　（五）　共同して取引を拒絶すること
　（六）　国務院反独占執行機関が認定するその他の独占的協定
　この法律で言う独占的協定とは，競争を排除し，若しくは制限する協定，決定またはその他の協調行為を指す。

第14条
　事業者とその取引相手の間で，次に掲げる独占的協定を締結することを禁止する。
　（一）　第三者に再販売する商品の価格を固定すること
　（二）　第三者に再販売する商品の最低価格を限定する
　（三）　国務院反独占執行機関が認定するその他の独占的協定

第15条
　事業者はその締結する協定が以下のいずれかに該当することを証明することができれば，この法律第13条，第14条の規定を適用しない。
　（一）　技術の向上，新製品を研究・開発するための場合
　（二）　製品の品質を高め，原価の引下げ，効率を促進するために，商品規格或いは標準を統一し，または専門化分業を行なう場合
　（三）　中小事業者の経営効率を高め，中小事業者の競争能力を向上させるための場合

(四)　エネルギーの節約，環境保護，災害救助などの社会公共利益のための場合
　(五)　経済的不況で，販売数量の著しい減少または顕著な生産過剰を緩和するための場合
　(六)　外国との貿易及び経済協力における正当な利益を保障するための場合
　(七)　法律及び国務院が規定するその他の場合
　前項第一号から第五号までに該当し，この法律第13条，第14条の規定に適用しない場合については，事業者は，当該協定の締結が関連市場における競争を著しく制限することはなく，かつそれによって生ずる利益を消費者に受けさせることができることを証明しなければならない。

第7章　法的責任

第45条
　事業者が，この法律の規定に違反し，独占的協定を締結し，実行した場合に，反独占執行機関は当該違反行為の停止を命じ，前年度売上額の10%以下の制裁金を課し，同時に，違法な所得を没収する。まだ実行していない場合に，20万元以下の制裁金を課す。……
第50条
　行政機関及び公共組織が行政権力を濫用して，競争を排除し，若しくは制限する場合には，その上級機関は行為を改めることを命じる。情節が重大な場合，同レベルまたは上級機関は直接的に責任を有する職員若しくはその他の責任を有する者に対して，処分を下す。他の法律，行政法規に行政機関及び公共組織が行政権力を濫用して，競争を排除し，若しくは制限する行為の規制に関する規定がある場合に，それらの規定に従う。

第8章　附則

第54条
　事業者が，知的財産権に関連する法律，行政法規の規定に基づいて知的財産権を行使する行為については，この法律を適用しない。但し，事業者が知的財産権を濫用して，競争を排除し若しくは制限する行為については，この法律を適用する。
第55条
　農業生産者及び農村経済組織が農産品の生産，加工，販売，運送，貯蔵などの事業活動において行なわれた協力，連合及びその他の協調行為については，この法律を適用しない。
第56条
　この法律に規定する独占行為については，他の法律，行政法規に関係部門または規制機関によって調査して処理すべきであると規定している場合，その規定に従う。関係部門または規制機関は調査及び処理の結果を国務院反壟断委員会に通知しなければならない。

制定法（「中華人民共和国反壟断法」2007年8月30日採択）

第1章　総則

第9条
　国務院は反壟断委員会を設立し，同委員会に独占禁止業務を組織，協調，指導する責任をもたせ，次に掲げる職能及び責任をつかさどる。
　（一）　競争に関する政策の研究及び策定
　（二）　市場全体の競争状況に関する調査，評価の実施，並びに評価報告書の公表
　（三）　独占禁止に関する指針の制定及び公布
　（四）　独占禁止に関する行政機関の法執行業務の調整
　（五）　国務院の規定するその他の職能及び責任
　国務院反壟断委員会の構成及び職務規則は国務院の規定による。
第10条
　国務院が規定する反独占執行の職責を担当する機関は（以下国務院反独占執行機関という），この法律の規定により，反独占執行業務の責任を負う。
　国務院反独占執行機関は，職務上の必要に応じて，省，自治区，直轄市の人民政府の対応機関に，この法律の規定に基づき，反独占の関連する法執行を担当する権限を授与することができる。

第2章　独占的協定

第13条
　競争関係にある事業者の間で次に掲げる独占的協定を締結することを禁止する。
　（一）　商品の価格を固定し，または変更すること
　（二）　商品の生産数量または販売数量を制限すること
　（三）　販売市場または原材料の購入市場を分割すること
　（四）　新しい技術，新設備の購入を制限し，または新しい技術，若しくは新製品の開発を制限すること
　（五）　共同して取引を拒絶すること
　（六）　国務院反独占執行機関が認定するその他の独占的協定
　この法律で言う独占的協定とは，競争を排除し，若しくは制限する協定，決定またはその他の協調行為を指す。
第14条
　事業者とその取引相手の間で，次に掲げる独占的協定を締結することを禁止する。
　（四）　第三者に再販売する商品の価格を固定すること
　（五）　第三者に再販売する商品の最低価格を限定する
　（六）　国務院反独占執行機関が認定するその他の独占的協定
第15条

事業者がその締結した協定が次に掲げる事由のいずれかに該当するものであることを証明することができた場合には，この法律の第13条，第14条の規定は適用されない。
　（一）　技術の向上，新製品を研究・開発するための場合
　（二）　製品の品質を高め，原価の引下げ，効率を促進するために，商品規格或いは標準を統一し，または専門化分業を行なう場合
　（三）　中小事業者の経営効率を高め，中小事業者の競争能力を向上させるための場合
　（四）　エネルギーの節約，環境保護，災害救助などの社会公共利益のための場合
　（五）　経済的不況で，販売数量の著しい減少または顕著な生産過剰を緩和するための場合
　（六）　外国との貿易及び経済協力における正当な利益を保障するための場合
　（七）　法律及び国務院が規定するその他の場合
　前項第一号から第五号までの事由に該当し，この法律の第13条，第14条の規定が適用されない場合については，事業者は，当該協定の締結が関連市場における競争を著しく制限することはなく，かつそれによって生ずる利益を消費者に受けさせることができることを証明しなければならない。

第16条
　事業者団体は，当該業界の事業者を組織して本章に禁止する独占的行為をさせてはならない。

第7章　法的責任

第46条
　事業者が，この法律の規定に違反し，独占的協定を締結し，実行した場合に，反独占執行機関は当該違反行為の停止を命じ，違法な所得を没収して，同時に，前年度売上額の1％以上，10％以下の制裁金を課す。まだ実行していない場合には，50万元以下の制裁金を課す。……

第51条
　行政機関及び法令の授権により公共事務を管理する権限を有する組織が行政権力を濫用して，競争を排除し，若しくは制限する場合に，その上級機関は行為を改めることを命じる。直接的に責任を負う担当職員若しくはその他の直接責任を負う者に対して，法に基づき処分を下す。反独占執行機関は関連する上級機関に対し，法に基づく処理の意見を提出することができる。
　行政機関及び法令の授権により公共事務を管理する権限を有する組織が行政権力を濫用して，競争を排除し，若しくは制限する行為の規制に関して，他の法令に規定がある場合に，それらの規定に従う。

第8章　附則

第55条
　事業者が，知的財産権に関連する法律，行政法規の規定に基づいて知的財産権を行使する行為については，この法律を適用しない。但し，事業者が知的財産権を濫用して，競争

を排除し若しくは制限する行為については，この法律を適用する。
第56条
　農業生産者及び農村経済組織が農産品の生産，加工，販売，運送，貯蔵などの事業活動において行なわれた協力，連合及びその他の協調行為については，この法律を適用しない。

索　引

アルファベット

EU競争法　126
Leegin判決　119
rule of reason　98

あ　行

アジア金融危機　78, 290
アングロ・サクソン型モデル　56
アンチダンピング　161
安定性　141
異質説　34
萎縮効果　202, 246
板ガラス価格自律事件　259
一元集中的な執行機関　218
一元説　216
違法基準　108
違法要件　143
医療用縫合糸市場　122
インスタント麺価格カルテル事件　267
請負経営責任制　252
鵜呑み　292
営業の自由　91
営業誹謗行為　23
営業秘密の侵害　23
エドワーズ財閥調査団　212
欧州経済共同体条約　84
欧州石炭鉄鋼共同体条約　84
オルド自由主義　84

か　行

外貨収支総量　58
懐疑論　163
会計士協会　266
外資企業　78
ガイドライン　145
価格違法行為行政処罰規定　277

価格カルテル　102
価格監督検査司　236
価格決定　125
価格法　4, 67
確認説　146
過剰的介入　78
ガス事業者　265
合併説　21
合併論　46
赦免　137
家電拓展協調協会　251
過度経済力集中排除　156
カラーテレビカルテル　260
勧告操短　134
関西国際空港新聞販売事件　186
寛容的　109
官僚資本主義　301
関連部門関係図　236
基幹産業　271
企業結合　143
議事協調機構　237
技術開発及び規格カルテル　150
規制緩和　85, 153
規制機関　5
議定書　78
規模の経済　33
キャッチアップ　57
究極的統制経済　136
90年代国家産業政策綱要　261
急進主義　247
業界協会　68, 251
業界広告宣伝費　257
業界自律価格　258
協議機構　206
行政指導　134
行政処罰法　258
行政措置型　205

357

行政（的）独占　3, 10
行政不服訴訟　24
行政法規　166
競争制限禁止法　84
競争政策　5, 51
　──優先説　64
競争促進効果　111
競争文化　88
協調議事機関　227
共同行為　97
共同ボイコット　102
虚偽広告　23
許容論　161
緊急カルテル　169
銀行間残高確認手数料に関する共同行為事件　268
均衡点　79
金融危機　159
銀聯　269
区別説　137
君子無所争　299
計画委員会　58
計画経済　1
計画的商品経済　15, 51
計画と市場の内在的な統一　51
経験則　189
経済安定委員会　152
経済計画　52
経済憲法　1, 213
経済効率性　111
経済の民主主義　95
経済民主化　134
経済力濫用防止法制　84
契約の自由　91
系列化　293
権威主義的　297
権威性　205
権貴的資本主義　300
原始独禁法　84
原則違法　186
原則禁止主義　3, 81, 195
公益カルテル　150

公益事業　148
広義説　34
合議体　226
恒久法　95
工業信息部　167
公共選択　15
公共の利益　83
工商総局　206
広西壮族自治区　273
公正取引委員会　221
広西ビーフン価格カルテル事件　273
構成要件　119
構造調整　283
拘束条件付き販売　23
後退の適用除外　6, 132
郷鎮企業　251
公的規制　135
公的統制　154
高度経済成長　155
公取委中心主義　211
公平競争の保護　42
公平交易法　99
公平取引法　20
合理化及び専門化カルテル　150
合理化カルテル　85, 131
合理の原則　3
国際競争力　20
国進民退　300
国退民進　300
国防　138
　──工業　140
国民経済の発展　168
国務院規定カルテル　150, 165
国務院所管説　209
国務院反独占執行機関　106
国務院反壟断委員会業務規則　234
国有企業　31
国有デパート8社共同ボイコット　250
ゴスプラン　242
国家安全　271
国家機械工業局　258
国家計画委員会　242

国家経済貿易委員会　59
国家建築材料工業局　259
国家公正公易委員会　219
国家公平交易局　209
国家産業政策綱要　60
国家資産管理局　209
国家資本主義体制　301
国家発展計画委員会　61
国家本位主義　14
粉ミルク再販事件　128
誤認または虚偽表示　23
コンクリート委員会　275

さ　行

最高再販売価格維持　108
財政収支総量　58
財政部　58
再販売価格の制限　102
産業政策　5, 51
　──中心主義　60, 63
　──優先説　64
産業保護　138
サンフランシスコ平和条約　85
三輪車協会　256
三輪車協定　256
三輪農用車価格自律事件　256
事業者集中　3
　──規制　10
事業者団体　251
事後規制　175
自主立法　87
市場型競争法　297
市場経済　1
　──国　78
　──秩序　1
市場支配的地位の濫用　10
市場社会主義モデル　56
市場占有率　186
市場地位が強い　122
市場調節価格　69, 258
市場分割　102
事前規制　175

事前登録　100
自然独占　10, 135
事前届出制　285
思想家　299
実質的証拠法則　211
実用主義的な立法措置　48
私的統制　154
司法制度　138
社会公共利益　91, 168
社会主義市場経済　1
社会的市場経済　86
社会的なコンセンサス　84
上海黄金アクセサリー業者による価格カルテル
　265
上海市高級人民法院　116
上海第一中級人民法院　115
自由意思　76
自由競争の保護　42
自由経済体制　212
自由裁量権　216
集団企業　242
集中制　205
柔軟性　141
主管機関カルテル　170
主管機関特別許可カルテル　150
主導産業　261
シュムペーター，J. A.　156
純金アクセサリー　265
準司法的権限　212
準立法的権限　212
商業賄賂行為　23
消極意見　170
消極効果　141
常設機構　238
消費者物価　135
商品経済　14
商務部　206
諸侯経済　159
徐淑華らの入札談合刑事事件　255
ショック療法　56
ジョンソン＆ジョンソン再販事件　115
自律価格　257

新技術・新設備の導入制限　102
審決前置　211
申告規準　167
新聞販路協定事件　98
信用毀損行為　32
垂直的協調管理　110
垂直的協定　3, 97
垂直的統合　293
水平的協定　3, 97
数量制限　102
スタンダード・オイル事件　183
政企分離　251
征求意見稿　8
政策意向　285
誠実信用　76
制度的な保障　210
政府指導価格　69
政府定価　69
政府本位　295
世界拉麺協会中国分会　267
積極効果　141
浙江省富陽市造紙行業協会価格壟断行為　276
絶対的な免除　144
絶対的無効説　93
折衷説　21
鮮一閣食品　273
全国三輪農用運輸車価格監視チーム　257
全国緑豆市場生産販売市況研究討論会　273
嵊州領帯（ネクタイ）価格カルテル事件　266
漸進主義　56
全人代常務委員会　257
全人代所管説　209
漸進的な体制改革　1
専属告発　211
全民企業　242
染料メーカー価格カルテル　249
草擬稿　105
双軌制　15
操業率　152
相剋　51, 285
相互原則　162
創設説　146

宗族社会　299
争則乱　299
相対的な免除　144
相対的無効説　92

た　行

第9次五カ年計画　261
太原市カラー現像サービス業値上げカルテル　250
太原市事業者共同値下げカルテル　250
対市場効果要件　29, 70
大臣カルテル　170
体制移行　4
対等原則　162
抱き合わせ販売　23, 109
妥協点　79
縦の共同取引拒絶　109
縦の市場分割　109
縦の制限　101
チェック・アンド・バランス　215
知的財産権　10, 138, 144
中央銀行　58
中央集権　17
中華人民共和国国家発展和改革委員会　243
中華人民共和国反壟断法大綱　8
中航信事件　274
中国電信と中国網通による市場分割等協定事件　267
中国独占禁止法要綱案　8
中国民航信息網絡股份有限公司　274
中小企業カルテル　150
超過利潤　101
長虹電子社　260
著作物　148
陳家などビーフン業者8社による市場分割事件　254
通貨収支総量　58
通産省　86, 301
低圧電気製品メーカー価格カルテル　250
定義規定　119
適用除外　3, 131
適用免除　3, 6, 131

──重視説　137
哲学者　299
デミニマス規定　147
デメリット　141
デュ・プロセス　215
テリトリー　97
統制型競争法制　78
統制経済　133
当然違法の原則　3
洮南市　273
東宝・新東宝事件　98
登録制　82
特需景気　134
独占禁止委員会　212
独占的協定　6, 10
特定中小企業の安定に関する臨時措置法　135
独立行政委員会　226
独立性　205
独禁法型行為類型　45
突破口　284
取次販売業者　116
トレードオフ　187

な 行

生コン事業者業界自律条項　275
縄張り争い　217
南巡講話　54
2011 意見募集稿　115
2012 年司法解釈　114
二層構造　228
二分説　35
入札談合　23, 186
認定協定　113
農業に関する適用除外　149

は 行

排除・制限効果　108
排他的条件付取引制限　109
ハイテク産業　271
発注・入札における共謀　104
発展改革委員会　130
ハードコア・カルテル　115, 199

ハードコア制限　187
ハードル　125
範囲の経済　33
半市場的　300
判断の連続性　141
半統制的　300
反独占主管機関　11, 221
反不正当競争法　1
反壟断委員会　206
反壟断及び反不正当競争執法局　244
反壟断法　1
東アジア型モデル　56
必要不可欠　175
非ハードコア・カルテル　115, 199
不況カルテル　85, 131
不競争型行為類型　45
不合理な取引制限　183
付随的制限理論　175
不正競争　19
部長カルテル　169
物価安定　281
福建省厦門市会計士業界報酬カルテル　265
不当な景品付き販売　23
不当廉売　23
部門規章　166
部門構造改革　22
富陽市製紙協会事件　276
ブランド間　117
　　──競争　101
ブランド内　117
フリーライダー　117
文理解釈　199
分離型　225
分立説　21
分立立法　21
分立論　46
弊害規制主義　3, 81, 195
平準化　216
平板玻璃価格自律事件　259
北京市洗濯機価格カルテル　254
包括説　98
包括的な適用免除　171

某県教習所カルテル事件　200, 269
放権譲利　252
法治的市場経済体制　300
茅台五糧液再販事件　128
某鎮家屋の競売に関する談合　255
法的抑止効果　203
法律虚無主義　19
補完　50
　　──的　50
補強要素　88
補助金関連事項　241
ポストスターリンの計画経済モデル　56
ポテンシャル　97
骨抜き　86
母斑　291
本質的適用除外　133
本来的適用除外　133

ま　行

マクロ・コントロール　51
身分保障制　210
民間社会　284
明分使群　299

や　行

山分け　226
有機顔料価格会議記録　249
有効説　92
輸出振興　155
輸出（入）カルテル　149, 160

良いカルテル　85
要検討要件　120
容認意見　170
横田正俊　151
横の制限　101
予測可能性　108, 141
四つの現代化　14

ら‐わ　行

螺旋状　284
ラーメン協会　267
リサイクル　187
理想主義　133, 220
リッジウェイ声明　134
立証責任転換　121
立証負担　108
立法解説書　109
立法法　167
リニエンシー　188
リーマン・ショック　159, 300
流通秩序　241
緑豆カルテル事件　273
倫理階級　299
例外的適用除外　133
列挙協定　108
連雲港市生コンカルテル事件　200, 275
レンガカルテル　251
聯合利華（ユニリーバ）事件　277
連動　50
悪いカルテル　85

China's Anti-Monopoly Law:
The Study of the Structure and Cartel Regulation

CHEN Danzhou

The book takes a serious look at the formation and development of China's cartel regulation system against the backdrop of the country's shift from a planned economy to a socialist market economy. The book also examines the effects of anti-monopoly laws in advanced countries, especially Japan, for an in-depth theoretical analysis.

In a sense, a planned economy is the "ultimate" industrial policy. China's socialist market economic reforms narrow the scope of the "ultimate" industrial policy and import market mechanisms, which leads to the expansion of the scope of competition policies. To some extent, China's economic reform is the process of conflict between the industrial policy and the competition policy. This has certain similarities with economic reform that took place in Japan, which changed from a prewar economy with strict control to an economy with more market mechanisms, after World War II. Japan's experience with respect to anti-monopoly that developed post its economic reform is provided as a reference for China.

Based on the above ideas, the book focuses on two major areas to expand the investigation and study. First, the impact of the conflict between the industrial policy and the competition policy on the legislation and enforcement of China's anti-monopoly law and related competition laws is analyzed. As this first problem is undergoing empirical research, the second area of study examines the legislative process, characteristics, theories, and principles of cartel (monopoly agreements) in China's anti-monopoly laws by analyzing changes in the drafts of the law, discussing related doctrines, and looking at case studies. In particular, the book is based on the experiences of Japan, Germany, and other countries with respect to competition laws. The five selected issues are as follows: (1) per se prohibitions and prohibitions of abuse; (2) horizontal agreement and vertical agreement; (3) the difference between exemption and exception; (4) illegal *per se* and rule of reason; and (5) regulatory authorities' settings. Discussions on these five issues are followed by the findings that conflicts between the industrial policy and the competition policy do impact the formation of China's cartel regulations and the anti-monopoly law. Finally, 26 representative cartel cases since China's Reform and Opening Up over four time periods are analyzed, illustrating the changes of concepts in China cartel regulatory, and the significant impact of the conflict between the industrial and competition policies on the cartel regulatory enforcement processes.

Keywords: cartel, China's anti-monopoly law, socialist market economy, industrial policy, competition policy, monopoly agreement, horizontal agreement, vertical agreement, exemption, exception, illegal *per se*, rule of reason

著者紹介

陳　丹舟　（ちん　たんしゅう）

現職：対外経済貿易大学法学院専任講師
専攻：経済法
学歴：2005 年　静岡大学人文学部卒業。
　　　2007 年　早稲田大学大学院法学研究科修士課程修了，修士学位取得。
　　　2012 年　早稲田大学大学院法学研究科博士課程修了，博士（法学）取得。
職歴：2012 年　対外経済貿易大学（中国・北京）専任講師就任。
著書
『中国反壟断法（独占禁止法）におけるカルテル規制と社会主義市場経済－産業政策と競争政策の「相剋」』早稲田大学出版部，2013 年
主要論文
「ジョンソン＆ジョンソン再販事件の二審判決からみる中国反壟断法（独占禁止法）における再販売価格維持行為の規制」『公正取引』第 756 号，2013 年
「中国経済法・独占禁止法におけるカルテル規制の展開－事例分析を中心として」『早稲田法学会誌』第 63 巻第 1 号，2012 年
「産業政策と競争政策の『相剋』が中国競争立法に与える影響に関する序論的考察（2・完）」『早稲田大学大学院法学研究科法研論集』第 143 号，2012 年
「産業政策と競争政策の『相剋』が中国競争立法に与える影響に関する序論的考察（1）」『早稲田大学大学院法学研究科法研論集』第 142 号，2012 年
「中国独占禁止法と不公正な取引方法－立法経緯及び現状について」『公正取引』第 728 号，2011 年
「中国における競争法体系の構築（2・完）－独占の概念を題材として」『早稲田大学大学院法学研究科法研論集』第 127 号，2008 年
「中国における競争法体系の構築（1）－独占の概念を題材として」『早稲田大学大学院法学研究科法研論集』第 125 号，2008 年

早稲田大学学術叢書　41

中国独占禁止法
－法体系とカルテル規制の研究－

2015 年 5 月 30 日　初版第 1 刷発行

著　者……………………陳　　丹　舟
発行者……………………島　田　陽　一
発行所……………………株式会社　早稲田大学出版部
　　　　　　　　　　　　169-0051　東京都新宿区西早稲田 1-9-12
　　　　　　　　　　　　電話 03-3203-1551　http://www.waseda-up.co.jp/
装　丁……………………笠　井　亞　子
印刷・製本………………大日本法令印刷　株式会社

Ⓒ 2015, Danzhou Chen. Printed in Japan　　ISBN 978-4-657-15705-8
無断転載を禁じます。落丁・乱丁本はお取替えいたします。

刊行のことば

　早稲田大学は、2007年、創立125周年を迎えた。創立者である大隈重信が唱えた「人生125歳」の節目に当たるこの年をもって、早稲田大学は「早稲田第2世紀」、すなわち次の125年に向けて新たなスタートを切ったのである。それは、研究・教育いずれの面においても、日本の「早稲田」から世界の「WASEDA」への強い志向を持つものである。特に「研究の早稲田」を発信するために、出版活動の重要性に改めて注目することとなった。

　出版とは人間の叡智と情操の結実を世界に広め、また後世に残す事業である。大学は、研究活動とその教授を通して社会に寄与することを使命としてきた。したがって、大学の行う出版事業とは大学の存在意義の表出であるといっても過言ではない。そこで早稲田大学では、「早稲田大学モノグラフ」、「早稲田大学学術叢書」の2種類の学術研究書シリーズを刊行し、研究の成果を広く世に問うこととした。

　このうち、「早稲田大学学術叢書」は、研究成果の公開を目的としながらも、学術研究書としての質の高さを担保するために厳しい審査を行い、採択されたもののみを刊行するものである。

　近年の学問の進歩はその速度を速め、専門領域が狭く囲い込まれる傾向にある。専門性の深化に意義があることは言うまでもないが、一方で、時代を画するような研究成果が出現するのは、複数の学問領域の研究成果や手法が横断的にかつ有機的に手を組んだときであろう。こうした意味においても質の高い学術研究書を世に送り出すことは、総合大学である早稲田大学に課せられた大きな使命である。

　「早稲田大学学術叢書」が、わが国のみならず、世界においても学問の発展に大きく貢献するものとなることを願ってやまない。

2008年10月

早稲田大学